KB075758

현대편

사료로 읽는 서양사
5

현대편

사료로 읽는 서양사

5

제국주의에서 세계화까지

노경덕 편저

책과함께

《사료로 읽는 서양사》 시리즈는 역사를 심도 있게 공부하려는 독자들을 위해 집필한 것이다. 특히 역사교사와 예비 교사에게 유용하리라 생각한다. 창의와 융합을 구호로 내건 교육 목표에 도달하려면 학생들이 토론과 발표를 통해 과감하고 적극적으로 수업에 참여해야 할 것이다. 이 같은 자기주도적인 수업이 이루어지려면 많은 자료가 필요함에도 현실의 여건은 그렇지 못하다. 반대로 인터넷에서 무책임하게 뿌려지는 무료 정보들은 학생들의 창의성을 죽이고 교사들의 신뢰를 떨어뜨린다. 이런 현실을 조금이라도 개선하기 위해서는 전공 연구자들이 직접 정선하고 집필한 교재가 필수적이었다. 특히 서양의 역사 사료는 여러 언어로 작성되어 있어 적절하게 해석하고 알맞은 설명을 붙여 자료로 제시하는 작업이 꼭 필요하다. 서양에서는 이런 작업이 다채롭게 수행되어 많은 사료집이 간행되어 있지만, 그 사료집을 그대로 번역해서 쓸 수는 없다. 우리의 환경과 교육 목표에 맞게 재구성한 사료집이어야 하기 때문이다. 이 사료집을 통해 중등학교 교사나 예비 교사, 나아가 학생들의 수업 자료로 활용한다면 현재의 서양사 교육을 한 차원 높이 끌어올리리라 전망한다.

　서양사 사료집의 경우, 몇 년 전 한국사를 중심으로 이러한 사료집이 출간되었을 때 '서양 고대편'이 함께 간행되면서 첫 선을 보였으나, 후속 작업이 이어지지 못했다. 아쉬움 속에 몇 년이 흘렀고, 이제 기존의 고대편에서 제시한 사료를 대폭 보완하고 중세편 한 권과 근대편 두 권을 새로 집필하는 이번 작업을 통해 적어도 고대부터 19세기까지의 서양사 사료집을 완성하게 되었다. 이 작업은 쉽지 않았다. 우여곡절도 많았고 시간도 많이 흘렀지만, 한 권에 불과하던 사료집이 하나의 시리즈로 탄생하게 된 것은 기쁜 일이 아닐 수 없다. 선사시대와 현대사를 집필해야 하는 과제가 남아 있지만, 수업에 곧바로 활용할 자료는 충실하게 확보되었다고 말할 수 있을 것이다.

사료 학습이 중요해진 것은 우리 사회가 한 단계 성숙했음을 보여준다. 특히 교육 현장에서 이러한 필요가 부각된 것은 학생과 교사 모두가 일방적으로 전달되는 지식의 한계를 느끼게 된 점과 관련이 깊다고 할 수 있다. '작은 역사가'라는 말이 어울릴 정도로 왕성한 탐구력으로 주제를 파헤치는 마니아층이 생긴 것도 달라진 교육 환경의 결과로 볼 수 있다. 이 시리즈는 그러한 욕구를 채워주기 위해서 만들어졌다. 가장 기본적이고도 중요한 사료를 교과 내용과 함께 제시하여 적어도 어떤 역사 서술이 어떤 자료에 근거하여 이루어졌는지를 알 수 있게 했다.

또한 사료를 읽고 이해하는 역사 공부는 무엇보다도 탐구 의욕을 불러일으킨다. 일반화되어 모든 것을 예측할 수 있다면 탐구할 필요가 없을 것이다. 사료를 읽다 보면 예상치 못한 정보를 접할 수도 있고, 역사가 뜻하지 않은 방향으로 흘러가는 현상을 보면서 수학이나 과학에서 얻는 것과는 또 다른 호기심이 생겨난다. 이 시리즈는 이 같은 관심과 흥미를 불러일으키기 위해서 만들어졌다고도 말할 수 있다. 독자들은 역사가 사료로 이루어졌고, 이 사료를 어떻게 다루어야 하는지도 함께 체득하여 역사 사고를 경험할 수 있을 것이다. 그런 점에서 여기에 제시된 사료들은 일반인들의 지적 관심도 높여줄 것이며, 역사가 주는 깨달음과 성찰의 자료로 기능할 것이라고 자신한다.

이 책을 반드시 처음부터 차례대로 읽을 필요는 없다. 독자들은 목차를 보고 마음에 드는 부분을 먼저 골라 읽으며 사고해볼 수 있을 것이다. 개략적인 지식을 얻고자 하는 독자는 각 장의 본문을 읽으면 되고, 좀 더 깊이 있는 연구를 하고자 하는 독자라면 '자료 읽기'를 보기 바란다. 여기에 만족하지 못한 경우라면 참고문헌과 출전을 통해 더 많은 자료를 찾아볼 수 있을 것이다.

이러한 사료집을 만들려면 많은 사료를 모으고 선별하고 전거와 설명을 붙이는 작업이 필요하며, 따라서 누적된 연구 성과와 세심한 교정, 충분한 시간이 없으면 제대로 만들어지기가 어렵다. 따라서 이 까다로운 시리즈의 간행을 결정한 책과함께 출판사에 감사의 뜻을 전한다. 편집부의 철저한 교정과 세심한 사독查讀으로 많은 오류와 문제점을 잡아낼 수 있었다. 교육의 재료가 되기 위해 이런 작업이 필수이건만, 실상 교과서와 교재에 오류가 난무하는 점 또한 지적하지 않고 넘어갈 수 없다. 물론 이 시리즈에 그런 문제가 하나도 없다고 할 수는 없지만, 수차례에 걸친 피드백과 수정을 통해 작품을 만들 듯이 심혈을 기울였다. 이 점에서 저자들은 자부심을 가지며, 이 사료집이 널리 활용되어 우리가 서양을 뿌리부터 이해하는 데 도움이 되길 기대한다.

2014년 6월
저자 일동

현대사contemporary history라는 용어 속에 들어 있는 '현대'는 근대modern의 하위 개념이다. 고대와 중세처럼 지극히 서양 중심적인 시기 구분 표현인 근대는 삶의 방식, 가치, 심성까지 포괄하는 수 세기의 역사적 흐름을 가리키는 데 비해 현대는 이런 근대 안에서의 특정 시대를 지칭한다. 이렇게 볼 때 현대는 서양 학계에서 대체로 16~18세기를 일컫는 초기 근대early modern와 그 위상이 같다. 초기 근대가 근대성이 이제 막 태동하여 기존의 전통성과의 대결 속에서 성장해가던 근대의 형성기를 개념화한 것이라면, 현대는 근대성이 흔들리기 시작하면서 이에 대한 비판이 본격적으로 대두했던 근대의 위기 국면을 범주화한 용어다. 우리가 현대를 초기 근대처럼 근대 개념을 직접 넣어서 표현하지 못하는 이유, 달리 말해 후기 근대 또는 근대 말이라고 부르지 않는 이유는 근대의 끝이 언제일지 아직 모른다는 단순한 사실 때문이다. 실제로 근대는 일종의 반근대론자인 포스트모더니스트들의 기대보다 훨씬 더 긴 시간, 심지어 수백 년 이상 지속될 수도 있다. 만약 그렇게 된다면 오늘날 여러 지식인이 근대 종말의 징후로 보았던 20세기 근대성의 흔들림은 진정한 근대 해체의 위기, 즉 후기 근대의 모습이 아니라, 근대의 한창때에 잠시 출현한 미동 정도가 될 것이기 때문이다. 중세의 끝을 이미 알기에 14~16세기를 중세 말 또는 후기 중세로 쉽게 지칭할 수 있는 중세사가의 여유로움을 아직 근대사가가 누릴 수는 없다.

많은 학자들이 19세기 중·후반 서양에서 완성되었다고 믿는 근대는 정치적으로 국민 국가 성립과 시민권 보장, 경제적으로는 사유 재산권 확립과 자유 시장 경제 통용, 사회적으로 신분제 폐지와 지역 정체성의 약화, 문화적으로는 합리성의 지배 등을 그 특징으로 정의할 수 있다. 이러한 근대는 산업화, 도시화, 기술 발달, 생산력의 비약적 발전, 법적 평등, 효율성 제고 등의 눈부신 성과를 거두었지만, 전통의 파괴, 빈부 차의 심화, 군사적 폭력의 증대, 인종주의의 확산, 경제 위기의 주기적 재현 같은 문제점도 낳았다. 이것들이 총체적으로 표현된 것이 바로 19세기 말에 대두한 제국주의다. 제국주의는 이른바 세계화를 통해 전 지구를 근대성으로 포섭했다.

바로 이 지점에서 《사료로 읽는 서양사 5: 현대편》은 시작한다. 제국주의는 분명 현대의 문을 여는 현상이다. 하지만 제국주의가 근대성의 표현이자 지리적 확장이라고 할 때, 그것은 여전히 근대의 원형 안에 있는 것이기에 그 자체로만 새로운 시대를 규정할 수는 없다. 새로운 시대는 이에 대한 저항이 체계화·본격화한 시점, 즉 근대성에 대한 대안을 꿈꾸기 시작했던 시점에서 찾아야 할 것이다. 근대성의 모순이 특히 두드러지게 나타난 시기, 즉 제1차 세계대전이라는 제국주의 열강 간의 전쟁 말엽에 일어난 러시아 혁명은 그 대안을 상징했고 그 꿈을 전 세계로 퍼뜨렸다. 러시아 혁명을 계기로, 세계는 제국주의 대반제국주의, 또는 세계화 주도 세력과 이에 대한 저항 세력의 구도로 재편되었다. 현대가 시작된 것이다.

제1차 세계대전이 종결된 후, 세계화 세력은 제국주의 질서 회복에 전력했고 나름의 성공을 거두었다. 영국과 프랑스를 비롯한 서양 열강은 전쟁을 통해 독일을 제국주의 경쟁에서 제거한 후 1920년대 말까지 정치적·경제적 안정을 다시 이루어냈다. 그들의 식민지 보유는 유지되었으며, 이에 대한 비판의 구심점이던 소련과 전 세계의 좌파는 고립되었다. 하지만 1929년 말에 나타난 대공황은 서양 열강이 전후에 이룬 안정을 일거에 날려버렸다. 그 결과 근대성의 근간들도 함께 흔들리기 시작했다. 의회 민주주의는 급격히 쇠퇴했으며, 시민의 자유와 권리는 민족 정체성을 강조하는 집단주의에 압도되었다. 자유 시장 경제의 완결성에 대한 믿음은 약해졌으며, 합리성은 전통적 관념과 신화 등의 도전을 받았다. 흥미로운 것은 대공황이 자본주의 세계를 헤집어놓은 탓에, 제국주의 대 반제국주의 대결, 혹은 세계화와 그에 대한 저항이라는 현대사의 구도가 다소 복잡해졌다는 점이다. 로카르노 조약으로 다시 결속했던 제국주의 열강은 대공황 이후 파시즘과 군국주의 국가의 등장으로 제1차 세계대전 이전처럼 분열했다. 반제 민족주의는 대공황 이후 새로이 등장한 블록 경제 체제 내에서 식민지와 본국의 상호 의존성이 강화되면서 상대적으로 그 날이 무뎌졌다.

제2차 세계대전은 제1차 세계대전과 마찬가지로 제국주의 세력 내부 분열의 결과였다. 하지만 제1차 대전 때와 달리 식민지 보유 권력들의 퇴상 내지는 퇴조로 결말이 났다. 이미 제1차 세계대전 직후에 서유럽의 구식 제국주의를 비판했지만 결국 그들의 이해관계에 압도되었던 미국이 이제는 그들 눈치를 보지 않을 만큼 막강한 패권국으로 성장했기에 가능한 결과였다. 한편 출범부터 반제국주의의 기수였던 소련은 전쟁의 승리에 단연 최대로 기여한 덕분에 목소리를 높일 수 있었다. 이 두 주요 승전국에 의해 제국주의 시대는 막을 내리는 것 같았다. 실제로 1940년대 중반부터 1960년대 초반까지 이어진 전 세계적 탈식민화의 물결은 미국과 소련의 반제국주의 기조가 큰 역할을 했다.

하지만 1947년 말부터 시작된 양국 사이의 냉전으로 결국 미국은 제국주의 청산보다 공산주의 봉쇄를 더 우선시하는 선택을 했다. 그 결과, 탈식민화라는 정치적 외피 아래 식민지 경제·문화·사회 구조가 존속하는 양상이 나타났다. 미국이 반공을 매개로 영국, 일본, 서독을 비롯한 옛 제국주의 국가들과 다시 연계하고, 소련은 이에 맞서기 위해 자기 진영을 강력히 (사실상 강제적 또는 폭력적으로) 결속하면서, 20세기 후반 현대사의 구도는 다시 제국주의 대 반제국주의, 또는 세계화와 이에 대한 저항이라는 구도로 단순해졌다. 과거 제국주의 열강은 이제는 '서방 선진국'이라는 이름으로 번영을 구가했고 구제국의 불공정한 무역 체제를 재생산하며 아시아·아프리카·남아메리카 국가들의 경제 종속을 강요했다. 한편 소련 진영은 제국주의 시대에 이미 굳어진, 자본 수입과 민간 기술 이존 국가라는 열등한 국제적 지위를 결국 극복하지 못했다. 이런 뒤처짐 속에서 비동맹 운동, 동유럽 봉기, 중·소 분쟁 등으로 소련 진영의 결속력은 약해지기 시작했다.

1970년대에 또다시 일어난 세계 경제 위기는 초창기에 미국 진영에 더 큰 타격을 입히는 듯했다. 이러한 타격은 그 직전인 1960년대에 발생한 사회문화적 동요와 맞물리며 체제 위기로 이어지는 것 같았다. 하지만 정작 체제 위기를 맞이한 것은 경제 불황 속에서 서방 경제와 긴밀한 관계를 맺으며 국제 자본주의에 노출되기 시작한 동유럽과 소련이었다. 1991년, 반제국주의의 구심점이던 소련이 해체된 이후, 미국의 이른바 '일방주의' 정책 속에서 가속화된 세계화는 전 세계적으로 대세가 되는 것 같았다. 그러다 2000년대 들어 이에 대한 저항이 세계 각지에서 일어나기 시작했다. 다만, 소련과 좌파 지식인이 그 구심점이던 시절과 달리, 근래에는 극우 정치 세력이 세계화에 대한 저항을 주도하고 있지만 말이다. 하여튼 이런 세계화와 그에 대한 저항은 지금 우리가 사는 시대를 현대로 범주화할 수 있음을 증명한다.

이 책은 현대에 대한 역사적 개관과 핵심적 사료들을 소개하는 데 우선적 목적이 있다. 총 열여덟 가지 개별 주제들은 대체로 시기 순으로 정리되어 있으며, 독자들의 편의를 위해 크게 세 부로 나뉘어 있다. 언뜻 평범해 보일 수 있는 책의 구성이지만, 일반적이고 교과서적인, 그래서 '무난한' 현대사 사료 모음집을 지향하지는 않았다. 각 주제에 대한 역사적 개관은 사건을 나열하는 식의 개설서 서술 방식을 지양하고, 쟁점을 보다 분명히 드러내는 방식으로 제시했다. 나아가, 그동안 현대사 서술을 직간접적으로 왜곡시킨 서양 중심주의와 반공주의를 최대한 배제했으며, 이 의도를 사료 선정에도 적극적으로 반영하려 노력했다. 아마도 일반적인 현대사 교과서 서술에 익숙한 독자들은 이 책에서 꽤 낯선 해석과 주장, 또는 이를 뒷받침하는 증거를 적지 않게 접할 수 있을 것이다. 그만큼 이 책이 독자들에게 더 흥미롭게 다가가고 건설적인 논쟁을 자극했으면 하는 바람이다.

《사료로 읽는 서양사: 현대편》은 아주 오랜 시간 동안 이루어진 작업의 산물이다. 그 긴 시간 동안 당연히 여러 사람의 도움을 받았다. 그중에서도 필자가 지난 5년간 재직한 이화여자대학교 학생들의 도움이 컸다. 특히 박영선, 안정인,

이푸름, 이지완, 김연경, 이윤주, 권유나, 윤선아 등 사학과 대학원생들은 사료 선정부터 번역, 교정에 이르기까지 다방면으로 필자를 도와주었다. 이들에게 특별한 감사의 뜻을 전한다.

2022년 5월

노경덕

차례

|1부| 제국주의와 서양의 정치 변동

|2부| 대공황과 자유주의의 위기

제국주의와
서양의 정치 변동

생산성 향상과 경제 호황을 영원히 견인할 것만 같았던 자본주의는 1870년대 들어 위기에 직면했다. 이 위기의 탈출로를 찾던 서양 열강은 경쟁적으로 제국주의 팽창을 감행했다. 초창기에는 서로 협력하고 타협하는 모습이 자주 목도되었지만, 20세기가 넘어가는 시점부터는 점차 갈등과 대결 국면이 주를 이루었다. 세계 최대 식민지 보유국 영국을 겨냥한 독일의 도전이 특히 두드러졌다. 양국 간의 갈등은 결국 제1차 세계대전이라는 대참사로 이어졌다. 한편 러시아에서는 자본주의가 쌓아놓은 모순과 제국주의 전쟁의 참화가 결합되어 사회주의 혁명이 일어났다. 전쟁을 통해 독일의 도전을 물리친 영국을 비롯한 이른바 자본주의 선진국들은 전후 사회주의 소련이라는 새로운 골칫거리에 맞닥뜨렸다. 적어도 제국주의 논리는 공유했던 독일과 달리, 소련은 반제국주의를 주장했기에 그들은 고민은 더 깊어갔다.

1

경제 위기와 제국주의 시대의 개막

'대불황'의 도래와 그것이 미친 영향

19세기 말 서양의 자본주의는 심각한 경제 위기를 겪으며 크게 변모했다. 그 변화 양상 중 가장 중요했던 것은 역사 교과서들이 흔히 제국주의의 출현이라 표현하는 자본의 세계화였다. 사실 그 직전 시대인 1848년부터 1870년까지 약 20년 간은 자본주의 황금기, 즉 20세기의 대표적 역사가 에릭 홉스봄Eric Hobsbawm의 표현처럼 '자본의 시대'였다. 유럽은 일부 예외적 시기를 제외하고는 큰 호황을 누렸으며, 그 과정에서 임노동으로 대표되는 자본주의적 생산 관계가 깊이 자리 잡았고 공장제가 보편화했다. 호황으로 부를 쌓은 기업이 너그러움을 보일 만큼 여유가 생기자 그전까지 극단적으로 낮았던 노동자들의 생활 수준도 향상되었다. 호황이 기업의 이윤을 추동하고 기업은 분배 문제에 신경을 썼다. 그 결과 실질 소득이 높아진 소비자들의 구매력, 즉 시장 수요도 커지는 선순환이 완성된 것처럼 보였다. 이제 누구도 쉽게 거부할 수 없는 대세가 된 듯이 보이던 자본주의는 잔존하던 구래의 전통적 경제 운용 방식들을 말끔히 쓸어냈다. 이와 함께 자본주의에 대한 이전의 비판도 수면 아래로 가라앉았다.

하지만 이런 낙관주의는 1870년대를 넘기지 못했다. 예상치 못했던 이른바 '대불황'이 시작된 것이다. 사실 어느 지역이나 자본주의 및 산업화 초기에는 호황과 경제 성장이 목도되는 경우가 많다. 자본주의 체제가 아직 자리 잡지 못한 농촌에 자본이 새로이 투자되기 시작한 상황을 상상해보자. 그곳에는 농토나 목초지 외에는 특별한 생산 수단이나 기반 시설도 없고, 과거부터 이어온 전통적

RUN ON THE UNION TRUST COMPANY.

도판 1 1870년대 초에 시작된 경제 불황의 한 단면을 보여주는 삽화. 1873년에 미국 뉴욕 소재 한 은행에 인출금을 회수하기 위해 사람들이 장사진을 이룬 모습이다.

경제 활동을 반복하는 적은 인구의 촌락만이 존재했을 것이다. 자본 투자가 시작되면 그곳에 기간 시설, 즉 공장이 들어서고, 도로나 철도, 학교 등이 건설된다. 이곳들에 일자리를 얻기 위해 몰려든 사람들로 인구가 증가하고, 새 직장을 얻은 이들이 임금을 획득한다. 이런 이들이 생활을 위해 임금을 소비하게 되니, 자연히 시장 수요가 높아져 상업 발달을 자극할 것이다. 다시 그 발달된 상업망은 그곳에서 활동하는 기업가나 상인 들의 이윤 창출의 기반으로 기능한다. 이렇게 해서 시장 수요가 계속해서 이윤을 생성하고 이윤 중 일부가 수요자에게 자연스럽게 분배되는, 이른바 호황의 사이클이 시작된다.

하지만 이런 호황이 영원히 이어지지는 못한다. 그 근본 이유는 자본주의의 경쟁 구조상 필연적으로 기업가들이 생산 비용을 줄이려는 노력을 계속할 수밖에 없기 때문이다. 이런 노력 중 가장 대표적인 것이 노동력 구입 비용을 삭감하는 것이다. 19세기 말, 때마침 결합된 과학과 기술이 이를 위한 '좋은' 조건을

창출했다. 여기에 당시 등장했던 테일러주의는 기업가들에게 생산 과정 및 생산 현장 '효율화'를 통한 노동력 감축을 가능하게 해주었다. | 자료1 |

이렇게 고용 비용이 낮아지는 것이 개별 기업가로서는 반가운 일이었지만, 사회 전체로 보았을 때는 시장 수요의 총량이 줄어드는 것과 다름없었다. 그 총량에서 거대한 부분을 차지하는 일반 소비자의 상당수는 직장에 고용되어 임금을 받는 사람, 즉 노동자였기 때문이다. 그들이 직장을 잃거나, 불리해진 노동 관계 탓에 실질 임금 삭감이나 임금 동결을 받아들일 수밖에 없게 된다면, 당연히 이전의 소비 수준을 유지할 수는 없을 터였다. 결국 경쟁에서 살아남으려는 기업들의 비용 줄이기 경쟁은 사회 전체의 구매력을 떨어뜨리는 결과를 낳았으며, 이는 기업의 입장에서 보자면 소비자를 잃는 것을 의미했다. 그렇게 어느 날부터인가 물건들이 팔리지 않고 창고에 쌓이기 시작했다. 도산하는 기업이 속출했으며, 더 많은 이들이 실직에 직면했다. 대량 실업으로 소비가 더욱더 감소했으며, 경제는 불경기를 넘어 불황의 늪에 깊이 빠져들었다. 일부 학자들이 '대불황'이라고 명명한 시기가 도래한 것이다.

제국주의의 대두

이 대불황에 맞서, 기업가들은 우선 자신들 기업의 수익성을 제고하는 수단을 강구하는 한편, 더 근본적으로는 줄어든 소비를 다시 진작할 방법을 모색했다. 하지만 이 과업은 유럽의 자본주의 경제 체제 내부에서는 쉽게 해결될 수 없었다. 이미 자본주의화가 진행된 유럽과 같은 사회에서 수익성 높은 투자 분야는 드물었다. 게다가 앞에서 언급했듯이, 그들의 수익성 제고 시도, 특히 생산 비용 감소 노력은 필시 시장 수요 하락 현상으로 이어질 것이었기 때문이다. 자연히 자본주의는 비非자본주의 세계의 '새로운' 투자 대상과 수요를 찾아서 팽창할 수밖에 없었다. 줄어든 수익성과 시장 수요는 자본주의 세계 밖에서, 즉 자본주의화가 진행되지 않은 곳에서 메꾸어져야 했다. | 자료2 | 이런 곳으로의 팽창, 다시 말해 당대에 제국주의라 불린 이러한 움직임은 대불황 속에서 일련의 합병 끝에 탄생한 대형 기업과 거대 은행, 그리고 이들과 유착한 국가 고위 관료와

정치인들에 의해 더욱더 활발해졌다. 제국주의는 일부 지역은 자본 투자와 자원 탈취만을 위한 공간으로, 일부 지역은 정치적 지배까지 포함한 완전한 식민지 상태로 만드는 전략적 차이를 보였지만, 그곳들 모두를 자본주의 세계 내부에서는 좀처럼 진작되지 않는 시장 수요 확보의 거점과 투자처로 변모시킨다는 점에서는 마찬가지였다. 자본의 세

'THE WHITE MAN'S BURDEN'

도판 2 제국주의는 유럽인들의 문화적·종교적 사명감에 의해 정당화되곤 했다. '미개한' 아시아와 아프리카 사람들에게 문명의 혜택을 전달해주어야 한다는 신념을 실제로 당시 많은 유럽과 미국 백인들이 마음속에 품었다. 그들은 심지어 이를 희생을 감수하면서까지 수행해야 할 '짐'으로 여기기도 했다.

계화는 이전과는 비교할 수 없을 정도로 심화되었고, 그만큼 세계는 정치적으로도 복잡하게 얽혔다. | 자료3 |

　이처럼 제국주의는 근본적으로 경제적 요인으로 촉발된 현상이었지만, 이를 가능하게 한 요소에는 비경제적 요소들도 포함되었다. 우선 19세기 유럽의 대표적 이데올로기였던 민족주의는 제국주의라는 현상을 불러오는 데 중요한 역할을 했다. 초기에는 약소 민족의 해방, 신분제 철폐에 따른 평등한 국민, 또는 민족 구성원의 탄생과 같은 진보적 가치를 주장했던 민족주의는 19세기 후반으로 갈수록 자기 민족의 우수성에 대한 맹신, 타민족에 대한 승부욕 같은 감정적 차원의 이데올로기로 변모했다. | 자료4 | 이런 감정은 식민지를 획득하고자 하는 경쟁심으로 쉽게 변질되었으며, 식민지 현장에서는 종족의 우월성이나 정복 욕망과 같은 한층 원초적인 모습으로 표출되기도 했다. | 자료5 | 한편 이렇게 타락한 민족주의라는 거친 감정과는 다르게, 문명 전파와 교화처럼 보다 부드럽고 고상한 신념도 제국주의의 확대에 기여했다. 특히 미개해 보이고 야만적인 것 같던 아시아와 아프리카 식민지인들에게 기독교를 전파하는 것은 문명화된 서양인들에게 종교적 사명처럼 여겨졌다. 이는 그들이 짊어지고 나아가야 할 숙명적 짐으로 표상되기도 했다. | 자료6 |

제국주의의 새로운 통치 방식

식민지를 차지한 서양 제국주의 국가들이 19세기 후반부터 구사한 통치 방식은 전례가 없는 것이었다. 이런 국가들은 문화적·상징적 지배에 대체로 만족했던, 이를테면 근대 이전 중국 왕조들 같은 구제국과는 다른 신제국이었다. 이들은 식민지에 중앙 행정 기구를 설치하고, 자신들의 앞선 행정 기술, 전문 지식, 과학기술 등을 이용하여 식민지 전역을 전면적으로, 철저하게 조사했다. 이 같은 조사는 원자재와 식량 공급지라는 식민지의 기능을 극대화하고, 적절한 자본 투자처와 그에 따른 개발 공간을 찾기 위한 것이었다. |자료7|

한마디로 이들 신제국들은 식민지에 대한 총체적 지식과 정보를 획득한 상태에서, 이를 토대로 식민지에서 인적·물적 자원을 최대한 뽑아내고 이를 더 확대할 방법을 찾으려 했다. 식민지를 최대한으로 활용하려면 식민지인들이 오랫동안 지녀온 생활 습관이나 가치관, 그들이 주로 이용했던 지리적 경계나 지형 등도 모두 바꾸어야 했다. 훗날 '전통'이라 불리게 될 이런 것들은 당시 '근대'적인 신제국주의자들의 눈에는 통치와 행정의 극대화에 걸리적거리는 잔여의 방해물에 불과했다. 따라서 서양 제국의 통치를 받았던 아시아와 아프리카의 식민지들은 단순히 경제적 착취만 당한 것이 아니라, 그들의 과거 생활 양식과 가치관 대신 완전히 새로운 서양의 방식을 받아들여야 하는 총체적인 문화적 변용을 경험했다. 그러한 요소 중에는 민족주의, 자유주의, 인권 등 역사적으로 긍정적 기능을 했던 가치도 포함되기도 했으나, 그 경우마저 항상 전통적인 것에 대한 무시와 경멸, 파괴 등을 동반하곤 했다. |자료8|

제국주의는 세기가 바뀔 무렵에 절정에 이르렀다. '성공'적인 근대화를 통해 제국주의 프로젝트에 합류한 일본을 제외하고, 아시아와 아프리카 전역이 서양 열강에 의해 식민지 지위로 떨어졌다. 무력으로 이탈리아의 침략을 막아낸 에티오피아, 영국과 프랑스 식민지 사이 완충 지대와 같은 자리에 위치해 독립을 유지한 타이는 그야말로 예외적인 경우였다. 중국은 공식 식민지로 전락하지는 않았지만 열강에 의해 국토와 이권이 갈기갈기 찢겨나갔다. 이 같은 열강의 전 세계 분할이 평화롭게 이루어질 수만은 없었다. 제국주의가 팽창하던 초창기,

열강은 남아 있는 아시아와 아프리카 공간을 식민지로 서로 사이좋게 나누어 차지하고, 중국을 함께 침탈한 경우처럼 때로는 공조하는 모습도 보였다. 아프리카 문제를 주로 다루었던 1884년의 베를린 회의는 이와 같은 순조로운 식민지 분할을 상징했다. |자료9|

도판 3 제1차 세계대전 개전 직전 아프리카의 정치 지형도. 에티오피아 같은 극히 일부 지역을 제외하고는 전 지역이 유럽 열강의 식민지로 분할되어 있음을 볼 수 있다.

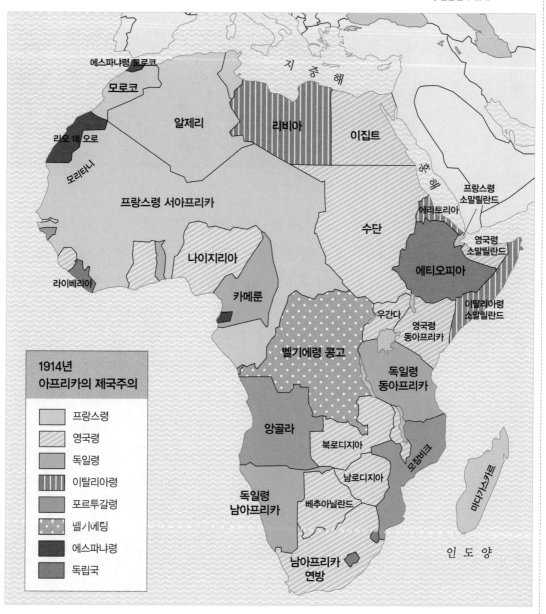

도판 4 베를린 회의를 그린 삽화. 벨기에의 콩고 식민지화가 주요 의제였으나, 이곳에 모인 열강의 대표들은 아프리카의 분할이라는 더 큰 문제를 결정지었다. 당시 열강 간의 협조와 현상 유지에 골몰했던 비스마르크의 모습이 중앙에서 도드라진다.

하지만 1900년이 넘어가는 시점부터, 식민지 분할의 평화 시대는 끝이 났다. 꺼지지 않은 경제 위기의 불씨와 격앙된 민족주의의 목소리는 열강 간의 식민지 확보 경쟁을 더 대결적이고 폭력적인 것으로 바꾸었다. |자료10| 아프리카의 파쇼다 사건과 모로코 위기, 이란을 두고 펼쳐진 영국과 러시아의 대립, 극동에서 일본과 러시아가 벌인 전쟁, 필리핀에서 미국과 에스파냐가 벌인 전쟁 등은 제국주의 경쟁이 심화되고 있음을 보여주는 두드러진 지표였다. |자료11| 하지만 이들 사이의 본격적인 갈등 국면은 제국주의 후발국인 '신생' 국가 독일이 당시 최대 식민지 보유국인 영국을 상대로 도전장을 내밀기 시작하면서 비로소 펼쳐지기 시작했다. 이 갈등은 곧 제1차 세계대전이라는 크나큰 비극으로 비화한다.

테일러주의를 통한 관리가 시작되다

아래 글은 미국 엔지니어인 프레더릭 테일러 Frederick Taylor(1856~1915)가 1894년에 미국 기계
공학회에서 발표한 논문의 일부다. 1911년에 출간된 그의 대표 저서 《과학적 경영의 원리》에 수
록되어 있다. 엔지니어였던 테일러는 작업장의 합리화, 즉 노동 동작의 최적화와 공장 환경의 효
율화를 통해 노동 시간을 줄이고 나아가 생산성을 향상할 수 있다고 믿었다. 그리고 그는 이런 발
전이 경제 성장과 여가 증진까지 가져올 수 있으리라 생각했다. 나중에 테일러주의라 불리게 되
는 이 같은 사고는 당대 대불황이라는 경제 위기 속에서 생산 비용을 줄이려는 공장주 및 사업가
의 이해관계와 맞아떨어졌다. 그러나 테일러의 의도와 달리, 테일러주의는 여가를 늘리는 대신
고용율을 낮추고 노동 강도를 높이는 현상을 불러왔다. 또 테일러주의가 초래한 고용 감소는 시
장 수요, 즉 소비 하락으로 이어졌기에, 궁극적으로는 경제 위기의 해결책도 되지 못했다. 하지만
테일러주의는 효율성이라는 가치가 서양 사회에 뿌리내리는 데 결정적으로 기여했다. 이 가치는
공장뿐만 아니라 가정, 학교, 정부 기관 등으로 번져나가며, 인간의 행동과 노동을 '합리화'했다.
이 과정에서 테일러주의식 사고방식을 심화하기 위한 경영학과 행정학 같은 학문도 등장했다. 하
지만 효율성의 가치에 의한 '합리화'는 한편으로 인간의 전통적 관습을 파괴하고 일상과 노동 과
정에 스트레스를 더하는 역효과를 냈다. 한마디로 테일러주의는 인간에게 게으르게 지낼 권리를
박탈했다.

프레더릭 테일러, 《과학적 경영의 원리 The Principles of Scientific Management》, Harper & Brothers, 1911,

서문에서 발췌

이 논문은 다음의 목적을 위해 집필되었다.

첫째, 일상의 거의 모든 부문에서 비효율로 우리나라 전체가 겪은 거대한 손실을 간단
한 예를 통해 짚어내고자 한다. 둘째, 이런 비효율을 없애는 방법은 비상하고 특별한 능

력을 지닌 사람을 찾기보다는 체계적인 경영의 도입이라는 것을 독자들에게 확신시키고자 한다. 셋째, 최고의 경영은 명확하게 정의된 법칙과 규칙, 원리에 바탕을 둔 진정한 과학임을 증명하고자 한다. 나아가, 과학적 경영의 근본 원칙들은 매우 단순한 개인의 행동부터 복잡한 협동이 요구되는 일까지, 모든 종류의 인간 행동에 적용된다는 것을 보이고자 한다.

이 논문은 원래 미국 기계공학회 발표를 위해 집필되었다. 따라서 여기서 선택된 여러 사례는 특히 산업과 생산 시설의 엔지니어와 경영자, 그리고 이런 시설에서 일하는 사람들 모두에게 더 직접적으로 다가올 수 있는 것들이다. 하지만 똑같은 원칙이 다른 사회적 행동에도 마찬가지로 적용될 수 있음을 독자들은 분명히 느낄 것이다. 즉 우리 가정의 경영, 우리 농장의 경영, 그 규모가 크든 작든 우리 사업체의 경영, 우리 교회, 우리 자선 단체, 우리 대학 그리고 우리 정부 부처의 경영에서 말이다. …

'농땡이 부리기'와 굼뜬 작업을 불러일으키는 원인을 제거하면 생산 비용을 낮출 수 있고, 그 결과 국내 시장과 해외 시장 모두 크게 확대될 것이며, 우리는 더 좋은 조건에서 경쟁자들과 경쟁할 수 있을 것이다. 그렇게 하면 불황과 실업, 빈곤을 일으키는 근본 원인 중 하나를 제거하게 될 것이며, 따라서 이런 불행에 대처하는 그 어떤 해결책보다 더 항구적이고 포괄적인 효과가 있을 것이다. 그뿐만 아니라 더 높은 임금과 더 짧은 노동 시간을 보장할 것이며 …

하지만 우리는 이를 위해 실제로는 아무것도 하지 않고 이 문제를 노동 선동가들(그들 중 다수는 잘못 알고 있거나 오도되었다), 그리고 실제 노동 조건에 무지한 감성주의자들의 손에 맡겨놓았다.

우리 업종에서 일하는 노동자들은 일하는 방법을 그들 주변 사람들에게서 하나하나 배우기에, 똑같은 작업을 하는 데에도 수많은 다른 방식이 존재한다. 아마도 각 업종의 각각의 작업마다 40가지, 50가지 혹은 100가지가 넘는 방법이 있을 것이며 … 각 업종의 각 업무에서 사용되는 다양한 방법과 수단 가운데, 다른 모든 것보다 더 빠르고 더 좋은 단 한 가지 방법과 수단이 있다는 점을 인식하자. 그리고 이 최선의 방법과 수단은 사용된 모든 방법과 수단에 대한 과학적 연구와 분석, 그리고 적확하고 세밀한 시간동작 연구motion and time study를 통해 발견되고 발전될 수 있다. 이로써 과학은 그간 작업자의 솜씨가 뽐내던 권위를 대체한다.

제국주의 옹호 논리를 펼친 프랑스 정치인, 쥘 페리

> 쥘 페리Jules Ferry(1832~1893)는 제3공화정에서 교육부 장관과 총리를 역임한, 19세기 후반 프랑스의 가장 유력한 정치인 중 한 명이었다. 세실 로즈 같은 본격적인 제국주의자는 아니었지만, 페리 역시 당대의 많은 성지인처럼 세국주의 확장을 옹호헀다. 그가 총리로 있을 때, 프랑스기 아프리카 튀니지와 인도차이나의 통킹만에 진출한 것은 잘 알려진 사실이다. 아래 글은 당시에 흔했던 제국주의 찬양 도서에 페리가 붙인 서문의 일부다. 이 글에서 페리는 1870년대의 경제 위기와 제국주의의 관계를 명시적으로 드러낸다. 물론 제국주의를 옹호하는 시각에서 말이다.

쥘 페리, 《통킹만과 조국Tonkin et la Mère-Patrie》(Paris, 1890)의 서문; 데이비드 톰슨David Thomson 편,
《프랑스: 제국과 공화국, 1850~1940France: Empire and Republic, 1850–1940》, Palgrave Macmillan,
1968, pp. 308~310에서 재인용

식민 정책은 산업 정책의 딸이다. 부국들은 자본이 풍부하고 빠르게 축적되며, 육체노동이 가능한 인구 가운데 가장 에너지 넘치고 부단히 일하는 이들을 끌어들일 만큼 생산이 꾸준히 증가하고, 농업이 이미 기계화되어 있다. 이런 부국에게 수출은 번영을 위한 필수 요소다. 자본의 확장은 … 해외 시장의 보유 정도에 달려 있다. …

1876, 1877년부터 유럽을 무겁게 짓누르는 경제 위기 탓에 … 프랑스와 독일, 심지어 영국에서까지 뚜렷하고 지속적인 수출 감소가 목도되었다. 유럽은 몇 년 동안 비즈니스 상황이 계속 나빠지고 있는 상사에 비견될 만하다. 유럽의 소비 시장은 포화 상태가 되었다. 지구의 다른 곳들로부터 새로운 부류의 소비자를 끌어와야 한다. 만약 이 과업이 이루어지지 않는다면 근대 사회는 파산할 것이고, 20세기가 밝으면서 파산은 막대한 피해를 초래하는 대재앙의 형태로 사회 전반에 걸쳐 발생할 것이다. …

영국 기업이 서양의 생산품 소비를 위해 새로이 열리는 시장에서 독점적 수익을 거두지 못하게 하기 위해, 독일은 지구 곳곳에서 영국에 대항하고 있다. 그 (과거 가까웠던 두 국가 사이의) 경쟁은 예기치 못한 일이었을 뿐만 아니라 거슬리는 것이기도 하다. 식민 정책은 경쟁이라는 불변의 법칙이 국제 정치 무대에서 표현된 것이나.

제국주의를 분석하고 그 종식을 꿈꾼 레닌

이른바 제국주의가 전 세계를 휩쓸던 19세기 말과 20세기 초, 수많은 서양 지식인들은 이에 대한 분석을 시도했다. 존 홉슨, 루돌프 힐퍼딩과 더불어 제국주의에 대한 가장 이론적인 분석을 내놓았던 인물이 향후 소련의 지도자가 되는 블라디미르 레닌이다. 레닌은 서양 국가에서 경제 위기로 자본가의 수익률이 떨어지자 잉여 자본을 해외에 투자하는 과정에서 제국주의가 발생했다고 보았다. 그리고 이런 자본 수출을 통해 전 세계가 서양 자본의 지배망에 포섭되었다고 보았다. 그는 이 같은 현상은 자본주의가 최후의 단계에 이르렀다는 증표라고도 생각했다. 따라서 레닌의 논리 속에서는 제국주의 체제를 무너뜨리는 것이 곧 자본주의를 넘어서는 것, 즉 사회주의 혁명의 동의어가 될 수 있었다.

레닌, 《제국주의, 자본주의의 최고 단계로서》, 박상철 옮김, 돌베개, 1992, 82쪽

자본주의가 자본주의로 남아 있는 동안에 잉여 자본은, 그 나라 대중들의 생활 수준 향상이 자본가들의 이윤을 감소시킬 수 있기 때문에 대중들의 생활 수준을 향상시키는 데가 아니라 외국들, 즉 후진국들에 대한 자본 수출을 통해 이윤을 증대시키는 데에 사용된다. 그 후진국들에서는 자본이 적고, 토지 가격이 상대적으로 높지 않으며, 노임은 낮고, 원료가 싸기 때문에 이윤이 높은 것이 보통이다. 자본 수출의 가능성은 일련의 후진국들이 세계 자본주의권 안에 이미 끌려 들어와 있고, 주요한 철도 노선들이 부설되었거나 부설되기 시작했으며, 공업의 기본적인 발전 조건들이 확보되어 있다는 등의 사실에 의해 생겨났다. 자본 수출의 불가피성은 소수의 나라들에서 자본주의가 '너무 성숙하였고', 자본을 '수익성 있게' 투자할 분야가 부족하다는 사실에 의해 생겨났다.

극단적 민족주의의 등장

독일을 숭배하던 영국 철학자 휴스턴 스튜어트 체임벌린Houston Stewart Chamberlain(1855~1927)이 세기말에 쓴 저작, 《19세기의 토대》의 일부다. 이 책은 빌헬름 2세부터 나치의 선전 책임자 괴벨스에 이르기까지, 20세기 독일의 극단적 민속수의사들이 성전처럼 떠받들던 책 가운데 하나다. 체임벌린은 독일 민족의 우수성을 강조하며 유대인 및 여타 아시아인은 그에 비해 열등하다고 주장했다. 물론 이런 사고가 세기말 독일에서만 유행했던 것은 아니다. 유럽의 열강들은 이런 사상에 근거하여 아시아·아프리카의 식민 지배를 정당화했다.

체임벌린, 《19세기의 토대The Foundations of the Nineteenth Century》, Fertig, 1968, pp. 542~543

인류를 구성하는 여러 인종은 저마다 그 성격과 재능의 수준이 확실히 다르며, 게르만 인종은 최고로 재능 있는 집단에 속한다. 그 집단은 아리아인이라고 불리기도 한다. 이 가계는 혈연적으로 하나이고 균일한가? 이 줄기들은 정말로 모두 같은 뿌리에서 나왔는가? 이 질문에 대한 답을 나는 모르지만 크게 개의치 않는다. 인종의 유사성보다 더 강력하게 사람들을 묶어줄 유사성은 없다. 이런 뜻에서 인도-유럽 아리아인은 확실히 하나의 가계를 형성한다. … 육체적으로나 정신적으로나 아리아인은 모든 민족 가운데서도 탁월하다. 따라서 고대 그리스 스타게이라인들의 표현처럼 그들은 정당하게 세계의 주인이다. 아리스토텔레스는 이 문제를 더 간결하게 표현하여, "어떤 사람은 본질적으로 자유롭고, 또 다른 이들은 노예다"라고 말했다. 이 말은 정확히 도덕의 표현이다. 자유란 인간이라면 누구나 주장할 수 있는 추상적인 것이 아니기 때문이다. 자유의 권리는 분명히 그것을 가질 수 있는 능력에 따라야 하며, 이는 다시 물리적·지적 능력을 전제로 한다. … 우리는 시리아인이 노예주로서뿐만 아니라 노예로서도 잘사는 것을 보지 않았던가? 중국인은 우리에게 이런 본성의 또 다른 예를 보여주지 않는가? 셈족과 반半셈족이 뛰어난 지적 능력을 지녔음에도 장기간 유지된 국가를 건설하는 데 성공하지 못했으며 권력욕 탓에 자유와 반대되는 참주정과 무정부 상태를 초래하는 데 그쳤다는 사실을 역사가들이 알려주지 않았던가?

식민지에서 자행된 인종주의 폭력

다음 자료는 남부 아프리카 주둔 영국 군대가 현지인들에게 자행한 만행을 보여준다. 자료에 따르면, 영국 병사는 자기네 나라 백인 정착민이 살해되었다는 소식을 듣고 '용의자'들에게 무차별적인 총격과 방화를 지시한다. 그에게 현지인들은 그저 미개한 '야만인'이었을 뿐이다.

어느 영국 병사의 일기(1902년 9월 2일), 1899; 마빈 페리Marvin Perry 외 편집,《서양 전통을 보여주는 사료들Sources of the Western Tradition》5판, Cengage Learning, 2003, p. 261

오늘 아주 불쾌한 임무를 수행했다. 나는 한 백인 정착민이 그제 매우 잔인하게 살해되었던 숲 가장자리 마을까지 야간 행군을 했다. 우리는 밤새도록 군부대 북소리를 울리며 행군했지만 별다른 사고 없이 마을에 도착하여 주변을 포위했다. 우리는 불빛에 의지해 마을의 야만인들이 춤추는 모습을 보았다. 우리의 길잡이는 그들이 죽은 백인의 훼손된 시신 주변에서 춤추고 있다고 확인해주었다.

나는 아이들을 제외하고 모든 생명체를 사정없이 죽이라고 명령했다. 나는 그 일이 싫었고 빨리 임무를 끝내고 싶었다. 총을 쏠 준비가 되자마자 우리는 접근했다. 몇몇 남자가 탈출하려고 시도했으나 곧바로 사살되었다. 그러고 나서 나는 그들이 방어 태세를 갖추기 전에 그곳을 급습했다. 그들 모두가 총에 맞거나 총검에 찔렸고, 다행히도 마을에는 어린아이가 한 명도 없었다. 야만인들, 그러니까 마을 사람들은 이미 어린이들을 젊은 여성들과 함께 숲으로 대피시켜 놓았던 것이다. 우리는 마을의 집을 깡그리 태워버렸고, 바나나 농장도 싹 다 파괴해버렸다.

제국주의 문명론을 펼친 세실 로즈

> 제국주의를 추동했던 주요 요소 중 하나는 서양 사람들의 문명 우월론이다. 이들은 자신들이 기독교와 과학을 바탕으로 문명화된 사회를 건설했다고 믿었으며, 또 그 소산을 미개한 비유럽인들에게 전파하는 것이 자신들의 도덕적 의무라고 생각했다. 낭내의 내은행가이자 흔히들 제국주의의 상징적 인물로 평가받는 세실 로즈Cecil Rhodes(1853~1902)의 글은 당시 서양 사람들이 품었던 감성을 잘 보여준다.

세실 로즈, 〈신앙 고백Confession of Faith〉; 마빈 페리 외 편집, 《서양 전통을 보여주는 사료들》, pp. 243~244에서 재인용

남자는 문득 삶에서 최고선이 무엇인지 묻기 마련이다. 누군가에게는 행복한 결혼일 것이고, 다른 이에게는 커다란 부富일 것이다. 그리고 저마다 그런 생각을 신조로 삼으면서 그것을 위해 여생을 더 열심히, 혹은 덜 열심히 일하게 마련이다. 위의 질문을 거듭 생각하면서, 나는 조국에 유용한 사람이 되어야겠다는 바람이 생겼다. 그래서 나는 어떻게 하면 그렇게 될 수 있을지를 자문하고 다양한 방법을 검토해본 뒤, 이렇게 생각하게 되었다. 오늘날 우리는 실제로 자녀를 덜 낳고 있다. 지구상에 살 수 있는 인구 최대치를 추산해볼 때, 아마도 그 절반 정도만이 살고 있는 셈이다. 우리 자녀들이 거주할 수 있는 땅이 부족하기 때문이다. 만약 우리가 아메리카를 지금까지 보유했더라면, 지금 거기에는 수백만 영국인이 살았을 것이다. 우리가 세계에서 가장 훌륭한 인종이며 우리가 세계 곳곳에서 살수록 인류에게 더 유익할 것이라고 나는 주장한다. 지금 가장 비루한 인종들이 살고 있는 지역이 앵글로색슨인의 영향 아래 있었다면 어떤 변화가 생겨났을지 상상해보라. 나는 우리 영토가 1에이커씩 늘어날 때마다 미래에 영국 인종이 더 많이 탄생할 수 있다고 주장한다. 이 같은 영토 확장이 없다면 그들은 태어날 수 없을 것이다. 이 세상에 존재할 수도 없다. 여기에 더해, 세계의 더 많은 지역이 우리의 지배 아래로 흡수되는 것은 전쟁이 완전히 끝나는 것을 의미하기도 한다.

제국주의를 통해 비즈니스를 확장한 상인의 청원서

아프리카 사업에 관심이 많았던 함부르크의 선주 아돌프 뵈르만이라는 인물의 청원이다. 이 청원
은 제국주의 경쟁에서 후발국이었던 독일의 처지를 선명히 드러내며, 훗날 영국과 독일 사이에
벌어진 본격적인 식민지 경쟁과 갈등을 예고한다. 한편 과학의 이름으로 진행된 제국주의 탐사
와 탐험이 실은 경제적 이해관계와 밀접한 관계가 있었다는 사실도 이 글을 통해 엿볼 수 있다.

아돌프 뵈르만, 서아프리카에서 독일이 얻을 이득과 관련해 함부르크 상공회의소에 제출한 청원(1883년
7월 6일); R. C. 브리지스R. C. Bridges 편집, 《민족들과 제국들: 1648년 이후 유럽사 및 유럽과 세계와의
관계사 자료들 Nations and Empires: Documents on the History of Europe and on Its Relations with the World since
1648》, Macmillan, 1969, pp. 173~174

독일 제국을 보호하는 일이 독일인들의 비즈니스, 특히 영국과 같은 다른 나라들에 독
일이 뒤떨어지지 않도록 하는 데 얼마나 중요한 것인지는 자명하다. … 흑인 추장들은
영국인들이 … 전함을 가장 빠른 시간 내에 준비시키고 합의된 계약을 실행할 능력이
있음을 잘 안다. … 이 추장들은 독일의 힘과 결단력에 대해서는 전혀 알지 못한다. …
그러나 영국인들과 프랑스인들이 독일인들보다 더 유리한 위치를 점하는 데에는 비단
전함을 준비시키는 것 말고도 다른 이유도 있다. 영국과 프랑스가 토착민 추장들과 이
미 맺은 수많은 조약 덕분에 그들은 유리한 위치를 다지고 더 강화할 수 있다. 1840년
대에 … 영국은 그들 신민이 이 지역[서아프리카]에서 방해받지 않고 자유롭게 교역할
수 있는 권리를 인정받았고, 영국 외 다른 나라의 선박이나 업자 들이 유리한 조건이나
특권을 부여받지 못하도록 만들었다. 그 나라들이 영국의 선박이나 업자 들에게 유리
한 조건을 제시하지 않는 한 말이다. …

독일이 어떠한 형태로든 실질적으로 우위를 얻으려면 빨리 움직여야 한다. 독일 제국
은 아프리카 협회를 통해 아프리카 대륙의 과학적 탐사와 탐험을 폭넓게 지원해왔으므
로 분명 그런 유리한 조건을 차지할 권리가 있다. … 식민지를 원하는 것은 몇몇 회사만
이 아니라 전체 독일 국민이니 말이다.

제국주의의 전통 파괴를 비판한 언론인

프랑스 태생의 영국 언론인 에드먼드 모렐Edmund Morel(1873~1924)은 제국주의가 경제적 침탈일 뿐만 아니라 식민지인들의 '고유의 삶의 방식', 즉 전통의 파괴라는 점을 명확히 인식했다. 제1차 세계대전 당시에 평화 운동을 펼친 모렐은 노동당 후보로서 영국 의회에 신출하기도 했다. 그가 승리를 거둔 1922년 선거에서 상대 후보는 보수당의 윈스턴 처칠이었다.

에드먼드 모렐, 《아프리카, 그리고 유럽의 평화Africa and the Peace of Europe》, 1917; R. C. 브리지스 편집,

《민족들과 제국들》, pp. 188~190에서 재인용

새로운 국제법의 '자유무역' 조항을 아프리카의 비식민화 지역 전체로 확대하여 적용하는 것만으로는 충분하지 않다. 거기에는 열대 아프리카 교역의 성격과 절차에 대한 명확한 정의, 열대 아프리카에서 '자유무역'이 수반하고 초래하는 바가 무엇인지에 대한 논의가 확실하게 선행되어야 한다. …

우리는 아프리카 비식민화 지역의 교역이 어떤 것들을 포함하는지 목격한 바 있다. 그 것은 아프리카 사람들이 모으고, 마련하고, 개발한 원자재가 유럽에서 수입된 공산품과 교환되는 과정이었다. 그 과정은 이제 콩고를 내 것이라 여기는 레오폴드 왕[1]과 그의 금융 동업자들에게 떨어지고 말았다. 그들은 콩고로부터 가능한 최단 시간과 최소 비용을 들여 원자재 물량(콩고의 경우에 그것은 자생 천연 고무)을 최대한 획득하고자 한다. 그들은 이런 목적을 달성하는 과정에서 국제법에 명시된 '자유무역'을 준수했다고 여전히 공언한다. …

이런 식으로 열대 아프리카에서 이른바 이권 체제concessionaire system가 생겨났다. 20년 만에 이 체제는 노예무역이 지난 300년 동안 파괴한 것보다 더 많은 수의 아프리카인을 파멸시켰다. 프랑스는 프랑스령 콩고에서 이 체제를 모방했으며, 그 결과 벨기에령과 유사한 결과가 필연적으로 발생했다. 요컨대 아프리카 고유의 삶의 방식에 피해를 입혔을 뿐 아니라 그들의 삶을 송두리째 파괴하고 말았다. …

1 | 1865년부터 1909년까지 왕위에 있었던 벨기에 국왕 레오폴드 2세를 가리킨다

유럽 열강의 아프리카 분할

> 열강의 아프리카 분할을 상징하는 조약인 '베를린 회의' 내용의 일부다. 벨기에의 콩고 식민지화
> 에 관련된 문제를 주로 논의하기 위해 소집되었던 이 회의에서 서양 열강은 아프리카 전역을 사
> 실상 그들끼리 나누어 가지는 데 합의했다. 그때까지만 해도 이 같은 협력과 공조의 모습이 제국
> 주의 열강 사이에서 더 두드러졌다. 하지만 곧 이 양상은 달라진다.

베를린 회의(1884), https://loveman.sdsu.edu/docs/1885GeneralActBerlinConference.pdf

제6장 아프리카 대륙 해안 지역에 대한 새로운 점령의 유효성을 지속시키기 위해 준
수할 필수 조건들에 관련된 선언 …

제34조 이제부터 아프리카 대륙 해안 지역 중에 현재의 속령 바깥의 다른 곳을
속령으로 삼았거나, 또는 지금까지는 속령이 없었으나 앞으로 이를 가질 수 있
는 그 어떤 국가, 혹은 그곳에서 보호령을 가지려는 그 어떤 국가도, 지금 이 조
약에 조인하는 다른 국가들에 자신의 행위를 공지해야 한다. 이 국가들에게도
필요하다면 그들 자신의 이권 주장을 펼칠 수 있는 기회를 주기 위함이다.

제7장 기타 처리

제37조 현 조약에 조인하지 않은 국가들은 다른 방편을 통해 이 조항들에 참여
할 자유가 있다. 각 국가의 가맹은 외교적 형식을 갖추어 독일 제국 정부에 공
지되어야 하고, 독일 제국을 통해 다른 모든 조인 국가, 또는 새로운 가맹국에
전달될 것이다. …

제국주의 열강들 사이의 경쟁과 갈등

조지 커즌^{George Curzon}(1859~1925) 경은 제1차 세계대전 직후 열린 베르사유 회담에 참석했던 영국 외상이다. 이 글은 커즌이 인도 총독으로 재직하던 당시 영국이 페르시아와 페르시아만에서 확보할 수 있는 이권을 설명하기 위해 영국 외무부에 보낸 장문의 전보 중 일부다. 러시아와 협업이 주요 관심사였던 초창기 제국주의와 달리, 세기가 바뀌던 무렵인 이 시점부터는 열강들 간의 경쟁과 갈등이 부각되었다. 커즌의 이 전보는 그러한 정황을 정확히 보여준다. 이런 경쟁과 갈등은 파쇼다 사건, 러일전쟁, 모로코 위기 등을 예고했고 결국에는 제1차 세계대전으로 이어졌다.

조지 커즌, 페르시아와 페르시아만에 대한 영국 정책과 이해관계 분석(1899년 9월 21일); R. C. 브리지스 편집, 《민족들과 제국들》, pp. 185~187

페르시아는 영국령 인도와 관련해서 본다면 전략적으로 중요한 지역임이 분명하다. 물론 그 나라의 자원과 지형만 고려한다면 그다지 중요하지 않을 수도 있다. 하지만 아시아에서의 이해관계가 우리와 항상 조화롭지만은 않은 모 강대국 내 점점 커지는 세력이 페르시아와 아프가니스탄을 강력히 압박한다는 사실을 기억한다면, 그리고 페르시아만이 다른 나라들, 때로는 우리와 경쟁 관계인 나라들에게 관심을 끌기 시작했다는 사실을 상기한다면, 그곳은 분명히 꽤 중요한 곳이다. …

페르시아의 북쪽 국경 전체는 현재 러시아의 영토와 맞닿아 있다. … 대영 제국은 남쪽 국경에 유사한 영향권을 쥐고 있다. 페르시아만에서 지금껏 우리가 누린 해군력과 상업의 절대적 우위 덕분이다. … 러시아의 영토들은 유럽 러시아, 또는 아시아 러시아의 영토들로 길게 뻗어 있지만, 그곳의 거대한 자원은 페르시아 접경에 이르는 철도 체계가 들어선다면 충분히 동원될 수 있으며, 손쉽고 빠르게 그 접경 지역에 배치될 수 있다. 만약 그들을 위협하거나 직접적으로 공격하기 위해 대영 제국의 군대를 동원해야 한다면 바다를 통해 수송해야 하며, 따라서 우리 본부에서 멀어질 수밖에 없다. …

우리는 우리 정부에 다음과 같은 사실을 각인시켜야 한다. 육지를 통해서나, 바다를 통해서나, 대영 제국이 확실한 이유로 우리의 세력권이라고 여기는 지역에서, 그 영향력이 직접적으로 또는 차츰 다른 나라들에게 도전받고 있다는 사실을 말이다. 그 나라들은 자신들의 거점을 더 확고하게 다지면서 역사적 근거를 들거나, 자기편에 유리한 사실을 들고나오며 우리가 먼저 획득해놓은 이권들을 문제 삼을 것이며, 이론상 우리도 반박하기 어려운 권리 균등 원칙을 주장하고 나올 것이다.

자료
11

1905년, 모로코에 위기의 기운이 감돌다

북아프리카와 지중해의 요충지 모로코는 20세기 초까지 근근이 독립을 유지하고 있었지만, 사실상 프랑스의 세력권으로 분류될 수 있었다. 특히 1904년에 프랑스가 경쟁국인 에스파냐의 세력권을 일부 해안 지방으로 국한하고 이를 영국이 공인했을 때, 모로코에서 프랑스 제국주의의 위상은 확정되는 듯했다. 하지만 그 위상은 바로 이듬해에 독일 황제 빌헬름 2세의 전격적인 모로코 방문으로 도전을 받았다. 그리고 이는 결국 '제1차 모로코 위기'로 불리는 군사 충돌의 위기로 발전했다. 이 글은 한 독일 관료가 당시 빌헬름 2세의 도착과 환영식을 기록한 것이다. '자유'와 '동등' 같은 민주주의 담론으로 포장되었지만 독일의 속내는 제국주의적 팽창에 있었음을 엿볼 수 있다.

빌헬름 2세의 모로코 방문 기록(1905), https://alphahistory.com/worldwar1/report-first-moroccan-crisis-1905/

기술적 어려움이 있었지만 탕헤르에 무사히 상륙했다. 부두에서 모로코 관리들과 독일 이주 정착민들이 딱 적당한 규모로 환영식을 열었다. 그런 다음, 모로코 사람들과 유럽인들에게 말로 표현할 수 없을 만큼 환영을 받으면서 호사스럽게 장식된 도로를 차를 타고 달렸다. 마치 멋진 날씨 속에서 펼쳐지는 화려한 동방식 행렬 같았다. 대사관에서는 독일인, 외교단, 모로코 술탄의 특사가 주최하는 환영회가 있었다. …

독일 황제는 존경을 표하고 [모로코와 독일 사이의] 자유무역에 대한 희망을 전달했다. 그리고 모로코와의 무역에서 독일이 다른 나라와 완전히 동등한 권리를 누리길 원한다고 말했다. 모로코의 프랑스 총독인 셰리제 백작이 이 발언을 예의상의 겉치레로 취급하려 하자, 독일 황제는 모로코 술탄을 독립 국가의 자유로운 지배자 및 동등한 상대라고 치켜세우며 그와 직접 거래하고 싶다는 의사를 피력했다. 그리고 그는 이런 주장은 정당하며 프랑스도 이를 인정해야 한다고 말했다. 셰리제 백작은 당황해하며 안색이 창백해졌다. 백작은 이어 어떤 식으로든 대응하려 했지만 바로 묵살당했다. 그는 풀이 죽은 채 뒤로 물러났다.

전체적으로 폐하의 짧은 방문은 불미스러운 일 없이 훌륭하게 마무리되었으며, 무어인[모로코 원주민]들과 외국인 모두에게 확실히 또렷한 인상을 남겼다.

| 참고문헌 |

게이, 피터, 《부르주아전》, 고유경 옮김, 서해문집, 2005.

맥닐, 윌리엄, 《전쟁의 세계사》, 신미원 옮김, 이산, 2005.

밸런타인, 토니·앤트와넷 버턴, 〈제국들과 세계의 범위〉, 《하버드-C. H. 베크 세계사: 1870~1945 하나로 연결되는 세계》, 조행복·이순호 옮김, 민음사, 2018.

베커트, 스벤, 《면화의 제국: 자본주의의 새로운 역사》, 김지혜 옮김, 휴머니스트, 2018.

일리, 제프, 《THE LEFT(1848~2000): 미완의 기획 유럽 좌파의 역사》, 유강은 옮김, 뿌리와이파리, 2008.

폴라니, 칼, 《거대한 전환》, 홍기빈 옮김, 길, 2009.

헤드릭, 대니얼, 《과학기술과 제국주의: 증기선, 키니네, 기관총》, 김우민 옮김, 모티브북, 2013.

홉스봄, 에릭, 《제국의 시대》, 김동택 옮김, 한길사, 1998.

Wiener, Martin J., *An Empire on Trial: Race, Murder, and Justice under British Rule, 1870~1935*, Cambridge University Press, 2008.

2
제1차 세계대전의 기원

긴 평화

프랑스-프로이센 전쟁이 끝나고 독일 제국이라는 이름으로 독일 민족 국가가 성립된 1871년부터 제1차 세계대전이 발발한 1914년 여름까지, 유럽 대륙의 중심부에서는 40년이 넘게 큰 전쟁의 참화를 목격할 수 없었다. 일부 학자들이 '긴 평화'라고 부르기도 했던 이 시기는 근대 유럽사의 기준에서 보자면 예외에 해당한다. 특히 종교 갈등으로 유럽이 세기 내내 항구적 전쟁 상태였던 17세기나, 왕위 계승 전쟁이라는 명분으로 절대주의 국가끼리 빈번하게 전쟁을 벌였던 18세기, 그리고 나폴레옹 전쟁으로 대표되는 19세기 전반기의 상황을 떠올려본다면, 19세기 말부터 20세기 초에 이르는 40년 동안 이어진 평화는 유럽인들에게 낯선 현상이었다. 물론 그 기간에 유럽 국가들이 관여한 전쟁이 전혀 없었던 것은 아니다. 발칸반도는 '유럽의 화약고'라 불리며 갈등과 위기의 순간을 계속해서 만들어냈고, 저 멀리 아시아와 아프리카의 유럽 식민지들에서는 열강 간의 충돌이 이어졌다. 하지만 적어도 유럽 대륙의 중심부에서는 주요 국가들이 연루된 대규모 전쟁이 없었던 것은 분명한 사실이다.

이처럼 예외적인 '긴 평화'는 독일 제국의 실권자이자 당시 국제 관계의 중재자를 자처했던 오토 폰 비스마르크Otto von Bismarck의 역할을 빼고는 설명하기 어렵다. 흔히 현실주의로 불린 그의 외교 정책은 세력 균형 원리를 기초로 유럽 열강들의 이해관계를 조정하고 타협시키는 데 주력했다. 물론 그가 근본적 평화주의자여서 이 같은 정책을 기획했던 것은 아니다. 사실 비스마르크는 그 반대 성향의 인물이었다. 저 악명 높은 '철혈 정책'의 이미지에 맞게 그는 독일이 통일되기 전 일련의 전쟁을 사주하고 획책한 바 있었다. 하지만 갑자기 유럽의 중앙에 거대한 영토와 인구를 가진 국가로 등장해 여타 열강과 주변 국가들을 긴장시킨(이른바 '독일 문제') 탓에 역으로 그만큼 견제와 위협을 받아야 했던 통일 독일의 입장에서 볼 때, 세력 균형 원리를 통해 현상을 유지하는 정책이 그들 국익에 가장 부합한다는 것이 비스마르크의 현실적 판단이었다. |자료1|

그러나 1890년대가 지나면서 '긴 평화'가 위태로워질 듯한 징후가 서서히 나타나기 시작했다. 첫째, 제국주의 경쟁의 여파로 유럽 주요 민족 간의 민족 감정 및 적대감이 커지는 현상이 목도되었다. |자료2| 유럽 신문의 지면들은 식민지에서 자신들이 거둔 성과(?)를 앞 다투어 보도했고, 다른 제국주의 국가의 도전을 유럽 민족 간의 쟁패로 묘사했다. 대결적 담론이 공적 영역에 널리 퍼지면서 지배와 폭력에 대한 유럽 사회의 경계심과 자제력은 무뎌져갔다. 둘째, 19세기 후반에 본격적으로 진행된 이른바 제2차 산업혁명으로 철강과 화학, 기계 생산 등의 분야에서 기술 혁신이 이루어졌고 그 결과 전쟁에서 사용될 무기의 질을 크게 개량(?)시켜 놓았다. 또한 20세기 초반에 이르러서는 유럽 국가들의 재정에 군비의 비중이 비약적으로 확대되었다. 셋째, 19세기 후반에 크게 발달한 행정 기술 덕분에 유럽 국가들은 자국의 인적·물적 자원에 대한 정보를 더 자세히 파악할 수 있게 되었다. 문제는 이 같은 '발달' 덕에 자원을 더 신속하고 더 많이 동원할 수 있게 되면서 그만큼 대규모 전쟁 준비도 훨씬 용이해졌다는 점이다.

이런 배경 속에서 비스마르크가 실각했다. 그 이후부터 유럽의 평화는 흔들리기 시작했다. 독일 제국의 외교 정책을 직접 입안하게 된 빌헬름 2세는 비스마르크와는 사뭇 다른 생각을 지닌 인물이었다. 그는 현상 유지가 아니라 더 많은 식민지를 획득하는 것이 당시 독일 제국의 국익에 부합한다고 믿었다. 19세기 후반 유럽에 닥친 경제 위기, 이른바 대불황을 겪으면서 그가 내린 결론은 상품 판매처이자 자본 수출처로서 식민지를 더 많이 확보해야 한다는 것이었다. 빌헬름 2세의 이런 믿음은 독일 우월주의자이자 프로이센 군대 전통의 숭배자였던 그의 기질과도 맞아떨어졌다. 민족 국가로서 통일이 늦었던 독일은 영국과 프랑스에 비해 식민 팽창 경쟁에서 당연히 후발 주자가 될 수밖에 없었다. 빌헬름 2세는 그 뒤처짐을 그대로 두고 볼 수 없었다. 독일 제국은 그간 아프리카에서 확보했던 몇몇 식민지를 넘어, 중동과 아시아, 태평양으로 확장되어야 했다. 그의 이런 야망은 베를린에서 발칸반도를 거쳐 바그다드를 잇는 철도를 건설한다는 계획, 그리고 육군 중심이던 프로이센식 군대 편제에서 벗어나 해군력, 즉 함대를 대규모로 늘리는 방안 등으로 차츰 구체화되었다. |자료3|

한편 '세계 정책'이라 불린 이 같은 팽창주의 정책을 빌헬름 2세가 펼치게 된 데에는 국내 요인도 있었다. 당시 독일에는 전 세계에서 가장 큰 사회주의 정당, 그것도 막 마르크스주의 혁명 노선(에르푸르트 강령)을 선언한 정당이 활약하고 있었다. 당시 독일은 제2차 산업혁명의 주 무대로, 대형 공장의 노동자들, 특히 정치적 급진화의 가능성이 보다 큰 미숙련 노동자가 다수 등장했다. 빌헬름 2세와 독일의 지배 계급에게는 이들 대중의 관심을 계급 모순이나 사회적 불평등 같은 국내 문제 대신 독일 민족의 위대성과 같은 다른 주제로 옮길 필요가 있었다. 가령 해외 식민지 경쟁에서 독일이 승리했다는 소식은 노동자들의 불만을 애국주의 감정으로 덮어버릴 수 있을 터였다.

이 같은 독일의 움직임에 가장 민감한 반응을 보인 나라는 '이웃' 프랑스였다. 그들에게 1870년 프랑스-프로이센 전쟁에서의 굴욕적인 패배는 아직 기억이 생생한 최근의 일이었다. 게다가 통일 이후 5000만 이상이 된 독일의 인구수는

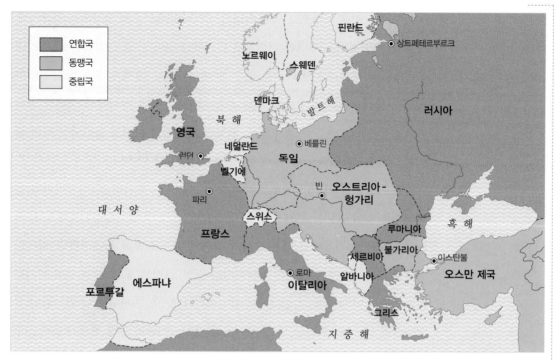

도판 5 제1차 세계대전 직전의 유럽의 지형도. 유럽은 협상국 측과 동맹국 측으로 양분되어 훗날의 냉전에 비견될 만한 국제적 긴장상태에 놓여 있었다.

3000만 대 프랑스인들에게 큰 위협으로 다가왔다. 위에서 언급했듯이, 국가 행정력의 발달과 더불어 양국이 자신들의 인적·물적 자원을 최대한 동원할 수 있다면, 그 결과는 인구수가 많은 쪽이 우세할 테니 말이다. 또 여전히 농업 비중이 매우 높던 프랑스의 산업 구조에 비해 대대적으로 중화학 공업화를 이룬 독일이 보다 '효율적인' 무기를 보유할 것이라는 점도 프랑스인들의 걱정거리였다. 이처럼 위기의식에 휩싸인 프랑스가 할 수 있는 일은 독일을 그들 반대편에서 견제할 수 있는 파트너를 찾는 것이었다. 이에 자연스럽게 러시아가 프랑스의 동맹국이 되었다. 러시아는 크림 전쟁의 패배로 군제와 사회 조직의 후진성을 노출한 바 있었지만, 당시까지도 여전히 유럽 최강의 군사력을 보유한 나라로 보였다. | 자료4 |

프랑스와 마찬가지로 영국 역시 독일의 정책 변화를 걱정할 만한 이유가 충분했다. 영국과 독일은 한때 동맹까지 고려했던 비적대국이었다. 하지만 빌헬름 2세의 세계 정책, 특히 건함 정책이 공포된 이후로는 선린 관계가 유지되기 어

려웠다. 해군력을 바탕으로 세계 최대의 식민지 보유국으로 성장해온 영국에게, 독일의 건함 정책은 커다란 위협으로 다가왔던 것이다. 결국 영국은 과거 적대국이었던 프랑스와 동맹(1904)을 맺는 데 이어, |자료5| 19세기 후반 이후 지정학적으로 줄곧 대립해온 러시아와도 손을 잡는 등 외교 정책에서 중대한 전환(1907)을 택했다. |자료6| 이로써 영국, 프랑스, 러시아가 사실상 동맹국이 되는 삼국협상이 완결되었다.

한편 독일은 이미 비스마르크 시대에 오스트리아–헝가리 및 이탈리아와 삼국동맹을 맺어놓은 상태였다. |자료7| 이 동맹은 원래 비스마르크가 프랑스 및 러시아의 위협을 전제하고 맺은 수세적 성격의 다소 느슨한 동맹이었다. 하지만 독일과 오스트리아–헝가리는 삼국협상의 출현, 그리고 제1, 2차 모로코 위기를 목도하면서 이 동맹을 더 공고하게 발전시켰다. |자료8| 이처럼 유럽 열강들이 삼국협상과 삼국동맹이라는 두 진영으로 나뉘면서, 이른바 동맹 체제가 출현했다. 이 체제에 북유럽을 제외한 대다수 유럽 국가가 각기 가담함으로써 유럽은 양 진영으로 분단되어 사실상 '냉전' 상태가 되었다. 동맹 체제의 원칙에 따르면, 한 동맹에 속한 한 국가가 전쟁을 치르면 그 나라와 동맹을 맺은 다른 국가들도 자동으로 전쟁에 참여할 수밖에 없었다.

물론 당시 유럽 각국의 개별적인 움직임을 자세히 살펴보면 동맹 체제의 접착성이 생각만큼 그리 끈끈하지 않았다는 것을 알 수 있다. 두 진영 사이에서 비밀 외교를 펼쳤던 이탈리아의 경우가 가장 두드러진 예다. 하지만 동맹 체제 때문에 일부 국가끼리 벌이는 국지전이나 소규모 전쟁이 유럽의 여러 주요 국가가 참여하는 대규모 전쟁으로 전화될 가능성도 분명히 있었다. 이런 가능성은 비극적이게도 1914년 여름에 현실이 되었다.

독일의 현상 유지 정책

> 독일 수상 비스마르크가 독일의 대 동유럽 정책의 줄기를 설명한 자료다. 비스마르크는 유럽에서
> 의 현상 및 평화 유지를 최우선 과제로 삼았다. 이러한 상황에서 특히 영국과 러시아가 연합하여
> 오스만 제국과 갈등을 일으킬 가능성, 그리고 러시아와 오스트리아 사이에 갈등의 골이 깊어질
> 가능성을 가장 큰 위협으로 그는 판단했다.

'동유럽 문제'에 대한 독일 정책의 기조를 제안하는 일반 지침 초안(비스마르크, 1880년 11월 7일); E. T. S. 더그데일E. T. S. Dugdale 편집, 《독일 외교 문서German Diplomatic Documents》 Vol. I, Harper, 1927, pp. 153~154

우선 우리의 동유럽 정책의 목표는 평화 유지다. 우리는 또한 다른 강대국들 사이의 전쟁을 두려워해야 한다. … 우리가 국제 관계의 소용돌이 속에 얼마나 깊숙이 휘말릴지 결코 예상할 수 없기 때문이다. … 우리에게는 특히 오스트리아와 러시아의 평화 유지가 필요하다. 우리의 가장 가까운 이웃인 이 두 나라 사이의 분열은 항상 우리에게 난처한 상황을 초래하며, 조만간에 우리는 두 나라 중 하나를 선택해야 할 것이다. 우리가 이들과 직접 조약을 전혀 맺고 있지 않다 하더라도 말이다. 이와 관련하여, 동유럽에서의 독일 정책에는 전반적으로 또 하나의 과제가 있다. 바로 영국과 러시아의 협력을 막는 것이다. …

사실 글래드스턴이 러시아와 맺고 있는 일시적 공조는 유럽 평화에 아주 위험하긴 하지만, 양국 또는 이들 중 한 나라가 터키에 험한 행동을 취하거나, 심지어 전쟁을 벌이기 시작하면 아마 무너질 것이다. 양자 군사 행동이 되든지, 혹은 단독 행동이 되든지,

전쟁으로 얻고자 하는 이 두 나라의 목표는 양립 불가능해질 것이다. … 따라서 독일이 먼저 영국과 러시아가 보이는 행동, 그러니까 이들 사이의 동맹이 끝나도록 할 가장 확실한 길을 막을 이유는 없다. 만약 오스트리아의 과민한 정책, 특히 사실 외관상으로만 심각하지 별 중요성 없는 눈앞의 사건에 너무 쉽게 흥분해버리는 이들의 정책이 자신들을 섣부른 행동으로 이끌지 모른다는 걱정만 없다면 말이다. …

요컨대 동유럽 전체를 다룰 때 우리가 해결할 과제는 가능한 모든 당사자 사이에 평화를 유지하는 것이다. 특히 러시아와 오스트리아 사이의 갈등을 예방해야 하며, 우리가 할 수 있는 범위 내에서 영국과 러시아가 터키를 향해 전쟁에 버금하는 행동을 취할 가능성을 방지하는 것이다. …

혁명적 목표를 담고 있는 범슬라브주의는 두 독일계 제국에, 특히 우리보다 오스트리아에 더 큰 위험이며, 범위를 한껏 넓혀서 살펴보자면 러시아 제국과 그 왕조에도 위험하다. 만약 슬라브 세계에 혁명이 일어난다면, 그 혁명을 러시아 황제가 주도하건 그렇지 않건, 프랑스뿐만 아니라 이탈리아, 에스파냐, 심지어 아마도 영국의 공화주의 분자들과 어느 때건 연합할 것이기 때문이다. …

제국주의 열강들의 갈등이 격화되다

> 20세기가 막 밝으려던 시점, 즉 1900년에 J. E. 드리오 J. E. Driaut라는 프랑스 지성인은 제국주의의 변화를 날카롭게 짚어냈다. 서양 열강들 사이에서 공조의 시대는 끝나고 20세기에 들어서면 갈등의 시대가 펼쳐질 것이라는 통찰이었다. 이 구절 중 일부는 레닌의 《제국주의》에 인용되기도 했다.

J. E. 드리오, 《19세기 말의 정치·사회 문제 Les problèmes politiques et sociaux la fin du XIXᵉ siècle》, F. Alcan, 1900

지난 몇 년 사이에 지구 위의 자유로운 지역은 전부 … 유럽 및 북아메리카의 강국들에 의해 점령되었다. 이로 인해 일어난 몇몇 분쟁과 세력 변화는 가까운 미래에는 더 무서운 폭발이 일어날 것임을 예고한다. 왜냐하면 모든 나라가 서둘러야 하기 때문이다. 다시 말해 아직 이 흐름에 대비하지 못한 민족은 결코 자신의 몫을 차지하지 못하거나, 다음 세기의 가장 본질적인 특징 가운데 하나가 될 지구에 대한 대대적 착취에 참여하지 못할 위험을 감수해야 한다. … 이것이 유럽 및 아메리카의 모든 나라가 최근에 식민지 확장, 즉 19세기 말의 가장 두드러진 특징인 '제국주의'라는 열병에 휩싸인 이유다. … 현재는 전반적인 갈등의 시대다. 많은 이들은 평화 상태가 너무도 긴 시간 동안 유지된다고 생각하지만, 그들이 관측하지 못한 사항이 있다. 지금의 상태는 단지 휴전일 뿐이라는 것이다.

자료
03
독일 함대 건설의 정당성을 주장한 빌헬름 2세

> 영국의 식민지 패권에 도전을 선언했던 독일에 긴급하게 필요한 것은 함대 증설이었다. 당시 영국의 정가와 언론은 독일의 군비 증강 계획에 발끈하며 이를 공세적 도발이라고 비난했다. 하지만 독일 황제 빌헬름 2세는 영국 주요 언론과의 인터뷰에서 영국 독자들이 깜짝 놀랄 정도로 너무도 당당하게 독일 함대 증설 계획의 정당성을 토로했다.

빌헬름 2세 인터뷰, 《데일리 텔레그래프Daily Telegraph》, 1908년 10월 28일, https://alphahistory. com/worldwar1/daily-telegraph-wilhelm-ii-1908/

당신들〔영국인들〕은 독일 해군 증강은 우려스러운 일이라고 말하겠죠. 물론 우리 해군은 영국에 위협이 됩니다. 지금 제 함대가 영국 말고 도대체 누구를 상대하기 위한 것이겠습니까? 강력한 대함대를 건설하기를 원하는 독일인들이 염두에 두는 나라가 영국이 아니라면, 왜 독일인들이 저리도 부담되는 새로운 세금에 동의해야만 할까요? …
제 대답은 분명합니다. 독일은 젊고 커가는 제국입니다. 독일은 빠르게 확대되는 전 세계적 상업망을 갖추고 있습니다. 애국심이 깊은 독일인들은 여기에 어떠한 한계도 두지 않으려 합니다. 독일은 그 상업망과 아주 먼 해양에도 존재하는 수많은 이권을 보호하기 위해 대함대를 보유해야만 합니다. 독일은 이러한 이권이 계속해서 더 커지리라 예상하며, 지구상의 어느 지역에서도 그것을 단호하게 옹호할 수 있어야 합니다. 독일의 지평선은 더 멀리 펼쳐질 것입니다.

프랑스와 러시아가 맺은 동맹

독일의 팽창 움직임을 견제하기 위해 프랑스는 러시아와 동맹을 맺는 데 성공했다. 기본적으로 이는 독일을 양쪽 국경에서 제어하겠다는 군사 동맹이었지만, 한편으로 경제 협력의 요소도 있었다. 즉 프랑스 자본의 러시아 수출이 크게 늘면서 러시아의 산업화에 기초가 마련된 측면도 있었다. 아래의 1892년 협약은 1918년까지도 공개되지 않았던 비밀이다. 하지만 이 비밀 협약의 핵심은 1894년이 공시 **프랑스-러시아** 동맹으로 이어졌다.

프랑스-러시아 군사 협약(1892년 8월 18일), https://avalon.law.yale.edu/19th_century/frrumil.asp

프랑스와 러시아는 평화를 지키고자 하는 공통의 희망에 부풀어, 방어 전쟁을 위한 필요 충족 이외에 그 어떤 목적도 없이, 그리고 우리 중 어느 하나에 대한 삼국동맹 군대의 공격 가능성을 우려하며 다음 조항들에 합의한다.

1. 프랑스가 독일 또는 독일이 지원하는 이탈리아에 의해 공격받는다면, 러시아는 전력을 다하여 독일을 공격한다. 러시아가 독일이나 독일이 지원하는 오스트리아에 의해 공격받는다면, 프랑스는 전력을 다해 독일을 공격한다.
2. 삼국동맹의 군대, 또는 그들 나라 중 어느 한 군대가 동원될 경우에 대비하여, 프랑스와 러시아는 이 동원 소식을 듣는 즉시, 그리고 기존 협의 필수 사항을 지키느라 시간을 낭비하지 말고, 각자의 군대 전체를 즉각적이고 한꺼번에 동원해 최대한 국경으로 이송한다.
3. 독일을 상대하기 위해 동원되어야 할 군사 수는 프랑스의 경우에는 130만 명, 러시아의 경우에는 70만 명 또는 80만 명이다. 이 군사들은 최대한 빠른 속도로 교전에 참여해 독일이 동부 전선과 서부 전선에서 동시에 싸우게 해야 한다. …
5. 프랑스와 러시아는 다른 국가와 개별적으로 평화 조약을 체결할 수 없다.
6. 이 조약은 삼국동맹이 유지되는 한, 유효할 것이다.
7. 위에서 열거된 모든 조항은 절대 비밀에 부친다.

공조에 나선 영국과 프랑스

> 20세기 초, 영국과 프랑스는 타이를 비롯해 인도차이나 땅에서 대립했으며, 파쇼다 사건으로 대표되는 아프리카에서의 갈등 관계를 넘어서지 못하고 있었다. 하지만 독일의 팽창은 얼어붙었던 영국과 프랑스의 관계를 호전시켰다. 프랑스 주재 영국 대사에게 영국 외무부에서 보낸 이래의 서신은 영국과 프랑스가 대외 정책과 제국주의 프로젝트에서 공조 관계로 되돌아가는 모습을 생생히 보여준다.

랜즈다운Lansdowne 후작이 에드먼드 먼슨Edmund Monson 대사에게, 1904년 4월 8일, 외무부Foreign Office, https://www.heritage.nf.ca/articles/politics/entente-cordiale-text.pdf

저는 대영 제국과 프랑스의 국익이 걸린 일련의 매우 중요한 문제를 매듭짓기 위해 저와 프랑스 대사가 협상을 벌였던 과정을 대사님께 때때로 보고하곤 했습니다. 이 협상은 작년 봄에 시작되었는데, 잠시 중단된 적도 있지만 지금까지 계속되고 있습니다. … 시암Siam〔태국의 옛 명칭〕에서 다시 우리는 특정 지역에 대한 프랑스의 우위권을 인정했습니다. 그 지역은 사실 프랑스의 영향력이 최근까지 우세했고 우리는 간여할 의지나 기회도 없었던 곳입니다. 하지만 우리는 또 다른 지역에 대해서는 그에 상응하는 대영 제국의 우위권을 인정받았습니다. 그곳은 우리가 또 다른 강대국의 간섭을 용인할 수 없는 곳들이고, 우리의 영향력이 사실 이미 공고해서 최상의 결과를 내고 있던 곳들입니다.

이런 이유로 대영 제국과 프랑스 사이의 조율은 전체적으로 보았을 때 쌍방에게 이익이 된다고 공평하게 평가할 수 있겠습니다. 그리고 영국과 프랑스가 이집트, 모로코, 시암 정부와 맺은 관계의 측면에서 보더라도 우리에게 불리한 부분은 없다고 믿습니다. 이 나라들의 시각에서 보더라도, 그 통치자가 두 유럽 강대국의 조언을 각기 들으면서 정책을 결정해야 하는 체제는 끝내는 것이 분명 바람직합니다. 이런 체제는 정치적 술책, 한 강대국을 또 다른 강대국과 반목시키는 시도, 품위 없는 경쟁으로 이어질 수밖에 없으며, 따라서 국제적 불화의 씨를 뿌리고 후견국과 약소국 모두에게 해가 되고 혼란스러운 상황을 야기합니다. … 아마도 영국과 프랑스에게는 다음과 같은 희망이 허락된 것 같습니다. 그들은 이렇게 상호 이권의 인정에 기초해, 여러 해묵은 이견을 조율하고 각자가 정당하게 탐내고 원하는 바를 솔직히 인정하면서, 국제적 선의를 유지하고 전반적 평화를 보존하는 데 크게 기여하는 선례를 만들었다고 말입니다.

영국과 러시아의 관계 증진

1907년, 영국과 러시아는 페르시아, 오늘날의 이란을 분할한다는 합의를 통해 오랜 적대 관계를 끝냈다. 영국과 러시아는 일부 예외적 시기를 제외하고는 19세기 중엽, 특히 크림 전쟁 이후부터 줄곧 전 세계를 놓고 경쟁을 펼쳤다. 이른바 러시아의 남하 정책이 영국에게는 자신들의 식민지 이권에 대한 도전으로 보였기 때문이다. 하지만 독일 제국의 바그다드 철도 건설 계획과 중동 진출 야심이 구체적으로 드러나면서, 이 두 구원舊怨의 국가는 서로에 대한 적대적 감정을 접기로 한다. 1907년에 영국과 러시아 사이에 맺어진 아래 협약으로 그간 이 둘이 가장 첨예하게 대립했던 지역 중 하나인 이란 지역을 두고 상호 양보와 타협이 이루어진 것이다. 이는 곧 삼국협상으로 이어졌다. 삼국협상은 삼국동맹보다 느슨한 수준의 동맹이었지만, 유럽을 양대 동맹으로 갈라놓는 데는 충분했다.

영국-러시아 협약(1907), https://avalon.law.yale.edu/20th_century/angrusen.asp

페르시아 관련 합의

대영 제국과 러시아 정부는 페르시아의 통일과 독립을 상호 존중하기로 하며, 그 나라에서 질서 유지와 평화로운 발전이 이루어지고 모든 나라가 그곳에서 동등한 교역과 산업 활동을 위한 체제를 항구적으로 구축하길 희망한다.

대영 제국과 러시아가 각각의 지리적·경제적 이유로 페르시아 특정 지방들에서의 평화와 질서 유지에 특별한 관심을 가지고 있음을 참작한다. 즉 한쪽은 러시아 국경과 접해 있거나 이웃한 지방들, 다른 한쪽은 아프가니스탄 및 발루치스탄과 접해 있거나 이웃한 지방들에 관심이 있음에 유념한다. 그리고 대영 제국과 러시아는 언급한 페르시아 지방들에 그들이 각각 가지는 이해관계 사이에서 벌어질 수 있는 온갖 갈등 요인을 방지하고자 한다. …

1. 대영 제국은 다음 지역에 대한 어떠한 정치적 이권이나 상업적 성격의 이권, 즉 철도, 은행, 전신, 도로, 교통, 보험 등의 이권을 추구하지 않으며, 영국 신민이나 제3국 신

민에게 유리하도록 지원하지 않는다. 카스리시린에서 시작하여 이스파한, 예즈드, 카흐크를 지나 러시아와 아프가니스탄 교차 지점에 있는 페르시아 국경에서 끝나는 지역에서 그러하다. 그리고 이 지역 내의 유사한 이권 요구들에 대해서도, 이를 러시아 정부가 지지하는 한, 직접적으로나 간접적으로나 반대하지 않는다.

2. 러시아 역시 다음 지역에 대한 어떠한 정치적 이권이나 상업적 성격의 이권, 즉 철도, 은행, 전신, 도로, 교통, 보험 등의 이권을 추구하지 않으며, 러시아 신민이나 제3국 신민에게 유리하게 지원하지 않는다. 아프가니스탄 국경에서부터 가지크, 비르잔드, 케르만을 거쳐 반다르아바스에서 끝나는 지역에서 그러하다. 그리고 이 지역 내의 유사한 이권 요구들에 대해서도, 이를 영국 정부가 지지하는 한, 직접적으로나 간접적으로나 반대하지 않는다.

자료
07 --

독일과 이탈리아의 동맹

이른바 삼국동맹이라고 알려진 독일·이탈리아·오스트리아의 동맹에 대해 당시 독일 내부의 입장을 보여주는 문건이다. 현상과 평화 유지를 갈망했던 비스마르크는 삼국동맹을 결코 공세적 동맹으로 간주하지는 않았다. 하지만 이런 그의 의도는, 다음 자료에서 드러나듯이, 여러 외적 요소 탓에 쉽게 실현되지 못했다. 여기에 비스마르크의 실각과 야심 찬 빌헬름 2세의 친정親政이라는 내부 요소까지 더해지자, 삼국동맹에서 수세를 유지한다는 취지는 더욱더 유지되기가 어려웠다.

독일 제국의 로마 대사 코이델에게 보낸 비스마르크의 지시(1884년 4월 6일); E. T. S. 더그데일 편집, 《독일 외교 문서》 Vol. I, p. 130

우리는 이탈리아가 프랑스로부터 공격을 받거나 심각하게 위협을 받는다면, 그들을 도울 준비가 되어 있다. 하지만 실제로 시급하지 않은 상황에서 단지 걱정만으로 조치를 취해 유럽을 아주 큰 규모의 전쟁 가능성에 노출시키는 것, 특히 이탈리아가 미래에 인젠가 모로코, 홍해, 튀니지, 이집트 또는 세계의 또 다른 곳에서 얻기를 희망하는 이권과 관련해, 우리가 먼저 프랑스와의 협상을 시작하는 것은 그 누구도 평정심을 가지고 받아들일 수 있는 제안은 아니다. 그것은 우리의 이해관계, 그리고 이탈리아를 제외한 다른 모든 국가의 이해관계를 무시하는 처사이기 때문이다.

자료
08

독일과 오스트리아-헝가리의 동맹

> 독일은 오스트리아와의 전쟁을 통해 통일을 이룬 국가였다. 하지만 통일 직후 독일은 유럽에서 외교적으로 고립되는 상황을 겪었다. 유럽 중앙에 갑자기 거대한 국가가 등장한 점이 주변국들로 서는 결코 좋은 소식이 아니었기 때문이다. 이런 상황에서 비스마르크는 통일 독일을 수호한다 는 수세적 차원에서 오스트리아-헝가리, 차후에는 이탈리아에 접근해 이른바 삼국동맹을 이루 어냈다. 다음은 그 첫 단추가 되었던 오스트리아-헝가리와 맺은 조약 내용의 일부다. 하지만 앞 서 언급했듯이, 이 삼국동맹은 독일 외교 정책의 주요 입안자가 빌헬름 2세로 바뀌면서 본래의 수세적 성격을 견지할 수 없었다.

오스트리아-헝가리 제국과 독일 제국이 맺은 조약(1879년 10월 7일); R. C. 브리지스 편집, 《민족들과 제국들》, pp. 192~193

오스트리아 황제, 헝가리 왕, 독일 황제, 이들 폐하들은 순수하게 방어가 목적인 이 협약이 어떤 방향으로든 공격적으로 나아가지 않도록 할 것이라고 서로에게 엄숙하게 약속하며, 평화와 상호 방위에 관한 동맹을 체결하고자 한다.

제1항 이 두 당사국의 희망과 충실한 염원과 달리, 만약 두 제국 중 하나가 러시아로부터 공격을 받는다면, 조약 당사국들은 그들 제국의 전력을 다해 침략당한 국가를 지원할 의무가 있으며, 따라서 평화 조약을 함께, 그리고 상호 협의하에 결정해야 한다.

제2항 만약 조약 당사국 중 하나가 또 다른 세력에게 공격을 받는다면, 조약 당사국 중 나머지 한 국가는 그 공격 세력을 지원하지 않아야 할 뿐만 아니라, 침략당한 조약 당사국에 최소한 호의적인 중립적 태도를 견지해야 한다.

하지만 만약 러시아가 적극적인 외교 공조나 군사 원조를 통해 그 침략국을 지원하고 그것이 조약 당사국에 위협이 된다면, 그때는 이 조약의 제1항과 마찬가지로 전력을 다해 상호 지원을 해야 한다는 의무가 적용된다. 이 경우에 두 조약 당사국은 전반적 평화 조약이 맺어질 때까지 전쟁을 수행해야 한다. …

제4항 … 두 조약 당사국은 알렉산드로보 회담에서 황제 알렉산드르 3세가 드러낸 심경을 믿고 러시아의 무장이 실제로는 우리들에게 위협이 되지 않을 것이고, 그런 판단으로 볼 때 현재는 그에 대비해야 할 이유가 없다고 감히 희망해보려 한다. 하지만 이런 희망이 당사국들의 기대와 달리 헛된 것이 된다면, 두 조약 당사국은 우리 둘 중 하나에 대한 공격도 둘 모두를 겨냥하는 공격으로 간주할 것이라는 점을 알렉산드르 3세에게 최소한 은밀하게라도 전달할 필요가 있다고 생각한다.

| 참고문헌 |

박상섭, 《1차 세계대전의 기원: 패권 경쟁의 격화와 제국체제의 해체》, 아카넷, 2014.
클라크, 크리스토퍼, 《몽유병자들: 1914년 유럽은 어떻게 전쟁에 이르게 되었는가》, 이재만 옮김, 책과
　함께, 2019.
Evans, Richard J., *The Pursuit of Power: Europe 1815~1914*, Viking, 2016.
Hall, Richard C., *The Balkan Wars 1912~1913: Prelude to the First World War*, Routledge,
　2000.
Joll, James & Gordon Martel, *The Origins of the First World War*, Routledge, 2006.
Mombauer, Annika, *The Origins of the First World War*, Routledge, 2002.
Mulligan, William, *The Origins of the First World War*, Cambridge University Press, 2017.
Rose, Andreas, *Between Empire and Continent: British Foreign Policy before the First
　World War*, Berghahn Books, 2017.
Taylor, A. J. P., *The Struggle for Mastery in Europe: 1848~1918*, Oxford University Press,
　1980.
Wehler, Hans-Ulrich, *The German Empire, 1871~1918*, Berg Publishers, 1985.

3
제1차 세계대전의 개전과 전개

제1차 세계대전의 방아쇠가 된 사라예보 사건

유럽이 동맹 체제에 기초한 적대적 양대 진영으로 갈라지는 상황에 놓였을 때, 발칸반도는 그 적대감을 폭발시키는 화약고 같은 역할을 했다. 발칸반도에는 19세기 말에 오스만 제국으로부터 독립한 '민족 국가' 세르비아가 자리 잡고 있었다. 하지만 이들은 완전한 의미의 민족 국가는 되지 못했다. 많은 세르비아인들이 당시 오스트리아-헝가리 제국 영토에 속했던 보스니아에서 살아야 했기 때문이다. 이탈리아와 독일의 통일을 모델로 삼았던 세르비아 본국의 민족주의자들이 보스니아 통합을 세르비아 민족 국가의 완성으로 여기고 꿈꾼 것은 자연스러운 일이었다. 하지만 당시 세르비아인을 비롯해 수많은 소수 민족을 지배하던 오스트리아-헝가리 제국이 볼 때 이는 용납할 수 없는 꿈이었다. 강대국 오스트리아-헝가리를 상대로 '약소국' 세르비아가 이런 야망을 표출할 수

도판 6 1914년 6월 오스트리아-헝가리 제국의 황태자 프란츠 페르디난트 대공이 사라예보에서 암살되기 직전에 찍힌 사진. 그는 곧 '사라예보의 총성'이라 불릴, 세계사를 뒤바꾼 사건의 희생자가 된다.

있었던 것은 '적국' 오스트리아-헝가리의 약화를 기대하는 러시아 제국의 세르비아 민족주의 지원 덕이었다. 러시아의 지지는 세르비아인들에게 자신감을 심어주기에 충분했던 반면, 오스트리아-헝가리에게는 크나큰 골칫거리였다.

1914년 6월, 오스트리아-헝가리의 황태자 부부가 보스니아의 사라예보를 방문했을 때, 한 열혈 세르비아 민족주의자가 황태자를 향해 권총 방아쇠를 당겼다. |자료1| 황태자는 결국 사망했고, 오스트리아-헝가리는 이 사건을 빌미로 세르비아가 도저히 받아들일 수 없는 최후통첩을 보내고 사실상 전쟁을 예고했다. |자료2| 하지만 오스트리아-헝가리의 전쟁 목표는 세르비아의 완전한 정복은 아니었다. 그들은 빠른 승전과 강화를 통해 다시는 세르비아가 오스트리아-헝가리 내부의 세르비아 민족을 선동하지 못하게 하기를 원했다. 따라서 오스트리아-헝가리는 제한적인 군사 행동만을 염두에 두었으며, 양국 간의 전쟁은 국지전 수준에 머물 것이라 예상했다.

세계대전의 시작과 전개 양상

하지만 이런 사태 전개에 대한 러시아 제국의 대응은 예상과 달랐다. 그들은 대규모 전쟁 발발 가능성까지 염두에 두며 자국의 방어를 위해 군대 총동원령을

내린 것이다. 이 조치는 유럽의 분위기를 순식간에 바꾸어놓았다. 특히 독일은 러시아의 움직임을 전쟁 개시의 신호탄으로 오판했다. 독일인들에게 더 심각한 문제는, 동맹 체제의 원칙에 따라 러시아와의 전쟁은 프랑스와의 전쟁까지 의미한다는 점이었다. 이에 독일은 프랑스 선제 공격을 결정하고 결국 이를 감행했다. 제1차 세계대전이 시작된 것이다. |자료3|

러시아의 움직임에 위협을 느끼면서도 군대는 프랑스로 먼저 보냈던, 선뜻 이해하기 어려운 독일의 이 결정은 '슐리펜Schlieffen 계획'이라 명명된 군사 독트린에 따른 것이었다. 이 정책은 지리적으로 유럽의 중앙에 위치해 동부와 서부, 양쪽 전선에서 적군을 상대해야 할 운명에 놓인 독일이 고안해낸 일종의 고육지책이었다. 그 핵심은 서부 전선, 즉 프랑스 쪽으로 먼저 군사 행동을 집중해 빠르게 승리를 거둔 후, 병력을 다시 동부로 돌려 러시아 군대를 상대한다는 것이었다. 이는 영토가 넓고 철도 건설 등 산업화의 진척이 더딘 러시아의 군대 동원 속도가 더딜 것이라는 전제에서 계획된 전략이었다. |자료4|

하지만 독일에게는 안타깝게도 현실은 그런 예상과는 달랐다. 독일은 전쟁 초기에 서부 전선에서 괄목할 만한 전진을 이루어냈지만, 러시아 군대의 예상보다 빠른 진격으로 프랑스에서 결정적 승리를 거두기 전에 일부 군대를 동부 전선으로 뺄 수밖에 없었던 것이다. 수적으로 줄어든 독일 군대는 프랑스군과 영국군의 방어를 뚫을 수 없었고, 서부 전선은 장기적 소모전과 참호전으로 대표되는 교착 상태에 빠지고 말았다. 특히 서로가 방어에 집중하면서 건설한 참호 때문에 공세 쪽은 어마어마한 희생을 치르면서도 쉽사리 전진할 수가 없었고, 나아가 전쟁의 성패 역시 결정지을 수 없었다. 협상국의 공세 첫날에만 영국군 5만 명 이상이 전사한 솜Somme 전투는 악명 높은 참호전의 대표적인 예로 꼽을 수 있다. |자료5|

한편 동부 전선에서 독일군은 예상보다 빠른 러시아의 진격으로 전쟁 초기에 부분적으로 열세에 놓이기도 했으나, 이를 타넨베르크 전투에서 일거에 만회했다. 그 후 독일군은 대포 전술과 빠른 기동전을 통해 러시아군을 일찌감치 폴란드 일대에서 몰아내는 데 성공했다. 하지만 러시아군은 독일군을 상대할 때

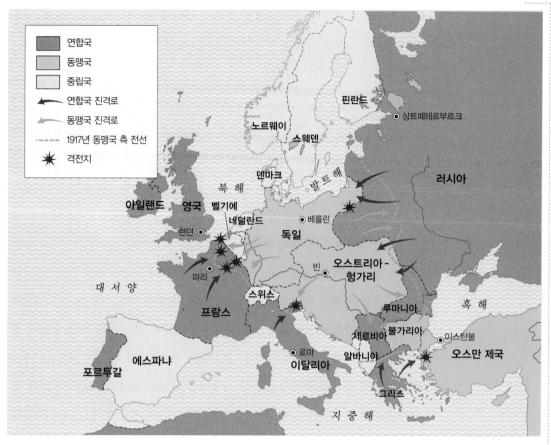

는 어려움을 겪은 것과 달리, 오스트리아-헝가리 군대는 비교적 손쉽게 요리할
수 있었다. 오스트리아-헝가리군은 이미 1914년 여름에 갈리치아에서 러시아
군에게 대패한 뒤로 전쟁에서 비중 있는 역할을 할 수 없었다. 1914년 가을, 동
맹국 측에 가담한 오스만 제국도 마찬가지로 동부 전선에서 군사적으로 어떠한
중요한 기여도 하지 못했다.

 그런가 하면 좀 더 성공적이었던 독일군 역시 러시아군에 궤멸적인 타격을
입히는 데까지는 미치지 못했다. 하지만 이런 한계 속에서도 독일은 동부 전선
의 최종 승자가 되었다. 전장에서 벌어진 전투에서 승리해서가 아니라 러시아
제국이 내부적으로 무너진 덕분이었다. 1917년에 벌어진 두 차례의 혁명, 특히
11월에 일어난 볼셰비키 혁명으로 러시아는 전쟁에서 스스로 물러났던 것이다.

이듬해 3월, 독일과 신생 소비에트 러시아 사이에 맺어진 강화 조약으로 동부 전선의 전투는 막을 내렸다. 자료6

전쟁의 결말

동부 전선에서 승리한 독일은 전쟁에서 유리한 고지에 올라선 듯했다. 이제 두 전선을 동시에 상대해야 하는 부담에서 벗어나 서부 전선에만 온전히 전력을 집중할 수 있었기 때문이다. 하지만 독일에서는 독일인들 스스로는 당시 명확히 느끼지 못한, 꽤 상서롭지 못한 사건 또는 상황이 전개되고 있었다. 첫째, 1917년에 협상국 측에 서서 참전을 선언한 미국이, 1918년 봄까지는 아직 유럽 전장에 군대를 직접 투입하지 못하는 한계를 드러내면서도 결국 전쟁 물자 동원의 저울을 협상국 쪽으로 확실히 기울게 만들었다. 자료7 제1차 세계대전은 전·후방의 물자를 총동원해서 펼친 총력전이었기에, 전 사회적 자원 동원의 양과 효율성이 승패를 결정하는 핵심 요소였다. 둘째, 지난 4년간 양쪽 전선에서 싸운 독일의 경제력이 한쪽 전선만 감당하면 되었던 영국과 프랑스에 비해 더 많이 소모된 것이었다. 소비에트 러시아와 맺은 강화 이후에 생긴 희망으로 밀어붙인 1918년 여름의 서부 전선 대공세가 실패로 돌아갔을 때, 독일 동원 체제의 취약성과 한계가 수면 위로 빠르게 떠올랐다. 독일의 후방에서는 대규모 파업을 비롯한 노동 쟁의와 반전 운동이 격화되었고, 1918년 11월에 킬 항구에서는 독일 수병의 반란이 일어났다. 더는 전쟁에서 무의미한 죽음을 무릅쓸 수 없다는 병사들의 외침이었던 이 반란은 군의 사기가 나락으로 떨어지고 있음을 단적으로 보여준 사건이었다.

상황이 절망적이 되었음을 인지한 빌헬름 2세는 네덜란드로 망명했고, 독일은 협상국 측과 정전에 합의하며 항복했다. 1918년 여름 대공세 때만 해도 전쟁에서의 승리를 예상했던 독일인들은 '갑작스러운' 항복 선언에 어리둥절해했다. 독일 국민들은 이런 근거 없는 낙관론이 독일의 전시 동원 상황과 경제 사정을 정확히 알지 못한 무지 탓이었음을 당시에는 깨닫지 못했다. 오히려 그들 중 일부는 그 '갑작스러운' 패전을 이른바 '등 뒤에서 찔렸다'라는 신화로 설명하는

도판 8 제1차 세계대전의 종식에 도화선이 된 1918년 11월 독일 킬 군항 반란 장면. 수병들과 함께 군수 노동자들도 이 반란에 합세했다.

것에 끌렸다. 파업이나 반전 운동 같은, 독일 내 유대인 주축의 사회주의자들이 펼친 후방에서의 방해 공작이 전쟁의 승기를 내주게 된 원인이라는 것이다. 자료8

전후 처리

전후 유럽인들은 자신들의 문명이 초래한 전쟁의 참혹함과 끔찍함에 경악했다. 대전으로 사망한 사람이 약 1000만 명으로 추산되었으며, 심각한 육체적·정신적 상해를 입은 이들은 그 보다 세 배는 되었다. 전쟁에서 소모된 재원은 당시 미국 달러로 330억이라는 천문학적 수치에 이르는 것으로 집계되었다. 그 결과 유럽의 경제는 궤멸적인 타격을 입었으며, 무엇보다도 지난 세기에 세계를 제패했던 유럽 문명은 쇠퇴기로 접어들었다.

　1919년에 파리의 베르사유 궁전에 모인 전승국 지도자들은 자연히 이런 참혹하고 소모적인 전쟁의 재발을 막는 것이 가장 중요한 전후 과제라는 데 의견을 모았다. 이를 위해서는 전쟁의 원천인 독일을 비롯한 동맹국들의 힘을 약화시키는 것이 우선적으로 필요해 보였다. 프랑스의 클레망소를 비롯한 몇몇 지도자는 독일의 분단과 같은 더욱 강력한 제재를 원했지만, 결국 전승국들은 독일군 규모 7분의 1로 축소, 배상금 미화 기준 330억 달러 지불, 독일의 공업 중심지이자 프랑스와의 접경 지대였던 라인란트 지방의 비무장지대화, 해외 식민지 박탈 등으로 제재 수위를 결정했다. 비록 독일 분단 계획은 철회되었지만, 전승국의 다른 제재들, 특히 군대 규모 축소 결정은 독일에게는 지나치게 가혹하고 치욕적으로 느껴졌다. 반면 이 같은 조치에도 안심하지 못한 프랑스를 위해 미국과 영국은 군사 동맹을 약속하기도 했다.

또 다른 동맹국의 한 축이었던 오스트리아-헝가리는 제국을 전면 해체하는 것으로 그 대가를 치러야 했다. 전승국들은 미국 대통령 윌슨이 이미 1년 전에 이른바 '14개조 연설' 등에서 주창했던 민족 자결주의 원칙을 통해 다민족 제국이었던 오스트리아-헝가리 해체를 도덕적으로도 정당화할 수 있었다. |자료9| 결국 오스트리아-헝가리 제국은 오스트리아, 헝가리, 폴란드, 체코슬로바키아 등으로 나뉘었으며, 제국 내 다른 민족 집단은 대부분 그 민족이 주도하던 민족 국가에 통합되었다. 세르비아는 과거 오스트리아-헝가리 제국 내 세르비아인들을 아우르는 유고슬라비아가 되었으며, 루마니아 역시 흩어져 있던 자민족을 아우를 수 있었다. 하지만 이 같은 민족 자결주의 원칙은 전승국이 패전국의 힘을 약화하려는 의도로 관철된 것이었기에 전 세계에 보편적으로 적용되지는 않았다. |자료10| 즉, 아시아와 아프리카에 퍼져 있던 전승국의 식민지들은 이를 누릴 권리가 허락되지 않았다. 패전국 독일의 식민지들의 경우와 달리 그들은 독립을 쟁취할 수 없었다.

사라예보 사건이 일어나다

> 사라예보에서 총성이 울린 지 한 달이 지난 시점에 세르비아의 수도 베오그라드 주재 오스트리아-헝가리 대사가 본국 외무 장관에게 보낸 메모 중 일부다. 6월 말에 사건이 벌어진 후, 한 달 동안 본격적인 개전을 막을 기회가 수없이 많았음에도 양국은 돌이킬 수 없는 대결의 상황으로 빠져들고 있었다. 아래 메모에서 블라디미어 폰 기슬 Wladimir von Giesl 대사는 세르비아의 의도를 매우 공격적이고 도발적인 것으로 그리면서 스스로 전쟁 가능성을 높인다. 당시 여러 오스트리아-헝가리 최고 정치 지도자도 이런 감성을 공유했다.

베오그라드, 1914년 7월 21일; 마빈 페리 외 편집,《서양 전통을 보여주는 사료들》, pp. 299~300

6월 28일에 벌어진 개탄할 범죄 이후, 나는 내 자리로 돌아와 한동안 생각한 끝에 이곳에 팽배한 분위기가 무엇을 의미하는지 판단할 수 있었다. 보스니아-헤르체고비나 합병 위기 이후, 오스트리아-헝가리 제국과 세르비아의 관계는 세르비아 쪽의 맹목적 국수주의와 적대감, 우리 영토 내 세르비아인 거주 지역에서 계속된 범세르비아주의Pan-Serbianism 프로파간다로 망가졌다. 1912년과 1913년에 두 차례 벌어진 발칸 전쟁 이후, 이 전쟁에서 세르비아가 성공을 거두면서 그들의 국수주의는 더 격렬해졌고, 어떤 경우에는 광기 수준으로 표현되기도 했다.

나는 이에 대한 증표와 증거를 제시할 필요를 느끼지 못한다. 그것들은 모든 정당과 정치 집단, 하층 계급 사이 모든 곳에서 아주 쉽게 찾아볼 수 있다. 세르비아의 징책이 남슬라브계 거주 지역의 분리와 이의 필연적 귀결로서 강대국 합스부르크 군주국의 해체를 기초로 세워졌다는 잘 알려진 명제 제시로 충분하다. 이것이 세르비아의 유일한 목적이다. …

사라예보의 범죄, 즉 페르디난트 황태자의 암살은 세르비아인에게 가까운 미래에 합스부르크 제국이 조각날 것이라는 기대를 불러일으켰다. 세르비아인들은 이미 이전에도 이에 희망을 품고 있었다. 제국 내 남슬라브계 거주지의 독립, 보스니아-헤르체고비나의 혁명, 그리고 슬라브인 군단의 우리 제국에 대한 불충 가능성이 그들 눈앞에 어른거렸다. 특히 마지막 가능성은 기정사실로 여겨졌고, 세르비아 민족주의의 광기에 더해 체계적 조직과 뚜렷한 정당성까지 갖춰주는 셈이 되었다.

자료
02

오스트리아-헝가리와 세르비아의 충돌

> 사라예보 사건 이후 당사자 양국의 갈등은 커져만 갔다. 하지만 양국 간에 타협이 이루어질 만한 여지가 전혀 없지는 않았다. 세르비아는 오스트리아-헝가리의 최후통첩까지도 상당 부분을 받아들일 용의가 있었다. 하지만 오스트리아-헝가리의 입장은 비타협적이었을 뿐 아니라 호전적이기까지 했다. 다음 자료는 세르비아와 어떠한 대화도 이어나갈 의지가 없었던 오스트리아-헝가리의 태도를 잘 보여준다. 일부 학자들은 당시 오스트리아-헝가리가 내적으로 전쟁을 필요로 했고, 사라예보 사건은 한낱 핑계에 불과했다고 주장하기도 한다.

1914년 7월 25일에 세르비아가 빈에 제출한 답서(이에 대한 오스트리아의 논평은 굵은 글씨로 표시함), https://wwi.lib.byu.edu/index.php/The_German_White_Book

우리 왕실 정부는 지난 23일에 오스트리아-헝가리 정부에서 연락을 받았다. 그리고 그에 대한 본 답서가 오스트리아-헝가리 제국과 세르비아 왕실 간의 우호 선린 관계를 위협하는 오해를 불식할 것이라 확신한다.

왕실 정부는 다음을 인식하고 있다. 오스트리아-헝가리 군주정에 대한 항의는 우리 의회Skuptchina에서도, 당시 우리 국가의 책임 있는 대표자들의 선언이나 행동에서도 표출된 적이 있지만, 1909년 3월 31일에 세르비아의 선언으로 중단되었다. 그 후 그 어느 곳에서도 이런 항의가 재개되지 않았다. 게다가 줄곧 세르비아 왕국의 어떤 조직이나 관리도 보스니아와 헤르체고비나에 형성된 정치적·사법적 조건을 바꾸려 시도하지 않았다. … 세르비아는 발칸 지역이 위기에 처한 시기에 수많은 사례를 통해 평화적이고 온건한 정책을 보여주었으며, 유럽의 평화가 보존될 수 있었던 것은 세르비아와 유럽의 평화를 지키기 위해 헌신한 세르비아의 희생 덕분이다.

세르비아 왕실 정부는 1909년 3월 31일의 선언 이후로 보스니아-헤르체고비나의 지위를 바꾸려는 어떠한 시도도 없었다는 점을 확인하는 데에만 주력한다. 이를 통해 세르비아는 우리 주장의 핵심을 전도해버렸다. 우리는 세르비아와 그 관료들이 보스니아-헤르체고비나의 지위를 바꾸기 위해 공식적으로 어떠한 노력을 기울였다고 주장한 적이 없으니 말이다. 우리의 불만은 상호 간 공식 문건에 의거한 세르비아의 의무가 있었는데도 세르비아가 오스트리아-헝가리의 영토 통합에 반대하는 운동을 진압하지 않았다는 것이다. 세르비아의 의무는 단순히 보스니아 보유 문제에 간섭하지 않는 것이 아니라, 자신들 대외 정책의 태도와 방향에 온전히 책임지고 오스트리아-헝가리 제국과의 우호 선린 관계를 맺는 것이었다.

왕실 정부는 신문 기사나 민간단체의 비폭력적인 노력과 같은 사적인 표현에까지 책임질 수는 없다. 이런 표현들은 다른 국가들에서도 아주 흔히 등장하며, 일반적으로 국가의 통제를 받지 않는다. 그럼에도 불구하고 왕실 정부는 세르비아와 오스트리아-헝가리 제국 간에 발생한 일련의 문제를 해결하는 데 열의를 보였다. 그리고 이 과정에서 양국 관계의 증진을 위해 더 많은 문제도 풀어왔다.

언론의 표현과 세르비아 내 민간단체의 활동이 사적인 성격을 띠므로 정부의 통제를 받지 않는다는 세르비아 왕실 정부의 주장은, 근대 국가 기관들 및 가장 자유주의적인 언론과 사회 법 체계에서도 언론과 사회단체가 국가의 일정한 통제하에 놓인다는 사실에 반한다. 이런 점은 세르비아의 기관에도 적용될 것이다. 세르비아 정부는 언론과 사회단체가 오스트리아-헝가리 군주정에 적대적이라는 사실을 알고 있었는데도 그들을 감독하지 않았다는 점에서 비판을 받아야 한다.

따라서 왕실 정부는 세르비아의 시민들이 사라예보 사건 준비에 참여했다는 주장에 매우 놀랐다. 정부는 그 범죄의 조사에 협조할 수 있었으며, 사건의 진위를 정확히 판명하기 위해 정보를 얻을 수 있는 모든 사람을 대상으로 조사를 진행할 준비가 되어 있었다. 이 주장은 틀렸다. 세르비아 정부는 상당한 정도로 혐의자의 범위를 좁혀놓았으며 그들에 대한 정보를 잘 알고 있었다. 그리고 세르비아 정부는 당연히 그들을 조사할 수 있는 자리에 있었을 뿐만 아니라 법적으로도 그렇게 해야 할 의무가 있었다. 세르비아 정부는 이 방면에서 아무런 조치도 취하지 않았다.

제국주의 경쟁 끝에 독일이 전쟁을 개시하다

제1차 세계대전이 오로지 강대국들의 정치적·외교적 알력 때문만이 아니라, 제국주의 시대부터 내려온 경제적 이해관계의 갈등에서도 기인했음을 보여주는 흥미로운 자료다. 당시 독일 재상이었던 테오발트 폰 베트만 홀베크Theobald von Bethmann Hollweg는 유력한 독일 재계 인사들과 협의한 후에 아래와 같은 메모를 작성했다. 이에 따르면, 전후 독일은 유럽 대륙을 하나의 경제 연합으로 묶어 지도할 것이며, 제국주의 '선배' 국가들인 영국과 프랑스를 독일 주도의 경제권에서 배제할 생각이었다. 이 자료는 세계 시장을 둘러싼 영국과 독일의 제국주의 경쟁이 결국에는 전쟁으로 이어졌다는 주장에 힘을 실어준다.

폰 베트만 홀베크의 '평화 협정에 대한 우리의 정책 방향' 준비 메모(1914년 9월 9일); R. C. 브리지스 편집,《민족들과 제국들》, pp. 209~210

〔우리의 가장 큰 목표는〕 동부와 서부에서 독일 제국의 안보를 불철주야 지키는 것이다. 이 목적을 위해 프랑스는 앞으로 영원히 강대국으로서 재생하지 못하도록 약해져야 한다. 러시아는 독일의 동부 국경 지대에서 최대한 뒤로 밀려나야 하며, 그들의 비러시아가신 민족들에 대한 지배권은 무너져야 한다. …

1. 프랑스

… 나아가 프랑스를 독일에 경제적으로 종속되게 만들고, 프랑스 시장을 우리의 수출을 위해 확보하고 영국의 무역을 프랑스로부터 배제하는 통상 조약을 체결해야 한다. 이 조약은 프랑스에서 우리의 금융업과 산업이 프랑스의 그것 못지않게 자유롭게 활성화되게 해야 한다. …

4. 우리는 프랑스, 벨기에, 네덜란드, 덴마크, 오스트리아-헝가리, 폴란드 그리고 아마도 이탈리아, 스웨덴, 노르웨이와 함께 공통의 관세 협약을 통한 중앙 유럽 경제 연합을 세워야 한다. 이 연합은 공통의 헌법적 권한까지 갖지는 않으며 모든 참여국은 공식적으로 독립된 나라로서 서로 평등한 관계를 유지하겠지만 실제로는 독일의 지도 아래에 놓일 것이며, 중부 유럽에 대한 독일의 경제적 지배를 공고히 할 것이다. …

독일의 '슐리펜 계획'

독일은 지리상 유럽 대륙의 중앙에 위치했기에 만약 대규모 전쟁이 발발할 경우 불리한 상황에 처할 수밖에 없는 운명이었다. 독일로서는 서부 전선과 동부 전선 양쪽을 동시에 상대해야 하는 처지에 놓이기 때문이다. 이런 어려움을 극복하기 위해 독일 군부에서는 여러 군사 독트린이 논의되었다. 제1차 세계대전이 시작될 무렵, 그 논쟁은 대체로 '슐리펜 계획'이라 불린 것을 지지하는 방향으로 결론이 나는 듯이 보였다. 이 계획의 요체는 서부 전선에서 빠르고 결정적인 승리를 거둔 이후에 동부 전선에 집중하자는 것이었다.

'슐리펜 문건'(1905); 게르하르트 리터Gerhard Ritter, 《슐리펜 계획: 한 신화에 대한 비판The Schlieffen Plan: Critique of a Myth》, Praeger, 1958, pp. 134~136

프랑스가 독일과 전쟁을 치를 경우, 러시아의 효율적인 지원에 기댈 수 없는 동안에는 우선 방어에 집중할 것으로 보인다. 프랑스는 이런 생각으로 오랫동안 진지를 구축해 왔다. 그 진지들은 대다수가 영구적이며, 벨포르·에피날·툴·베르됭의 대요새들이 주요 거점이다. 거대한 규모의 프랑스 육군이 지키고 있는 이 진지들은 공격하는 측에서 보자면 공략하기가 매우 어렵다. 따라서 이 대요새들을 함락하는 데에는 엄청난 포위 공격 기구, 긴 시간, 거대한 군 병력이 필요하므로 여기에 공격을 집중하지 말아야 한다. 특히 전면 포위가 불가능하고 단지 한 측면의 포위 공격만 가능하기에 그렇다. …

정면 공격보다 더 유력해 보이는 것은 북서쪽에서 공격하는 방법이다. … 그러기 위해서는 뫼즈강 좌편 프랑스-벨기에 접경을 취해야 한다. 그와 더불어 작은 요새인 세 도시, 메지에르·이르송·모뵈주, 거기에 릴과 됭케르크도 장악해야 한다. 이렇게 깊숙이 진군하려면, 독일군은 룩셈부르크·벨기에·네덜란드가 중립국 지위를 지키는 것을 허용할 수 없다.

슐리펜 계획에 대한 헬무트 폰 몰트케 장군의 평(1911); 게르하르트 리터, 《슐리펜 계획》, pp. 165~166

다음 전쟁에서는 양대 전선을 상대하게 될 것임은 충분히 예상 가능한 일이나. 우티의 적들 중에 프랑스가 가장 위험한 적이며, 그들은 가장 빠르게 전쟁에 대비할 것이다. 프랑스와는 군대 배치가 시작된 직후에 빠른 결판이 필요하다. 프랑스를 빠르게, 결정적으로 패배시킬 수 있다면, 러시아를 상대할 군대를 동원할 수 있다. 강력한 공격으로 프랑스를 상대하며 전쟁을 시작하고, 러시아에는 상대적으로는 약한 군사력을 보유한 채 우선은 수세를 지켜야 한다는 기본적인 계획에 동의한다. … 하지만 포위 공격에서 벨기에와 네덜란드의 중립국 지위를 건드리는 데에는 동의할 수 없다. 만약 이 국가들이 우리에게 적대적으로 돌아서면 독일 군대의 서부 전선 진출에 매우 파괴적인 영향을 미칠 수 있다. 특히 영국이 벨기에 중립국 지위 훼손을 빌미 삼아 우리를 상대로 참전하게 된다면 더욱 그렇다.

슐리펜 메모(1912년 12월 28일); 게르하르트 리터, 《슐리펜 계획》, pp. 169~171

삼국동맹은 독일과 오스트리아-헝가리 제국 사이의 동맹에서 나왔다. 독일과 오스트리아-헝가리 모두 러시아에게 위협을 느끼고 있다. … 동맹은 수세적 차원에서 수립되었지만, 전쟁이 시작되면 공세적으로 수행될 수 있다.

러시아 군대는 제국의 넓은 영토에 분산되어 있고 러시아의 철도는 전반적으로 효율적이지 못하다. 따라서 전쟁 초기 단계에서는 육군의 일부만 폴란드의 비스툴라강 우안에 집결시킬 수 있을 것이다. … 독일은 우선 하나의 적에 집중해야 한다. 그 적은 가장 강력하고, 역량이 가장 크며, 가장 위험한 존재, 곧 영국과 프랑스 연합국이다. 오스트리아 걱정은 하지 않아도 된다. 독일 침공 계획이 있는 러시아 군대는 서부 전선에서 상황이 종료될 때까지 갈리치아 Galicia[1] 를 침공하지 않을 것이다. 오스트리아의 운명은 폴란드의 부크강에서가 아니라 프랑스의 센강에서 결정될 것이다!

1 | 유럽 중동부 폴란드·우크라이나 접경 지역. 당시에는 오스트리아-헝가리 제국에 속했다.

자료
05
서부 전선의 참호전

전쟁 초기에 독일은 러시아의 빠른 움직임을 예상하지 못하고 서부 전선에 총공세를 펼쳤다가 결국 이에 투입된 일부 병력을 동부 전선으로 뺄 수밖에 없었다. 그 결과 독일군은 서부 전선에서 프랑스와 영국군의 방어를 돌파할 수 없었고, 전쟁의 주된 양상은 수비에 유리한 참호전이 되었다. 하지만 때때로 협상국과 독일 모두가 승기를 잡기 위해 상대방의 참호에 공세를 펼칠 수밖에 없었으며, 그 과정에서 얼마 안 되는 전진과 수만 명의 목숨을 바꾸는 군사 작전이 반복되었다. 독일의 작가 에리히 마리아 레마르크Erich Maria Remarque는 참호전에 참여한 실제 경험을 바탕으로

《서부 전선 이상 없다》라는 소설을 썼다. 영화로도 제작된 이 이야기는 끔찍했던 참호전의 비극을 많은 사람에게 사실적으로 알렸다.

레마르크, 《서부 전선 이상 없다 Im Westen nichts Neues》, 1929; 마빈 페리 외 편집, 《서양 전통을 보여주는 사료들》, pp. 307~308에서 재인용

… 포격은 멈추었고, 이세 임호 사격이 우리 뒤로 쏟아졌다. 공격이 시작된 것이다. 총알과 포탄 등 군사 물자가 엄청나게 쏟아지는 상황이니 아직 사람이 살아남아 있을 것이라고 그 누구도 믿을 수 없을 것이다. 그러나 지금 참호 곳곳에서 철모가 보이기 시작했고, 우리에게서 45미터 정도 떨어진 곳에서는 이미 기관총이 장착되어 총성을 울리기 시작했다.

철조망은 찢어졌지만 여전히 적을 막는 장애물 역할을 하고 있다. 우리는 적의 돌격대가 다가오는 것을 보았다. 우리 포병대는 공격을 개시했다. 기관총이 다다다다, 소리를 냈고 소총도 울렸다. 적은 길을 가로질러 돌격해왔다. 하이에와 크로프는 수류탄을 던지기 시작한다. 그들이 최대한 빠르게 수류탄을 던지고, 나머지 사람들은 수류탄의 안전핀을 뽑아서 그들에게 넘겨준다. 가늠해보건대 하이에는 약 70미터, 크로프는 약 55미터를 던지는데, 그 비거리는 중요하다. 왜냐하면 달려오는 적이 약 35미터 내로 들어오기 전까지는 할 수 있는 일이 별로 없기 때문이다.

우리는 매끈하게 생겼지만 일그러진 얼굴들을 보았고, 철모들도 보았다. 프랑스군이었다. 철조망의 잔해 근처에 도달했을 때, 그들은 이미 엄청난 피해를 입은 상태였다. 프랑스군의 한 대형이 통째로 우리 기관총 앞에서 무너졌다. 그 후 우리는 기관총 발사를 자주 멈추곤 했는데, 그러면 적들이 점점 더 가까이 다가왔다.

나는 그중 한 명이 얼굴이 위로 젖혀진 채 철조망 지지대로 떨어지는 모습을 보았다. 그의 몸은 무너져 내리고 있었지만, 그의 손은 마치 기도하듯이 남아 매달려 있었다. 곧 그의 몸체가 완전히 떨어져 나갔고 오직 그의 팔에 붙은 손만이 총을 맞아 잘린 채로 철조망에 걸려 있었다.

동부 전선에서 전쟁이 종식되다

독일과 그 동맹국들, 그리고 소비에트 러시아는 1918년 3월에 브레스트-리토프스크 강화 조약을 체결하여 동부 전선의 전쟁을 끝냈다. 소비에트 러시아는 러시아 제국 기준으로 영토의 4분의 1을 상실하는 전대미문의 강화 조건을 기꺼이 받아들였다. 10월 혁명 이후 새로이 권력을 잡은 볼셰비키와 레닌은 대독일 전쟁의 지속이 사회주의 정부에 치명적일 수 있다고 판단했기 때문이다. 이 같은 굴욕적인 강화에 소련 내부에서 볼셰비키에 대한 비판이 거세졌고, 결국 러시아는 내전으로 접어들었다. 하지만 같은 해에 독일이 협상국에 항복하면서 이 조약은 실질적 의미를 상실했다.

브레스트-리토프스크 조약(1918. 3), https://avalon.law.yale.edu/20th_century/bl34.asp

제1조 독일, 오스트리아-헝가리, 불가리아, 터키가 한 편이고, 러시아가 다른 한 편인 양 집단 간의 전쟁 상태가 종식되었음을 선언한다. 이 나라들은 앞으로 평화와 화해 상태로 지내기로 결정했다.

제2조 체결국들은 모든 정부와 국가에 반하는 선동과 선전을 일절 하지 않을 것이다. 이 의무는 러시아에 적용되는 만큼, 4국 동맹국이 점령한 영토에도 해당한다.

제3조 과거 러시아 소속이었고 체결국들이 결정한 경계선 서쪽에 있는 영토에는 이제 러시아 주권이 미치지 않는다. 결정된 경계선은 첨부한 지도에 표시되어 있으며, 이는 현 조약의 중요 사항이다. 이 경계선의 정확한 지점은 독일-러시아 위원회가 논의해서 결정할 것이다. … 러시아는 위에서 언급한 영토의 내정에 간여할 권리를 완전히 포기한다. 독일과 오스트리아-헝가리는 이 영토의 미래 운명을 그 주민들과 협의해서 결정할 것이다. …

제4조 … 러시아는 동※아나톨리아 반도 지역에서 빠르게 철군하고 이 지역을 터키에 양도하도록 최선을 다한다. 아르다한, 카르스, 바툼 지역에서 러시아 군대는 즉시 철군한다. 러시아는 이 영토들에서 세워질 새 사법부와 외무부에 간여할 수 없으며, 이 영토의 주민들이 그들의 이웃 국가들, 특히 터키와의 합의로 새 정부를 수립할 수 있게 해야 한다.

제5조 러시아는 즉시, 현 정부에서 만들어진 새로운 군대 단위까지 포함한 모든 군대의 해산을 실행한다. …

제6조 러시아는 우크라이나 인민공화국과 즉시 강화 조약을 맺어야 하고 우크라이나
와 4국 동맹이 맺은 평화 협정을 인정해야 한다. 러시아 정규군과 러시아 적위
대는 우선 우크라이나의 영토를 떠나야 한다. 러시아는 우크라이나 인민공화국
의 정부나 기관에 반하는 선동 또는 선전을 중지한다.

러시아 정규군과 러시아 적위대는 에스토니아와 리보니아에서 즉시 떠난다. …
에스토니아와 리보니아는 공적 안전이 그 나라의 적절한 기관들에 의해 확립되
고 정부 질서가 재정립될 때까지 독일 경찰 병력이 점령할 것이다. 러시아는 체
포되거나 추방되었던 에스토니아와 리보니아 주민들을 즉시 풀어주어야 하며,
추방된 에스토니아인들과 리보니아인들의 안전한 귀환을 보장해야 한다.

러시아 정규군과 러시아 적위대는 핀란드와 올란드 제도, 러시아 함대와 러시아
해군이 차지했던 핀란드 항구에서도 즉시 철수해야 한다.

자료 07
미국의 참전

> 1917년 1월 말, 독일 정부는 무제한 잠수함 작전을 재개하겠다고 공표했다. 곧 미국은 독일과의
> 국교를 단절했다. 그해 3월 1일, 미국의 신문들은 독일 외무부 장관 아르투어 치머만Arthur
> Zimmermann이 멕시코 정부에 보낸 비밀 전보를 영국 정보부에서 입수해 공개했다. 독일의 전보
> 는 독일과 멕시코의 동맹을 제안하면서, 멕시코가 미국에 빼앗긴 텍사스·뉴멕시코·애리조나의
> 땅을 되찾는 것을 지지한다는 내용이 담겨 있었다. 이는 미국 여론을 크게 자극해, 미국이 참전하
> 는 데 도화선이 되었다.

치머만 전보The Zimmermann Telegram, http://historymatters.gmu.edu/d/4938

우리는 2월 1일에 무제한 잠수함 작전을 시작할 예정입니다. 그렇지만 우리는 미합중
국이 중립을 유지할 수 있도록 노력하고자 합니다. 이런 노력이 성공하지 못할 경우, 우
리는 멕시코에 다음의 조건으로 동맹을 제안하려 합니다. 함께 참전하고, 함께 종전하
며, 넉넉한 재정적 지원을 하고, 멕시코가 텍사스·뉴멕시코·애리조나에서 잃은 영토를
회복하는 데 합의한다는 것입니다. 세부 사항은 귀하가 결정할 수 있습니다. 미합중국
과의 전쟁 발발이 확실해지면 아주 은밀하게 위의 사항을 귀국의 대통령에게 알려주십

시오. 그리고 대통령께서 직접 나서서 일본이 즉각적으로 지지할 수 있도록 설득해주시고, 동시에 일본과 우리 사이의 중재에 나서달라는 우리의 제안을 덧붙여주십시오. 그리고 우리가 잠수함을 적극적으로 활용하면 영국을 몇 개월 내에 강화 협상의 장으로 끌어들일 가능성이 열린다는 사실에 대통령께서 주목할 수 있게 해주십시오.

자료
08

'등 뒤에서 찔렸다'는 신화의 등장 배경

제1차 세계대전 당시 독일의 원수 파울 폰 힌덴부르크Paul von Hindenburg가 1919년 11월 18일에 열린 독일 의회 청문회 앞에서 했던 진술의 일부다. 그는 또 다른 군 수뇌부 카를 헬페리히Karl Helfferich, 에리히 루덴도르프Erich Ludendorff와 함께 작성한 선언문을 낭독하는 형식으로 이 청문회에 임했다. 여기서 그는 곧 독일 역사에 커다란 영향을 미치게 될 "등 뒤에서 찔렸다"라는 표현을 사용한다. 1918년에 러시아와 단독으로 강화 회담을 한 독일은 전쟁에서 승리할 수 있는 유리한 처지에 놓였으나, 유대인·사회주의자·노동운동가 들이 중심이 된 좌파 세력의 방해로 승리를 쟁취할 수 없었다는 것이다. 하지만 그는 1918년에 독일 경제가 4년간의 총력전을 감당할 수 없을 만큼 쇠약해졌고, 미국의 참전 이후 그 경제력 차이는 극복할 수 없을 만큼 커졌다는 사실에는 둔감했다.

독일 의회 청문회(1919년 11월 18일); 마틴 제이Martin Jay 외 편집, 《바이마르 공화국 사료집The Weimar Republic Sourcebook》, University of California Press, 1995, pp. 15~16

폰 힌덴부르크   우리는 전쟁에서 승리할 때까지 과연 우리 조국 전체가 단결해서 전쟁에 단호히 임하는 자세를 유지할 수 있을지 단 한순간도 걱정을 놓은 적이 없습니다. 우리는 독일 제국 정부에 자주 경고의 목소리를 높였죠. 이때 함대와 군대가 절단나기 시작했는데, 은밀하게 준비되고 의도적으로 진행된 일인 것 같습니다. 이는 마치 전쟁이 끝난 후의 평시에나 벌어질 만한 일 같았습니다. 전쟁 마지막 해에 최고 군사령부는 이런 움직임의 영향을 모르지 않았습니다. 소모적인 혁명 운동에 잘 버티던 우리의 충실한 군대는 이제 혁명을 선동하는 전우들의 행동, 특히 그들의 의무 위반으로 고통스러워했습니다. 내부에서도 싸워야 했으니 말입니다.

의장   계속해주세요, 장군.

폰 힌덴부르크　사령부의 명령이 더는 수행되지 못했습니다. 우리는 엄격한 규율과 법규를 제안했지만 채택되지 않았습니다. 따라서 우리의 작전은 필시 실패할 수밖에 없었습니다. 우리 군의 붕괴는 필연적이었으며, 혁명은 단지 쐐기돌을 박았을 뿐입니다. 당시 영국의 한 장군은, "독일군은 등 뒤에서 찔렸다"라고 공정하게 말했습니다. 우리 군대의 중심은 잘못이 없습니다. 그들의 전공은 장교단 못지않게 훌륭합니다. 누가 잘못했는지는 확실히 보입니다. 만약 더 많은 증거가 필요하다면, 앞서 언급한 영국 장군의 진술과 승리를 놀라워하는 우리 적들의 다양한 목소리에서 찾을 수 있을 것입니다. 이것이 여러 전선에서 빛나고 비할 데 없는 성공을 거둔 후에 결국에는 독일에게 비극이 되어버리고 만 전쟁의 전체적인 궤적입니다. 독일 군대와 민족의 성취는 그 어떤 칭송으로도 충분치 않습니다. 비극으로 흐른 이 궤적이 파악되어야 우리의 군사적 조치가 올바르게 평가받을 수 있을 것입니다.

자료
09

미국 대통령 윌슨이 천명한 전후 처리 원칙

이른바 윌슨의 '14개조 연설'이라 불리는 1918년 1월 하원 연설의 일부다. 일반적으로 알려진 바에 따르면, 이 연설에서 윌슨은 민족 자결주의 원칙을 천명하며 제국주의 시대 종식을 위한 새로운 국제 질서 구상을 제시했다. 하지만 사실 윌슨은 이런 거대한 세계사적 차원의 문제보다는 제1차 세계대전 종전 원칙에 집중했다. 윌슨의 연설은 당시 브레스트-리토프스크에서 펼쳐지던 소비에트 러시아와 동맹국 사이의 회담에서 제시된 원칙들, 특히 윌슨이 '정복과 지배'를 위한 것이라며 일축했던 동맹국 측의 종전 원칙에 대한 미국의 답변이었을 뿐이다. 따라서 연설의 초점은 전쟁의 주 무대였던 유럽에 있었으며, 그의 '14개조'도 사실 유럽 문제의 해결책이었다. 전 세계 식민지의 민족 자결을 지지한 것으로 알려진 제5조 역시, 유럽의 강대국들, 특히 동맹국들 아래에 있던 종속국, 점령국, 식민지 들의 전후 처리 원칙을 밝힌 것에 불과했다. 윌슨의 이러한 제한된 의도와는 별개로, 전 세계 식민지인들은 이를 자국의 독립을 위한 이념으로 받아들였다. 특히 14개조가 이듬해에 파리 강화 회의에서 다시 한번 강조되었을 때 그들의 기대는 정점을 찍었다. 하지만 윌슨 연설의 본래 목적은 유럽 문제, 특히 동맹국들의 전후 처리였기에, 민족 자결주의 원칙은 협상국들의 전후 문제에까지는 적용될 수 없었다. 전승국이자 전 세계에 가장 많은 식민지를 보유한 협상국들은 이 원칙과 그들의 전후 계획이 무관하다고 믿었다.

윌슨의 14개조 연설(1918년 1월 8일), https://millercenter.org/the-presidency/presidential-speeches/january-8-1918-wilsons-fourteen-points

하원 의원 여러분,

이전에도 그랬듯이, 동맹국Central Empires[2]의 대변인들이 다시 한번 전쟁의 목적들 및 전면 강화를 가능케 할 조건들을 논의하고자 한다는 뜻을 내비쳤습니다. 러시아 대표와 동맹국 대표들 사이에 교섭이 브레스트-리토프스크에서 진행되고 있습니다. 모든 전쟁 참가국이 이 회의에 주목하고 있습니다. 참가국들 사이의 교섭이 강화와 종전 타결 조건들에 관한 보다 일반적인 회담으로 확장될 수 있는지 여부를 확인하기 위해서입니다. … 동맹국의 프로그램은 러시아의 주권도, 러시아가 그 운명을 좌우했던 주민들의 선택도 인정하지 않았습니다. 한마디로 그것은 동맹국이 그들의 군대가 점령하고 있는 모든 영토, 즉 모든 주, 모든 도시, 모든 거점을 그들 영토와 권력에 영구적인 부가물로 계속 점령하겠다는 의사 표시였습니다. … 그래서 협상은 결렬되었습니다. 러시아 대표단은 정직하고 진지했습니다. 그들은 정복과 지배의 제안을 받아들일 수 없었습니다. … 어쨌든 동맹국은 다시 전 세계에 자신들이 전쟁을 하는 목적을 알리려 했고, 다시금 자신들의 적국들이 목표하는 바가 무엇이며 공정하고 만족스럽다고 생각하는 타결책은 무엇인지를 묻는 도전을 해왔습니다. 그런 도전에 답하지 않을 이유는 없습니다. 우리는 최대한 허심탄회하게 그에 답할 수 있을 것입니다.

우리가 희망하며 목표로 삼는 것은, 강화 과정이 일단 개시되면 무조건 공개적으로 되어 어떤 종류의 비밀 협약도 수반하지 않으며 그것을 용납하지도 않는 것입니다. 정복과 영토 확장을 일삼던 시대는 지나갔습니다. 또한 특정한 정부의 이익과 연관된 비밀 협정이 체결되어 예상치 못한 순간에 세계 평화를 뒤엎는 시대는 지나갔습니다. … 그러므로 우리가 이 전쟁에서 요구하는 것은 우리 자신에게만 해당하는 것은 전혀 아닙니다. 이 세계가 살기에 좋고 안전해져야 한다는 것입니다. 특히 우리와 마찬가지로 평화를 사랑하는 모든 국민이 자신의 삶을 유지하고 그들 나름의 제도를 채택할 수 있어야 하고, 무력과 이기적 침략에 맞서 세계의 다른 인민들에게 공정한 대우와 정의를 보장받아야 합니다. 사실 세계의 모든 인민은 이와 같은 이해관계로 연결된 동반자입니다. … 그러므로 세계 평화의 강령은 바로 우리의 강령입니다. 오로지 실현 가능한 그 강령은 아래와 같습니다.

2 | 제1차 세계대전 당시 독일 중심의 동맹국을 일컫는다.

1. 공개적 평화 협정입니다. 평화 협정이 공개리에 체결된 후에는 어떤 유형의 비밀 국제 협약도 체결되어서는 안 되고, 항상 솔직하고도 공개적으로 외교가 진행되어야 합니다. …

3. 평화에 동의하고 평화 유지에 힘쓰는 모든 국가 사이에서는 되도록 모든 경제적 장벽이 해소되고 동등한 무역 조건이 확립되어야 합니다. …

5. 모든 식민지 이권의 조정은 다음의 원칙에 따라 자유롭고 열린 자세로, 완전히 공명정대하게 이루어져야 합니다. 그 원칙은 주권 문제를 비롯해 모든 식민지 문제를 결정할 때 해당 식민지 주민의 이해관계가 식민지 정부의 주장과 동등한 중요성을 지녀야 한다는 것입니다. 그리고 그 식민지 정부의 법적 권한은 향후에 결정될 것입니다. …

11. 루마니아, 세르비아와 몬테네그로에서 철군하고 점령지는 원 상태로 복구되어야 합니다. 세르비아에 자유롭고 안전한 해양 접근권을 허용해야 하며, 또 발칸 국가들의 상호 관계는 역사적으로 정해진 귀속 의식과 민족성의 구분에 따라 우호적인 협의를 통해 결정되어야 합니다. 그리고 일부 발칸 국가들의 정치적·경제적 독립과 영토 보전을 위해 국제적 차원의 보장 조치가 마련되어야 합니다.

12. 오늘날 오스만 제국의 터키 지역은 확고한 주권을 보장해야 하나, 현재 터키의 통치를 받는 다른 민족들에게도 분명한 생명의 안전이 보장되어야 하며 그들의 자주적 발전 기회가 절대 방해를 받아서는 안 됩니다. 그리고 다르다넬스 해협은 모든 국가의 선박이 자유로이 통과하면서 통상을 펼칠 수 있도록 항구적으로 개방되어야 합니다.

13. 폴란드계임이 분명한 주민이 거주하는 영토를 포함한 지역에서 폴란드는 독립 국가로 수립되어야 하고 폴란드에 자유롭고도 안전한 해양 접근권이 보장되어야 합니다. 또한 폴란드의 정치적·경제적 독립과 영토 보전을 국제 협정으로 보장해야 합니다. …

베르사유에서 논의된 전후 처리 사항

베르사유 회담의 기본 원칙은 패전국에 대한 응징이었으며, 그 주요 수단 중 하나가 민족 자결 원칙의 적용이었다. 이로써 독일을 비롯한 패전국들은 식민지뿐만 아니라 그들 제국 내 소수 민족의 영토까지 상실하게 되었다. 하지만 독일이 볼 때 민족 자결주의 원칙의 적용은 불공정하게 이루어지는 것 같았다. 전승국들의 식민지는 이 원칙과 무관했으며, 독일의 영토 중 민족 자결의 권리를 통해 독일에 남을 의사를 밝힐 것이 확실했던 지역 중 몇몇은 모두 그 권리를 무시당한 채 독일로부터 분리되어 프랑스의 영토가 되거나 중립 관리 지대로 남았기 때문이다. 하지만 전범국인 독일이 이 조처에 반대할 방법은 없었다. 아래 자료에서 보듯이, 고작 몇몇 항변을 내놓았을 뿐이다.

베르사유 회담 중 독일의 항변(1918년 4월 24일); 마빈 페리 외 편집, 《서양 전통을 보여주는 사료들》, pp. 321∼322

이 전쟁에서, 모든 교전국의 정치인이 몇 번이고 되풀이해서 그들의 목표라고 인정했던 새로운 근본 원칙이 생겼다. 그것은 민족 자결의 권리다. 모든 국가가 이러한 특별한 권리를 실행할 수 있도록 만드는 것은 이 전쟁의 성과 중 하나라고 할 수 있다. …

자를란트 지역 거주민을 처리한 방식은 민족 자결의 권리를 엄중히 인정하는 것이 전혀 아니다. 그리고 오이펜, 말메디와 프로이센의 모레스네 지역 주민과 협의했다는 것도, 벨기에의 현 지배가 아니라면 있을 수 없는 일이었다는 점에서 보더라도 그 권리를 엄밀하게 지킨 것이 전혀 아니다.

알자스-로렌 지방에 대해서도 마찬가지다. 독일이 "1871년의 과오를 바로잡겠다"라고 맹세했다고 해서, 그것이 알자스-로렌 주민의 민족 자결 권리의 포기를 의미하지는 않는다. 주민들과 협의하지도 않고 국가 영토를 분리시키는 것은, 다른 특별한 이유가 없다면, 새로운 과오로 남을 것이다. 이는 평화 조약에서 공인된 원칙과 부합하지 않을 것이기 때문이다.

| 참고문헌 |

키건, 존, 《1차 세계대전사》, 조행복 옮김, 청어람미디어, 2009.

하워드, 마이클, 《제1차 세계대전》, 최파일 옮김, 교유서가, 2015.

Chickering, Roger, *Imperial Germany and the Great War, 1914~1918*, Cambridge University Press, 1998.

Gerwarth, Robert & Erez Manela eds., *Empires at War: 1911~1923*, Oxford University Press, 2014.

Grayzel, Susan R., *Women and the First World War*, Routledge, 2002.

Macmillan, Margaret, *Paris 1919: Six Months That Changed the World*, Random House, 2007.

Reynolds, Michael A., *Shattering Empires: The Clash and Collapse of the Ottoman and Russian Empires, 1908~1918*, Cambridge University Press, 2011.

Sanborn, Joshua A., *Imperial Apocalypse: The Great War and the Destruction of the Russian Empire*, Oxford University Press, 2014.

Stone, David R., *The Russian Army in the Great War: The Eastern Front, 1914~1917*, University Press of Kansas, 2015.

Strachan, Hew, *The First World War*, Penguin Books, 2005.

$\Large 4$ 러시아 혁명

* 1917년 3월에 발생했으나, 당시 러시아가 사용하던 율리우스력에 따라 2월혁명으로 통칭된다.
** 1917년 11월에 발생했으나 당시 러시아가 사용하던 율리우스력에 따라 10월혁명으로 통칭된다.

러시아 전제정과 제1차 세계대전

1914년에 시작된 세계대전은 제정 러시아에 막대한 부담이 되었다. 특히 전쟁이 장기화하면서 전장의 참상을 다룬 보도가 속속들이 들려오고, 총력전을 위한 가혹한 물자 조달 조치가 계속되자 러시아 제국의 여러 계층, 특히 중간 계급과 노동자들의 불만이 커져갔다. 불과 9년 전인 1905년, 이들은 러시아의 최대 다수 계급인 농민들과 함께 러시아 전제정 개혁을 위한 전국적인 혁명의 물결을 주도한 바 있었다. 당시 노동자와 농민은 의회 민주주의 수립을 외쳤을 뿐만 아니라, 경제 부문의 사회 개혁까지 주창했다. 말하자면 농민들은 토지의 재분배를, 노동자들은 공장의 자치를 주장하고 나서며 차르 체제에 대항한 경험이 있었던 것이다. │자료1│ 러시아 전제정은 최소한만 양보함으로써 이 물결을 무사히 헤쳐 나갔지만, │자료2│ 당초 차르에 대한 충성도를 높일 것으로 기대했던

도판 9 러시아 제국 로마노프 황가의 마지막 황제가 된 니콜라이 2세의 가족 사진. 니콜라이 2세가 자신의 후계자로 믿었던 막내아들은 혈우병을 앓고 있었으며, 이 점이 비선 실세였던 라스푸틴의 등장을 가능하게 했다.

세계대전이 장기화하고 러시아 민중을 피폐하게 만들면서 또 다른 고비를 맞이하는 듯했다. 그 고비는 러시아의 민중이 점차 급진주의 이념, 특히 인민주의와 마르크스주의에 한층 가까워지고 있다는 사실 때문에 더 버겁게 느껴졌다.

　마르크스주의는 사회주의의 한 종류였다. 일찍이 19세기에 출현한 사회주의 사상은 자본주의 비판, 즉 시장 메커니즘의 제한 또는 폐지, 그리고 생산 수단의 배타적인 사적 소유권에 대한 문제 제기를 그 핵심 주장으로 삼았다. 그리고 19세기 후반에 이르면 제국주의 비판 역시 그 중심에 두었다. 제국주의가 자본주의의 국제 정치적 양상이라는 믿음이 있었기 때문이다. 그중 마르크스주의자들은 여타 사회주의자들과 달리 역사유물론이라는 독특한 사상 체계를 가지고 있었다. 그것은 역사를 진보의 과정으로 바라보며 피지배 계급의 해방을 그 추세로 믿는 사상이었다. 그리고 이 해방을 이루는 동력은 계급 투쟁이며, 그것은 필히 생산 양식 내부의 모순 속에서 자라난다고 믿는 사상이었다. 단, 이 해방을 향한 역사의 진보는 단계적으로 일어나야 했고, 이들의 세계관에서 그것은 마치 과학적 법칙처럼 필연이었다. 따라서 자본주의 비판, 나아가 자본주의를 전복하려는 시도는 자본주의가 성숙한 국면에 진입한 단계에서나 가능할 것이었다. 만약 러시아의 경우처럼 자신들의 조국이 자본주의 초기 단계에 머물러 있거나 자본주의에조차 도달하지 못했다면, 자본주의를 무너뜨리는 사회주의 혁명은 즉각적인 당면 과제가 될 수 없었다. 역사유물론의 가르침에 따르면, 이런 국면에서 마르크스주의자들이 수행할 임무는 오히려 자본주의가 발전하도록 돕는 것이며 자본주의가 성숙할 때까지 기다리는 것이었다.

1917년 2월 혁명

1917년이 밝았을 때, 러시아의 전황은 암울해 보였다. 바로 전해에 러시아 군부가 야심차게 시도한 '브루실로프 대공세'는 작전 초기에 큰 성과를 거두기도 했으나 곧 독일군의 반격에 실패로 돌아가고 말았다. 이제는 러시아가 독일과의 전쟁에서 승전을 기대하기 어렵게 되었다. 한편 후방의 물자를 총동원하는 총력전이 2년 넘게 지속되면서 러시아의 민간 경제는 더욱 피폐해졌다. 특히 전장 물자의 우선적 지급 탓에 러시아의 대도시에 식량 공급이 마비되기 시작한 것이 가장 눈에 띄는 문제였다. 이 문제가 극심해진 1917년 2월, 당시 러시아 제국의 수도 페트로그라드(소련 시대 명칭은 레닌그라드, 현재 명칭은 상트페테르부르크)를 비롯한 대도시의 민중은 전제정에 그 책임을 물으며 거리로 뛰쳐나왔다. 100만 명에 달했던 거대한 시위 인파는 마치 1905년 때처럼 전제정 타도와 민주주의, 사회개혁 등을 구호로 내세웠다. |자료3| 수도를 지키던 병사들도 반란을 일으키며 그 시위를 지지했다. |자료4| 일부 경찰을 비롯해 페트로그라드의 공권력마저 시위대에 합류한 결과, 그리도 강대해 보이던 러시아 제국의 로마노프 왕조는 일시에 숨을 거두었고, 러시아는 공화정이 되었다. 이른바 2월 혁명이 성공하는 순간이었다.

2월 혁명 직후에 성립한 임시정부는 기본적으로 러시아의 자본가와 중간계급을 대표하는 자유주의자들로 구성되었다. 하지만 2월의 시위를 주도했던 민중, 특히 노동자들은 이와는 별개로 평의회, 즉 소비에트라는 조직을 통해 그들의 권리를 지키고 목소리를 내려 했다. 이처럼 권력의 중심이 임시정부와 수

도판 10 1917년 2월 '세계 여성의 날' 직후 페트로그라드 시내에 모인 시위대의 모습. 당시로서는 기록적인 50만에서 100만의 인파가 운집했다.

도 페트로그라드 소비에트로 나뉘어 두 개가 된, 이른바 이중 권력 시대는 그 초기에는 후자에 큰 영향력을 행사했던 마르크스주의자, 특히 멘셰비키의 역사 유물론 덕에 두드러진 갈등 없이 흘러갈 수 있었다. 멘셰비키의 주장에 따르면, 2월 혁명은 1789년 프랑스 대혁명에 비견되는 러시아 판 부르주아 혁명이며, 따라서 이 혁명 직후는 자본주의 '단계'에 해당한다. 따라서 경제는 자본주의 원칙 아래 편제되어야 함은 물론 정치권력도 부르주아(자유주의자들)에게 돌아가야 한다. 이런 자본주의 '단계'에서 민중의 기구인 소비에트는 정치권력을 획득하는 대신, 자유주의자들 정권의 견제 기구 정도의 존재 의미를 가져야 했다.

하지만 멘셰비키의 경쟁자였던 또 다른 마르크스주의 분파인 볼셰비키는 이 논리에 반대하며 즉각적인 정치권력의 획득, 다시 말해 임시정부 해체와 소비에트로의 권력 이양을 주장했다. |자료5| 더불어 볼셰비키는 당시 이미 부르주아 혁명의 범위를 넘어서고 있던 노동자와 농민의 요구, 즉 생산 관리와 토지 재분배 주장을 '혁명적 민주주의'라는 이름으로 수용했다. 또한 그늘은 멘셰비키와 달리 정전을 공약으로 내세웠다.

볼셰비키의 약진과 10월 혁명

이 두 마르크스주의 분파 간의 경쟁, 특히 노동자들의 지지를 둘러싼 경쟁은 1917년 4월 이후 일련의 사태를 겪으며 점차 볼셰비키에게 유리한 쪽으로 흘러 갔다. |자료6| 멘셰비키가 임시정부에 연정 파트너로 참여하면서, 전쟁을 지속하고 즉각적인 사회 개혁은 유보해야 한다는 자유주의자들의 주장과 스스로를 구별하지 못한 것이 결정적 요인으로 작용했다. 그리고 6월에 있었던 무모한 대독일 공세 이후에 터진 이른바 7월 위기, 그리고 그다음 달 많은 이들이 임시정부의 사주라고 믿었던 군부의 쿠데타 시도는 균형추를 볼셰비키 쪽으로 완전히 돌려놓았다. 그 직후, 페트로그라드 소비에트를 비롯한 전국의 많은 소비에트에서 멘셰비키가 아닌 볼셰비키가 다수파를 차지했다. 반면 군부와의 쿠데타 모의 의혹을 받으며 신망을 잃은 임시정부에 대한 신뢰도는 땅에 떨어졌다.

이렇게 임시정부가 기능을 상실하면서, 러시아에는 사실상 유일한 권력 기구인 소비에트가 정치권력을 장악하는 수순만 남은 것 같았다. 수도 페트로그라드의 소비에트를 볼셰비키가 주도하고 있으니, 볼셰비키 정권이 탄생할 가능성이 커 보였다. 그 가능성이 실현되는 방법은 크게 두 가지가 있었다. 러시아 전역의 소비에트 대표가 소집되는 전국 소비에트 대회가 열리기를 기다렸다가, 여기서 다수 '의석'을 차지한 볼셰비키가 자연스럽게 정권을 차지하는 방법이 그 하나일 것이다. 다른 하나는 이미 유명무실해진 임시정부를 현재 소비에트가 보유한 무력을 동원해 먼저 해산시키고 볼셰비키가 그 자리를 차지하는 방법이었다. 그리고 이런 정권 탈취 이후, 전국 소비에트 대회를 통해 이를 비준받으면 될 터였다.

볼셰비키 내부의 격렬한 논쟁 끝에, 후자의 방법을 주장한 레닌의 의견이 관철되었다. |자료7| 첫 번째 방법으로 정권을 차지한다면, 혁명 이후의 계획에서 볼셰비키와 사뭇 다른 멘셰비키 등과 연정을 해야 하는 문제가 생긴다는 것이 그의 판단이었다. 전국 소비에트 대회에서 볼셰비키가 다수가 될 것임은 분명하지만 과반을 넘는다는 보장은 없었던 것이다. 결국 레닌의 생각대로, 전국 소비에트 대회가 소집되기 전인 1917년 10월 24일, 페트로그라드 소비에트 소속

혁명군사위원회는 그 산하 적위대 병력을 동원해 당시 '겨울궁'에 있던 임시정부 각료들을 무력으로 몰아내는 작전을 개시했다. 이 같은 무장 봉기를 통해 볼셰비키는 10월 25일에 권력을 장악했으며, 그다음 날 발표된 내각도 물론 볼셰비키만의 단독 정부였다. 의미심장하게도, 25일부터 열린 전국 소비에트 대회에서 볼셰비키 지지자는 실제로 과반수에 이르지 못했다. |자료8|

도판 11 블라디미르 레닌. 레닌의 귀국은 러시아 혁명의 판도를 바꾸어놓았다. 그 이후 볼셰비키는 멘셰비키나 사회혁명당과는 다른 독자적 노선을 펼친다.

일방적으로 대도시 노동자들의 지지를 전폭적으로 받았다고는 하지만, 전국 소비에트 대회의 엄연한 '숫자'를 무시한 볼셰비키의 독단적 행동, 즉 무장 봉기에 이은 단독 정부 수립은 그들의 경쟁자들이나 반대파의 분노를 살 만했다. 그 분노는 제헌의회 선거 결과가 나오면서 더욱 커졌다. 제헌의회 선거는 원래 임시정부가 추진하기로 했던 것으로, 진정한 러시아 공화국의 첫 정부를 출현시킬 목적으로 기획된 바 있었다. 하지만 그 선거 일자가 계속 미루어지는 사이, 임시정부는 유명무실해진 반면 소비에트가 의회 조직을 대신함에 따라 제헌의회 선거는 러시아 사회의 관심에서 멀어지고 있었다. 하지만 볼셰비키는 자신들의 10월 봉기의 정당성을 인정받기 위한 상징적 수단으로서 제헌의회 선거를 활용하고자 했다.

하지만 11월에 실시된 선거의 결과는 볼셰비키의 기대와는 달랐다. 그들은 러시아 인민주의 계열의 사회혁명당에 이어 제2당에 머문 것이다. 선거를 전국적인 여론 조사 격으로 이용하고자 했던 볼셰비키의 안일한 태도는 그들에게 큰 정치적 부담을 안겨주었다. 선거 결과로 소집된 사회혁명당 다수의 의회는 볼셰비키의 독단을 비판하려는 의욕으로 넘쳤다. 결국 레닌은 제헌의회 소집 후 불과 사흘 만에 이를 강제 해산시켰다. 이러한 조치는 민주주의 원칙을 부정했다는 오명을 볼셰비키에게 영원히 씌워놓았다. 러시아 사회 내부에서는 제헌의회 선거가 관심을 잃은 지 오래였다 하더라도, 전 세계의 언론과 지식인 들이 보기에 여전히 그것은 러시아 민중이 열망하던 민주주의의 상징이었다. |자료9|

이런 비판 속에서 신생 소비에트 러시아 정부가 독일과 맺은 강화 조약의 내용이 1918년 3월에 알려지자, 볼셰비키에 대한 불만은 더욱 고조되었다. 이 조약으로 볼셰비키는 정전 공약을 지켰지만, 우크라이나 땅 일부를 비롯한 러시아 제국 영토의 4분의 1을 독일의 영향력 아래로 넘겨준 것이다(3장 '자료6' 참조). 일부 지역 소비에트 선거에서는 멘셰비키가 다시 볼셰비키를 꺾고 다수파를 차지하는 결과가 나타나기도 했다. 이에 레닌과 볼셰비키가 정권을 지키기 위해 선택한 방법은 무력을 사용하는 것이었다. 적위대 조직에서 재편된 '전 러시아 반혁명 및 사보타주 단속 위원회'(줄여서 '체카'라 부른다)는 반대파에게 테러를 가하기 시작했고, 볼셰비키는 이를 혁명의 수호라는 명목으로 정당화했다. |자료10|
한편 볼셰비키는 혁명기에 약속했던 범위를 넘어서는 산업 국유화와 외국 자본의 자산 몰수 등 본격적인 사회주의 경제 개혁에도 착수했는데, 이 정책 역시 커다란 사회적·국제적 논란을 불러일으켰다. |자료11|

내전과 볼셰비키의 권력 쟁취

이 같은 갈등은 결국 내전으로 전화되었다. 볼셰비키와 반反볼셰비키 연합의 대결이었던 이른바 러시아 내전에서, 후자는 비非볼셰비키 사회주의자들부터 자유주의 계열, 황제 재옹립파에 이르기까지 그 스펙트럼이 넓었다. 거기에 영국, 프랑스 등 '외세'도 반볼셰비키를 지원했다. 그들은 반자본주의·반제국주의를 외치는 거대한 사회주의 국가가 유럽에 들어서는 것을 원치 않았으며, 또한 반볼셰비키파가 집권한다면 러시아가 다시금 협상국 편에서 독일과 싸워줄 것이라 기대했다. |자료12|

내전 초기의 전세는 당시 백군으로 불리던 반볼셰비키 진영이 우위를 점했다. 여기에 속한 황제 재옹립파의 다수가 러시아 제국 군대를 지휘하던 장교들이었던 데다 외국군의 물량 지원까지 등에 업은 덕분이었다. 하지만 1919년 후반기 이후로 전세가 급격히 달라졌으며, 마침내 1921년에 볼셰비키는 내전에서의 승리를 선언할 수 있었다. 볼셰비키의 이 '기적적' 승리에는 다음과 같은 여러 가지 요인이 있었다. 첫째, 볼셰비키 역시 민병대 원칙을 버리고 직업 군인,

특히 구제국 군대 출신 장교들을 등용해 전문적인 군사 전술을 구사한 점, 둘째, 백군 내 정치적 스펙트럼의 다양성과 사사로운 반목 탓에 군사 작전의 조율이 되지 않았던 점, 셋째, 볼셰비키가 장악한 지역이 러시아 양대 대도시를 포함하는 만큼 대규모 주민 동원이 가능했던 점, 그리고 마지막으로 가장 중요하게도 볼셰비키는 1917년 혁명의 가치인 '혁명적 민주주의' 원칙을 계속 천명할 수 있는 이념적 지향을 가졌던 데에 비해 귀족과 과거 관료를 아울렀던 백군은 그럴 수 없었기에 민중의 지지를 이끌어내기 어려웠다는 점 등이다.

내전은 볼셰비키 정권에 영원히 지워지지 않을 각인을 남겼다. 불리한 전쟁에서 승리했다는 기쁨은 그들에게 영웅주의를 선사해준 한편, 적들에 대한 경계심과 증오는 더욱 커졌다. 무엇보다도 중요했던 것은 내전이 볼셰비키 지도부에 남긴 교훈이었다. 파리 코뮌의 경험이 알려주듯이, 세상은 사회주의 혁명에 성공한 정권을 가만히 내버려두지 않는다. 대내외의 세력들은 호시탐탐 이 정권의 전복을 노린다. 따라서 사회주의 정권은 이들로부터 정권을 지키기 위해 더 강해지고 정신을 바짝 차려야 한다. 이제 볼셰비키는 내·외부의 적들로부터 정권을 수성하는 작업을 최우선 과업으로 규정하기 시작했다. 역사유물론자들인 그들이 보기에 이는 역사의 진보를 담보하는 '정당한' 일이었기에, 어떤 수단을 동원해서라도 실현해야 했다. 볼셰비키 지도부가 이런 논리를 견지하면서, 민주주의와 인권은 그들 정권의 핵심 과제에서 멀어져갔다. 내전이 끝났을 때 소비에트 정권은 그들이 생각했던 것보다 훨씬 권위주의적이고 군사주의적으로 변모해 있었다. |자료13|

자료
01 ....

1905년의 러시아 혁명

> 1905년 1월, 러시아 제국 수도 페테르부르크의 민중은 당시 황제 니콜라이 2세에게 전제정의
> 개혁을 청원했다. 이들은 평화 시위를 조직하고 황제가 사는 '겨울궁'으로 행진을 계획했다. 하지
> 만 황제 근위대의 발포로 수많은 인명 피해가 발생했으며, 결국 이 소식에 분개한 사람들이 러시
> 아 제국 전역에서 반전제정 시위를 벌였다. 노동자 파업, 농민 봉기, 민족 반란 등 여러 형태를 띠
> 었던 이 시위는 1905년 혁명이라 불리며 그해 10월까지 지속되었다. 아래 1905년 1월의 청원
> 내용은 다분히 자유주의 이념에서 영향을 받은 것이었지만, 노동하는 이들의 권리를 주장했다는
> 점에서 이를 넘어서는 측면도 있었다.

페테르부르크 민중의 청원(1905년 1월), https://alphahistory.com/russianrevolution/bloody-
sunday-petition-1905/

폐하!

우리, 페테르부르크 거주민들과 노동자들, 다양한 계층의 사람들, 우리의 아내들, 아이
들, 노쇠한 부모들은 정의를 찾고 보호받고자 군주 당신에게 왔습니다. 우리는 빈곤하
고 억압받고 있으며, 노동의 부담을 지고 있고, 무시당해 왔습니다. 우리는 인간이 아
닌, 쓰라린 운명에 고통받으며 침묵해야 하는 노예 취급을 받습니다. 우리는 고통스러
우며, 비탄과 무지, 권리의 결여라는 심연에 더욱더 깊이 빠져들고 있습니다. 폭정과 전
횡은 우리를 질식하게 하며 우리는 숨을 헐떡이고 있습니다.

우리는 많은 것을 바라지 않습니다. 우리는 단지 고된 노동과 끝날 줄 모르는 고통에서
벗어난 삶을 원할 뿐입니다. 우리의 첫째 요구는 고용주들이 우리와 함께, 우리가 필요
로 하는 것을 논의하는 것이었습니다. 그러나 고용주들은 이를 거절했습니다. 그들은

우리가 필요로 하는 것을 말할 권리를 부정했습니다. 법에 그러한 권리가 없다는 이유였죠. 다음과 같은 우리의 다른 요구 사항도 모두 법적 근거가 없다고 합니다. 노동 시간을 여덟 시간으로 단축하는 것, 급여를 구성원의 동의를 통해 함께 책정하는 것, 우리와 현장 공장 책임자들 간에 생긴 분쟁을 조사하는 것, 비숙련공과 여성의 일당을 1루블 더 인상하는 것, 초과 근무를 폐지하는 것, 모욕적인 언사 없이 친절하게 의료 서비스를 제공하는 것, 일할 만한 작업장을 지어 끔찍한 외풍과 비와 눈이 야기하는 죽음을 면할 수 있게 하는 것 등. …

러시아는 오직 관료에 의해 통치되기에는 너무나도 넓고 다양한 요구가 존재합니다. 우리는 우리 인민의 대표가 필요합니다. 인민은 자기 스스로를 돕고, 스스로 관리해야 합니다. 오로지 인민만이 자신들이 진정으로 필요로 하는 바가 무엇인지 압니다. 자본가, 노동자, 관료와 성직자, 의사와 교사가 각자의 역할을 할 수 있게 해주십시오. 누가 되었든 모든 사람은 스스로 대표자를 뽑을 수 있게 해야 합니다. 모든 사람이 투표권에서 자유롭고 평등해야 하며, 이를 위해 제헌의회 선거는 보통·비밀·평등 선거로 실시되어야 할 것입니다.

다음 사항들은 꼭 필요합니다.

I. 러시아 인민의 무지와 권리의 결여에 대한 조치

  1. 정치적·종교적 신념과 파업, 농민 소요 등으로 고통받는 모든 이에게 즉각적으로 자유와 귀향을 보장할 것

  2. 개인의 자유와 불가침성, 표현과 언론의 자유, 집회의 자유, 종교 문제에서 양심의 자유를 즉각적으로 포고할 것

  3. 국가 부담으로 보통 및 의무 공교육을 실시할 것

  4. 정부 장관들의 인민에 대한 책임 인정과 적법한 행정을 보장할 것

  5. 법 앞에서의 예외 없는 평등

  6. 교회와 국가의 분리

II. 자본의 노동 탄압에 대한 대책

  1. 공장 감독관 사무실의 폐쇄

  2. 공장 내 노동자가 선출한 상설위원회의 설립. 해당 위원회는 공장 경영진과 공동으로 개별 노동자의 모든 불만 사항을 조사한다. 이 위원회의 결의가 아니면

노동자는 해고될 수 없다.

3. 생산자-소비자 조합과 노동조합의 자유를 즉각 보장할 것

4. 하루 여덟 시간 근무 및 초과 근무 규정을 마련할 것

5. 노동자들이 자본가에게 맞서 투쟁할 자유를 즉각 보장할 것

6. 임금 규정을 즉각 마련할 것

7. 노동자를 위한 국가 보험법 제정에 노동 계급 대표의 참여를 즉각 보장할 것

자료
02

니콜라이 2세의 '10월 선언'

> 1905년 1월부터 10월까지 계속된 반전제정 시위는 차르 니콜라이 2세의 이른바 '10월 선언'을 통해 가라앉았다. 이 선언에서 니콜라이 2세는 두마(러시아 의회)를 입법 기관으로 인정하고 이를 위한 선거를 약속했으며, 언론과 집회, 결사의 자유 등 자유주의 개혁을 추진할 것을 강하게 시사했다. 하지만 차르의 약속은 온전히 지켜지지 않았다. 그는 곧 두마의 해산권을 갖게 되었으며, 그나마 의원의 절반은 국민의 선출이 아니라 차르의 임명으로 결정되었다. 1906년부터 시작된 이른바 '스톨리핀 반동'은 농업 분야의 근대적 변화를 추진하기도 했지만, 그 자신이 약속했던 자유주의 개혁 약속을 대부분 어기고 러시아를 과거로 돌려놓았다.

니콜라이 2세, '국가 질서 개선을 위하여'(이른바 '10월 선언'); G. 케르테스G. Kertesz 편집, 《1815〜
1939년 유럽 대륙의 정치사 자료Documents in The Political History of The European Continent, 1815−1939》,
Oxford University Press, 1968, pp. 301〜302

페테르부르크와 모스크바 그리고 러시아 제국의 다른 여러 지역에서 현재 일어나고 있는 소란과 소요 사태로 우리의 마음은 아주 크고 극심한 슬픔으로 가득 찼다. 러시아 군주와 그의 백성들의 안녕은 불가분한 관계이며, 이에 국가적 슬픔은 곧 그의 슬픔이다. 현재의 혼란한 정국은 국가의 불안을 야기하고, 국가의 통합에 위협이 될 수 있다.

차르로서 내가 이런 맹세를 하는 것은 우리가 우리의 강인한 힘과 지성, 능력을 최대한 발휘하여 국가에 위협이 되는 이런 사태를 빠르게 종결하기 위함이다. 당국은 무질서와 폭력에 즉각 대처하고 일상 업무를 평화롭게 진행하기를 원하는 사람들을 보호하기 위해 적절한 조치를 취해왔다. 그러나 우리 조국을 안정시키기 위해 더 신속한 조치들이 필요하다는 판단에 따라 우리는 정부의 업무를 통합하기로 결정했다. 따라서 우리

는 이러한 굳은 의지를 실천하기 위해 다음의 조치를 취할 것을 정부에 지시한다.

1. 진정한 의미의 개인 불가침성, 양심의 자유, 언론과 집회, 결사의 자유 등 근본적인 시민적 자유가 러시아 제국 주민에게 부여된다.
2. 가능한 한 두마 소집 전에, 현재 투표권이 없는 계급들에 두마 선거 참여를 허용하며, 이는 보통 선거권으로 발전할 것이다. 이미 결정된 두마 선거가 미뤄지는 일은 없을 것이다.
3. 국가 두마의 승인 없이는 그 어떠한 법도 시행될 수 없다. 이는 전혀 흔들림 없는 원칙으로 확립될 것이며, 인민의 대표자들은 정부 기관의 적법성을 감독하는 역할에 실제로 참여할 기회를 얻을 수 있을 것이다.

우리는 러시아의 참된 자식들에게 조국을 기억하고, 전례 없는 이 소요 사태를 멈추기 위해 조력하며, 이와 함께 조국의 평화 회복을 위해 모든 힘을 바칠 것을 촉구한다.

모든 러시아인의 차르, 니콜라이 2세

자료
03 --

2월 혁명 발발의 배경

> 1917년 2월에 대규모 시위가 등장한 배경은 러시아 전제정의 오랜 비효율적 전쟁 수행이 야기한 곡물 공급 체계의 붕괴였다. 하지만 시위를 직접 촉발한 계기는 2월 23일(그레고리우스력 3월 8일) '세계 여성의 날' 기념행사에 모인 여성 노동자를 비롯한 민중의 외침이었다. 다음의 페트로그라드 한 공장 노동자의 기록은 이 과정을 생생하게 보여준다.

스티브 A. 스미스Steve A. Smith, 〈기층에서 바라본 1917년 페트로그라드Petrograd in 1917: the View from Below〉; 대니얼 카이저Daniel Kaiser 편, 《1917년 러시아의 노동자 혁명Workers' Revolution in Russia 1917》, Cambridge University Press, 1987, pp. 61~62에서 재인용

나는 우리 부서의 창문에서 내다보이는 골목에서 여자들의 목소리를 들을 수 있었다. "물가고를 해결하라!" "굶주림을 없애라!" "노동자에게 빵을!" 나와 동료 몇 사람은 즉시

창가로 달려갔다. … 볼쇼이 삼소니옙스키 거리 제1공장의 정문이 활짝 열려 있었다. 투쟁 분위기에 휩싸인 여성 노동자들의 무리가 골목을 가득 메우고 있었다. 우리를 본 사람들이 "나와요!" "작업을 멈춰요!"라고 외치며 손을 흔들기 시작했다. 눈 뭉치가 창문으로 날아들었다. 우리는 시위에 참가하기로 결심했다. …

자료
04

사병들이 혁명에 앞장서다

> 1917년 2월 혁명 직후에 러시아 군대에 배포된 '명령 1호'의 내용이다. 혁명의 기운을 반영한듯 평등주의 군대 문화를 지향하는 것이 엿보인다. 사병들은 이를 기준으로 장교를 처벌하기도 했고 심지어 처형하기도 했다. 사병들의 명분은 귀족 출신 일부 장교가 하층민 출신인 자신들을 하대하고 괴롭혔다는 것이었다. 일부 보수적인 서방 학자들은 이를 혁명이 초래한 무질서의 대표적인 예로 들곤 했다. 하지만 당시 러시아 군대 내에서 군율 전체가 심각하게 무너졌다는 증거를 찾기는 어렵다.

명령 1호, https://alphahistory.com/russianrevolution/order-number-one-petrograd-soviet-1917/

페트로그라드 수비대, 경비대, 육군, 포병, 해군에 속한 모든 병사의 즉각적이고 엄격한 시행을 위해, 페트로그라드의 노동자들에게는 상황을 전달하기 위해

노동자 병사 대표 소비에트는 다음과 같이 결의한다.

1. 모든 중대, 대대, 연대, 포대 집결지, 포병대, 기병대, 다양한 군정 복무처 및 해군 함선 내에서 위원회가 즉각 선정되어야 한다. 위원회는 상술한 각 부대 단위의 사병들에 의해 선출된 대표 중에서 선정되어야 한다.

2. 아직 노동자 대표 소비에트로 대표를 보내지 못한 모든 부대는 각 중대별로 대표를 한 명씩 선출해야 한다. 대표들은 모두 서면 임명장을 가지고 3월 3일 오전 10시까지 국가 두마 건물로 와서 선출 사실을 보고해야 한다. …

4. 국가 두마 군사위원회의 명령은 노동자 병사 대표 소비에트의 명령 및 결의안과

상충하지 않을 경우에만 따르도록 한다. …

6. 진중에서 근무 중인 병사들은 군율을 엄격하게 준수해야 한다. … 〔하지만〕 근무하고 있지 않을 경우, 차렷 자세를 하고 경례할 의무를 폐지한다.

7. 또한 장교를 '각하' '~님'과 같은 존칭으로 부를 의무를 폐지하고, 이러한 호칭을 '장군' '대령' 등으로 대체한다.

이 명령은 모든 중대, 대대, 연대, 해군, 포병 그리고 여타 전투 및 비전투 부대에서 낭독되어야 한다.

자료
05
레닌과 볼셰비키가 혁명 정국을 바꾸다

> 1917년 4월 초, 독일 정보부가 마련해준 밀봉 열차를 타고 러시아로 귀국한 레닌은 다음의 '4월 테제'를 통해 혁명의 분위기를 바꾸어놓았다. 이 테제는 전쟁 종식, 즉 정전을 볼셰비키의 우선적인 목표로 제시하면서 임시정부를 배제하고 소비에트만을 권력의 구심점으로 삼자는 데 방점을 두었다. 아울러 레닌은 당시 '혁명적 민주주의'라고 불린 흐름 속에서 사회경제 개혁도 함께 외쳤고, 이는 대토지 국유화와 산업 생산 및 분배의 감독 등을 의미했다. 하지만 레닌은 이 개혁이 즉각적인 사회주의가 아님도 분명히 했다.

레닌의 '4월 테제'(현 혁명 상황에서 프롤레타리아에게 주어진 과업); 블라디미르 레닌, 《전집Collected Works》 Vol. 24, Moscow, 1964, pp. 19~26

1. 전쟁과 관련된 우리의 입장은 다음과 같다. 전쟁은 러시아 측에서 볼 때, 그리고 르보프[1]와 그 무리의 임시정부 아래에서는 이 정부의 자본주의적 성격 탓에 무조건 약탈적인 제국주의 전쟁이 될 수밖에 없으며, 따라서 '혁명적 방위'라는 주장은 전혀 받아들일 수가 없다. …

3. 임시정부에 대해 어떠한 지지도 해서는 안 된다. 임시정부가 약속했던 모든 것, 특히 외국 영토 합병을 취소하겠다는 약속의 허위성을 완전히 드러내야 한다. 자본가들의 정부인 이 정부가 제국주의적이 되지 않아야 한다는, 받아들여질 리 없고 환상만 키우는 요구를 하는 대신에, 〔그것의 제국주의적 성격을〕 폭로해야 한다.

1 | 게오르기 르보프Georgy Lvov (1861~1925). 러시아 제국의 고위 귀족이었지만 정치적으로는 자유주의자였다. 임시정부의 초대 수반을 맡았다.

4. 노동자 대표 소비에트가 혁명 정부로서 유일하게 가능한 형태라는 점을 대중에게 설명해야 한다. 따라서 현 정부가 부르주아의 영향력에 굴복하는 한, 꾸준하고 체계적이고 지속적이며, 특히 대중의 현실적 요구에 부응하는 설명을 통해 오로지 현 정부 전략의 과오를 드러내야 하며, 그것이 우리의 과업이라는 점을 대중이 인식해야 한다. 우리가 소수파로 남아 있는 한, 우리는 비판과 과오 폭로를 이어갈 것이며, 동시에 국가 권력을 노동자 대표 소비에트로 완전히 이양할 필요가 있음을 선전할 것이다. 대중이 경험을 통해 자신들의 과오에서 벗어날 수 있도록 말이다. …

6. 농업 프로그램은 농업 노동자 대표 소비에트가 주관하게 한다. 모든 지주의 토지를 몰수해야 한다. 나라의 모든 토지를 국유화해서, 그 관리를 지역 농업 노동자 및 농민 대표 소비에트에 맡겨야 한다. 빈농 대표 소비에트는 별도로 만들어야 한다. 각 대토지(지역 조건에 따라 100데샤티나[2]에서 300데샤티나 정도 규모며, 그 결정은 지역 단체에 맡긴다)별로 모델이 되는 농장을 하나 만들어 국유화 과정의 모범을 보인다. 그 과정은 농업 노동자 대표 소비에트와 대중의 감독하에 이루어진다.

7. 이 나라의 모든 은행은 즉각 하나의 국립 은행으로 재조직되어야 하며 이를 노동자 대표 소비에트가 통제해야 한다.

8. 우리의 당면 과제는 사회주의를 **바로 도입**하는 것은 아니다. 그것은 사회적 생산과 생산품의 분배를 즉시 노동자 대표 소비에트의 **통제**하에 두는 것일 뿐이다. 〔강조는 원저자〕

2 │ 러시아의 옛 단위. 1데샤티나는 1.09헥타르에 해당한다.

자료
06

노동자들의 지지를 얻기 시작한 볼셰비키

1917년 6월 20일, 당시 러시아 최대의 공장이자 가장 많은 노동자 수를 보유한 푸틸로프 공장의 분위기를 보고한 한 볼셰비키 활동책의 기록이다. 멘셰비키가 임시정부에 참여한 이후부터 점차 현장 노동자들의 신망을 잃어가고, 그 대신 볼셰비키가 그들의 대안으로 떠오르던 상황을 잘 보여준다.

한 볼셰비키의 보고, 스티브 A. 스미스, 〈기층에서 바라본 1917년 페트로그라드〉; 대니얼 카이저 편,
《1917년 러시아의 노동자 혁명》, pp. 70~71에서 재인용

푸틸로프 공장은 완전히 우리[볼셰비키] 쪽으로 넘어왔다. 공장의 투쟁적 분위기의 근
저에는 경제 문제가 깊이 자리 잡고 있다. 임금 인상 문제가 심각하다. 혁명 초부터 노
동자들의 임금 인상 요구는 충족되지 못했다. 그보즈데프[3]가 공장에 와서는 노동자들
의 요구를 들어주겠다고 약속했지만, 그는 약속을 지키지 않았다. 소비에트 집행위원
회가 지지를 모으기 위해 소집한 6월 18일의 시위에서, 푸틸로프 공장의 노동자들은
"그들은 우리를 속였다!"라고 쓰인 플래카드를 내걸었다.

3 | 멘셰비키 출신 노동부 차관.

자료
07

레닌, 무장 봉기를 촉구하다

볼셰비키 지도부는 1917년 10월 혁명 직전까지도, 봉기를 통해 권력을 장악해야 한다는 레닌의
주장을 가지고 논쟁을 거듭하고 있었다. 제2차 전국 소비에트 대회에서 볼셰비키가 다수당이 되
리라 기대하고 이를 통해 정권을 차지하자는 의견, 또는 제헌의회를 통해 정권에 다가가자는 의
견을 가진 이들이 레닌의 봉기론에 반대했다. 다음은 10월 혁명이 발발하기 한 주 전에 레닌이
볼셰비키 지도부에 자신의 주장을 관철시키기 위해 보낸 편지의 일부다. 그는 전국 소비에트 대
회가 봉기 전에 개최된다면 볼셰비키는 멘셰비키나 사회혁명당 등 다른 사회주의 정당과 연립 정
부를 세울 수밖에 없을 것이라고 예상했다. 이는 사회주의 혁명을 추진할 수 없는 권력 조합이라
고 레닌은 판단했다.

러시아 사회민주주의노동당(볼셰비키) 중앙위원회에 보낸 레닌의 편지(1917년 10월), https://alpha
history.com/russianrevolution/lenin-calls-october-revolution-1917/

[임박한 혁명에 비판적인 이들은] "우리는 인민들 사이에서 다수를 차지하고 있지 못하며,
그러한 조건이 갖추어지지 않은 상황에서 봉기는 가망 없는 행동이다"라고 말한다. …
[그들은] 볼셰비키 당이 전체 표의 과반에서 한 표 더 얻는다는 보장을 사전에 받고 싶어
한다. 역사는 결코 그런 보장을 해준 적이 없다. 혁명의 시기에는 더더욱 그러하다. 그
러한 요구를 제기하는 것은 청중에 대한 조롱이며, 자신들이 현실과 동떨어져 있음을
숨기기 위한 방편에 지나지 않는다. 현실은 7월 봉기 이후로 대다수 인민들이 볼셰비
키 편으로 빠르게 넘어왔다는 것을 보여준다. 이 점은 우선 페트로그라드에서 이루어

진 9월 2일의 선거가 증명했다. 사실 코르닐로프 사건[4] 전에도, 도시에서는 이미 볼셰비키의 득표율이 교외 지역을 제외한다면 20퍼센트에서 33퍼센트로 오른 바 있다. 볼셰비키의 득표율이 11퍼센트에서 49퍼센트로 올랐던 9월 모스크바 소비에트 선거도 이를 증명한다. … 대다수의 농민 소비에트가 … 연립 정부에 반대를 표명했다는 사실에서도 이 점이 입증되었다. 연립 정부에 반대한다는 것은 실질적으로 볼셰비키를 따르겠다는 것을 의미한다. …

4 | 1917년 8월 말 러시아 제국 **징군 코르닐로프**가 군내들 이끌고 수도 페트로그라드를 진격했던 사건. 사회주의자들이 장악한 수도의 '무질서'를 회복한다는 것이 명분이었다.

〔그들은〕 "우리는 날마다 강해지고 있다. 우리는 제헌의회에 강한 야당으로 입성할 수 있다. 그럼에도 왜 우리가 모든 것을 걸어야 하는가?"라고 말한다. … 〔하지만〕 제헌의회를 기다리는 것만으로는 기근 문제도, 페트로그라드 배급 문제도 해결할 수 없다. 순진무구한 이들, 혼란에 빠진 이들, 혹은 스스로 겁을 먹고 있는 이들은 이 점을 망각하고 있다.

자료
08
▌볼셰비키, 10월 혁명으로 정권을 장악하다

> 1917년 10월 25일, 페트로그라드 소비에트 소속 적위대를 중심으로 한 볼셰비키 지지자들이 임시정부의 본부인 '겨울궁'을 점령함으로써 임시정부는 해체되었고 소비에트 권력 시대가 시작되었다. 물론 이 소비에트 권력이 전체 혁명 지지자들을 대표하는지, 오로지 볼셰비키만을 대표하는지는 불분명했지만 말이다. 봉기가 성공한 당일, 레닌은 볼셰비키의 본부였던 스몰니 학교 대강당에서 다음의 연설을 했다. 이 연설은 그의 '4월 테제'의 연장선상에 있는 내용으로, 전면적인 사회주의화보다는 노동자의 정치권력 장악에 초점을 두었다.

볼셰비키가 집권한 날 레닌이 한 연설, 알렉산더 라비노비치Alexander Rabinowitch, 《1917년 러시아 혁명 The Bolsheviks Come to Power》, Haymarket Books, 1976, p. 279; 류한수 옮김, 책갈피, pp. 528~529

볼셰비키가 늘 반드시 일어난다고 말하던 노동자와 농민의 혁명이 완수되었습니다. 이 혁명은 어떤 의미가 있을까요? 무엇보다도 먼저 우리가 소비에트 정부, 부르주아가 참여하지 않은 우리 고유의 권력 기관을 우리가 소유하게 된다는 데 의미가 있습니다. 억압받는 인민이 스스로 권력을 세울 것입니다. … 지금 러시아 역사의 새 시대가 시작되고 있으며, 이 제3의 러시아 혁명은 틀림없이 결국은 사회주의의 승리로 끝날 것입니다. 당면 과제 가운데 하나는 무슨 일이 있어도 전쟁을 즉각 끝내는 것입니다. … 우리는 지주의 재산을 없애버릴 포고령으로 농민의 신뢰를 얻고 있습니다. 농민은 자신들이 노동자와 동맹해야만 구원받는다는 것을 깨달을 것입니다. 우리는 진정한 노동자 생산 관리를 확립할 것입니다. 지금까지 우리는 함께 협동하는 법을 배웠습니다. 이제 막 일어난 혁명이 이를 증언합니다. 모든 것을 이기고 프롤레타리아를 세계 혁명으로 이끌어갈 대중 조직의 힘이 우리에게 있습니다. 러시아에서 우리는 지금 프롤레타리아 사회주의 정부 건설에 전념해야 합니다.

전 세계 사회주의 혁명 만세!

자료
09
볼셰비키의 제헌의회 해산

> 1918년 1월, 볼셰비키는 소집된 제헌의회를 강제로 해산했다. 입법 기관으로서 소비에트가 이미 제헌의회보다 중요해진 상황에서 후자의 해산은 당시 페트로그라드 민중에게 예상만큼 큰 충격으로 다가오지는 않았다. 하지만 2월 혁명의 성과인 제헌의회를 강제로 해산한 것은 추후에 볼셰비키에게 커다란 정치적 부담이 되었으며, 내전 발발에 기폭제가 되었다. 다음의 결의문은 왜 제헌의회를 해산해야 하는지, 볼셰비키 지도부가 내놓은 설명이다. 제헌의회는 낡은 질서를 반영하며 현재 부르주아 반혁명 세력에 도움이 되고 있다는 것이 그들 주장의 핵심이다.

제헌의회 해산에 대한 러시아 공산당 중앙위원회의 결의(1918년 1월 19일); 《소련 정부 법령집Decrees of the Soviet Government》, Vol. I, Moscow, 1957, pp. 335~336

러시아 혁명이 시작된 순간부터 노동자·병사·농민 대표 소비에트는 대중 기반의 조직으로 등장했다. 이 조직은 노동 인민과 착취 계급을 하나로 묶어주었으며 완전한 정치적·경제적 자유를 위해 투쟁했다. 혁명의 첫 번째 시기에 소비에트는 커졌고, 발전했으며, 강화되었다. 소비에트는 부르주아와의 타협이 소용없음을, 그리고 부르주아의 의회 민주주의가 기반석임을 경험을 통해 깨달았고, 이런 의회 민주주의의 형식 및 타협과 완전히 결별하기 전에는 그동안 짓밟혀온 계급들을 해방시키는 것이 불가능하다는 결론에 도달했다. 10월 혁명과 소비에트의 권력 장악은 그러한 단절을 의미한다.

10월 혁명 이전의 출마자들을 기초로 선출된 제헌의회는 타협주의자들과 카데트Kadet[5]가 권력의 자리에 머물렀던 시절의 낡은 질서를 반영한다. … 1월 18일에 개원한 제헌의회는 케렌스키, 압크센티예프, 체르노프의 정당인 우파 사회혁명당이 다수당이다. 이 정당은 소비에트 정부라는 주권 기관의 제안을 거부했다. … 그리고 '노동 인민과 착취 계급의 권리 선언', 10월 혁명, 소비에트 정부 모두를 부정할 것이다. 이런 일련의 행동을 통해, 제헌의회는 러시아 대중과 소비에트의 관계를 끊어버린 셈이다. 이런 상황에서 볼셰비키와 사회혁명당 좌파는 제헌의회에서 퇴장할 수밖에 없다. 제헌의회의 다수 정당, 사회혁명당원과 멘셰비키 들은 … 소비에트의 전복을 주장하면서 이에 대해 공개적으로 전쟁을 벌이고 있다. 이런 식으로 이들은 노동 인민에게 토지와 공장이 이전되는 것을 막으려는 착취 계급들을 돕고 있다.

소비에트 권력을 무너뜨리려 한다는 점에서 제헌의회가 부르주아 반혁명에 도움이 되는 것은 분명하다. 이런 시각에서 당 중앙위원회의 집행위원회는 포고령을 발표한다. 제헌의회는 해산한다.

5 | 러시아의 대표적인 자유주의 정당.

자료
10
비밀경찰 조직, 체카

> 볼셰비키 지도부는 10월 혁명 직후 '전 러시아 반혁명 및 사보타주 단속 위원회'(체카)를 설립했다. 이는 그들이 혁명의 적 또는 인민의 적으로 인식한 사람들의 감시와 테러를 담당하는 사실상의 비밀경찰 조직이었다. 체카의 감시와 테러 기능은 극단적으로 위태로웠던 당시 볼셰비키 정권의 상황을 반영하는 것이었지, 그들이 처음부터 의도했던 것은 아니었다. 하지만 체카가 혁명 이후 소비에트 사회를 더욱더 비민주주의적이고 반인권적으로 만들었다는 점에 대해서는 이견이 존재하기 어렵다.

소비에트 정부 인민위원회의 결의문(1918년 9월 5일); 윌리엄 헨리 체임벌린William Henry Chamberlin, 《1917~1921년 러시아 혁명The Russian Revolution, 1917-1921》, Macmillan, 1935, Vol. II, pp. 475~476

인민위원회의는 체카 위원장의 보고를 받고 다음 사항들을 결정했다. 첫째, 현재 상황에서는 테러의 수단까지 이용해 후방을 지키는 것이 필수적이다. 둘째, 더 많은 수의 책임 당원들을 체카로 파견할 필요가 있다. 체카의 과업을 강화하고 체카를 더 체계적인 조직으로 만들기 위함이다. 셋째, 계급의 적들을 강제 수용소에 고립시킴으로써 소비에트 공화국을 보호할 필요가 있다. 넷째, 백군 조직, 음모 그리고 반란과 연루된 모든 사람을 사형에 처해야 한다. 다섯째, 처형된 사람들의 명단과 그들의 처형 이유를 공개할 필요가 있다.

자료
11

볼셰비키가 펼친 사회주의 경제 정책

볼셰비키 지도부는 10월 혁명을 사회주의 혁명으로 생각했다. 이는 정통 마르크스주의의 역사유물론과는 거리가 있는 결정이었지만, 그들 특유의 제국주의론을 통해 이를 이론적으로 정당화할 수 있었다. 다음 자료는 이듬해에 그들이 본격적인 사회주의 경제 개혁에 나서면서 발표한 국유화 선언이다. 생산 수단, 특히 기업과 공장에 대한 소유권 폐지와 국유화가 사회주의의 핵심임을 잘 보여준다. 이는 1917년에 레닌이 '혁명적 민주주의'라는 이름으로 약속했던 것, 즉 소비에트의 생산 관리보다도 훨씬 급진화한 정책이었다.

국유화 선언(1918년 6월 28일), https://alphahistory.com/russianrevolution/russian-revolution-documents/

경제적 혼란과 식량 공급 체계 붕괴에 단호하게 대처하고, 노동 계급과 빈농의 독재를 더 확고히 하기 위해 소비에트 인민위원회의는 다음의 사항을 결정했다.

1. 소비에트 공화국 내 다음의 산업과 상업 기업들 모두, 그리고 그 기업들 산하의 자본과 재산은 무엇으로 구성되었든 간에 앞으로 러시아 소비에트 연방사회주의공화국의 자산에 속한다.

2. 국유화된 산업의 행정은 인민경제최고회의 산하의 각기 다른 부서가 맡을 것이다.
   …

3. 본 법령에 의해 소비에트 공화국의 재산이 된 기업들은, 인민경제최고회의가 각 기업에 대한 특별한 결정 사항을 발표하기 전까지는, 전 소유주들에게 무상으로 임대된 자산으로 간주될 것이다. 이사회와 전 소유주들은 이전처럼 계속 기업에 자금을

대고 … 기업으로부터 나오는 수입을 받을 것이다. …

4. 본 법령의 공표를 시작으로, 국유화된 산업의 행정가, 관리자 및 기타 책임자 들은 사업체를 보존하고 유지하며 원활하게 운영하는 데 대해 소비에트 공화국에 책임을 진다.

5. 모든 기업의 기술자, 노동자, 이사진, 십장 등 직원은 모두 소비에트 공화국에 고용된 사람들로 간주될 것이다. 이들의 임금은 국유화가 이루어진 시기의 임금 체계에 준해 정해질 것이다. …

블라디미르 울리야노프 [레닌]

인민위원회의 의장

자료

12

서양 국가들의 반볼셰비키 선전

> 다음 자료는 1919년 1월 17일에 페트로그라드를 떠나온 영국인들이 영국 외무부에서 행한 인터뷰 내용이다. 이들은 페트로그라드의 큰 사업체 책임자들이었던 것으로 보인다. 이 자료에 따르면, 영국의 자본가들은 전쟁 적국인 독일의 프로이센주의보다 러시아 혁명을 더 큰 위협으로 보았다. 이러한 우려는 영국을 비롯한 서양 국가들의 러시아 내전 개입으로 이어졌으며, 그들의 끈질긴 반공주의 원천으로 기능했다.

C씨와 D씨의 인터뷰 내용(1919년 2월 13일); R. C. 브리지스 편집, 《민족들과 제국들》, p. 239

8. 세계혁명을 위한 볼셰비키의 계획

러시아의 볼셰비즘은 프로이센주의 이상으로 우리 문명에 위협이 된다. 볼셰비즘이 가차 없이 파괴되기 전까지 우리는 혼란과 파업과 혁명을 곳곳에서 목도할 것이다. 독일 군부는 궁극적으로 볼셰비즘을 영국에 전파하려는 생각으로 러시아의 볼셰비키와 함께하고 있음이 분명하다. 그렇게 될 때까지 그들은 독일 내에서 스스로 볼셰비즘을 극복하고 우리가 겪을 혼란을 이용할 수 있는 자리에 있을 것이다. 볼셰비키의 선전 자산은 무궁무진하다. 독일만큼 볼셰비키의 비밀공작을 자유롭게 내버려두는 나라는 없다. 그 결과, 볼셰비키의 하수인들은 전혀 예상치 못한 곳들에서도 발견될 수 있다.

러시아 사회의 군사화

1918년 내전 기간에 러시아 공산당 당대회의 비밀 결의문 중 일부다. 당시 볼셰비키 지도부는 혁명을 수호해야 한다는 대의에 깊이 빠져든 나머지, 그들 스스로가 소비에트 사회를 군사화하고 경직시키고 있다는 사실에는 그게 주의를 기울이지 못했다. 이런 특성은 향후 소련 사회, 특히 스탈린 시대 소련의 대표적인 특징이 된다.

제7차 러시아 공산당 대회 비밀 결의문(1918); 에번 모즐리Evan Mawdsley, 《러시아 내전The Russian Civil War》, Pegasus Books, 2009, p. 37

우리 당, 모든 의식화된 프롤레타리아 전위, 그리고 소비에트 권력의 가장 중대하고 근본적인 과업은 노동자와 농민의 자기수양과 규율을 높이기 위해 가장 정력적이며, 가차 없고, 매우 엄격한 조치들을 취하는 것이다. … 이는 철석같은 의지로 하나로 뭉친 체계적 대중 조직을 도처에 건설하기 위함이다. 또한 우리는 남녀 성인 모두를 군사 업무와 군사 작전에 참여할 수 있도록 조직적이고 종합적으로 훈련시켜야 한다. …

| 참고문헌 |

라비노비치, 알렉산더, 《1917년 러시아혁명》, 류한수 옮김, 책갈피, 2017.

리드, 존, 《세계를 뒤흔든 열흘》, 서찬석 옮김, 책갈피, 2005.

서비스, 로버트, 《레닌》, 김남섭 옮김, 교양인, 2017.

카, 에드워드 H., 《E. H. 카 러시아 혁명 1917~1929》, 유강은 옮김, 이데아, 2017.

코니, 프레더릭 C., 《10월 혁명: 볼셰비키 혁명의 기억과 형성》, 박원용 옮김, 책세상, 2008.

피츠패트릭, 쉴라, 《러시아 혁명 1917~1938》, 고광열 옮김, 사계절, 2017.

Ascher, Abraham, *The Russian Revolution of 1905*, Stanford University Press, 1988.

Hasegawa, Tsuyoshi, *The February Revolution, Petrograd, 1917: The End of the Tsarist Regime and the Birth of Dual Power*, Brill, 2017.

Mawdsley, Evan, *The Russian Civil War*, Pegasus Books, 2009.

5
전간기의 국제 관계와 국내 정치

전간기의 국제 관계

사망자 1000만 명이라는 인류 역사상 전대미문의 피해를 남긴 제1차 세계대전이 끝났을 때 서양 세계의 많은 사람들은 다시는 이러한 비극을 되풀이하지 말아야 한다고 다짐했다. 특히 평화 유지를 위해 당시 세계 최대의 경제 대국이자 국제 외교의 중심으로 부상한 미국에 거는 기대가 컸다. 베르사유 회담 중에 윌슨 대통령을 비롯한 미국 대표들이 유럽 문제에 적극적으로 관여하겠다는 의사를 표명한 것은 이런 기대에 부응하는 태도로 보였다. 하지만 곧바로 놀랄 만한 소식이 미국에서 날아왔다. 윌슨이 베르사유 회담 중에 맺었던 약속 상당수가 당시 공화당이 다수였던 미국 상원의 비준을 받지 못했다는 소식이었다. 그 결과 미국은 자신들이 제안했던 국제연맹에 참여할 수 없었고, 영국 및 프랑스와의 군사 동맹에도 함께할 수 없었다. | 자료1 |

THE GAP IN THE BRIDGE.

도판 12 미국의 국제연맹 불참을 풍자하는 만평. 국제연맹이라는 다리가 놓이기 위한 핵심적인 이맛돌을 미국을 상징하는 인물이 빼놓은 모습이다. 국제연맹이라는 다리는 미국이 원래 디자인한 것이라는 안내판도 보인다.

　미국의 이 같은 예기치 않은 '배신'에 가장 크게 충격을 받은 나라는 프랑스였다. 제1차 세계대전 때 주요 전쟁터가 되었던 프랑스는 막대한 피해를 입은 만큼 향후 안전한 유럽을 원했으며, 그들의 염원은 라인란트 지방을 독립시켜 독일을 분단시키자는 주장으로까지 드러난 바 있었다. 당시 베르사유 회담에서 프랑스가 이 주장을 접을 수 있었던 가장 결정적인 이유는 미국의 유럽 동맹 참여라는 안전핀이었던 것이다. 이제 세계 최강대국 미국의 참여 없는 동맹과 국제연맹은 향후 다시 일어날지 모르는 독일의 위협에 충분한 방파제가 되지 못할 것 같았다. 결국 프랑스는 독일의 배상금 지불 지체를 빌미로 1923년에 독일 라인란트 지방을 침공하는 강수를 두었다. 그 지긋지긋한 전쟁이 끝난 지 불과 4년 뒤 유럽은 또다시 거대한 전쟁에 빠져들지 모른다는 위기감에 휩싸였다. 이른바 루르 위기가 시작된 것이다. | 자료2 |

미국의 개입과 위기 극복

이 같은 일촉즉발의 위기는, 유럽인들이 베르사유 회담부터 기대했던 미국의 개입으로 극복할 수 있었다. 하지만 윌슨주의에 대한 공화당의 반대 탓에 그것

도판 13 독일의 전쟁 배상금을 줄이고 미국 자본의 유럽 투자 확대에 기여한 대표적인 두 인물인 찰스 도스(왼쪽)와 오언 영(오른쪽). 둘 다 월 스트리트와 관계된 자본가이자 미국 정부의 일에 관여한 경험이 있었다.

은 국가 차원이 아니라 민간 주도로 이루어져야 했다. 당시 미국 정가에 큰 영향력을 행사하던 자본가와 금융가, 특히 월 스트리트의 주요 인물들은 유럽의 위기를 예의주시하고 있었다. 찰스 도스Charles Dawes와 오언 영Owen Young을 비롯한 월 스트리트 출신 인사들은 프랑스를 설득해 군대를 철수하게 함으로써 루르 위기 극복에 견인차 역할을 했다. 그들이 제시한 타협안은 너무도 가혹하게 책정된 독일의 배상금 액수를 현실적으로 낮추는 동시에, 그 차액에 해당하는 금액은 미국 자본의 유럽 투자로 보충한다는 것으로 요약할 수 있었다. 향후에 미국의 유휴 자본이 유럽으로 들어와 프랑스를 비롯한 유럽 국가들의 전후 복구와 경제난 극복에 도움을 줄 터였다.

여기에는 한 가지 중요한 조건이 있었다. 독일이 친서방적인 노선을 견지해 향후 유럽 평화를 지키겠다는 의사를 분명히 해야 하며, 여전히 논란이 있던 프랑스 및 저지대 국가들과의 국경도 확정해야 한다는 것이었다. 결국 독일은 1925년에 로카르노 조약이라 불린 일련의 타협을 통해 프랑스 및 여타 서유럽 국가들과의 관계를 정상화하는 길로 들어섰다. 그리고 이듬해 독일의 국제연맹 가입은 그 정상화의 길을 상징했다. 자료3 이 과정에는 친서방적 인물인 독일

외상 슈트레제만의 활약이 두드러졌다. 특히 최근 유럽의 역사학자들은 루르 위기의 극복 과정에 미국 자본가들의 개입 외에도 유럽 내 정치인들의 역할도 중요했다고 목소리 높여 주장한다. 앞서 언급한 로카르노 조약과 독일의 국제 연맹 가입 과정, 그리고 미국을 비롯해 무려 15개국이 상호 간의 불가침 조약에 서명한 외교적 성취였던 켈로그-브리앙 조약(1928)에 이르기까지 당대 유럽의 정치인들도 제1차 세계대전 이후 루르 위기 극복과 평화 구축에 능동적인 역할을 담당했다는 것이다. |자료4|

소련의 고립

제1차 세계대전 시기까지 유럽 국제 정치의 주요 행위자였던 러시아 제국은 전후 소비에트 러시아라는 사회주의를 지향하는 국가로 변모해 있었다. 소비에트 러시아는 베르사유 회담에 초대받지 못했다. 이는 회담을 주도한 전승국인 영국, 프랑스 등이 전쟁 도중 협상국에서 이탈하여 독일을 비롯한 동맹국과 단독 강화를 맺은 러시아를 응징하는 차원에서 이루어진 조치였다. 또한 영국과 프랑스는 유럽의 노동 운동을 자극할지 모를 신생 사회주의 체제를 유럽 정치 무대에서 고립시켜 그 영향력을 약화하겠다는 의도도 가지고 있었다. 그 결과 소비에트 러시아는 전후 국제 정치에서 어떠한 역할도 맡을 수 없었다. 1922년에 옛 러시아 제국 출신 공화국들을 포함하여 갓 출범한 소비에트 연방이 할 수 있었던 유일한 일은 베르사유 체제에서 가혹한 처분을 당하고 당시까지는 여전히 서유럽으로부터 불신을 받던 또 다른 '외톨이' 독일과 밀월 관계를 시작하는 것이었다. |자료5|

하지만 라팔로 조약이라 불린 이 두 '외톨이'의 공조는 위에서 언급했듯이 독일이 로카르노 조약을 체결한 이후 서유럽과의 관계를 빠르게 개선하면서 흔들렸다. 결국 소련은 유럽 주요 국가들이 참여한 평화 조약인 켈로그-브리앙 조약에도 함께하지 못하는 등 유럽 내에서 유일무이한 고립 국가가 되고 말았다. 1927년 초, 영국에서 소련과의 국교 단절을 일방적으로 선언한 것은 이를 상징적으로 보여주는 충격적 사건이었다. |자료6| 1920년대 말이 되면 유럽과 소련이

느끼는 국제 정치의 현실은 사뭇 다른 것이 되어 있었다. 유럽이 마침내 전쟁의 상처를 씻고 외교 관계 정상화의 길로 접어들었다면, 소련은 이 같은 평화의 분위기와 정반대되는 전쟁 공포에 휩싸였다.

전간기 유럽 각국의 국내 경제 상황

제1차 세계대전은 인적·물적 자원이 총동원된 세계 최초의 총력전이었다. 이런 성격의 동원을 위해 정부가 거대한 재정 지출을 삼행했을 것이라는 점은 쉽게 추성할 만한 사항이다. 따라서 전쟁 직후 유럽의 정책 입안자들이 직면한 첫째 문제는 전시의 '인플레이션' 경제를 어떻게 평시 상황으로 무난하게 돌릴 수 있느냐 하는 것이었다. 영국과 프랑스 두 나라는 전쟁 중에 비정상적으로 많이 풀린 통화량을 축소하여 그 가치를 지키는 것이 경제 안정화에 급선무라고 판단했다. 보수 정권들답게 이들은 복지를 비롯한 정부 지출의 삭감, 저임금 정책의 독려 등을 통해 이 과업을 완수하려 했다.

이 모든 조치는 당연히 중하 계층, 특히 봉급생활자에게 타격을 입혔으며, 그 결과 두 국가 모두 1920년대 중반이 되자 이른바 진보 정당으로 정권 교체가 이루어졌다. 1925년에 영국 노동당은 연정을 통해, 프랑스의 급진 사회당은 단독으로 정권을 잡고 기존 보수 정권의 디플레이션 정책을 어느 정도 완화하는 길로 나아갔다. 하지만 늘어난 통화량과 비정상적으로 부풀려진 시장이라는 구조적 압박 탓에 이들 좌파 정권조차 과감한 정부 지출 정책까지는 펼칠 수 없었으며, 영국의 경우 곧바로 보수당이 재집권하기도 했다. 영국에서는 이런 상황에 크게 낙망한 노동자들이 대파업 운동을 일으켰고, ^{자료7} 프랑스도 진보 정권의 꾸물거림에 실망한 현장 노동자들 중심의 파업 운동이 이어졌다. 그러나 한 역사가가 14세기에 발발한 '와트 타일러의 난'과 더불어 영국 역사에서 가장 큰 민중 반란이라 일컬은 이 대파업 운동과 프랑스의 대규모 노동 쟁의는 실패로 돌아갔다. 이 운동들은 1920년대 중반에 치러진 선거에서는 좌파 정권에 표를 주었던 중간 계급을 안정 희구의 보수 성향으로 만들어버리는 역효과를 불러왔다.

1920년대 후반에 영국과 프랑스에서 다시 정권을 잡은 보수 정당들은 대체로 디플레이션 정책으로 회귀했다. 이런 정책은 1920년대 초반에 그랬듯이 노동자와 봉급생활자를 비롯한 중·하위 계층의 불만을 또다시 야기할 것임이 분명했다. 하지만 1920년대 후반의 영국과 프랑스 경제는 1920년대 초반과는 구분되는 중요한 요소가 있었다. 전쟁이 남긴 상처와 폐허에서 이미 벗어났다는 자신감, 그리고 미국 자본의 적극적 유입이라는 호재가 그것이었다. 제대로 수급할 수 없었던 독일의 배상금 대신, 안정적 통화 가치를 지닌 미국의 달러화가 들어오면서 영국과 프랑스를 비롯한 유럽 경제는 인플레이션에 대한 두려움 없이 경기를 부양하는 동시에 일정 정도의 복지 지출까지 가능한 상황이 되었다. 달리 말해, 통화 가치가 불안한 파운드화나 프랑화를 늘리지 않으면서 투자 증대와 분배를 가능케 했던 미국 달러화의 유입 덕에 1920년대 말 영국과 프랑스는 마침내 전쟁의 몸살에서 회복된 정상 경제로 나아가는 듯했다.

　　한편 독일은 영국과 프랑스보다 훨씬 가파르게 롤러코스터를 탔지만, 결국에는 이 두 나라와 유사한 처지로 1920년대를 마무리할 수 있었다. 전쟁 직후, 독일은 강제로 부담할 수밖에 없었던 배상금 의무에 짓눌린 데다 새로이 등장한

도판 14 1923년 독일 최악의 인플레이션을 상징적으로 보여주는 사진. 전쟁의 후유증과 배상금 의무 때문에 독일은 긴축 정책을 펼칠 수 없었고, 그 결과는 참담한 인플레이션이었다. 가치를 사실상 완전히 상실한 마르크화는 아이들의 종이 놀잇감이 되었다.

바이마르 공화국의 온건 좌파 정권의 친노조 성향 탓에 영국과 프랑스처럼 과단성(?) 있는 긴축 정책을 펼 수 없었다. 그 결과는 초인플레이션이라는 참상이었다. |자료8| 이른바 '위기의 해'로 불린 최악의 시기였던 1923년, 인플레이션이 초래한 경제 위기는 독일 경제의 주축, 특히 봉급생활자의 예금과 연금을 실제로 모두 날려버렸다. 인플레이션으로 상대적 박탈감이 더 컸던 화이트칼라 계층은 그들 특유의 이른바 중간 계급의 가치관을 버리고 인종주의 같은 극단적 이념에 쉽게 휩쓸렸다. 또한 실업과 구직난 등으로 낙망한 청년층을 중심으로 파시스트 운동이 일어나기도 했는데, 나치라 불린 무명의 청년들은 뮌헨의 맥주홀에서 폭동까지 일으켰다. |자료9|

하지만 당시 독일의 지배층에게 이들보다 더 큰 문제로 보인 것은 경제 위기 속에서 공산주의의 인기가 크게 치솟는 현상이었다. 전후에 스파르타쿠스의 봉기에서 영감을 받은 공산주의 봉기가 수차례 발생했으며, 온건 좌파와는 선을 확실히 그은 보다 급진적인 정치 세력인 공산당의 세가 독일 정가에서 크게 확장되었다. 한편 이 같은 독일 공산당의 약진 현상을 우려의 시선으로 바라보던 미국 자본가들은 독일의 지배층과 자본가에게 구원의 손길을 내밀었다. 혹시 있을지 모르는 독일의 공산화로 독일 시장을 상실할 수 없다고 판단한 월 스트리트의 큰손들은, 앞에서 언급한 배상금을 조정하려는 노력에 더해, 독일에 적극적으로 자본을 투자하기 시작했다. 1920년대 중반부터 독일에 들어온 미국 달러화는 영국과 프랑스에 기여한 것 이상으로 독일 경제를 급속도로 회복시켰다. 전승국인 영국과 프랑스처럼, 패전국 독일도 1920년대 말이 되면 정치와 경제 모두에서 '정상'이라는 단어를 떠올 수 있게 되었다.

미국 상원이 윌슨의 전후 계획을 좌절시키다

1919년 2월 28일, 매사추세츠 출신 상원 의원 헨리 캐벗 로지Henry Cabot Lodge는 윌슨 대통령이 베르사유 회담에서 전 세계에 약속한 국제연맹 수립과 미국의 참여에 비판의 목소리를 내기 시작했다. 그의 논리는 국제연맹에 미국이 가입하고 그 규약에 얽매이면 미국은 뜻하지 않은 전쟁에 휘말릴 것이며, 이는 워싱턴의 가르침과 먼로 선언의 정신을 벗어나는 미국 국시의 위반이라는 것이다. 로지의 비판이 계기가 되어 국제연맹 가입과 유럽 방위 동맹과 같은 윌슨의 정책은 미국 상원에서 비준을 받지 못했다. 미국의 이 같은 약속 위반(?)은 자연스럽게 유럽 국제 정치의 위기로 이어졌다. 다음은 로지가 미 상원에서 한 연설의 일부다.

헨리 로지, 국제연맹의 규약(1919년 2월 28일); 로버트 C. 버드Robert C. Byrd 편집, 《1978~1989년 상원: 1830~1993년 대표 연설The Senate, 1789-1989: Classic Speeches, 1830-1993》, Washington, D.C., 1994, pp. 546~564

먼로 독트린의 본질은 미국의 문제가 미국인들만으로 결정되어야 한다는 것입니다. 그리고 아메리카 대륙은 유럽에서 분리되어야 하고, 순수 아메리카 대륙 문제에 대해서는 유럽의 간여에서 벗어나야 한다는 것입니다. 이것이 먼로 독트린의 핵심 원리입니다. … 먼로 독트린은 오로지 아메리카 반구의 보호를 위해 존재하며, 아메리카 반구로만 제한됩니다. 그것을 전 세계로 확장하려 하다면, 그 독트린은 존재할 수 없게 됩니다. 왜냐하면 아메리카 반구와 나머지 세계와의 구분을 전제로 성립한 생각이기 때문입니다. 국제연맹의 규약 초안에서는 아메리카 문제와 유럽 문제, 아시아 문제와 아프리카 문제 모두가 국제연맹의 통제와 관할 아래에 놓입니다. 유럽은 아메리카 문제의 결정에 참여할 권리가 있고, 물론 우리도 유럽·아시아·아프리카 문제의 결정에 지분을 가질 권리가 있습니다. 유럽과 아시아는 아메리카 대륙과 파나마 운하의 치안에 참여하고, 그 대가로 우리는 발칸반도와 소아시아를 경비할 권리를 그들이 요청할 경우에 갖게 되겠죠. 아마도 우리가 이런 일을 해야 하는 때가 됐는지도 모르겠지만, 이것은 정말 중차대한 행보이며, 나는 우리 미국인들이 완전히 확신하기 전까지는 워싱턴의 정책과 먼로 독트린을 포기하지 말아야 한다고 지적하고자 합니다. 나는 미래의 평화를 위해 미국인들이 자치령과 식민지를 포함한 넓은 영국 제국, 발칸반도의 국가들, 중국이나 일본 또는 아프리카의 프랑스·이탈리아·포르투갈 식민지들의 영토를 보장해줄 시점이 아직 안 되었다고 말하는 것은 아닙니다. 하지만 나는 이것이 아주 심각하고 아주 위험한 약속이라는 점을 알리고자 합니다. 왜냐하면 이러한 보장을 지킬 수 있는 수단은 하나밖에 없으며, 그 수단은 군사력이든 경제력이든 오로지 힘입니다. 우리가 지구상에 어떤 나라의 독립이나 영토를 보장한다면, 그 나라가 작건 크건 상관없이 우리는 그 약속을 지키기 위해 어떤 방법이든 사용해야 하며, 이 약속을 언제든지 이행하기 위해 함대와 군대를 항구적으로 운영해야 합니다. … 그 약속을 지키기 위해 동원되는 육군 병사와 해군 함대는 미국인의 아들, 남편, 형제로 채워질 것입니다.

자료 02

프랑스, 급작스러운 무력 행동을 벌이다

> 독일의 배상금 체납을 빌미로 프랑스 군대는 베르사유 조약에서 비무장지대로 선언된 라인란트의 루르 지방을 침공했다. 다음 자료는 프랑스군의 점령 당시를 묘사한 1923년 1월 12일 영국 신문 《타임스》 기사의 일부다. 프랑스의 이러한 급작스러운 무력 행동은 전쟁 위기를 초래했다.

프랑스의 루르 침공, 《타임스The Times》, 1923년 1월 12일자, https://alphahistory.com/weimar republic/report–french–ruhr–occupation–1923/

계획에 따라 프랑스인들은 어제 루르 지방의 에센과 여타 지역을 점령했다. 벨기에의 파견군도 협력했다. 소요는 일어나지 않았다. 프랑스와 벨기에 당국은 새로 점령된 지역의 주민들에게 평정을 유지하고 업무를 계속하라고 권고했다. 베를린은 베르사유 조약을 막 어긴 이 두 나라에 배상금 전달을 중단할 것이고, 프랑스로의 석탄 수출도 중단할 것이라고 발표했다. …

프랑스 군대의 품행은 완전히 방정했다. 마치 기념식 행진에서처럼 담청색 군복을 입고 조용히 행군했다. 행군하는 길가에 구경 나온 사람들이 조용했던 것만큼이나 말이다. 그렇지만 프랑스인들은 정복자인 양 나아갔다. 특히 일부 장교는 매 순간 허세를 떨고 완벽하게 각을 맞추는 등 거만한 태도를 보였다.

자료
03

로카르노 조약으로 독일과 서방이 재결합하다

> 1925년 10월, 독일은 제1차 세계대전의 적국이었던 영국과 프랑스를 비롯한 유럽 여러 나라와 로카르노 조약이라 불리는 7개 협약에 참여했다. 이 조약은 제1차 세계대전 이후 여전히 확정되지 않았던 유럽의 국경 문제를 매듭짓는 것이 그 목적이었지만, 이보다 훨씬 깊은 의미가 있었다. 제2조가 규정한 대로, 독일은 그들 서부 국경을 맞댄 국가들에게 불가침 선언을 하고 프랑스의 루르 점령으로 시작된 전쟁 위기를 완전히 끝낼 수 있었으며, 그 결과로 다시금 유럽의 국가 공동체에 정상 국가로 다시금 받아들여지게 되었다. 이는 곧바로 독일의 국제연맹 가입으로 이어지기도 했다.

독일·벨기에·프랑스·영국·이탈리아 간의 상호 안전 보장 조약(1925년 10월 16일, 로카르노 조약), https://avalon.law.yale.edu/20th_century/locarno_001.asp

독일 제국의 대통령, 벨기에의 국왕, 프랑스 공화국의 대통령, 영국 및 아일랜드와 해양 영국령의 왕, 인도의 황제, 이탈리아의 국왕은,

1914년에서 1918년까지 벌어진 전쟁이라는 재앙에 빠진 국민들의 안보와 보호를 향한 열망을 충족시키고자, 벨기에 중립화를 위한 조약들의 무효화에 주목하며, 그리고 빈번히 유럽 분쟁의 무대가 되었던 지역의 평화를 보장할 필요성을 의식하며 … (그들의 전권대사들은) 다음과 같이 동의했다.

제1조 체결 당사국은 다음 조항들에 규정된 방식으로 독일과 벨기에, 그리고 독일과 프랑스 사이 국경의 현상 유지, 1919년 6월 28일에 체결된 베르사유 평화 조약에 의해, 또는 그 시행을 위해 확정된 상기 국경의 불가침성, 그리고 비무장지대에 관한 상기 조약 제42조 및 제43조의 규정의 준수를 집단적·개별적으로 보장한다.

제2조 독일과 벨기에, 그리고 독일과 프랑스는 어떤 경우에도 서로를 공격하거나 침공하지 않고, 또 서로 전쟁을 일으키지 않을 것을 상호 약속한다. …

제6조 본 조약의 조항들은 1924년 8월 30일에 런던에서 체결된 협정을 포함하여 베르사유 조약이나 그것의 부속 합의들이 규정하는 체결 당사국들의 권리와 의무에 영향을 미치지 않는다.

제7조 평화 유지를 위해 고안되었고 국제연맹 규약에 준하는 본 조약은 세계 평화 수호를 위해 현명하고 효과적으로 간주되는 조치라면 무엇이든 취할 수 있는 국제연맹의 직무를 제한하는 것으로 해석되지 않는다. …

제9조 본 조약은 영국령 정부 중 어느 하나 혹은 인도 정부가 조약의 수용을 표명하지 않는 한, 그들에게 어떠한 의무도 부과하지 않는다.

자료
04

평화 체제 구축의 이정표, 켈로그-브리앙 조약

> 켈로그-브리앙 조약은 미국과 유럽의 주요 국가들뿐만 아니라 세계 총 62개국이 향후 국제 분쟁의 해결 수단으로 전쟁을 활용하지 않겠다고 약속한 국제 관계사의 기념비적 성취였다. 참가국 전체가 사실상 상호 불가침 조약을 체결한 이 조약은 미국의 정치가이자 사업가 프랑크 켈로그Frank Kellogg와 프랑스 총리 아리스티드 브리앙Aristide Briand의 주선으로 이루어졌다. 그 이후 1930년대의 역사와 제2차 세계대전이 이 조약의 의미를 무색하게 만들었지만, 체결 당시에는 평화 체제 구축에 하나의 이정표가 될 것으로 보였다. 다만, 주요 국가 중에 소련은 참여하고 싶다는 의사를 내비쳤는데도 초청받지 못했고, 그 결과 유럽과 세계 평화 체제 바깥에 놓이게 되었다. 소련의 지도부는 이를 국제 정치에서 자국이 완전히 고립되는 상황으로 인식하고 자기방어를 위한 재무장에 전력하게 되었다.

켈로그-브리앙 조약(1928), https://avalon.law.yale.edu/20th_century/kbpact.asp

선언서

미국 대통령, 독일 대통령, 벨기에 국왕, 프랑스 공화국 대통령, 영국과 아일랜드와 영국령들의 왕, 인도 황제, 이탈리아 왕, 일본 천황, 폴란드 공화국 대통령, 체코슬로바키아 공화국 대통령 간 전쟁 포기에 관한 조약은 8월 27일에 파리에서 특명전권대사들이 체결하고 서명하였다.

제1조 체결 당사국들은 그들 국민의 이름으로 국제 분쟁의 해결책으로 전쟁을 일으키는 것을 비난하고 각 국가와의 관계에서 국가 정책 수단으로 전쟁을 포기할 것을 엄숙히 선언한다.

제2조 체결 당사국들은 그들 사이에 발생할 수 있는 분쟁 혹은 갈등이 그 기원이 어떠하고 어떠한 성격을 띠든지 간에 모든 분쟁 또는 갈등의 합의나 해결은 평화적 수단을 제외하고는 결코 추구할 수 없다는 데 동의한다.

제3조 본 조약은 각국 헌법상의 요건에 따라 서문에 명시된 체결 당사국들에 의해 비준되어야 하며, 모든 비준 문서가 워싱턴 D.C.에 보관되는 즉시 그들 사이에 효력이 발생할 것이다. …

자료 05

독일과 소비에트 러시아의 관계 증진 모색

제1차 세계대전 이후 독일과 소비에트 러시아는 유럽의 양대 외톨이가 되었다. 독일은 전범 책임을 지고 베르사유 조약에서 혹독한 대우를 받았으며, 사회주의 혁명을 이룬 국가인 소비에트 러시아는 대다수 유럽 국가에게서 그 정당성을 인정받지 못했다. 이런 상황을 타개하고자 독일과 소비에트 러시아는 중동부 유럽에서 협력함으로써 서유럽에 맞서려 했고, 그 결실이 라팔로 조약이었다. 한편 이에 놀란 서유럽 국가들은 독일 유화책을 검토하기 시작했다. 이는 물론 독일에 원한이 가장 깊은 프랑스의 반대로 쉽게 실현될 수 없었지만, 곧 미국의 민간 자본가들은 프랑스의 감정을 누그러뜨리는 데 성공했다. 그 결과가 로카르노 조약이다.

독일−러시아 조약(1922년 4월 16일, 라팔로 조약), https://avalon.law.yale.edu/20th_century/rapallo_001.asp

독일 정부 대표 발터 라테나우 외무 장관과 러시아 소비에트 연방사회주의공화국 대표 게오르기 치체린 외무 인민위원은 다음 조항들에 합의한다.

제1조 두 정부는 독일과 러시아 사이에 벌어진 전쟁 시기에 발생한 문제에 대해 독일 정부와 소비에트 러시아 정부가 함께 다음 기준에 따라 최종 합의했다는 사실에 동의한다.

[a] 독일과 소비에트 러시아는 전쟁으로 발생한 지출과 전쟁 피해, 즉 적국에서 행해진 모든 징발을 포함하여 군사 조치로 전쟁 지역에서 당사국과 당사국 국민들이 받은 고통에 대해 보상 청구를 주장하지 않는다는 데 동의한다. 또한 양국은 상대국이 행한 소위 비상 전쟁 조치 또는 긴급 조치 때문에 자국민들이 입은 민간 차원의 피해 보상을 포기하는 데 동의한다. …

제3조 독일과 러시아 사회주의연방 소비에트 공화국 사이의 외교 및 영사 관계는 즉시 재개될 것이다. 양국 영사관을 허용하는 조건은 특별 협약을 통해 정한다. …

제5조 두 정부는 양국의 경제적 필요를 충족시키는 데 상호 우호적인 태도로 협력해야 한다. 상기 문제가 국제 차원에서 근본적으로 합의되는 경우, 사전에 양국 정부 사이의 의견 교환이 이루어져야 한다. 독일 정부는 〔소비에트 러시아 내〕 사기업 활동이라는 그들의 제안이 최근에 수용되었음을 통보받았으며, 이 합의에 가능한 모든 지원을 제공하고 사기업 활동을 촉진할 용의가 있음을 선언한다. …

자료 06

소련과 국교를 단절한 영국

1927년, 영국 정부는 돌연 소련과의 국교 단절을 선언했다. 이는 1926년에 대파업이라는 홍역을 치른 영국의 보수당 정부가 그 배후로 소련과 코민테른을 의심하면서 내린 결정이었다. 흥미롭게도 영국은 중국의 반제국주의 운동에 소련이 관여하는 것에 특히 신경을 썼다. 아래는 당시 영국의 한 좌익 단체가 영국의 국교 단절 선언을 비판하며 작성한 팸플릿의 일부다.

영국·러시아 의회 위원회, 〈러시아와의 관계 결렬 ― 즉각적인 결과와 궁극적 위험〉, https://wdc.contentdm.oclc.org/digital/collection/russian/id/6587

1927년 5월 26일, 하원에서 소련과의 외교 관계를 단절하기 위해 영국–러시아 무역 협정을 무효화하자는 정부의 제안이 과반수의 지지를 얻었다. 이튿날 외무부가 런던 주재 소련 공사에게 다음과 같은 결정 사항을 알렸다.

러시아에 대한 고발

러시아에 대한 고발은 네 가지 항목으로 나뉜다.

a. 소련 정부는 영국군 관련 비밀 정보를 불법적 수단을 통해 얻으려는 시도, 즉 간첩 행위를 한 혐의로 고발당했다.

b. 소련 정부는 중국에서 영국의 이해관계에 반하는 프로파간다를 지속하여 1921년 3월 16일에 맺은 영국-러시아 무역 협정의 조건을 위반했다는 혐의로 고발당했다.

c. 소련의 런던 무역 대표부는 그들의 건물과 부지를 정보 센터로 직접 활용하거나, 또는 그 사용을 허가해 영국 및 다른 국가에 대한 공산주의 프로파간다를 펼쳤다는 혐의로 고발당했다.

d. 런던 주재 소련 공사 로센골스 씨는 영국 정부의 대 중국 정책에 반대하는 영국 내 정치 운동을 지원하기 위해 소련 정부에 정보를 요청한 혐의로 고발당했다.

이 중에 아직 사실로 입증된 혐의는 없다. 노동당은 위 고발들의 실체를 조사하기 위해 하원 특별위원회 임명을 제안했다. 하지만 정부는 이를 막기 위해 하원 의원들에게 동원 명령을 내렸다. 이는 주목할 만한 일이다. …

자료 07

영국의 대파업 운동

> 1926년에 영국은 대파업의 소용돌이에 휩싸였다. 제1차 세계대전 이후 보수 정권이 펼친 긴축 정책은 노동자들의 생활 수준을 크게 떨어뜨렸다. 잠깐 존재했던 노동당 집권 연정도 노동자들의 비참한 상황에 근본적인 해결책을 마련하지는 못했다. 다음은 당시 영국의 보수 신문이 대파업에 대해 보도한 내용이다. 노동자들의 생활 수준과 실상에 관련된 구체적인 보도는 보이지 않으며, 이들이 일으킨 파업이 국가와 민중의 경제생활을 파국으로 몰아가고 있다는 반복된 주장이 두드러진다.

《브리티시 가제트The British Gazette》, 1926년 5월 7일자

〔어제〕 전국 어느 지역에서도 심각한 소요는 발생하지 않았다. 민중에게 식량을 공급하고, 조명과 전력, 필수적인 통신을 유지하는 작업은 성공적으로 이루어졌다. 5월 6일에는 2000대 넘는 열차가 운행했고 그 전날에는 그보다 거의 두 배가 운행했다.

주요 도시와 대도시 및 교외에 공공서비스를 제공하기 위한 실질적 개선책이 추가로 오늘 마련되었다.

어제 런던은 버스 운행을 만족스럽게 해냈고 그 수를 계속해서 늘려갈 것이다.

그럼에도 불구하고 예상대로 상황은 더 격렬해지고 있으며 아직 정점에 이른 것 같지도 않다. 철도와 운송 노조의 지도자들로부터 식량과 생활필수품 공급을 최대한 마비시키고 와해시키라는 지시가 전달되고 있다.

피켓 시위대들의 위협

무질서한 군중과 피켓 시위의 위협이 곳곳에서 발생하고 있고, 앞으로 더 많은 곳에서 발생할 수 있다. 영국 정부는 모든 당국에 이러한 방해 범죄 행위를 진압하고 극복하라고 지시했다. 전국 각지에서 특수 경찰의 채용이 활발하면서도 신속하게 추진되고 있다.

런던의 특수 경찰 수를 가능한 빨리 3만 명까지 늘리도록 제안되었다. 정부가 활용할 수 있는 병력을 늘려 시민들의 삶을 광범위하게 보호할 수 있도록 다른 중요한 조치들도 시행되고 있다.

민중을 아사 상태로 내몰고 국가를 파괴하려는 시도가 조직적으로 행해지고 있다. 그리고 법적 문제들, 헌정의 문제들이 새 국면으로 접어들고 있다. …

자료
08 -

독일에서 초인플레이션이 발생하다

바이마르 시기, 독일의 유력 정치인 구스타프 슈트레제만Gustav Stresemann의 1926년 노벨평화상 수상 연설의 일부다. 슈트레제만은 바이마르 공화국의 외상이자 수상으로서 루르 위기를 끝내고 미국의 투자를 이끌어 독일 경제를 정상화한 공적으로 이 상을 받았다. 슈트레제만은 전후 독일이 정상화되기 전까지의 상황을 두고 베르사유 조약이 강제한 경제적 어려움, 이와 연동되어

출현한 초인플레이션, 중간 계급 가치관의 몰락 등을 핵심으로 짚어냈다. 이는 당시 독일이 처한 역사적 현실의 정확한 이해였다.

슈트레제만의 연설(1927년 6월 29일), https://www.nobelprize.org/prizes/peace/1926/stresemann/lecture/

… 독일은 초인간적인 배상금을 떠맡았다. 아마도 국가에 대한 끊임없는 봉사라는 독일식 유산이 없었다면 독일 국민들은 그 배상금을 감당할 수 없었을 것이다. 역사가들은 여전히 전쟁의 종결은 독일에게 영토 상실, 식민지 경영 참여의 기회 박탈, 그리고 국가와 개인 수준의 자산 손실 정도만을 가져왔다고 보곤 한다. 그럼으로써 그들은 자주 독일이 겪는 가장 심각한 손실을 간과한다. 내 생각에, 가장 심각한 손실은 전통적으로 국가에 봉사해야 한다는 신념을 유지하던 집단인 지식인 중간 계급이 전쟁 기간에 국가에 전적으로 헌신하는 과정에서 자신들의 부를 송두리째 잃고 프롤레타리아 수준으로 떨어졌다는 점이다. 지식인 중간 계급이 소유했던 돈의 가치는 그 돈을 발행한 국가가 그 액면가로 회수하기를 거부하면서 사라졌다. … 전쟁 이후 독일에서 일어난 모든 문제는 이 완전히 박탈당한 계급의 정서에 입각해서 바라보아야 한다. 베르사유 조약의 결과, 옛 독일 제국 군대의 장교단은 이러한 몰락한 계급의 일부가 되었고, 옛 제국이 유지되었더라면 장교나 공무원이 될 수 있었을 일부 젊은 세대도 같은 사정이 되었다. 그들의 문제는 경제적 박탈이었다. 하지만 그 못지않게 정신적·정치적 박탈도 있었다. 과거 500년간의 군주제 전통에 깊은 충성을 보였으나, 이제는 그들 자신의 생각과 감정의 탄탄한 근간이 사라진 모든 이가 특히 그러했다. 그들 모두가 전쟁기에 독일군의 상승세와 하락세를 함께 경험했지만, 그 누구도 이러한 대참사까지 예상하지는 못했다. 그들은 이렇게 변화된 독일에서 나아갈 길을 찾지 못한다는 이유만으로 옛것과 단절하고 싶어 하지는 않았다. 역사에서 흔히 일어나듯이, 옛것과 새것을 어느 정도 결합하는 대신, 혁신을 성급히 추진하는 사람들의 지나친 열정 탓에 그들은 더욱더 어려움을 겪었다. …

흔들리는 부르주아 가치관

> 중간 계급이라 불린 이들, 특히 화이트칼라 봉급생활자들은 성실, 근면, 절약, 성공, 단란한 가정, 안정된 노후 등을 삶의 가장 중요한 가치로 여기는, 이른바 중간 계급 가치관을 신봉하며 살았다. 19세기에 출현한 이 가치관은 제1차 세계대전 이전까지 수많은 유럽인이 따르던 굳건한 신념 체계였지만, 전후에 몰아닥친 초인플레이션으로 그 위상이 크게 흔들렸다. 근검절약 대신 그냥 '신나게 써버린다'라는 한 독일 중산층 시민의 표현이 당시의 분위기를 압축적으로 보여준다. 1920년대 말, 일시적인 경기 회복 이후 중간 계급 가치관이 잠시 부활하는 듯이 보였으나 결국 1929년의 대공황으로 다시금 흔들리게 되었다.

롤프 나이트Rolf Knight, 《아주 평범한 인생A Very Ordinary Life》, New Star Books, 1974, p. 64

물론 소예금주들은 모두가 싹 쓸려 나갔다. 하지만 대공장과 은행, 백만장자 들은 전혀 타격을 입지 않은 것 같다. 그들은 계속해서 부를 쌓아만 갔다. 그들의 보유 자산은 어쨌든 잘 지켜졌다. 하지만 일반 대중은 완전히 망했다. 우리는 스스로에게 묻는다. '어떻게 이런 일이 일어날 수 있나. 이 정부는 어떻게 일반 대중이 평생 모은 예금을 날려버리는 인플레이션을 잡지 못하고 대자본가들은 이 모든 일에도 끄떡없는가?' 이런 과정을 겪은 우리들은 어떤 유의미한 답도 얻지 못했다. 하지만 전에는 은행에 예금하던 사람들이 이제 더는 돈도 정부도 믿지 못하게 됐다. 우리는 이제 남는 돈이 생기면 그냥 신나게 써버리기로 했다. 물론 남는 돈이라는 것이 자주 생기지는 않지만.

| 참고문헌 |

로젠버그, 에밀리, 《미국의 팽창》, 양홍석 옮김, 동과서, 2003.

투즈, 애덤, 《대격변》, 조행복 옮김, 아카넷, 2020.

Gorodetsky, Gabriel, *The Precarious Truce: Anglo-Soviet Relations, 1924~1927*, Cambridge University Press, 1977.

Kershaw, Ian, *To Hell and Back: Europe 1914~1949*, Penguin Books, 2016.

Leuchtenburg, William E., *The Perils of Prosperity, 1914~1932*, 2nd ed., University of Chicago Press, 1993.

Maier, Charles S., *Recasting Bourgeois Europe: Stabilization in France, Germany, and*

Italy in the Decade after World War I, Princeton University Press, 1975.

Nolan, Mary, *Visions of Modernity: American Business and the Modernization of Germany*, Oxford University Press, 1994.

Steiner, Zara, *The Lights that Failed: European International History 1919~1933*, Oxford University Press, 2007.

Weitz, Eric D., *Weimar Germany: Promise and Tragedy*, Princeton University Press, 2007.

Williams, William Appleman, *The Tragedy of American Diplomacy*, Dell, 1962.

2부

대공황과 자유주의의 위기

1870년대 위기가 보여준 자본주의의 모순은 때로는 무마되는 듯이 보였으나 결국 1929년에 대공황이라는 파국을 야기했다. 기업은 도산했고, 개인 투자자는 파산했으며, 실업률은 치솟았고, 국제 무역은 실종되었다. 이런 대재앙 속에서 서양 여러 나라는 자본주의에 수술칼을 들이대기 시작했으며, 미국의 뉴딜 정책은 나름의 성공을 거두었다. 하지만 의회 민주주의 틀 내에서 대공황을 수습하는 데 실패한 독일과 같은 나라는 파시즘과 군국주의로 나아갔으며, 결국에는 전쟁을 그 해결책으로 삼기에 이르렀다. 한편 대공황과 거리가 있던 소련은 서양 열강이 만든 고립의 구도 속에서 생존을 위해 몸부림쳤다. 때때로 그 몸부림은 폭력과 반인권적 정책을 수반했으나, 나치의 침략을 격퇴하는 데 큰 기여를 했다. 제2차 세계대전은 5000만 명의 목숨을 앗아간 인류 최대의 비극이었고, 그 희생자의 절반 이상이 소련 민중에게서 나왔다.

6
대공황

1920년대의 미국 경제

제1차 세계대전 직후 미국 경제는 전시 호황이 끝나면서 흔들리는 듯했다. 퇴역 군인들의 민간 경제 복귀가 무난하게 진행되지 못했으며 스페인 독감 대유행이라는 예기치 못한 악재까지 발생했다. 하지만 이런 위기는 잠시뿐, 곧 미국 경제는 당시까지 미국 역사 최대의 호황기로 접어들며, 동시대 유럽과는 극명한 대조를 이루었다. 그 결과 미국은 채무국에서 채권국으로 탈바꿈했고 궁극적으로 세계 최대의 자본 수출국으로 등극했다. 간단히 말해, 미국은 바야흐로 세계 경제의 지배자가 되었다. 미국의 이 같은 경제 활황의 요인에는 여러 가지가 있었지만, 전쟁 중에 만들어진 이른바 '미뤄진 수요'가 가장 중요했다. 제1차 세계대전 시기에 미국은 유럽에서 밀려드는 전쟁 물자 주문으로 경기가 크게 진작된 바 있다. 미국은 영국을 위시한 협상국들과의 무역에서도 이득을 얻었을 뿐

도판 15 1920년대 미국의 대호황과 소비주의를 보여주는 유명 광고. 자동차, 고급 의류, 기호품 등이 당시 가장 대표적인 소비 품목이었다. 이 시점부터 여성도 주요 소비자로 등장한다.

만 아니라, 참전하기 전에는 독일에도 물건을 팔아 큰 득을 보았다. 이런 호황은 제조업을 비롯한 다양한 분야에 대한 활발한 투자로 이어졌고 그 결과로 고용이 크게 늘어났다. 또 1917년에 미국의 참전이 결정되자, 입대한 취업자들의 빈 자리에 기존에 미취업자였던 새로운 이들, 특히 여성과 유색 인종이 들어오기 시작했다. 군대 간 사람들은 그들대로 수당을 받는 한편, 새로운 취업자들은 새롭게 임금을 수령하면서 미국 사회의 구매력은 대폭 커졌다. 다만, 전시라는 특수한 상황으로 이러한 구매력이 곧바로 시장에서의 소비로 전환되기는 어려웠다. 전쟁이 소비재 생산을 위축시키는 동시에 사치품 같은 물품의 소비 욕구를 떨어뜨리는 사회심리적 효과를 냈기 때문이다. 따라서 취업자 수의 증가로 높아진 구매력, 즉 수요는 전쟁 당시에는 당장 소비되지 않고 '미뤄졌다'.

전쟁과 그 직후의 일시적 혼란이 끝남과 동시에 이 같은 '미뤄진 수요'가 폭발한 것은 당연했다. 마침 등장한 새로운 문화적 이데올로기인 소비주의는 백화점 수의 급격한 증가, 쇼윈도의 대대적 활용, 광고 시장의 팽창 등과 더불어 미국인들의 씀씀이를 부추기기도 했다. 이같이 북돋워진 시장 수요는 다시 소비재와 생산재 분야의 투자를 자극했으며 그 투자는 고용을 확대했고 늘어난 고용은 또다시 소비를 활성화하는 선순환의 구조가 완성되었다. 자료1 | 대문호

스콧 피츠제럴드가 《위대한 개츠비》에서 묘사한 그 화려한 경제 호황이 대두한 것이다. 한편 기업의 영업 이익이 크게 늘어나자 주식 투자 역시 활발해졌다. 당시에 투자를 계속 독려하기 위해 나온 방안인 낮은 시중 금리가 대중의 주식 투자를 부추기는 기능을 했다. 주식 배당률이 은행 이자율보다 훨씬 높았기에, 취업자를 비롯한 소규모 투자자들은 은행에서 돈을 빌려 주식 구매에 나선 것이다. 당시에는 이 같은 활황이 영원할 것처럼 보였고, 미국 경제는 계속해서 풍요로울 것만 같았다. ^{자료2} 그리고 앞 장에서 언급했듯이, 이때 형성된 자본 중 일부는 유럽으로 건너가 유럽의 경제 재건과 안정화에 기여하기도 했다.

1929년, 대공황의 도래

파국은 갑작스럽게 찾아온 듯이 보였다. 1929년 10월 29일, 뉴욕 증시에서 주가가 대대적으로 폭락했다. 그동안 은행에서 빚을 내어 주식을 샀던 수많은 투자자가 기업들의 채산성이 급락하는 것을 목격하자, 주식을 한꺼번에 팔기 위해 몰려들었기 때문이다. 그 결과, 일례로 134달러짜리 주식이 그날로 4달러에 거래되는 대참사가 벌어졌다. 당대의 많은 사람들은 이 사건을 날벼락처럼 갑작스럽게 닥친 일로 느끼며 미국 경제의 구조적 문제와 연결지어 사유하지 못했다. 경제 위기가 지나친 소비와 과열 투자에서 왔다고 빠르게 결론지은 후버 행정부도 예외가 아니었다.

하지만 위기는 보다 근본적인 곳, 즉 자본주의 경제의 속성에서 기인했다. 1920년대 활황기에 투자는 늘어났지만, 그로 인한 고용 확대는 1920년대 후반으로 접어들면서 멈추었다. 투자가 늘어나자 그 결과로 설비의 자동화와 공장 합리화가 진척되었고 노동력에 대한 수요는 오히려 점차 감소하는 현상이 벌어지고 있었다. 이런 현상이 직접적인 대량 해고로 이어지지는 않았지만, 최소한 노동자의 실질 임금 상승을 막는 역할을 하기에는 충분했다. 다시 말해, 불리해진 노동 시장에서 취업자들은 실질 임금을 올릴 만한 교섭력을 가질 수 없었다. 이렇게 볼 때, 대공황은 1장에서 설명했던 자본주의 위기 도래의 고전적인 방식으로 찾아왔던 셈이다. 즉 초기의 투자는 활황을 견인하지만 곧바로 과다한 설비 투자로 이어지면서 결과적으로 노동력의 필요성을 감소시킨다. 늘어난 설비 투자로 기계와 공장 환경이 개량되어 생산성이 올라가지만 반대로 고용 감축을 야기하기에 사회 전체 수준에서의 구매력은 떨어진다. 높아진 생산성과 떨어진 구매력은 각각 자연스럽게 과다 생산과 과소 소비라는 고전적인 자본주의 위기의 양상으로 이어진다.

　문제는 이번 위기가 자본주의의 법칙에 따라 주기적으로 생길 수 있는 여러 위기 중 하나에만 그치지 않았다는 점이다. 당대의 특수한 경제 및 국제 상황과 맞물리면서 더 큰 위기로 진화한 것이다. 그 첫 번째 상황이 앞서 언급한 대규모 '빚쟁이' 주식 투자자들의 존재였다. 이들은 휴지 조각이 된 주식 탓에 그들의 자산, 특히 집과 부동산을 환수당했으며, 그마저도 모자랄 경우에는 파산 선언을 할 수밖에 없었다. │자료3│ 이들의 파산은 은행과 같은 금융 기관이 대부금을 회수할 수 없어서 위기에 빠지게 됨을 의미했다. 은행이 곤란을 겪는 모습을 보고 주식 투자와 무관했던 일반 예금주들도 돈을 인출하기 위해 줄을 섰고, 그 결과 은행은 더 강력한 자금 압박을 받았다. 이렇게 해서 실물 경제 위기는 금

도판 16 1929년 10월 말, 이른바 '검은 목요일' 직후 뉴욕 증권사 건물 밖에서 장사진을 이룬 투자자들의 모습. 급락한 주식을 서둘러 매각하는 과정에서 증시는 결국 패닉 상태에 빠졌다.

융 위기로 번져갔다. 이 같은 금융 위기는 당시의 두 번째 특수한 상황, 즉 거대한 규모의 미국 자본이 유럽 경제에 투입되어 있던 상황과 결부되었다. 앞서 보았듯이, 이 자본은 유럽 경제의 안정화에 순기능을 하고 있었다. 하지만 대공황의 여파로 미국 은행이 자금 회수를 강행할 수밖에 없게 되자, 이에 의지했던 유럽 경제 역시 다시금 무너질 수밖에 없었다. 특히 미국 자본에 의존도가 가장 높았던 독일 경제는 궤멸적인 타격을 입었다.

대공황이 초래한 결과

대공황이 한층 심각한 경제 위기가 된 것은 위와 같은 금융 위기와의 결합 때문이었지만, 그 결과가 가장 가시적으로 드러난 분야는 생산 영역이었다. 미국의 경우, 위기가 최저점을 막 지난 1933년의 생산량은 대공황이 시작되기 직전 1929년에 비해 50퍼센트에 그쳤다. 같은 시기에 미국의 국내총생산GDP은 1조 50억 달러에서 57억 달러로 급감했다. 대공황 발발 이후 4년이 넘게 미국의 경제 성장은 마이너스 성장에서 벗어나지 못했다. 특히 최악의 회계 연도였던 1932년은 마이너스 12.9퍼센트라는 충격적인 경제 성장률을 기록했다. 이 같은 생산 급감은 기업 파산과 공장 폐쇄로 이어졌으며, 그 결과 일자리가 줄어들면서 사상 최대 규모의 실업 사태를 야기했다. 대공황 전까지 1920년대 미국의 실업률이 5퍼센트대였던 데 비해 1932년에는 33퍼센트까지 치솟았다. 유럽에서 실업 문제가 가장 심각했던 독일은 대공황의 폭풍이 불어닥친 1930년대 초에 실업자가 무려 600만 명이나 존재한 것으로 집계되었다. 이 같은 대규모 실업 사태는 시장 수요를 계속 낮은 수준에 머물게 함으로써 계속해서 경기를 침체시키는 요인으로 작용했다. |자료4|

대공황이 일으킨 또 다른 중요한 결과는 전 세계 차원의 국제 무역 급감이었다. 그 원인은 영국을 비롯한 유럽의 일부 국가들이 경제 위기 탈출의 해법으로 무역 수지 개선을 급히 도모한 데 있었다. 이를 위해 영국은 19세기 국제 무역의 주창자로서 그들 스스로가 만들었던 금본위제를 가장 먼저 탈퇴하는 옹색한 행동을 보였다. 파운드화의 평가 절하를 통해 국제 시장에서 영국 상품의 가격 경쟁력을 높이려는 영국에게 그 가치를 금이라는 당시 가장 안정적 가치를 지닌 물품에 고정하는 금본위제는 이제 더는 따르기 힘든 제도였다. 이와 더불어 또 하나의 무역 수지 개선책으로 영국은 관세 장벽을 급격하게 높이 쌓아 수입을 줄이고 국내 시장에서 자국 상품의 경쟁력을 강화하려 했다.

자유무역을 포기하는 영국의 이 같은 정책은 초기에는 일시적으로 효과가 있었지만, 결국 다른 국가들이 관세 인상과 금본위제 탈퇴라는 영국 정책을 모방하면서 세계 수준의 교역량 자체가 급감하는 사태를 초래했다. 국제 무역의 급감은 곧장 생필품이나 식량 및 자원과 같은 기본적인 물품들의 조달 문제를 야기했고, 결국 영국을 비롯한 유럽의 주요 국가들은 그들의 식민지 및 구식민지와의 연대를 통해 이를 해결할 길을 모색했다. 요컨대 국제 무역이 사라진 상황에서 식량과 자원을 확보하기 위해 본국과 식민지를 축으로 하는 폐쇄적인 경제 블록을 건설하기 시작한 것이다. 영국이 오타와 협성 이후 스털링 블록을 긴설한 것을 시작으로 유럽과 일본도 유사한 길을 따라갔다. 자료5

문제는, 영국과 같은 국가는 블록 내에서 자급이 이루어질 만큼 거대한 규모의 블록을 가졌지만, 일본처럼 자원을 모두 자급할 수 없던 블록, 또는 제1차 세계대전의 패배로 식민지를 모두 상실한 독일의 경우처럼 그런 블록을 당장 가질 수 없는 경우도 있었다는 것이다. 일본과 독일 등지에서 대공황 이후 새로이 권력을 쟁취한 정치 지도자들은 이 같은 현실을 위협적으로 느끼기 시작했다. 만약 블록 간 거래가 활발히 이루어질 수 있다면 식량과 자원 수급에 문제가 없을 테지만, 그렇지 못할 경우, 특히 타 블록이 자원 거래를 무기화한다면 어떻게 되겠는가. 제1차 세계대전 이후 독일과 일본이 겪었던 '무욕'을 떠올리며 국제 관계를 대결적으로만 바라보던 그들은 블록 간 협력이나 국제 무역의 재림과 같은 교류의 가능성을 쉽게 상상하지 못했다.

루스벨트 행정부의 뉴딜 정책

1929년 대공황이 미국에 닥쳤을 때, 당시 후버 행정부가 내놓은 대책은 사태의 심각성을 오판한 것이었다. 그들은 미국 경제가 공황이라는 병을 얻은 원인이 과잉 생산과 과소 소비의 모순이라는 자본주의 경제 체제의 근본적 한계에 있다기보다는, 과열된 1920년대의 시장, 특히 지나친 소비주의와 과투자 등에 있다고 판단했다. 따라서 그들은 기준 금리를 유지하고 금본위제를 고수하는 등 균형 재정 정책을 통해 미국 시장의 거품을 빼는 데 중점을 두었다. 물론 최근의 학자들은 후버 행정부의 대공황 대응을 이처럼 보수적으로만 규정하는 데 이의를 제기하기도 하지만, 여하튼 그들 정책이 두드러진 효과를 거두지 못했음은 분명하다. |자료6|

1933년에 치러진 대선에서 미국 역사상 최다 표차로 대통령에 당선된 민주당의 루스벨트는 자본주의 경제 체제를 직접 개혁함으로써 대공황을 극복한다는 훨씬 근본적인 전략을 세웠다. 그가 추진한 이른바 뉴딜 정책은 정부가 시장에 적극적으로 개입하는 것을 골자로 했다. 과잉 생산과 과소 소비의 위기를 극복하고 그런 위기가 향후에 재발하지 않게 하려면, 정부가 수요와 공급이라는 시장의 고유 영역에 깊숙이 관여해 국민 경제를 운용해야 한다는 생각이었다. 이는 당시 영국의 경제학자 존 메이너드 케인스John Maynard Keynes의 경제 이론에서 영향을 받은 것으로, 케인스는 국가가 국민 경제의 총수요 관리자로서 적극적인 역할을 해야만 자본주의 경제 체제가 잘 작동할 수 있다고 믿었다.

국가의 새로운 역할이라는 이 같은 기조 아래에서, 루스벨트 행정부는 후버 행정부와는 다른 처방들을 내놓았다. 첫째, 금리를 유지하고 금본위제를 고수하여 미국 내의 통화를 안정시키는 것이 아니라, 그와 정반대로 공격적인 통화 팽창 정책을 펼쳤다. 루스벨트 행정부는 기준 금리를 인하하고 은행 할인율을 낮추는 방법을 통해 시중에 통화가 더 많이 유통되도록 만들었으며, 이를 토대로 경기 부양에 나섰다. 기업가나 자산가

도판 18 대공황에 맞서 뉴딜이라는 적극적인 정책을 펼친 미국 대통령 프랭클린 루스벨트. 뉴딜에 대한 평가는 그것의 보수성을 강조하는 흐름부터 사회주의적 성향을 강조하는 입장까지 다양하지만, 당시로서는 파격적이었던 이 정책을 추진하는 데 루스벨트가 결정적 역할을 했던 것은 분명하다.

가 이용하기 편하게 돈을 더 푸는 정책을 통해 이들의 투자를 유도한다는 생각이었다. 이들의 투자는 사업 확장이나 기업 설립 등으로 이어질 것이며, 그러면 일손이 추가로 필요해질 테니 자연스럽게 고용이 늘어날 것이다. 또 고용된 이들은 급여를 소비재 구입에 쓸 것이므로 시장 수요가 높아질 것이다. 그리고 시장 수요의 확대는 다시금 투자를 자극할 것이다. 이런 선순환의 과정을 통해 궁극적으로 경제 위기를 빠져나온다는 것이 루스벨트 행정부의 계획이었다.

그러나 시장에서 민간 투자가 활성화하도록 유도하고 수요를 자극하는 정책만으로는 대공황이라 불린 그 지독한 경제 위기를 극복할 수 없었다. 이제 국가가 직접 시장 수요를 늘리는 역할까지 맡아야 했다. 국가가 공공사업에 대대적으로 직접 투자하는 것이 그 핵심 방안이었다. 루스벨트 행정부는 1935년에 공공사업진흥국Works Progress Administration을 설립하고 이를 중심으로 기반 시설에 대한 정부 투자를 획기적으로 늘렸다. 남부 테네시강 유역에 수십 개의 댐을 건설한 테네시강 유역 개발 공사TVA 수립이 가장 널리 알려진 사례다. 물론 표면적인 목적은 댐을 통한 수력 자원의 발전이었지만, 그 근간에는 정부가 재정을 지출함으로써 시장 수요를 인위적으로 급격히 높인다는 목적이 자리 잡고 있었다. 이 사업으로 건설업자, 전기업자, 유통업자 등은 갑작스런 주문 전화를 받게

될 터이고, 그들이 거둬들일 영업 이익만큼 새로이 고용을 늘리거나 또 다른 곳으로의 투자를 고려할 것이다. |자료7|

　루스벨트 행정부는 시장 수요를 유지하거나 확대하는 또 하나의 방편으로 노사 문제에 직접 개입하기도 했다. 당시 경제 위기 속에서 약자였던 노동자들은 사측과의 교섭에서 불리한 처지에 놓일 수밖에 없었고, 이는 해고나 실질 임금의 하락으로 이어질 가능성이 컸다. 만약 이런 일이 대규모로 발생한다면, 이들의 소비는 줄어들 것이고 시장 수요는 전반적으로 하락할 것이 분명했다. 루스벨트 행정부는 그 가능성을 사전에 차단하고자 전국노동관계법The National Labor Relations Act을 통해 노동자들이 사측의 압박에 대항할 권리를 확고히 마련해주고자 했다. |자료8| 한편 실업자와 극빈자를 비롯한 소외 계층의 소비 역시 실업 급여, 사회 보험 확대 등 루스벨트 행정부가 사회보장법(1935)에서 제창한 복지 정책을 통해 어느 정도 유지해낼 수 있었다. 국민 경제의 총수요를 떨어뜨리지 않겠다는 경제적 계산이 핵심에 있었던 이 정책은 노인, 흑인, 여성, 인디언 등 당시 미국 사회 약자들의 인권 증진이라는 도덕적 효과까지 창출할 수 있었다. |자료9|

　루스벨트 행정부는 이 같은 수요를 자극하기 위한 노력을 넘어, 경제 위기를 극복하기 위해 보다 근본적 차원의 결단도 내렸다. 그것은 자본주의 경제 원리에 대한 수술이었다. 1933년에 루스벨트의 대통령 취임 직후 입안된 농업조정

도판 19 뉴딜의 상징과도 같은 테네시강 유역의 댐. 국가 기관인 테네시 계곡 개발청 주도로 이루어진 이 대규모 토목 공사는 경제 위기 탈출의 주요 해법이 되었으며, 국제적 영향을 끼쳤다. 제2차 세계대전 이후 전 세계에서 일어난 개발 붐도 이에 빚진 바 크다.

법The Agricultural Adjustment Act은 당시 과잉 생산과 수요 부족으로 급강하했던 곡물 가격을 국가가 인위적으로 정할 수 있도록 했다. 이는 가격이 시장의 수요와 공급 법칙에 의해 정해져야 한다는 시장 경제의 전통적인 믿음에 대한 전면 재고를 의미했다.|자료10| 당시 일부 비판자들은 이를 공산주의적이라 규정하기도 했지만, 더 많은 미국인들은 경제 위기 처방으로 받아들일 용의가 있는 듯이 보였다.|자료11|

나아가, 루스벨트 행정부는 자본주의에 더 큰 수술칼을 대기도 했다. 같은 해에 전국산업부흥청National Recovery Administration이라는 신설 특별 관청에 재계와 노동계 대표들을 소집하여 시장에서의 극단적 경쟁보다는 기업끼리, 그리고 노사 간에 타협과 양보를 기초로 한 경제 활동을 독려했다. 이는 기업 간의 상품 판매 경쟁 및 노사 간의 임금 책정 중 일부를 시장에 맡기지 않고 정부, 기업, 노동계 삼자가 직접 대면하는 '정치적' 방식으로 해결한다는 의지의 표현으로, 자본주의의 경제 운용 원리에 대한 큰 폭의 수정을 전제했다. 비록 전국산업부흥청 자체는 2년 후 위헌 판정을 받고 사라졌지만, 일부 학자들에 의해 담합주의라는 용어로 규정되기도 했던 이 같은 관행은 미국의 국민 경제 운영에 지속적으로 중요한 요소로 기능했다.|자료12|

뉴딜 정책의 글로벌화

루스벨트 행정부의 과감한 개혁은 효과를 발휘했다. 미국 경제는 아주 느리고 고통스러운 경과를 보였지만 1933년 말부터 회생하기 시작했다. 비로소 경제 성장률이 플러스로 돌아섰고 실업자의 감소 추세도 분명해졌다.|자료13| 물론 1937년에 다시금 전체 생산량이 하향 곡선을 그리는 등 위기가 재발할 조짐도 있었지만 '다행히' 짧게 지나갔다. 그럼에도 불구하고 미국 경제가 대공황의 늪에서 완전히 빠져나온 것은 아니었다. 1939년에 이르러서도 여전히 대공황 발발 직전의 경제 수준을 회복하지 못했다. 하지만 루스벨트의 뉴딜 정책이 자본주의 경제 체제의 운용 방식에 거대한 변화를 가져온 것은 사실이다. 그 이후로 미국인들은 국가가 시장에 개입하는 것을 자연스럽게 여기게 되었으며, 특히

경제 위기처럼 특별한 상황에서는 더욱 그러했다. | **자료14** | 이런 변화된 의식은 미국과 마찬가지로 대공황으로 사경을 헤매던 유럽인들도 공유했다. 정도의 차이는 있었지만, 영국, 프랑스, 독일 등 유럽의 주요 국가들 모두 국가가 시장에 개입하고 총수요 관리에 나서는 대응 방식을 따랐다.

영국에서는 팽창적인 통화 정책이 적극적으로 시행되지는 않았지만, 주택과 건물 등에 대한 정부의 기반 시설 투자가 민간 투자 붐과 동시에 맞물리면서 일찍이 시장 수요를 진작하는 현상이 나타났다. 대공황이 늦게 찾아온 프랑스는 초창기에 후버 행정부처럼 균형 재정 정책으로 대응하나가 큰 낭패를 보았다. 그러자 1936년에 집권한 좌파 연정인 인민전선은 이를 교훈 삼아 루스벨트의 뉴딜보다 더 적극적인 정부 투자와 복지 지출 정책을 통해 대공황을 극복하고자 했다. 하지만 일부 산업의 국유화와 부유층에 직접적으로 타격을 입힌 은행 개혁까지 포괄한 프랑스판 뉴딜은 미국만큼 경제 회생 효과를 내지는 못했다. | **자료15** |

독일에서는 집권 파시스트들에 의해 거시 경제 정책 입안을 일임받은 학계의 경제 전문가들이 미국의 뉴딜처럼 적극적인 기반 시설 투자를 통한 시장 수요의 창출을 대공황 탈출 해법으로 선택했다. 아우토반 건설, 대대적인 재산림화 정책 등이 그런 예다. 다만, 독일의 정책은 집권 세력의 성향 탓에 군수 공업에 대한 투자 비중이 상대적으로 높았으며, 여전히 식민지 및 해외 투자처를 대대적으로 거느리고 있던 영국과 프랑스에 비해 경제 구조가 취약한 상태에서 추진될 수밖에 없었다.

미 대통령 후버의 취임사

> 1928년 말, 미국 대통령 선거에서 공화당 후보였던 허버트 후버는 민주당의 앨프리드 스미스를 따돌리고 대통령에 당선되었다. 당시 미국민에게 최고의 인기를 구가했던 두 후보 간의 맞대결은 큰 관심을 일으키며 역대급 흥행을 일으켰다. 1920년대 미국 경제 호황을 반영한, 이런 희망과 흥분의 분위기는 이듬해 초 후버의 대통령 취임사에서도 고스란히 드러난다. 1929년 초 대통령 취임식 당시까지만 해도 대다수 미국인은 그해 10월 말부터 시작될 대공황의 조짐을 전혀 감지할 수 없었다.

허버트 후버 취임사(1929), https://www.gilderlehrman.org/history-resources

우리의 땅은 자원이 풍부하고, 그 찬양할 만한 아름다움으로 우리를 고무시키며, 수백만의 행복한 가정으로 가득하고, 평안과 기회로 축복받은 곳입니다. 우리보다 더 진보한 제도를 보유한 나라는 어디에도 없습니다. 성취의 결실이 우리나라보다 더 안전하게 확보되는 곳은 없습니다. 우리 정부만큼 존경받을 만한 가치가 있는 정부는 전 세계에 없습니다. 국민들에게 우리보다 더 사랑받는 나라는 어디에도 없습니다. 나는 우리 국민들의 능력과 성실성, 숭고한 삶의 목적에 대해 변함없는 믿음을 품고 있습니다. 나는 우리나라의 미래를 걱정하지 않습니다. 우리의 미래는 희망으로 가득 차 있으니까요.

나는, 국민들 앞에서, 이 행사의 엄숙함을 인식하고 이 임무가 의미하는 바와 그에 따르는 책임을 이해하면서, 여러분의 아량과 지원, 협력을 부탁드립니다. 나는 여러분이 조국에 봉사하라고 주신 이 기회에서 전지전능하신 하나님께 도움을 구하고자 합니다.

미국 주식 시장의 열기

대공황이 발발하기 불과 16일 전인 1929년 10월 13일, 미국의 대표 일간지 《뉴욕 타임스》에 실린 기사다. 대공황 전에도, 아주 간간이 주가 폭락을 우려하는 목소리가 들려오긴 했으나 주류 언론의 주목을 거의 끌지 못했다. 어쩌다 그런 가능성이 제기되는 경우에도 곧바로 주식 시장 긍정론에 의해 간단히 묻혀버렸다. 회고적 관점에서 보았을 때, 이런 자료는 대공황을 예측하지 못한 인간의 무능력을 탓하는 데 쓰이기보다는 당대에 얼마나 많은 사람들이 주식 시장의 열기에 빠져 있었고 그 열기를 공유하고 있었는지를 보여주는 것으로 사용되어야 할 것이다.

1920년대 말 미국 주식 시황, 《뉴욕 타임스The New York Times》, 1929년 10월 13일자

지금 주식 시장은 역사상 그 어느 때보다 빠른 시일 내에 더 큰 이득을 낼 것이며, 사소한 주가 요동을 제외한다면 현재의 높은 주가株價 수준이 앞으로 몇 년 동안 계속될 것이라고 오하이오 주립대학교의 경영학 교수 찰스 에이머스 다이스 박사는 말했다. …

"오르는 것은 반드시 내려와야 하고 … 주가는 통상주 배당금으로 얻을 수 있는 순이익의 열 배를 너끈히 넘길 수 없다는 소리는 주식 시장을 이해하는 데에 이미 낡은 기준일 뿐입니다. … 소액 투자자들의 날이 왔습니다. 이전에는 무시당하고 외면받기도 했겠지만, 지금은 밤낮으로 고객으로 모셔 가려 하죠. 요즘은 한탕 잡자는 식의 업자들만이 아니라 최고 수준의 은행들도 이런 호객행위를 합니다. 월급쟁이들은 소액 분산 투자를 통해 부동산까지 살 수 있다는 걸 알게 되었습니다."

한 미국 농민의 대공황 회고

미국 조지아주 농촌에서 대공황을 겪은 한 평범한 농민이 그 시대를 회고한 글이다. 그는 평범한 사람의 시각에서 제1차 세계대전 이후의 물가 상승과 임금 상승, 그에 따른 과소비를 대공황의 원인으로 꼽는다. 흥미로운 점은, 대공황 직전의 디플레이션 경향을 일반인인 그가 감지했다는 사실이다. 1929년 10월 직전까지도 경제 붐만 이야기하던 당시 중앙 언론보다 더 통찰력 있는 관찰이라 할 수 있다.

농민 L. R. 앨런의 이야기(1940년 1월 23일 구술), '나는 상인이 되고 싶었다', https://www.loc.gov/collections/federal-writers-project/

나는 세계 전쟁이 대공황의 주요 원인이었다고 느낍니다. 전쟁이 시작되자 물가가 오르기 시작했고, 우리나라가 마침내 참전하게 되었을 때 임금도 올랐습니다. 자연히 사람들에게 쓸 돈이 더 생겼죠. 돈이 별로 없던 사람도 무엇이 필요한지 미리 생각해두고 돈을 빌렸습니다. 그때는 은행이 큰돈을 보유했던 터라 쉽게 빌려주려 했거든요. 사람들은 흥청망청 돈을 썼고 생필품은 물론 사치품까지 사고 싶어 했습니다. 물가는 크게 뛰었지만 쉽게 신용을 얻을 수 있었죠. 이런 인플레이션의 시대가 지속되는 동안에는 모두가 잘나갔습니다. 부자는 더 부유해졌고, 가난한 이들은 그전에 가질 수 없던 것들을 무수히 갖게 되었습니다.

그때 디플레이션이 찾아왔습니다. 뉴욕의 큰 은행들은 군소 규모로 전락하면서 돈을 잘 확보할 수 없었습니다. 은행들은 계속 버틸 수 없었고 문을 닫아야 했습니다. 증권과 채권 시가가 바닥까지 내려갔고, 물가가 급격하게 떨어졌으며, 그런 다음에는 전반적인 공황이 시작되었습니다. 수많은 사람이 일자리를 잃은 것은 그것의 자연스러운 결과였죠.

GM, 철강 공장들, 자동차 산업, 설탕 시장, 코카콜라, 심지어 향신료 시장까지 타격을 입었습니다. 시장이 붕괴되었을 때 사람들은 채무 지불 능력이 없었습니다. 수많은 백만장자들조차도 하루아침에 가난뱅이가 되었습니다.

그러기 전인 인플레이션 시기에 면화 가격은 크게 올라서 파운드당 42센트를 기록했습니다. 당시 면화를 가지고 있던 이들은 그 가격이 50센트가 될 거라고 예상하고 이처럼 높은 가격에 면화를 쥐고 있었습니다. 그런데 곧 시장이 붕괴하면서 그들은 가진 것을 완전히 잃고 말았습니다. 농부를 비롯해 사람들에게 대출을 해주었던 소규모 은행들은 큰 손실을 입을 수밖에 없었고 대다수가 파산하고 말았습니다. 정부가 마침내 개입해서 상황을 떠맡았습니다. 이제 농부들은 적은 양의 면화만 심을 수 있도록 허가를 받았죠. 그 결과 수많은 면화 도매업자들이 사라졌습니다. …

루스벨트가 대공황 시기에 대통령에 취임하다

1932년 말에 치러진 미국 대통령 선거에서 민주당 후보로 출마해 역대 가장 큰 표차로 당선된 루스벨트 대통령의 취임사다. 당시는 대공황이 발발한 지 3년이 지났지만, 경제 위기가 해결될 기미가 보이지 않는 상황이었다. 루스벨트가 묘사한 대목은 미국뿐만 아니라 당시 대공황을 겪고 있던 다른 서양 국가들의 상황에도 해당한다. 취임사에서 이미 루스벨트는 경제 위기를 극복하기 위해 연방 정부가 시장에 개입하는 것과 같은 적극적인 활동을 펼칠 것이라는 의지를 피력한다.

프랭클린 루스벨트의 1차 대통령 취임 연설(1933년 3월 4일); 한국미국사학회 엮음, 《사료로 읽는 미국사》, 궁리, 2006, 305~312쪽

… 저와 여러분은 그러한 정신으로 우리의 공통적인 난국에 직면해 있습니다. 이러한 난국은 다행히 물질적인 것에만 관련된 것입니다. 물가는 믿을 수 없을 정도로 떨어졌습니다. 세금은 올랐습니다. 우리의 지불 능력은 떨어지고 정부마다 심각한 세입 감소에 직면하고 있습니다. 상업 거래에서는 돈이 돌지 않고, 생산 기업은 말라죽은 잎사귀처럼 여기저기에 흩어져 있습니다. 농민들은 생산물을 팔 시장을 찾을 수가 없고, 수만의 가정에서 수년 동안 저축해온 돈은 삽시간에 사라져버렸습니다. 더욱 중대한 것은 다수의 실업자들이 냉혹한 생존 문제에 직면해 있으며, 또한 다수의 사람들이 보잘것없는 적은 보수로 신음하고 있음에도 우매한 낙천주의자들은 이 시점의 암담한 현실을 부정하고 있다는 것입니다. …

우리의 일차적인 최대 과업은 사람들을 취업시키는 일입니다. 이 문제는 우리가 단지 현명하게 용기를 가지고 대처한다고 해서 해결할 수 있는 것이 아닙니다. 전시에 비상사태를 처리하는 경우처럼 정부가 직접 사람을 모집해야 어느 정도는 이 과업을 성취할 수 있습니다. 동시에 이러한 고용을 통해 우리나라 자연 자원의 이용을 촉진하고 재편성하는 것과 같은 매우 긴요한 계획을 실현할 수도 있습니다. 이 과업과 병행하여 우리는 공업 중심지에 모여 있는 인구의 불균형을 솔직히 인정하고 전국적 규모로 인구를 재분배하여 토지 이용에 가장 적합한 사람들이 토지를 가장 잘 이용할 수 있도록 노력하지 않으면 안 됩니다. 이 과업에는 농산물 가격을 인상하고, 이로써 도시 생산품에

대한 구매력을 증대시키고자 하는 단호한 노력이 도움이 될 것입니다. 우리의 소규모 주택과 농장 들이 압류되어 손실이 더 커지는 비극을 실질적으로 막는 것도 이에 도움이 될 것입니다. 연방과 주, 지방 정부가 철저한 경비 절감 요구에 조응해나가야 한다고 주장하는 것도 이 과업에 도움이 될 것입니다. 현재의 구제 활동은 왕왕 분산적이고 비경제적이며 불평등하게 운영되고 있는데, 이것을 일원화하는 것도 도움이 될 것입니다. 여러 가지 형태의 운송 통신, 그 밖에 명확히 공공성을 띠는 공익 사업에 대하여 전국 차원의 계획과 감독을 실시하는 것도 도움이 될 것입니다. …

자료
05

블록 경제 체제의 등장

> 1932년, 영국은 당시 보유하고 있던 식민지와 옛 식민지 국가들을 캐나다 오타와에 불러놓고 블록 경제 시대의 시작을 알리는 협정을 체결했다. 협정 내용은 영국이 대공황 극복을 위해 어떤 설계도를 그리고 있었는지, 그리고 그 결과로 만들어질 블록 경제 체제 운영의 윤곽을 어떻게 상상했는지를 잘 보여준다. 이 오타와 협정은 향후 일본의 대동아공영권 건설에 모델이 되기도 했다. 다음은 오타와 회의에서 나온 영연방 소속 국가 대표단들의 발언 중 핵심적인 부분을 추린 것이다.

오타와 회의 기록(1932), https://atojs.natlib.govt.nz/cgi-bin/atojs

현재 전 세계적인 대공황으로 제국 내 교역의 확대와 개선이 제국에 소속된 모든 국가 및 지역에 시급한 문제로 대두했다. 제국 내 교역이 확대되고 더 활발해지면 세계 시장의 수요를 자극하고 상품 가격을 안정된 수준으로 복원하는 데 가장 희망찬 수단이 될 것이다. …

회의는 영국의 중심적 위치를 인정하며, 영연방 소속 다른 국가들도 영국의 노선에 따라 행동할 것을 권하는 바이다. …

회의는 영연방 소속 정부들 사이 경제적 협의와 협력을 촉진할 수단을 고려한다. …

회의는 영연방 전체에 산업 및 통상 표준화를 실시할 것을 제안한다. …

영연방 내 산업 협력은 영연방 국가들의 산업 활동에서 최신의 분업을 이룩한다는 목표를 지향한다. …

영국 정부는 단기적으로 가치 절하된 통화를 많이 공급한 것이 귀중한 효과를 냈다고 생각한다. …

회의는 스털링을 기축 통화로 삼는 국가들 사이에 안정 지대를 창출할 가능성을 고려한다. …

자료
06
후버 행정부의 대공황 정책

> 대통령 재임 초기에 대공황을 맞이한 후버 미 대통령이 일리노이 주지사에게 보낸 편지다. 앞서 소개했던 후버의 대통령 취임사와는 사뭇 대조되는 분위기임을 알 수 있다. 후버의 대공황 치유법은 훗날 루스벨트의 정책과 달리 대체로 온건한 편이었다. 기준 금리를 유지한 채 연방 정부의 재정 운용에서 균형 정책을 선택했다. 다음 편지에서는 대공황을 극복하기 위한 기금을 연방 정부 차원에서 급격히 늘리는 대신, 각 주별로 확보하기를 기대했던 후버 행정부 정책의 단면이 잘 드러난다.

허버트 후버가 일리노이 주지사 루이스 링컨 에머슨에게 보낸 편지(1931년 7월 10일), https://www.gilderlehrman.org/history-resources/spotlight-primary-source/herbert-hoover-great-depression-and-new-deal-1931-1933

기밀

…

친애하는 에머슨 주지사님,

가을을 지나는 동안 우리의 경제 상황이 호전된다 하더라도 올겨울 우리는 분명히 상당한 기간 지속되는 빈곤을 겪어야 할 것입니다. 겨울이 오기 전에 상당한 액수의 기금을 조성해야 하며, 또한 그러기 위해서는 나라의 행정 기구들을 더 일찍 가동하는 것이 바람직하지 않을까 생각합니다.

귀하의 조직은 지난겨울에 전국에서 가장 존경받는 조직 중 하나였습니다. 저는 모든 조직이 10월 안에 기금 조성을 시작하고 추수감사절 기간에 이를 운영한다면, 그 사업이 사실상 전국 차원의 일이 되리라 생각하며, 그렇게 되면 개별 주 위원회를 더욱더 효과적으로 지원할 수 있으리라 생각했습니다.

그러나 이는 단지 전반적 상황에 대한 저 혼자만의 생각일 뿐입니다. 따라서 저는 귀하의 의견을 듣고 싶습니다.

자료
07

경기 부양을 위한 국가의 기반 시설 투자

루스벨트 행정부는 경기 부양책의 일환으로 테네시강 유역 개발 공사를 설립하고 이곳에서 기반 시설 공사를 시작했다. 겉으로 보았을 때 이 사업은 홍수 방지와 전력 생산에 초점을 맞추는 것처럼 보였지만 실제로 더 중요했던 것은 정부의 대규모 재정 지출로 시장 수요를 단기간에 끌어올리는 것이었다. 이 자료에서 노동자나 기술자의 임금이 줄어들지 않도록 규정한 조항만 보더라도, 그 사업의 진정한 목적이 무엇이었는지 가늠할 수 있다. 취업자의 소득을 높여 소비를 끌어내고, 결과적으로 경제를 성장시킨다는 루스벨트 행정부의 전략은 성공을 거둔다.

테네시강 유역 개발법Tennessee Valley Act(1933년 5월 18일); 한국미국사학회 엮음,《사료로 읽는 미국사》, 313~315쪽

제1조 … 앨라배마주 머슬숄스 지역에서 현재 미국 정부가 소유하고 자산을 유지하고 운용하기 위해 '법이 제정되었고' … 이 법에 따라 '테네시강 유역 개발 공사'라는 명칭의 법인을 설립한다. …

제3조 이 공사가 한 편의 계약 당사자가 되어 노동자와 기술자를 고용하고자 하는 모든 계약에는 … 이 노동자 또는 기술자 들에게 그 지역의 유사한 사업에서 지불되는 현행 임금보다 적지 않은 임금이 지불된다는 조항이 들어가야 한다.

제4조 본 법의 특별한 규정이 있는 경우를 제외하고 본 공사는 …

  (f) 그 사업을 추진하는 데 필요하거나 유용하다고 인정되는 부동산과 동산을 구입·차용·소유할 수 있으며, 또한 본 공사가 소유하는 어떠한 동산도 처분할 수 있다. …

  (h) 미국의 이름으로 토지 수용권을 행사하는 권한을 가진다. …

  (i) 테네시강 유역과 그 지류의 모든 지점에서 댐·저수지·송전선·발전소 등을

건설하고, 기타의 구조물, 수운계획공사 등을 추진하기 위한 부동산 취득권을 가진다. …

자료
08

루스벨트 행정부의 노동법 개혁

루스벨트 행정부는 노동권 신장에 상당한 노력을 기울였다. 이는 사회 정책에 관심이 컸던 민주당 내 진보적 정파의 영향 때문이기도 했지만, 더 근본적으로는 대공황 극복을 위한 경제 정책이었다고 볼 수 있다. 노동자의 임금 수준이 시장 수요와 긴밀한 관계가 있다는 생각은 루스벨트 노동 정책의 근간이었다. 다음 법률 조항에 '산업 노동자의 임금과 구매력'이라는 표현이 들어 있는 것만 보아도 뉴딜 행정부가 방점을 찍은 곳이 어디였는지 어렵지 않게 알아볼 수 있다.

전국노동관계법 National Labor Relations Act(1935년 7월 5일); 한국미국사학회 엮음, 《사료로 읽는 미국사》, 322~324쪽

제1조 파업과 기타 형태의 산업상 쟁의나 불안은 사용자가 피고용인의 조직권을 부정하고 단체교섭 절차를 거부하는 데에서 기인하며, 파업 등 산업 불안은 (a) 유통 기구의 능률이나 안전·운영을 침해하고, (b) 통상을 방해하며, (c) 원료나 완제품·반제품의 유통 과정, 또는 유통 중인 원료나 상품의 가격에 실질적으로 영향을 끼치거나 그것을 제약 또는 억제하며, (d) 또는 고용과 임금의 하락을 야기하며 유통 과정에 있는 상품의 시장을 상당히 손상하거나 혼란시킴으로써 상업을 억제 또는 방해하는 의도를 가지고 있으며, 또는 그러한 결과를 초래한다.

완전한 결사의 자유나 실질적인 계약의 자유를 향유하지 못하는 피고용인과, 법인이나 기타 형태의 소유자 결사체로 조직된 사용자 사이의 교섭력은 불평등하므로, 산업 노동자의 임금과 구매력은 억제되고, 산업 내 그리고 산업 간의 경쟁적인 임금과 노동 조건의 안정에 저해되며, 따라서 유통 과정이 실질적인 부담과 영향을 받아 불경기가 빈발하고 악화된다.

미국의 정책은 자유로운 유통 과정에 상당한 장애를 일으키는 모든 요인을 제거하고 단체교섭의 관행과 절차를 장려함으로써, 또한 노동자들이 고용 조건과 기타 상호 부조나 상호 보호에 대해 협의할 목적으로 완전한 결사의 자유와 조직권을 행사하고 스

스로 선출한 대표를 지명할 수 있도록 보장함으로써, 자유로운 유통 과정에 상당한 장애가 발생하는 경우 그러한 장애를 경감시키고 제거하는 것임을 이 법으로 선언한다. …

루스벨트 행정부의 사회보장제도

> 노동법과 더불어 루스벨트 행정부에서 제정한 또 다른 주요 사회 정책법인 사회보장법의 일부다. 당시 기준으로 볼 때 미국은 정부가 적극적으로 복지 정책을 주도하는 나라가 전혀 아니었다. 사회보장법은 노인, 유색 인종을 비롯한 사회적 약자를 직접 돕는 기능을 했을 뿐 아니라, 시장 수요를 유지하고 확대하는 기능도 제공할 수 있었다. 사회적 약자가 받는 보조금도 결국 소비에 쓰일 터였기 때문이다. 사회보장법 역시 노동법과 마찬가지로 대공황 극복에 기여할 수 있었다.

사회보장법, https://www.historycentral.com/documents/SocialSecurityact.html

1장 노후 지원 책정액을 위한 주 보조금[1934]

1항 각 주는 고령의 가난한 개인들에게 재정 지원을 제공할 목적으로, 해당 주의 조건에 따라 실행 가능한 범위 내에서, 1936년 6월 30일에 종료되는 회계 연도부터 총 49,750,000달러를 책정할 수 있음을 승인한다. 그리고 그 후 매해 이런 목적을 수행하기에 충분한 액수를 책정할 수 있음을 승인한다. …

이 조항에 따라 조성된 총금액은 개별 주에 지급될 것이다. 개별 주가 받을 액수는 그들이 사회보장위원회에 제출하고 승인받은 것이다. 사회보장위원회는 사회보장제도의 제7장 노령 지원 국가 계획에 의해 수립된 바 있다. …

5장 산모 및 아동 복지를 위한 주 보조금
산모 및 아동 보건 사업 예산 책정

501항. 각 주는 자체 조건에 따라 실행 가능한 범위 내에서, 농촌 지역을 비롯해 심각한 생활고로 고통받는 지역의 산모 및 아동의 건강 증진을 위한 서비스를 확대,

개선할 수 있도록 1936년 6월 30일에 종료되는 회계 연도에서 시작하여 매해 3,800,000달러를 책정할 수 있음을 승인한다. 이 조항에 따라 조성된 총금액은 개별 주에 지급될 것이다. 개별 주가 받을 액수는 그들이 아동복지국장에게 제출하고 승인받은 것이다. …

국가의 시장 개입을 엿볼 수 있는 농업조정법

루스벨트 행정부 초기부터 제정된 농업조정법의 내용이다. 이 법은 루스벨트 행정부가 집권한 시기에 그 어떤 경제 관련 법안보다도 개혁적인 성격을 띠었다고 볼 수 있다. 그 핵심은 '국민적 공익성'을 근거로 국가가 농산물의 가격을 직접 정하는 것이었다. 이는 '농산품의 생산과 소비 사이의 균형'을 시장에서는 이룰 수 없으며 그 조건을 국가가 설정하고 유지해야 한다는 생각에서 나왔다. 자본주의 경제 체제의 근간을 흔들 수 있는 생각이었지만, 대공황의 처방으로는 유효했다.

농업조정법 The Agricultural Adjustment Act(1933년 5월 12일); 한국미국사학회 엮음, 《사료로 읽는 미국사》, 316~318쪽

현재의 긴박한 경제적 비상사태는 부분적으로 농업 생산품과 다른 상품들 사이에서 격심해지는 가격 불균형에서 유래하는 것이며, 이 가격 불균형은 공산품에 대한 농민의 구매력을 크게 떨어뜨리고 … 또한 국민신용기구의 지주가 되는 농업 자산에 중대한 손해를 미치고 있다. 이와 같은 상황은 … 국가적 공익성을 띠는 농산품의 거래를 저해하므로 … 이 법 제1장의 즉각적인 제정이 절대로 필요하다는 것을 선언한다.

제2조 연방 의회의 정책으로서 다음 사항을 선언한다.

(a) 농민들이 구매하고자 하는 상품에 관하여 기준 연도(1909~1914년)의 농산품 구매력과 동등한 구매력을 부여하는 수준까지 가격을 상승시킬 수 있도록 농산품의 생산과 소비 사이의 균형과 그 시장 조건을 설정하고 유지할 것 …

(b) 국내 및 국외 시장에서 유통되는 소비 수요를 조사하여 되도록 빨리 현재의 불균형을 시정하여 구매력의 균형에 접근할 것

(c) 농업 상품의 소매에 소요되는 비용이 증가하지 않는 수준에서 농업 생산을 재조정하여 소비자의 이익을 보호할 것 …

뉴딜 정책에 대한 반론

> 다음 자료는 1932년 미국 대통령 선거에서 재선에 실패한 후 야인으로 돌아간 후버가 그의 오랜 친구인 종교 지도자 브루스 바턴Bruce Barton에겐 보낸 편지다. 여기서 후버는 그의 후임 대통령 루스벨트가 펼친 뉴딜 정책에 불만을 강력히 토로한다. 후버는 뉴딜 정책을 기본적으로 좌파 정책으로 바라보며 실패할 거라고 예상했다. 그리고 그 실패가 미국에 극우 정치가 등장하는 계기로 작용할 거라고 말한다. 하지만 후버의 예상과 달리 뉴딜 정책은 나름의 성공을 거두며 미국을 대공황에서 탈출시키는 데 중요한 기여를 했다.

허버트 후버가 브루스 바턴에게 보낸 편지(1933년 10월 3일), https://www.gilderlehrman.org/collection/glc00691

친애하는 바턴,

나는 당신의 큰 소망에 응했습니다. 당신 친구가 교체용 파이프까지 보낼 필요는 없겠습니다. 끽연 대통령[후버 자신을 가리킴]은 평생 피울 만큼 파이프가 충분히 있습니다. 낚시 도구도 마찬가지이고요. 혼란스러운 영혼을 제외한다면, 그것이 이 대통령이 하늘에서 받은 유일한 재능입니다.

요즘 상황에 대해 논의하는 것은 부질없는 일인 것 같습니다. 언론이 여전히 과장되게 떠들어대고 있지만, 우리나라는 뉴딜 정책으로 잘못되어가고 있습니다. 뉴딜 정책이 중단 없이 계속된다면, 진정, 마치 배가 모든 밧줄을 버린 채 '오른쪽' 또는 '왼쪽'으로 크게 흔들리는 상황으로 나아가는 문제가 일어날 겁니다. 나는 먼저 '왼쪽'으로 기울까 봐 걱정됩니다. 그리고 그다음에 미국민의 80퍼센트에 해당하는 위대한 중산층이 자신의 몰락을 깨달을 때, 그들은 미국판 히틀러나 무솔리니로 달려갈 것입니다.

캘리포니아에서 별로 하는 일 없이 멀찍이 나라가 흘러가는 모습을 살피니 뭔가에 쉽게 집중하게 되고 무료하지 않네요. 이곳으로 오는 게 좋겠습니다!

그럼 안녕히 계십시오,

허버트 후버 드림

자료

12

자본주의 생산 관계의 변화를 예고한 전국산업부흥법

농업조정법과 더불어 뉴딜 정책에서 큰 논란을 몰고 왔던 전국산업부흥법의 일부다. 제1조의 조
항 중 '정부의 적절한 인가와 감독 아래 노동과 경영의 협동적 활동을 도입'이라는 표현은 노사
관계를 더는 시장(노동 시장)에만 맡기지 않고 정부가 '공공복지'라는 이름으로 직접 개입할 것임
을 예고한 대목이라고 하겠다. 또 이 법은 기업, 산업체 간의 관계도 시장 원리에만 맡겨두지 않
고 정부가 아주 적극적으로 조정해나갈 것임을 분명히 했다. 국가는 특히 시장 경제의 핵심 가치
인 경쟁에 엄격한 공정성의 잣대를 가져다 댈 터였다.

전국산업부흥법 The National Industrial Recovery Act(1933년 6월 16일); 한국미국사학회 엮음,《사료로 읽는
미국사》, 319~321쪽

제1조 광범한 실업과 주州 및 국가 간 통상을 저해하고, 공공복지에 영향을 미치고, 미
국 국민의 생활 수준을 저하시키는 것과 같은 산업상의 혼란을 초래하는 국가
비상사태가 존재하고 있음을 선언한다. 주 및 국가 간 통상의 자유로운 거래를
저해하고, 그 총량을 감소시키는 것과 같은 장애를 제거하고, 산업체 간 협동 활
동을 촉진시키기 위해 산업 조직화를 증진시킴으로써 일반 복지를 보장하고, 정
부의 적절한 인가와 감독 아래 노동과 경영의 협동적 활동을 도입, 유지하고 불
공정 경쟁 행위를 제거하고 산업의 현존 생산 능력을 최대한으로 이용하도록 촉
진하고, 생산의 부당한 제한(필요한 일시적 제한을 제외하고)을 피하고, 구매력을 증
진시켜 공업 및 농업 생산품의 소비를 증대시키고, 실업의 감소와 구제를 도모
하고, 노동 수준을 개선하고, 기타 산업을 부흥하고, 천연자원을 보존하는 것이
연방 의회의 정책임을 선언한다. …

제3조

(a) 하나 또는 그 이상의 상업 내지 공업 단체 또는 집단들이 대통령에게 신청할
경우 대통령은 상업·공업 단체나 그 하부 단체에 대한 공정 경쟁 규약을 하나 내

지 그 이상 인가할 수 있다. … 대통령은 이러한 모든 종류의 규약을 인가해주는 조건으로서 … 소비자·경쟁자·피고용자 및 여타 사람을 보호하고 공익을 증진하는 데 대통령의 재량으로 여기에 선언된 정책이 필요하다고 인정하는 조건을 부과하고, 또한 당해 규약의 적용을 받지 않는 사례를 규정할 수 있다.

(b) 대통령이 일단 그러한 규약을 승인한 뒤에는 당해 규약의 제 조항은 상업·공업 단체나 그 하부 단체의 공정 경쟁 기준이 되어야 한다. 주간 또는 국제 통상 상의 거래나 이와 관련된 거래에서 위에 기술한 기준을 침해한다면, 그런 행위는… 불공정 경쟁의 방법으로 간주된다. …

자료
13

한 레스토랑 주인의 대공황 극복기

> 미국 조지아주의 한 평범한 레스토랑 주인의 생애사를 통해 제1차 세계대전과 대공황이 미국인의 삶에 실제로 어떤 영향을 미쳤는지 엿볼 수 있다. 오거스타시의 레스토랑 주인 레퍼한은 당시 미국의 거시 경제 변화에 따라 사업의 부침을 겪었다. 전쟁기의 호황, 전후의 번영, 대공황으로 인한 파산, 뉴딜 정책에 따른 정부의 직간접적 구제가 그의 생애에 모두 담겨 있다.

레스토랑 주인 J. 레퍼한의 이야기(1940년 3월 20일에 구술), '직종을 바꾼 것이 성공을 가져왔다',
https://www.loc.gov/collections/federal-writers-project/

나는 윌더 씨와 함께 사업을 하게 되었습니다. 그 사람은 레스토랑 운영에 경험이 있었어요. 그 후 몇 년 동안 우리 사업은 번창했습니다. 그때는 (제1차) 세계대전이 한창이었고 캠프 핸콕이 오거스타에 있었어요. 군인들은 우리를 즐겁게 해주는 후원자였던 셈이고, 우리 역시 장사가 최고로 잘되었던 거죠. 우리는 최우수 고객에게 케이터링을 했고 구할 수 있는 최고의 음식을 서빙했어요. 그리고 아주 좋은 가격을 받았고요. 따라서 수익이 꽤 만족스러웠습니다. 1919년이 우리에게는 최고의 해였는데, 그해 총매출이 12만 달러에 달했어요. 정부, 주, 도시, 카운티에 내는 세금, 그리고 여타 다양한 세금을 다 내고서도 순이익이 3만 7000달러나 되었죠. 전쟁 때는 모든 상품이 가격이 아주 높았고 임금도 그에 따라 올랐습니다. 모든 분야의 사업에서 장사가 정말 잘되었고 상당한 기간 우리의 사업은 번창했습니다. …

1928년에 제 사업 파트너가 세상을 떠났습니다. 나는 장사를 몇 년 더 했는데, 그 시기에 공황이 크게 터졌습니다. 대공황은 사업을 크게 축소시켰고 결국 나는 가게 문을 닫고 돈벌이가 되는 일자리를 찾아야 했어요. 아주 운이 좋게도, 그리 긴 시간이 흐르지 않아 나는 정부 일을 하게 되었어요. 그 일을 하는 18개월 동안 아주 바빴죠. 그 일이 끝났을 즈음, 나는 이전의 손해를 만회하고 새 레스토랑을 열 수 있었습니다. …

시장과 국가에 대한 의식의 변화

> 뉴딜 정책 이후 미국에서 국가가 시장에 개입해 조정자가 되는 모습이 이제는 어색해 보이지 않았다. 하지만 뉴딜이 이 같은 인식 변화의 기원은 아니었다. 뉴딜이 시작되기 직전이던 1932년에 이미 상당수 미국인은 자유 시장에 대한 믿음에서 거리가 멀어지고 있었으며 '사회주의적' 경제 정책을 긍정적으로 바라보기도 했다. 다음 글은 한 월스트리트 출신 변호사의 기록으로, 시장과 국가에 대한 인식 변화가 대공황이 발발한 직후부터 시작되었음을 보여준다. 물론 뉴딜은 이런 생각이 사회 저변에 더 넓게 퍼질 수 있도록 했다.

바니 F. 윈켈먼Barnie F. Winkelman, 《월 스트리트에서 보낸 10년Ten Years of Wall Street》, Cosimo Classics, 1932, pp. 353~354

대공황이라는 경제적 격변이 불러일으킨 삶과 생각의 변화를 헤아리기는 불가능하다. 러시아 혁명이 야기한 정도의 기이한 운명의 반전이 우리 자신의 이야기다. 은퇴한 은행가와 사업가 들은 수하물 운반자와 배달부가 되었다. 1928년과 1929년에 사교계에 등장했던 사람들은 1932년에 웨이트리스가 되었다. 최고급 문화와 패션을 즐기던 여성들은 화장품 판매원이 되거나 잡지 외판원이 되었고, 그마저도 안 되면 그저 하층 계급으로 흘러갔다. 대공황 때부터 지금까지 수많이 비극이 일어났고, 저마다 모두가 지금까지 쓰인 어떤 소설보다 더 가슴 아픈 내용이었다. 수많은 노인, 약골, 낙담한 사람들이 자살을 선택했다.

하지만 더 놀라운 것은 고위층의 사고방식에 나타난 변화였다. 1932년 초에 한 택시 기사는 "이제 비에 젖지도 않는다"라고 말했다. 우리의 경제 상황은 정부가 과다 지출을 하고 있다는 말이 사라지게 만들었고, 그 대신 이를 영웅의 행동으로 바꾸어놓았다. 한 세기 동안 이어진 정치적 신조가 밤새 버려졌다.

'사회주의'라는 용어가 경제적 불치병을 의미하던 1910년에 공공 설비나 철도에 대한 주, 도시 또는 정부의 소유권을 언급하는 것은 정치권에서 혐오스럽게 여겨졌다. 그러나 1932년에 주요 은행가들은 우리 도시가 대중교통 시스템을 인수하고, 정부가 철도를 사유 재산으로 놔두지 말라고 청원한다. 이것이 바로 적자赤字의 마법이다.

자료 15

프랑스 좌파 연정 인민전선의 뉴딜 정책

프랑스에는 대공황이 늦게 찾아왔지만 그 여파는 어느 나라 못지않게 컸다. 경제 위기가 심각해진 1934년, 수도 파리에서는 독일의 나치 정권 수립에 고무된 프랑스 파시스트들이 사실상 쿠데타를 시도하기도 했다. 이 사건으로 위기감을 느낀 프랑스 좌파는 급진 좌파와 온건 좌파의 통합을 시도했고, 이 전략에 사회주의 '종주국' 소련도 찬동했다. 그 결과 인민전선이라 불린 범좌파 연정이 1936년에 정권을 잡았다. 이 정부는 파시스트의 위협을 제거하는 동시에 대공황에서 탈출하기 위해 미국의 뉴딜보다 더 '사회주의적인' 정책을 시도했다. 그중에는 금융 엘리트에 대한 공격과 군수 산업 국유화도 포함되었다.

인민전선 강령(1936); 데이비드 톰슨 편, 《프랑스: 제국과 공화국, 1850~1940》, pp. 293~296

I. 자유 수호

1. 전면 사면

2. 파시스트 단체 반대 조치

    (a) 법에 따라 모든 유사 군사 조직의 실질적인 무장 해제와 해체

    (b) 살인 선동, 또는 국가 안보에 반하는 모든 시도에 대한 법적 조치의 집행

3. 공적 활동의 정화를 위한 조치, 특히 의회 기능을 다른 형태의 특정한 활동과 결합하려는 시도 금지

4. 언론

    (a) 언론의 자유를 세한하는 악명 높은 법률과 법령 폐지

    (b) 다음의 입법 조처에 따라 언론 개혁을 실시

        (i) 명예 훼손과 협박을 실질적으로 억제하도록 조처

      (ii) 신문사에 표준적 수준의 생계 수단을 보장하고, 그들의 재원을 공개하도록 조처

      (iii) 상업 광고의 사적 독점과 금융 광고의 사기성을 끝장내고, 신문사의 트러스트 형성을 막도록 조처

    (c) 뉴스의 정확성과 라디오 프로그램에서의 정치 및 사회 조직들의 평등성을 보장하기 위하여 국영 라디오 방송국을 조직

5. 노동조합의 자유

    (a) 모두를 위한 노동조합 결성 및 가입 자유의 적용과 준수

    (b) 여성의 노동권 인정 …

II. 평화 수호

1. 평화 구축과 유지를 위한 협력을 인민, 특히 노동자 계급에게 호소

2. 집단 안보를 위해 국제연맹의 틀 안에서 국제적 협력을 추구. 침략자를 규정하고 침략이 발생할 때 자동으로 이 침략자에 대한 제재를 함께 실시

3. 무장 평화에서 비무장 평화로 이행하기 위해 부단히 노력, 우선은 군비 제한 협정에 의거하고 다음으로 전면적이고 동시적이며 실질적으로 통제된 군비 축소를 통해 노력

4. 군수 산업의 국영화와 군수품 민간 거래 금지

5. 비밀 외교의 거부. 그리고 집단 안보와 불가분의 평화 원칙이기도 한 국제연맹의 기본 원칙들을 약화시키지 않는 선에서 제네바를 떠난 국가들을 다시 불러들이려는 국제적 차원의 행동과 공적인 협상 시도

6. 세계 평화를 위협해온 조약들의 평화적 조정을 위해, 국제연맹 조항이 정해놓은 절차에 더욱더 유연성을 발휘

7. 프랑스-소련 조약의 노선에 따라 조약 체계를 모든 국가, 특히 동유럽 국가들로 확대 개방 …

III. 경제적 요구

1. 대공황으로 무너지거나 줄어든 구매력의 복구

    첫째, 실업과 제조업 위기 대처 방법

        전국 실업 기금 조성

        주급의 삭감 없이 노동일 축소

고령 노동자에게 적절한 연금 지급, 그리고 이를 통한 청년 노동자 고용 확대

공공 건설 사업 프로그램을 도시와 농촌에서 조속히 실행, 국가 및 지방 정부의 재정 지출과 함께 현장의 민간 투자도 이끌어내기

둘째, 농업과 상업 위기 대처 방법

농업 생산물 가격 재평가. 농산품 투기와 가격 인상을 막기 위한 정책과 병행 …

국가곡물위원회를 수립하여 소비자와 생산자에게 고통을 안기는 투기 행위 근절

농업 협동조합 강화 …

2. 금융 투자자의 폭리 취득 저지와 신용 정책 개선

첫째, 금융 사업의 규제. 은행과 주식회사의 재정 상태 감독. 주식회사 임원들의 권력을 추가로 규제 …

셋째, 신용과 투자가 몇몇 경제 과두 권력의 통제에서 벗어나도록 '프랑스 은행'은 이제 민간 이익을 대표하는 기관이 될 수 없으며 '프랑스의 은행'이 되어야 한다. 프랑스 은행 위원회는 해체되고, 프랑스 은행 감독관의 권한이 강화된다. 그리고 새로운 은행은 국회에서 나온 대표들, 실무 당국 그리고 노동·산업·상업·농업의 주요 조직들로 구성되는 상임위원회의 통제를 받는다. …

| 참고문헌 |

로터문트, 디트마르, 《대공황의 세계적 충격》, 양동휴·박복영·김영완 옮김, 예지, 2003.

아이켄그린, 배리, 《황금 족쇄: 금본위제와 대공황, 1919~1939년》, 박복영 옮김, 미지북스, 2016.

킨들버거, 찰스 P., 《대공황의 세계, 1929~1939》, 박정태 옮김, 굿모닝북스, 2018.

페인스틴, 찰스 외, 《대공황 전후 유럽 경제》, 양동휴 외 옮김, 동서문화사, 2001.

Brock, William R., *Welfare, Democracy and the New Deal*, Cambridge University Press, 1988.

Cohen, Lizabeth, *Making a New Deal: Industrial Workers in Chicago, 1919~1939*, 2nd ed., Cambridge University Press, 2008.

Jackson, Julian, *Popular Front in France: Defending Democracy 1934~1938*, Cambridge University Press, 1988.

Kennedy, David M., *Freedom from Fear: The American People in Depression and War, 1929~1945*, Oxford University Press, 2001.

Patel, Kiran Klaus, *The New Deal: A Global History*, Princeton University Press, 2017.

Weber, E. Joseph, *The Hollow Years: France in the 1930s*, W. W. Norton & Company, 1996.

7

파시스트 정권의 등장

파시즘의 기원과 배경

대공황이 낳은 또 하나의 중요한 결과는 독일을 비롯한 중동부 유럽에서 이른
바 파시스트 정권이 들어선 것이었다. 물론 파시즘이라는 이데올로기는 대공황
이전에도 존재했으며, 그 '모국'이라 할 수 있는 이탈리아에서는 이미 1920년대
초에 파시스트 정권이 수립되어 있었다. 하지만 대공황이 초래한 심각한 경제
위기가 유럽의 파시스트들이 정치권에서 부상하고 일부 국가에서는 권력까지
장악하는 데 가장 중요한 계기였음은 분명하다.

   파시즘을 잘 이해하려면 우선 파시즘이 언제, 어떤 조건에서 처음으로 출현
했는지, 그리고 그것의 원래 주장은 어떠했는지 등 파시즘의 전사를 살펴보는
것부터 시작해야 한다. 파시즘은 이탈리아어로 '집단' '일당' '떼' 등을 뜻하는
'파스키오 fascio'에서 파생한 용어로, 일차적으로는 '집단주의'를 뜻한다. 이는 자

1919 - BOLSCEVISMO   1923 - FASCISMO

도판 20 1920년대 초 이탈리아에서 파시스트 정권이 탄생한 직후에 나온 선전 포스터. 파시즘은 철저히 반공주의 노선을 고수했다. 포스터는 볼셰비즘, 즉 공산주의를 인권 유린으로, 파시즘은 풍요로 상징했다는 점에서 냉전 시대 미국 진영의 반공 논리와 매우 유사한 모습을 보여준다.

본주의가 확대되면서 근대성과 결합하고, 그 과정에서 대중이 주요 사회 세력으로 떠오른 20세기 여명기에 대두했다. 자본주의와 근대성은 개인을 공동체로부터 떼어내 독립된 존재, 혹은 소외된 주체로 만들었다. 파시즘 신봉자들은 이에 반대하여 공동체를 여전히 가장 중요한 정치·사회 단위로 삼으려 했다. 그들에게 공동체는 동호회나 지역 결사체처럼 작은 단위일 수도 있었고, 국가나 인종처럼 더 큰 단위일 수도 있었다. |자료1|

이렇게 공동체 지향적이라는 점에서, 파시스트들의 사고는 근본적으로 반근대적이고 반자본주의적이었다. 독일 나치처럼, 초창기 파시스트들은 스스로를 사회주의자라고 명명하는 경우도 적지 않았는데, 여기서 그들의 반자본주의적 태도를 짐작할 수 있다. 하지만 흥미롭게도 그들의 생각은 또 다른 반자본주의자인 마르크스주의자와는 완전히 달랐다. 파시스트들은 자본주의를 마르크스주의자들처럼 하나의 경제 체제로 파악하는 것이 아니라, 경쟁과 개인의 이기심 같은 하나의 정서로 바라보았기 때문이다. 그들 생각에, 자본주의는 개인의 이해관계를 공동체와 대립시키는 감정적 체계였다. 따라서 그들에게 자본주의 비판이란 마르크스주의자들이나 여타 사회주의 지식인들처럼 체제 개혁이나 전복이 아니라, 개인의 이해관계를 공동체나 집단에 종속시키는 운동이거나, 유대인 금융업자와 같이 이기적으로 보이는 부자들에 대한 공격을 의미했다.│자료2│ 파시스트들이 느끼기에 마르크스주의자들의 거시적 자본주의 분석은 교육받은 엘리트나 지식인들의 말장난이었을 뿐이다.

　이 점에서 파시스트들의 반자본주의는 반엘리트주의·반지성주의이기도 했으며, 자연히 그들의 화살은 공산주의 지식인들에게도 향했다. 그들이 보기에 공산주의자들은 국가라는 숭고한 민족 공동체를 무시하고 대중을 호도하는 사람들이었다. 더군다나 공산주의자들이 주창하는 국제주의는 개별 민족국가를 이루며 살고 있지 못한 유대인의 처지에서 유래했다고 파시스트들은 믿었다. 유럽의 공산주의자 상당수가 실제로 유대인 혈통이었다는 사실이 이들의 믿음을 더욱 굳건하게 했다.

　이처럼 반공주의를 내세웠던 파시즘은 역설적이게도 공산주의처럼 평등주의 정서가 강한 이념이었다. 하지만 근대성을 거부한 그들의 평등 개념은 근대 사회의 평등, 즉 개인들 간의 보편적인 법적 평등이 아니라 특수한 집단 중심의 평등이었다. 파시스트들은 대개 남성과 주류 인종 내에서의 평등만을 상정했으며, 여성, 소수 인종, 성소수자 같은 사회적 약자에 대한 지배와 차별을 전통이라는 이름으로 옹호했다.│자료3│ 이런 과거 회귀적 전략과 반근대성은 자본주의가 찢어놓은 전통의 공동체 조직과 젠더 위계에 향수를 느끼며 자본주의가 몰고 온 경제 위기에 낙담한 이들, 특히 주류 인종과 남성의 정서를 자극했다. 이들은 경제 위기가 초래한 황망하고 비참한 삶의 스트레스 속에서 특정한 집단에 대한 불만과 증오라는 비이성적 감정에 쉽게 휩싸이곤 했다. 경제 위기가 깊어갈수록 이런 감정도 사회적으로 더 널리 퍼졌고, 그만큼 파시즘의 인기도 올라갔다.

독일에서 나치즘이 거둔 승리

독일판 파시스트 세력이라 할 수 있는 나치당은 1920년대 초반에 결성되었다. 이 당의 지도자는 1889년에 오스트리아에서 출생한 아돌프 히틀러라는 인물이었다. 그는 평범한 중산층 가정에서 성장한, 일견 특별한 점 없는 미술가 지망생이었다. 명문 빈 아카데미에 입학하고 싶어 했으나 실패하고 방황하던 히틀러는 제1차 세계대전을 맞았다. 곧 그는 조국 오스트리아군이 아닌 독일군에 자원입대하여 전장으로 나갔고, 이 과정에서 남성 중심적인 집단주의, 그중에서도 독일 민족주의에 경도되는 동시에 반유대주의, 반엘리트주의, 지식인들을 향한 조롱 등을 배웠다. 당시 이런 식으로 전쟁을 경험한 독일과 오스트리아 출신 청년의 수는 적지 않았다.

전쟁이 끝났을 때, 이들을 기다리고 있는 것은 참전용사로서 기대했던 사회적 환대가 아니라 절망적인 실업이었다. 전후 극심한 인플레이션을 비롯한 경제 위기 속에서 그들이 돌아갈 수 있거나 구할 수 있는 일자리는 거의 없었다. 직업 없이 불량 청년으로 거리에 몰려나와 돌아다니던 그들에 대한 사회적 시선은 더욱 따가워져갔다. 이런 암울한 신세에 대해 그들이 보인 일차적 반응은 특정 집단에 대한 혐오를 집단주의, 인종주의, 반지성주의의 거친 어조로 부추기는 것이었다. 특히 두 집단, 즉 영국 및 프랑스와 베르사유 조약으로 '결탁한' 정치 지도자들, 그리고 전쟁 시기에 파업을 벌여 독일의 전쟁 수행을 '방해한' 사회주의자와 유대인이 주된 혐오의 대상이 되었다.

한편 온건 좌파가 집권한 바이마르 공화국은 정치적으로 세계에서 가장 민주적인 헌법을 보유했을 뿐만 아니라, 아방가르드와 데카당스의 문화적 실험에도 관대했으며, 여성의 사회 진출도 독려하는 편이었다. 군대의 남성 위주의 집단주의와 인종주의, 반지성주의에 경도된 히틀러를 비롯한 제대 군인들은 이런 사회 분위기에 크게 불만을 품었다. 마침 이탈리아에서 그와 유사한 상황에서 집권한 무솔리니가 그들에게 영감을 주었다. 나치당은 결성된 지 얼마 지나지 않은 1923년, 독일 남부 뮌헨에서 나름의 폭동까지 감행했다. 그 직후에 구속된 히틀러는 감옥에서 악명 높은 《나의 투쟁》을 집필해 이들의 생각을 거친 수준이긴 했지만 글로써 표현했다. | 자료4 |

미국 자본의 대대적 유입으로 독일 경제가 안정화로 돌아선 1925년 이후, 나치당의 인기는 자연스럽게 식었다. 감옥에서 풀려난 히틀러 일당이 1928년 독

도판21 히틀러와 나치 같은 정치 초보가 집권까지 갈 수 있었던 데에는 독일의 전통 보수와의 제휴가 결정적이었다. 사진은 1933년에 히틀러가 대표적인 보수파인 당시 대통령 힌덴부르크의 지지를 얻는 순간을 포착한 장면이다.

일 총선에 도전했을 때 그들이 얻은 의석 수는 600석이 넘는 전체 의석 가운데 단 12석에 불과했다. 그나마 이런 득표도 당시 세계 최첨단의 민주주의 국가였던 바이마르 공화국이 소수 정당을 보호하는 데 관심을 쏟았기에 가능한 수치였다. 하지만 1929년 말에 발발한 대공황이 상황을 완전히 바꿔놓았다. 미국 자본의 대량 유출로 독일 경제가 다시 나락으로 빠져들자, 히틀러와 나치당의 집단주의 구호가 독일인들의 마음을 다시 움직이기 시작한 것이다. 실직과 파산 등으로 이성을 잃고 낙망한 독일의 남성 직장인들에게 나치의 거친 구호가 일으킨 공명은 컸다. 1930년에 나치당은 107석을 확보하면서 대도약을 이루었고, 1932년 선거에서는 230석을 차지하며 마침내 제1당의 지위를 확보했다. 하지만 이런 눈부신 성장에도 불구하고 나치의 단독 집권까지는 아직 고비가 남아 있었다. 총 600석이 넘던 당시 전체 의석에서 나치가 확보한 의석 수는 과반수에 못 미쳤기 때문이다. 이 고비는 당시 독일 대통령 파울 폰 힌덴부르크의 도움으로 넘길 수 있었다. 마침내 1933년에 히틀러와 나치당은 연정 파트너 없이 단독으로 정권을 차지하기에 이르렀다.

힌덴부르크는 나치와는 결이 다른, 독일의 전통적인 보수 세력을 대표하는 인물로 제1차 세계대전의 전쟁 지도자이기도 했다. 그가 이 시점에서 히틀러를 지원하기로 결정했던 것은 시사하는 바가 크다. 사실 전통 보수의 기준에서 볼 때 히틀러와 나치당은 그리 달가운 존재가 아니었다. 낙망한 대중에게 정서적으로만 매달리는 나치는 계급적 불만을 자극하면서 자칫 그들의 정서를 예측 불가능한 방향으로 이끌고 갈 수도 있는, 무모하고 철없는 젊은이들로 보였기 때문이다. 하지만 힌덴부르크와 전통 보수 진영은 당시의 경제 위기를 발판으로 인기가 치솟던 또 다른 정치 세력인 공산주의자들을 더욱 우려의 시선으로 바라보았다. 결국 1930년대 초 독일의 전통 보수, 즉 군부 장성, 대지주와 대자본가, 금융 엘리트들은 공산주의 세력을 제어하기 위해 나치를 지원하기로 마음먹는다. 적어도 파시스트들은 공산주의자들과 달리, 자신들의 재산 소유권을 직접 겨냥하지는 않을 터였기 때문이다. 물론 정치판을 파시스트 같은 무지한 젊은이들이 차지하는 것이 내키지는 않았다. 하지만 자신들 재산권의 근간인 자본주의 경제 원리가 공산주의자들에 의해 흔들리는 것은 더 견딜 수 없는 일이었다. **자료5**

이런 과정을 거쳐 정권을 장악한 나치당은 조작된 제국의회 의사당 방화 사건을 빌미로 반대파, 특히 공산당을 탄압하며 이른바 '수권법'을 통과시켰다. 수권법으로 여타 정당의 활동을 사실상 금지한 나치당은 유일 정당으로서 정부 기능까지 접수했다. **자료6** 앞서 보았듯이, 나치의 집권에는 대공황으로 낙망하고 이성을 잃은 사람들의 지지가 큰 역할을 했다. 하지만 이런 감정적 지지는 그 토대가 탄탄할 수 없었다. 경제 상황이 호전된다면 이들은 언제라도 이성을 회복하고 나치와 같은 비합리적 정치 세력에 대한 지지를 거둘 수도 있었기 때문이다.

나치의 정권 유지책

이처럼 지지 기반이 불안정한 나치로서는 정권을 유지하기 위해 다양한 기제를 동원해야 했다. 첫 번째로 나치당이 사용한 무기는 테러였다. 이는 대중에게 일상적인 공포심을 심어줌으로써 나치당에 대한 반대 의사를 선뜻 표현하지 못하도록 막는 전술이었다. 초기 나치당의 테러는 많은 경우 공산주의자나 유대인을 상대로 노상에서 이루어졌다. 대중을 상대로 선전 효과를 노린 것이었다. 나치의 대중 조직 '돌격대'가 이런 노상 테러를 주도했다. 가담자가 200만 명이 넘는 거대 대중 조직이 되기도 했던 돌격대는 때로는 히틀러의 통제권 밖에서 움직이기도 했다. 그러자 히틀러와 나치당은 돌격대 대신, '친위대'라는 보다 충성스러운 소수 엘리트 조직을 구성했다. 하인리히 힘러가 이끈 이 조직은 나치 특유의 인종주의를 체화하면서 보다 조직적인 테러를 펼쳤다. 친위대 하부 조직 중 하나가 그 악명 높은 게슈타포이며, 그들은 제2차 세계대전 때 지행된 유대인과 슬라브인 학살의 주요 책임자들이다.

나치의 두 번째 정권 유지 기제는 프로파간다였다. 프로파간다의 총책 요제프 괴벨스의 표현에 따르면, 이는 '대중의 의식을 지배'하는 수단이었다. 자료7
나치는 특히 언론과 공교육 통제를 통해 이를 이루려 했다. 언론의 자유는 큰 폭으로 제한되었고 언론사들은 통폐합되었다. 공교육에서는 역사 교과서 국정화를 비롯한 교과서 내용의 단일화가 단행되었고, 교사들은 교총이라는 이름으로 한데 묶였다. 또 나치는 대중문화를 선전 도구로서 적극적으로 활용했다. 자료8
연극, 영화, 집회, 기념식, 전시회 그리고 1936년 올림픽으로 대표되는 스포츠

도판 22 나치의 인종주의를 상징적으로 보여주는 사진. 공교육 교실에서 인종의 차이를 보여주는 그림을 활용한 교육이 시행되었다.

이벤트 등은 나치 지도자 숭배, 자료9 독일 민족 위인 찬양, 반공 정서 함양, 공산주의 위협 과장 등으로 그 내용을 채웠다. 영화에 대한 투자는 특히 두드러져서, 나치는 선전용 다큐멘터리 제작의 선구자가 되었다.

나치는 이런 기제들을 통해 짧을 것 같던 집권 기간을 12년이나 유지했다. 12년 후의 붕괴도 독일 내부가 아니라 소련과 미국이라는 외부 세력이 초래한 것이었다. 따라서 나치의 정권 유지에는 강압과 조종뿐만 아니라 대중의 지지가 밑바탕

을 이루었다는 점도 강조되어야 한다. 역설적이게도, 그 대중의 지지는 상당 부분 정치에 대한 무관심에서 나왔다. 1930년대 중엽에 어느 정도의 경기 회복과 더불어 독일인들은 나치의 허무맹랑한 수사를 믿지 않을 만큼 이성을 점차 되찾기 시작했지만, 나치 정권을 위협할 정도의 정치적 여론을 조성하지 못했다. 독일 역사가 데틀레프 포이케르트Detlev Peukert의 표현에 따르면, 그들은 '사생활에 침잠'하여 탈정치화되었다. 더구나 나치가 능력 있는 경제 전문가들을 동원하여 최악이던 대공황 상황을 나름으로 반전시키며 많은 독일인에게 직업과 여가를 선사하자, 나치의 비민주적 행동이나 폭력에 대한 관심은 한층 더 줄어들었다. 나치는 대중의 무관심을 바탕으로 긴 시간 정권을 유지하고 수많은 죄악을 저지를 수 있었다.

무솔리니의 〈파시즘의 독트린〉

> 이탈리아 파시스트 지도자 무솔리니가 1932년에 출간한 〈파시즘의 독트린〉이라는 글의 일부다. 여기서 무솔리니는 파시즘이 근대의 고전적 자유주의의 대척점에 서 있는 이념임을 분명히 했다. 그의 주장에 따르면, 공동체로부터 개인을 독립시키는 데 가장 중점을 두는 자유주의와 달리 파시즘은 자유와 개인을 공동체, 특히 국가 공동체라는 범주 아래에서 규정한다. 자연스럽게 이런 사고는 국가 지상주의, 그 국가를 주도하는 특정 민족에 대한 찬양, 즉 인종주의로 이어졌다.

무솔리니, 〈파시즘의 독트린〉, 1932; 마이클 오크숏Michael Oakeshott 편집,《현대 유럽의 사회정치 독트린The Social and Political Doctrines of Contemporary Europe》, The University Press, 1942, p. 164

(i) 근본적 사상

...

7. 파시즘 개념은 개인주의에 반대해 국가를 위하는 것이다. 파시즘은 개인이 국가와 함께하는 한에서만 개인을 위한다. 국가는 인간이 역사적으로 존재한 이래 인간의 의식이자 보편적 의지다. 파시즘은 고전적 자유주의에 반대한다. 그 자유주의는 절대주의에 대항할 필요성 때문에 생겨났지만, 국가가 민중의 의식과 의지의 표현이 되면서 그 역사적 역할을 다했다. 자유주의는 개별적 개인의 이해를 위해 국가를 부정한다. 이에 비해 파시즘은 국가의 권리들을 통해 개인의 진정한 본질이 표현됨을 재천명한다. 그리고 만약 자유가 개인주의적 자유주의가 발명한 추상화된 꼭두각시가 아니라 살아 있는 인간의 특질이라고 한다면, 파시즘은 자유를 추구한다. 그리고 파시즘이 추구하는 자유는 진정한 자유, 국가의 자유, 그리고 국가 안에서 개인의 자

유다. 따라서 파시스트에게 국가는 모든 것을 포괄하는 개념이다. 국가 밖에서는 어떠한 인간적이거나 영적인 것이 존재하지 않거나 훨씬 덜한 가치를 지닌다. 이런 의미에서, 파시즘은 전체주의적이며, 파시스트 국가, 즉 모든 가치의 종합과 통일로서의 국가는 민중의 삶 전체를 해석하고 발전시키고 강화한다.

나치당의 핵심 강령

> 1920년 국가사회주의독일노동자당Nationalsozialistische Deutsche Arbeiterpartei, 즉 나치당Nazi 결성 당시 그들이 내세운 강령의 일부다. 이 대목은 나치가 존속하는 동안 내내 그들 정강의 핵심을 차지했다. 독일 민족주의, 영토 팽창, 반유대주의 등 잘 알려진 주장 이외에도, 나치당이 '사회주의적' 지향을 가지고 있었음을 이 강령은 잘 보여준다. 다만, 아래에서 보듯이 그들의 '사회주의'는 마르크스주의의 역사유물론과 달리 정서적 체계에 가까웠다. 특히 반공동체적 경제 행위에 대한 증오가 그 핵심에 놓여 있었다.

국가사회주의독일노동자당 강령(1920); H. 후버H. Huber, A. 뮐러A. Müller 편집,《제3제국Das Dritte Reich》, München Desch, 1964, pp. 60~62

1. 우리는 모든 독일인을 포함하는 하나의 대大 독일을 수립할 것을 민족 자결권에 근거하여 요구한다.

2. 우리는 다른 민족을 상대할 때 독일 민족이 동등한 권리를 가질 것을 요구하며, 따라서 베르사유 조약과 생제르맹 평화 조약의 폐기를 주장한다.

3. 우리는 우리 민족이 성장할 자양분을 얻고 우리의 초과 인구가 정착하기 위한 토지와 영토, 즉 식민지를 요구한다.

4. 오로지 독일 민족의 구성원만이 독일 국가의 시민이 될 수 있다. 오로지 독일 혈통을 지닌 사람들만이 우리 민족의 구성원이 될 수 있다. 그들의 신앙은 고려치 않는다. 따라서 유대인은 독일 민족의 구성원으로 간주될 수 없다. …

14. 우리는 대규모 산업이 이윤 공유 원칙에 따라 조직되어야 한다고 주장한다. …

16. 우리는 건강한 중산층을 창출하고 유지할 것을 요구한다. 따라서 대형 백화점은 즉각적으로 공유화해야 하며, 백화점에 있는 다양한 매장은 소상인이 낮은 임대료로

임차할 수 있게 해야 한다. 그리고 국가, 주 정부 또는 시 정부에 납품하는 소규모 업자들을 최우선적으로 고려해야 한다.

17. 우리는 우리 민족의 요구에 맞는 토지 개혁 프로그램을 수립해야 한다고 주장한다. 공동체의 목적을 위해 몰수되는 토지에 무보상, 지대 폐지, 땅 투기 금지를 명시하는 법 제정을 요구한다.

18. 우리는 공익에 해가 되는 행동에는 조금의 자비를 보여서도 안 된다고 주장한다. 민족을 억압하는 자들, 고리대금업자, 부당 이득자 등은 그들의 신앙이나 인종과 관계없이 사형으로 처벌할 것이다. …

자료
03

나치의 '정상'과 '건강' 담론

1937년 4월 5일에서 6일 양일간 베를린에서 열린 보건 문제 관련 장관급 회의에서 형사 사건 담당 경감 요제프 마이징거 Josef Meisinger가 한 연설의 일부다. 나치는 자신들이 생각하는 전통적 사회, 문화 및 가족 질서를 '정상'으로 규정하고 이를 '건강' 담론으로 자주 표현했다. 나치가 보기에 근대성과 자유주의가 만들어낸 데카당스, 동성애, 여성의 적극적인 공적 영역 활동 등은 사회가 건강하지 않다는 징표로, 그들이 숭고하게 떠받드는 민족 공동체에 해악이 되는 것들이었다.

요제프 마이징거의 연설(1937년 4월 5~6일), http://germanhistorydocs.ghi-dc.org/docpage.
cfm?docpage_id=2416

정치적 과제로서 낙태와 동성애 퇴치

우리가 알고 있듯이 동성애는 정상적인 성관계의 용도와는 무관하므로 젊은이들의 활기에도 영향을 미치고 결국엔 출생률을 떨어뜨릴 것입니다. 그 결과, 특히 국가의 군사력까지 위태로워지는 것을 비롯해 전반적인 국력의 약화를 초래할 것입니다. 하지만 동성애가 국가 생활의 질서에 영구적 위협이 된다는 점이 종국적으로는 가장 큰 문제입니다. 그 자체가 이 질서에 대한 위반이므로 처벌해야 할 뿐만 아니라, 자주 일련의 심화된 범죄의 시발점이 되므로 특히 위험합니다. 동성애는 꽤나 자주 반역에 앞서서 나타납니다. …

동성애의 숨겨진 위험을 제대로 이해하려면, 더는 이것을 전처럼 좁은 범죄적 관점에서 생각하는 것으로는 충분하지 않습니다. 동성애는 지금 매우 널리 퍼져서, 사실상 민족과 국가의 생존에 가장 큰 영향을 미치는 현상으로 발전했습니다. 이러한 이유로 동성애를 더는 단순히 범죄 수사의 관점에서만 다뤄서는 안 됩니다. 동성애는 정치적으로 중대한 문제가 되었습니다. … 지금까지 제가 본 바에 따르면, 단지 극소수의 동성애자만이 진정한 동성애 성향을 가지고 있는 반면, 대부분은 지극히 정상적으로 살아가다 우연히 이 영역에 관심을 갖게 됩니다. 그들은 단지 삶의 쾌락에 사로잡히거나, 또는 성병에 대한 두려움 같은 여러 다른 이유 때문에 그렇게 됩니다. 이 사실은 제가 이 자리에서 확실히 말씀드릴 수 있습니다. 또한 저는, 현재 당국이 주시하는 수많은 동성애자들도 확고한 교육과 질서, 규율 노동을 통해 교육받는다면, 민족 공동체의 유용한 구성원이 될 수 있다고 말씀드리고자 합니다.

자료
04

반유대주의와 반공주의를 결합한 히틀러의 신념

> 1923년의 뮌헨 '맥주홀 폭동' 직후 히틀러는 수감되었다. 옥중에서 히틀러는 나치 이념의 기본 텍스트가 될 《나의 투쟁》이라는 자서전적 원고를 썼다. 문법의 오류, 근거 없는 억지와 비약, 엉성한 논지 전개 등 범재가 쓴 '막글'의 요소를 두루 갖춘 《나의 투쟁》의 핵심 두 가지는 인종주의(반유대주의)와 반공주의였다. 흥미롭게도 후자는 전자에 비해 히틀러의 핵심 이념으로 덜 알려졌다. 냉전 시대에 반공주의 전파에 힘쓴 서방 언론과 학계가 자신들과 나치의 공통점이 강조되는 것을 보고 싶어 하지 않았기 때문이다.

히틀러, 《나의 투쟁Mein Kampf》, 1925; 슈탈라크Stalag 판, Zentral Verlag Der NSDAP, 1940, pp. 364~365, 702

한 민족이 인종적으로 순수하게 남고 인종 의식을 견지하는 한, 유대인에 의해 절대 정복될 수 없다. 절대로 이 세계에서 유대인들은, 잡종이 된 민족을 제외하고는 그 어떤 민족의 주인이 될 수 없다. 바로 이 점이, 유대인들이 조직적으로 특정 민족의 인종적 질을 떨어뜨리려 노력하는 이유다. 그 민족을 이루는 사람들의 피를 영원히 오염시킴으로써 말이다. 정치 영역에서, 유대인들은 민주주의 사상을 프롤레타리아 독재라는 것으로 대체하기 시작했다. 이는 폭력을 통해 우리 민족을 독재 방식으로 억압하고 다스리기 위함이며, 그들은 이를 가능케 할 무기를 마르크스주의 깃발 아래 조직화된 대중에게서 발견했다. … 정치적으로, 그들은 국가에서 생존 수단을 앗아가버리며, 그만큼 민족의 저항과 국가 수호의 근간을 무너뜨린다. 또한 민중이 국가에 대해 가지는 신념을 파괴하고, 과거를 폄하하며, 진정으로 위대한 모든 것을 시궁창에 빠뜨려버린다. 문화 방면에서는 예술, 문학, 연극을 오염시키며 민족 정서를 해치고, 아름다움, 웅장함, 고귀함, 신성함 같은 개념을 전부 뒤엎어버렸다. 그리고 인민들을 유대인들의 수준 낮은 정신 상태로 끌고 가버린다. 종교를 우스꽝스럽게 만들고, 관습과 도덕을 진부한 것으로 치부한다. …

이 모든 것에 대한 유대인의 논리는 명확하다. 독일의 볼셰비키화, 즉 독일 민족 지식인들을 제거하고 유대 국제 금융 자본의 멍에 아래에서 독일 노동을 착취하는 것은 유대 권력을 더 넓은 범위로 확장하고, 나아가서는 세계를 정복하려는 운동의 서곡이다.

자료
05

독일 경제 엘리트의 히틀러 지지

히틀러와 독일의 전통 보수 정치인 프란츠 폰 파펜Franz von Papen의 회동을 쾰른의 은행가 쿠르트 바론 폰 슈뢰더Kurt Baron von Schröder가 회고한 내용이다. 이에 따르면, 히틀러가 집권하는 데에는 폰 파펜의 협력 제의가 중요했다. 이에 더해, 슈뢰더의 회고는 독일의 재계 인사와 경제 엘리트들이 히틀러의 집권을 바랐다는 사실을 잘 보여준다. 대공황 이후 공산당의 약진을 지켜보며 이를 막아줄 강성 정치인을 찾고 있던 독일 재계는 기성 보수 정치인에게 만족하지 못하고 히틀러와 나치를 자신들의 이권 수호자로 삼으려 했던 것이다.

슈뢰더의 회고; 제러미 노아케스Jeremy Noakes, 제프리 프리덤Geoffrey Pridham 편집, 《1919~1945년 나치즘: 1권 1919~1934년, 권력 쟁취에 이르기까지Nazism 1919-1945: The Rise to Power 1919-1934》, University of Exeter Press, 1998, pp. 115~116

1933년 1월 4일, 히틀러, 폰 파펜, 헤스, 힘러 그리고 케플러가 쾰른에 있는 나의 집을 방문했다. 나는 히틀러, 폰 파펜과 함께 서재에서 두 시간 동안 이야기를 나누었다. 헤스와 힘러, 케플러는 방에 함께 있었으나 대화에 참여하진 않았다. … 협상은 오로지 히틀러와 파펜 사이에서만 이루어졌다. … 파펜은 그를 지지했던 보수주의 및 민족주의 집단이 나치와 함께 정부를 구성하는 것이 최선이라고 말했다. 그는 이 새로운 정부를 가능하다면 히틀러와 자신이 함께 이끌어야 한다고 제안했고, 히틀러는 자신이 수상으로 선출된다면 파펜의 지지자들이 장관으로서 자신의 정부에 참여할 수 있을 것이라고 일장 연설을 했다. 기존 질서에 많은 변화를 도모하고 있는 자신의 정책을 기꺼이 지지한다면 말이다. 많은 변화란 사회민주당원, 공산당원, 유대인을 독일의 사회 지도층에서 모두 제거하고 공직 생활의 질서를 회복하는 깃 등을 포함한다고 히틀러는 간단히 설명했다. 폰 파펜과 히틀러는 원론적으로 합의에 도달했고, 그 과정에서 그들 사이의 여러 이견이 해소되었으며 상호 협력이 가능해 보였다. 더 구체적인 사항들은 후에 베를린이나 다른 적절한 장소에서 조율될 수 있다는 데 동의했다. 내가 후에 듣기로는, 리벤트로프[1] 와의 회동이 실제로 그런 역할을 했다. …

1933년 1월 4일, 쾰른에 있는 나의 집에서 이루어진 히틀러와 파펜의 이 만남은 파펜이 1932년 12월 10일에 나에게 주선을 부탁해서 이루어진 것이다. 일을 성사시키기에 앞서, 나는 여러 사업가와 이야기를 나누면서 재계에서 일반적으로 두 사람의 협력을 어떻게 바라보는지를 알게 되었다. 이 사업가들은 독일에서 권력을 장악하고 오랫동안 권력을 유지할 정부를 구성할 강성 인물을 원했다.

1 | 요아힘 폰 리벤트로프Jo-achim von Ribbentrop(1893~1946). 나치당의 정치가이자 외교관. 외무 장관을 지냈으며, 제2차 세계대전 후에 전범 재판을 받고 처형되었다.

자료
06
민주주의 원칙을 제한한 '긴급 명령'

> 1933년 2월에 벌어진 제국 의사당 화재 사건을 기점으로 당시 여전히 독일의 대통령직을 맡고 있던 힌덴부르크는 '긴급 명령'을 보고했다. 이는 나치당 대표 히틀러의 제안에 따른 조치였다. 나치당의 해석에 따르면, 이 화재는 공산주의자들의 의도적 방화였다. 이 조치를 통해 나치는 그들의 정치 반대파를 투옥할 수 있었으며 나치에게 호의적이지 않은 언론을 완전히 통제하고 지방 자치를 약화할 수 있었다. 이 명령은 곧 수권법 제정으로 이어졌다.

민족과 국가 보호를 위한 대통령 긴급 명령(1933년 2월), https://alphahistory.com/weimarrepublic/reichstag-fire-decree-1933/

독일 제국의 헌법 제48조 제2항에 근거하여, 공산주의자들의 국가 전복 폭력 행위를 막기 위해 다음을 명령한다.

제1항 독일 헌법의 114, 115, 117, 118, 123, 124, 153조는 추후 공지가 있을 때까지 효
　　　력을 상실한다. 따라서 개인의 자유(구속 적부 심사 청구권), 언론의 자유를 포함한
　　　표현의 자유, 집회 결사의 자유, 우편, 전신, 전화 통신의 비공개성은 제한될 수
　　　있다. 수색 영장, 압수 명령, 재산 제한도 법의 한도를 넘어서 이루어질 수 있다.
제2항 지방의 주 정부가 공공 안전과 질서를 복원하는 데 필요한 조처를 취하지 못한
　　　다면, 제국 정부가 지방 정부의 최고 권한을 임시로 위임받는다. …

자료
07 --
선전 책임자 괴벨스의 대언론 연설

> 1933년 3월에 정권을 잡은 직후, 나치당의 선전 책임자였던 괴벨스가 행한 대언론 연설의 일부
> 다. 그는 지지 기반이 취약한 나치 정권을 유지하기 위해서는 국민들의 정신을 사로잡아야 한다
> 고 믿었다. 이를 위해 나치는 국민계몽선전부라는 국무 기관을 설립했으며, 그 목적을 국민과의
> '생생한 소통'으로 규정했다.

국민계몽선전부 설립에 대한 괴벨스의 대언론 연설(1933년 3월 15일); 제러미 노아케스, 제프리 프리덤,
《1919~1945년 나치즘: 2권 1933~1939년 국가, 경제, 사회 Nazism 1919–1945 State, Economy and Society
1933–1939》, University of Exeter Press, 2000, pp. 186~187

새로 설치된 국민계몽선전부에서는 정권과 국민의 연결 고리, 즉 국민 의지의 표현인
국민 정부와 국민의 자발적인 생생한 소통을 기대합니다. 지난 몇 주 동안 우리는 독일
제국 정책과 주 정부 정책 사이에서 협조가 진전되는 것을 보았습니다. 이와 마찬가지
로 우리는 이 새 부처의 첫째 과제가 정부와 전체 국민 사이의 협력을 성취하는 것이라
고 봅니다. 만약 이 정부가 절대, 어떠한 상황에서도 무너지지 않고자 한다면, 총검이
만드는 활력 없는 권력으로는 안 됩니다. 장기적으로 보아서도 52퍼센트의 국민만이
지지하고 나머지 48퍼센트를 공포로 통치하는 것으로는 만족할 수 없기에, 가장 시급
한 과제는 그 48퍼센트의 지지를 획득하는 일이 될 것입니다. …
선전이란 그 자체에 목적이 있지 않고 목적을 위한 수단입니다. 수단이 목적을 달성하

면 그 수단은 좋은 것입니다. 그것이 항상 엄격한 미학적 기준을 충족시키는지 아닌지는 중요하지 않습니다. 그러나 목적을 달성하지 못했다면, 이 수단은 사실 부적절했다는 뜻이 됩니다. 우리 운동의 목적은 국민을 동원하고, 국민을 조직하며, 민족 혁명의 이상을 위해 그들의 지지를 획득하는 것이었습니다. 이 목표는 달성되었고, 이는 우리의 선전 방법이 효과가 있었음을 판명해줍니다. 이 점은 그 누구도 부정할 수 없습니다. 새 정부 부처는 민족 혁명의 이상을 위해 민족을 통합하는 것 외에 다른 목적을 갖고 있지 않습니다. …

이 부처의 가장 중요한 과업은 다음과 같습니다. 첫째, 모든 선전 사업, 독일 제국과 주 정부 산하 모든 공공 정보 기관은 중앙에서 한꺼번에 관리되어야 합니다. 나아가, 우리는 이러한 선전 기관들에 현대적 감각을 불어넣고 항상 최신 상태로 끌어올리는 것을 과업으로 삼아야 합니다. …

자료
08

나치의 예술과 문화 통제 조직 매뉴얼

> 나치의 문화 정책 책임자 괴벨스는 1933년 가을에 제국 예술회의소를 설립해 예술가들의 조직(?)에 나섰다. 제국 예술회의소는 산하에 각 예술과 문화 분야에 따라 분과를 두었다. 다음은 각 분과별 조직 매뉴얼의 일부다. 문화예술인과 지식인을 하나의 조직에 묶어 이들을 통제하고 관리하려 했던 나치의 시도는 20세기 후반 전 세계 수많은 독재 정권에 지침이 되었다.

제국 예술회의소 지침; 베냐민 작스Benjamin Sax, 디터 쿤츠Dieter Kuntz 편집,《히틀러 독일의 내부: 자료로 보는 제3제국 시기 생활사Inside Hitler's Germany: A Documentary History of Life in the Third Reich》, Lexington Books, 1992, pp. 232~234

제국 창작예술회의소의 성격과 기능

제국 창작예술회의소는 제국 예술회의소 법률에 의거하여 합법적 전문가 단체로 설립되었다. 다음 직종의 종사자들이 전문적인 활동을 수행하기 위해서는 먼저 회의소 회원이 되어야 한다.

건축가, 인테리어 장식가, 원예가, 조각가, 화가, 판화가, 상업용 판화가, 디자이너, 미술품 공예가, 복제가, 미술품 복원가, 미술품 및 골동품 거래상, 미술품 출판업자, 인쇄물 유통업자가 여기에 해당한다.

회의소 회원들은 또한 다음의 단체에 소속되어야 한다. 전예술가협회, 예술협회, 미술 공예가협회, 창작예술원 및 그 학부들.

설립 이후 회의소가 직면한 첫째 문제는 회의소에 가입해야 하는 전문가들을 파악하고 이들을 조직하여 새로운 원칙에 부합하는 조직으로 통합하는 것이었다. 이러한 조치가 실행되는 과정에서, 자신들의 이해관계를 수호하려는 과거의 몇몇 협회는 예외 없이 모두 활동이 중단되었고, 각 회원은 반드시 제국 회의소의 회원이 되어야 했다. …

제국 문학회의소의 성격과 기능

… 제국 문학회의소는, 작가든 상업적 거래자에 불과하든 상관없이, 독일 문학과 관련이 있는 모든 사람으로 구성된다. 이는 문학 종사자들 중 위험한 부류를 제거하고, 도서 시장에서 독일적이지 않은 책이 판매되지 못하도록 하기 위함이다. …

제국 영화회의소의 성격과 기능

… 국가사회주의 정부는 이 분야에 즉시 개입해야 했다. 정부는 영화를 돈벌이 수단으로만 여기는 사고의 영향에서 벗어나도록 그 위상을 올려주고, 그들에게 안정적인 경제적 기반을 제공하며, 국가사회주의 정부 내에서 완수되어야 할 정치적·문화적 사명을 부여해야 했다. …

영화는 우리 민족에게 민족의 의지 창조를 향한 길을 제시한다는 점에서 매우 큰 중요성을 띠며, 이러한 중요성은 영화 산업에 종사하는 모든 사람이 문화 전수자와 전달자가 될 것을 요구한다. 영화계 전체가 이 임무를 인지하도록 하는 것이 제국 영화회의소의 가장 중요한 임무 중 하나다. …

자료
09
- -

입법부와 행정부를 아우르는 최고 직책, 총통

> 나치는 입법부와 행정부를 모두 아우르는 최고 직책인 총통을 창설했다. 이는 의회 민주주의에 대한 근본적 부정이었다. 나치는 국가와 의회의 체계적이고 합리적인 권력 체제를 자신들의 지도

자인 총통의 개인적 권력으로 대체하고자 했던 것이다. 여기에는 민족 지도자인 총통의 개인적 능력이 합리적이고 민주적인 과정을 거쳐 이룩된 의회 민주주의 체제보다 대공황의 위기와 베르사유의 굴욕을 더 잘 해결해줄 것이라는 맹목적인 믿음이 깔려 있었다. 그들의 이론에 따르면, 총통은 당과 모든 정부 기관 위에 존재하고, 게르만 민족의 의지를 실현하며, 누가 국가에 속할지 아닐지를 결정하는 존재였다. 1930년대 독일의 헌법 전문가인 에른스트 후버의 다음 글은 나치의 총통관을 잘 요약해준다.

에른스트 후버Ernst Huber, 《대독일 제국의 헌법》(1939); 제러미 노아케스, 제프리 프리덤, 《1919~1945년 나치즘: 2권 1933~1939년 국가, 경제, 사회》, pp. 198~199에서 재인용

총통이라는 직책은 국가사회주의 운동에서 유래했다. 기원을 볼 때, 그 직책은 단순한 국가 관료직이 아니다. 총통의 현재 정치적·사법적 지위를 이해하고 싶다면 절대 이 점을 망각해서는 안 된다. 총통직은 국가사회주의 운동에서 자라나 제3제국에서 실현되었다. 우선은 총통이 제국의 재상 권위를 이어받는 것으로, 나중에는 국가의 수반 자리를 인계받는 방식으로 말이다. 그중에서도 '국가사회주의 운동의 총통' 직책이 가장 중요하다. 그리고 그것은 제3제국 정치 지도부 최고위의 두 기능을 하나로 흡수했고, 따라서 '민족과 제국의 총통'이라는 새로운 직책을 창출하였다. …

총통의 지위는 그 자체로 제3제국의 모든 통치 권력을 하나로 통합한다. 즉 국가사회주의 운동 시절과 마찬가지로 국가사회주의 국가가 들어선 후에도 모든 공적 권력은 총통의 권력에서 나온다. 우리가 제3제국의 정치권력을 정확하게 규정하고자 한다면, '국가 권력'이 아닌 '총통의 권력'에 대해 이야기해야 할 것이다. 왜냐하면 정치권력의 근원은 비인격적 존재인 국가가 아니라, 민족의 일반 의지를 직접 실행하는 인격체인 총통에게 있기 때문이다. 총통의 권력은 포괄적이며, 전체적이다. 그것은 창의적인 정치 행위의 모든 수단을 그 안에서 통합하고, 독일 민족 생활의 모든 영역에 미친다. 그것은 총통에게 충성하고 복종해야 하는 모든 민족의 동지들을 포함한다. 총통의 권력은 보호나 통제 장치에도, 자율적인 영역에도, 그리고 개인이 부여받은 권리에 의해서도 제한받지 않는다. 그 대신 자유롭고 독립적이며, 침해받을 수 없고, 무소불위하다.
…

데틀레프, 포이케르트, 《나치 시대의 일상사》, 김학이 옮김, 개마고원, 2003.

팩스턴, 로버트 O., 《파시즘: 열정과 광기의 정치 혁명》, 손명희·최희영 옮김, 교양인, 2005.

오비리, 리처드 J., 《대공황과 나치의 경제회복》, 이헌대 옮김, 해남, 1998.

브로샤트, 마르틴, 《히틀러 국가: 나치 정치혁명의 이념과 현실》, 김학이 옮김, 문학과지성사, 2011.

쉬벨부시, 볼프강, 《뉴딜, 세 편의 드라마: 미국의 뉴딜, 무솔리니의 파시즘, 독일의 나치즘》, 차문석 옮김, 지식의풍경, 2009.

Evans, Richard J., *The Coming of the Third Reich*, Penguin Books, 2005.

_____, *The Third Reich in Power*, Penguin Books, 2006.

Fritzsche, Peter, *Life and Death in the Third Reich*, Belknap Press, 2009.

Gellately, Robert, *Backing Hitler: Consent and Coercion in Nazi Germany*, Oxford University Press, 2002.

Payne, Stanley G., *A History of Fascism, 1914~1945*, University of Winsconsin Press, 1996.

8
소련사회주의의 전개

신경제정책의 수립

1921년, 내전에서 승리를 선언한 볼셰비키 정권은 이제 본격적으로 자신들의 체제를 건설할 수 있는 상황을 맞이했다. 앞서 1917년 10월에 봉기를 감행했을 때, 볼셰비키 지도부는 세계혁명의 동시다발적인 발발을 예상했고, 그래야만 '후진적인' 러시아가 자본주의 단계를 건너뛰고 사회주의로 이행할 수 있다고 믿었다. 하지만 1921년 봄의 시점에서 세계혁명이 일어날 전망은 암울해 보였다. 1919년의 독일 혁명은 실패했으며, 헝가리 소비에트 공화국도 반년 만에 전복되었다. 기대를 걸었던 식민지에서의 반제국주의 투쟁도 1921년에 그 기세가 한풀 꺾였다. 이처럼 세계혁명이 요원한 상황에 처하자 레닌은 1917년 이전에 자신이 펼쳤던 혁명 이론으로 되돌아갔다. 세계혁명 이론을 접하기 전, 레닌은 러시아의 부르주아 혁명 이후의 상황을 경제적 자본주의와 정치적 프롤레타리아 독재의 결합으로 제안했다. 러시아 일국에서의 역사 진보라는 전제 아래 나왔던 이 과거의 제안이 세계혁명의 조건이 사라진 1921년의 소비에트 러시아의 상황에는 더 적합해 보였다. 이제 레닌과 볼셰비키는 세계혁명 이론을 잠시 뒤로하고, 경제와 정치 영역을 분리하는 그들 특유의 혁명 이론에 따라 소비에트 체제 건설에 착수했다. 이는 정치 부문에서 엄혹한 분파 금지로 상징되는 볼셰비키 독재의 강화와 경제 부문에서 신경제정책New Economic Policy의 실험으로 드러났다.

분파 금지와 신경제정책은 둘 다 1921년 제10차 당대회에서 공표되었다. 분파 금지는 과거의 혁명 동지들이 볼셰비키에 등을 돌리면서 일으킨 반란인 크론슈타트 봉기에 크나큰 충격을 받은 레닌이 내린 극약 처방이었다. 이제 앞으로는 당내 단결이 볼셰비키 정권의 생존에서 가장 중요한 조건이 될 것이며, 이 원칙은 당원 누구도 도전할 수 없을 터였다. **자료1** 또한 레닌은 경제 영역에서 자본주의 요소를 대대적으로 받아들이고 사회주의 경제로의 재편은 훗날의 일로 미루는 결정을 단행했다. 이런 신경제정책은 대규모의 중화학 공업 및 국제무역 분야를 제외하고 다시금 민간의 자본가에게 생산 수단의 소유권을 허락했다. 유통 영역 역시 개방되어 소비에트 러시아는 이제 시장의 작동에 거래를 맡기는 자유 상거래 국가가 되었다. **자료2**

신경제정책에서 특이한 위치에 놓인 이들은 농민이었다. 이들은 혁명과 내전을 통해 과거 지주의 재산이었던 토지를 상당수 점유한 상태였다. 토지와 같은 자산을 시장에서 거래하지 않고 거저 가졌다는 점에서 소비에트 러시아의 농민들은 자본주의 원칙과는 거리가 있는 집단이었다. 그런데 신경제정책으로 자본주의 원칙이 실현되자, 아이러니하게도, 농민들은 자신들이 점유한 토지를 사유재산으로 공식화할 수 있었다. 간단히 말해, 그들은 사회주의 혁명의 소용돌이 속에서 획득한 토지를 자본주의 원칙 아래 법적으로 소유할 수 있게 된 것이다.

여하튼 시장 요소를 도입한 신경제정책은 실시된 직후에는 소비에트 러시아의 경제 회복에 활력을 불어넣기도 했다. 그리고 볼셰비키는 이 같은 자본주의 단계가 발전하고 성숙하여 언젠가는 사회주의 국가로 이행할 거라고 기대했다.

그들의 생각에 의하면, 역사유물론이 예측하는 경로의 사건들, 즉 자본주의 단계에서의 빈부 격차 심화와 자산가 출현, 자본 축적, 산업화와 기술 발전 및 대규모 노동 계급의 출현, 기업 대형화, 그리고 노동 계급의 집적 및 의식화 등이 차례로, 장기간에 걸쳐 일어날 것이었다. 그리고 단기적 차원에서는 농촌이 도시의 공산품을 구입하는 구매자로서의 역할을 수행하며, 소련 도시 경제의 성장에 기여할 것이었다. 농민은 기존 자신들의 토지에 더해 지주의 자산까지 추가로 취한 셈이기에 이전보다 생산에서 잉여가 발생할 것이고, 그 잉여는 도시 공산품 구입에 쓰일 테니 말이다.

국내외에서 발생한 여러 위기

하지만 볼셰비키의 기대와 달리, 신경제정책은 실시된 지 얼마 되지 않아 위기에 봉착했다. 문제는 농민들이 혁명 이전보다 형편이 나아졌는데도 여전히 공산품을 소비하지 않고 자급자족의 생활 방식을 유지한 데에서 시작되었다. 농민이 공산품의 소비자가 되지 못하는 자연 경제로의 회귀 현상은 소련의 도시 경제에 직격탄을 날렸다. 도시의 공장들은 경영 위기를 맞았다. 신경제정책 노선이 자본주의를 표방했기에, 위기의 공장들은 시장의 원칙에 따라 파산할 수밖에 없었고, 그것의 직접적 결과는 실업이었다. 도시 노동자들의 처지에서 보면, 자신들이 애써 이룬 혁명의 결과가 실업으로 돌아온 셈이었다.

이런 실업 사태보다 더 직접적인 문제도 있었다. 농민이 도시 공산품을 사지 않는다는 것은 그들이 생산한 곡물을 시장에 내놓지 않음을 의미했다. 생활 방식과 심성이 보수적이던 러시아 농민들은 다시 찾아올지 모르는 '힘든 시기'를 대비해 곳간에 곡물을 쌓아놓는 선택을 했다. 그 결과 도시에서는 곡가가 폭등했으며, 보다 근본적으로는 곡물 조달 위기가 발생하기에 이르렀다. 실업 상태에 빠지거나 그럴 위험성에 시달리던 도시 노동자들에게 이런 상황은 너무나도 가혹했다. 여기에 일부 농민을 꼬여내 곡물을 사들인 후 그것을 더 비싼 가격으로 도시에 되파는 중간상인의 농간이 노동자들의 분노를 더욱더 키웠다. |자료3|
시장의 중간상인들은 소련이라는 사회주의 혁명 국가를 비웃듯, 하녀 구인 광

도판 23 초기에 경제 재생에 효과적인 듯했던 신경제정책은 결국에는 잘 작동하지 못했다. 사진은 '사회주의' 국가 소련에서 일자리를 구하려 직업소개소를 찾은 실업자들의 모습을 포착한 것이다. 신경제정책은 소련 시민, 특히 일자리를 잃은 전직 노동자들에게는 사회주의혁명의 배신 같아 보였다.

고를 신문과 잡지에 내기도 했다. 이런 사회 분위기에서 볼셰비키 지도부는 도시 노동자들이 자신들에 대한 지지를 거둘지 모른다는 걱정에 사로잡혔다. 거기에, 실업으로 노동자 수 자체가 줄어들자 그 걱정은 더욱 커졌다. 볼셰비키로서는 그들 정권의 버팀목이 되는 사회 계급이 점차 사라질 위기에 봉착한 셈이었다.

이 같은 국내 위기는 대외 위기 탓에 더 심각하게 느껴졌다. 사실 10월 혁명이 성공한 직후부터 소비에트 러시아는 국제적으로 고립된 섬과 같았다. 내전 기간에는 외세가 직접 그들의 영토를 침략했다. 내전이 끝난 후 신경제정책이 실시될 무렵, 볼셰비키는 국내에서 타협한 것처럼 국제 무대에서도 타협을 시도했다. 이는 소련이 세계혁명 독려를 중단하고 서방 국가들과 정상적인 외교 관계를 수립하겠다는 뜻이었다. 소련은 외채를 조속히 상환하고 외자 투자에 특혜를 베푸는 등 파격적인 조건을 제시했다. 가장 빠른 응답은 역시 고립된 상태였던 독일에서 왔다. 이어 영국, 프랑스 등 주요 국가들과도 국교를 맺으면서 소련은 고립에서 벗어나는 듯했다(5장 참조).

그러나 서유럽 경제의 침체와 미국 자본의 개입으로 요약되는 1920년대 중반의 국제 정세 속에서 소련은 또다시 고립되었다. 독일을 비롯한 유럽은 미국 자본의 영향권 아래에 묶이는 듯이 보였고, 1926년 영국의 대파업 이후 각국에서는 정권의 보수화가 목도되었다. 이 과정에서 나온 1927년 영국의 국교 단절 선언은 볼셰비키 지도부에 크나큰 충격을 주었다(5장 '자료6' 참조). 이는 내전 때와 같은 외세 군사 개입의 전조로까지 보였다. 1927년의 시점에 소련의 중화학 공업화 수준은 유럽에서 포르투갈의 그것과 유사했기에, 볼셰비키로서는 더 깊이 위기감을 느꼈다. 전생에서 보병 수보다는 기갑 부대가 중요해진 당시의 전쟁을 감안했을 때, 낮은 중화학 공업 생산량은 곧 전투 능력의 미비를 의미했기 때문이다.

농업 집단화 정책의 파장

볼셰비키 지도부로서는 이처럼 국내와 국제 양쪽에서 벌어진 이중의 위기를 반드시 극복해야 했다. 역사유물론의 신봉자들인 볼셰비키는 그들 정권이 역사의 진보를 상징한다고 믿었으며, 따라서 소비에트 정권의 수호는 단지 특정 정치 세력에 머물지 않고 인류 전체의 운명과도 궤를 같이한다고 생각했다. 정권 수호를 위해 이 이중 위기를 극복하는 방법은 무엇인가? 그것은 급속한 산업화, 특히 중화학 공업화 이외에는 답이 없어 보였다. 산업화는 대내적으로는 노동자에게 일자리를 제공하고 노동자 수를 늘림으로써 볼셰비키 정권 지지층을 확보해줄 것이며, 대외적으로는 영국을 비롯한 다른 나라의 군사 개입 가능성에 대비해 탱크, 야포, 전투기 같은 군사력을 갖추게 해줄 수 있었다. |자료4| 문제는 이처럼 급속한 산업화에 필요한 재원을 어디서 마련할 것인가였다. 아직 자본주의 단계가 성숙하지 못한 탓에, 소련에는 산업에 투자할 자산가도 없었고 자본도 축적되어 있지 않았다. 신경제정책은 이 모든 것을 장기적 차원에서 이루려는 것이었지만, 국내외적 이중의 위기 속에서 그 성과를 천천히 기다릴 수만은 없을 듯했다.

볼셰비키는 산업화 재원으로서 외자에 기대를 걸었지만, 영국의 국교 단절로

도판 24 레닌과 그의 후계자가 된 스탈린의 모습(왼쪽)과 스탈린과 원팀을 이루게 된 다른 볼셰비키 지도부의 모습(오른쪽). 스탈린은 레닌의 적자라는 이미지가 그 누구보다 강했으며, 스탈린파는 이론적인 논쟁가보다는 실무형의 인재들이 주를 이루었다. 이런 특징들은 그들이 경쟁자들을 물리치고 정권을 잡는 데 결정적 역할을 했다.

언제 전쟁이 터질지 모르는 '위험한' 시장 소련에 투자할 외국 자본가는 없었다. 동시대에 많은 미국 자본의 독일 유입 현상은 이와 극명하게 대조를 이루었다. 따라서 자본은 소련 내부에서 확보되어야 했다. 소련 내부에 존재하는 유일한 재원은 농민들이 공산품을 소비하지 않은 채 곳간에 쌓아놓은 곡물뿐이었다. 그것들을 모아서 국제 시장에 내다 판다면 산업화를 위한 기계류와 부품을 다량으로 구입할 수 있을 터였다. 그렇다면 곳간을 열도록 농민을 설득해야 할 것이다. 하지만 그 설득 작업은 현실성이 없어 보였다. 러시아 전제정의 통치 이래로 한 번도 여유로운 적이 없다가 이제야 살 만해진 농민들이 미래를 대비해 곳간에 잘 쌓아놓은 곡식을 '쉽게' 내어줄 것 같지는 않았기 때문이다.

농민 설득하기를 포기한 볼셰비키는 그다음 단계로 곡물 강제 공출에 나섰다. |자료5| 폭력이 수반될 수밖에 없었던 이 작업에는 도시에서 실업자로 내몰린 수많은 전직 노동자들이 자원하기도 했다. 당연히 농민들은 격렬히 저항했고, 그 과정의 부당함을 고발하는 수많은 청원이 중앙 정부와 지방 정부 그리고 언론에 쌓여갔다. |자료6| 이런 청원들을 보며, 볼셰비키는 여기서 온건하게 물러서야 한다는 쪽과 그럴 수 없다는 쪽으로 나뉘었지만, 결국 스탈린으로 대표되는 후자가 득세했다. 1924년 초에 레닌이 사망한 이후 사실상 소련의 권력을 장악한 스탈린은 철저한 레닌주의자였지만 레닌보다 더 냉혈한의 면모를 지니고 있었다. 하지만 강경한 스탈린과 그 일파가 보기에도 강제 공출은 마음 내키지 않는 강도 행위 같았다. 단순히 행정력과 자원병을 데리고 농촌에 내려가 곳간에 있

는 곡물을 빼앗아 오는 것이 그들이 과거 젊음을 바쳤던 사회주의 이상의 실현이란 말인가? 그렇다고 이 작업을 여기서 중단하고 산업화 목표를 수정해야 하는가? 이 낮은 중화학 공업화 수준으로 과연 외세의 개입을 막을 수 있을 것이며, 도시 노동자들의 불만을 억제할 수 있을 것인가?

이 같은 곤혹스러운 문제들에 대해 스탈린파가 내놓은 해결책은 강제 공출을 넘어 집단화를 시도하는 것이었다. 마르크스주의를 신봉하는 볼셰비키에게 집단화는 상대적으로 마음 편한 선택이었다. 단순히 곡물을 거두는 강제 공출과 달리, 집단화는 토지라는 생산 수단의 사적 소유권 폐지, 즉 국유화라는 사회주의적 '개혁' 정책이었기 때문이다. 즉 집단화는 단순한 곡물 수취가 아니라 사회주의 단계로의 진보를 뜻한다고 여겨질 수 있었던 것이다.

하지만 농민의 입장에서 집단화는 강제 공출보다 훨씬 더한 재앙이었다. 올해 강제 공출을 당했다 하더라도 토지만 자신들 손에 있다면 내년에 더 열심히 일해서 곡물을 다시 곳간에 채우면 될 터였다. 하지만 집단화는 그들에게서 토지 자체를 앗아가는 조치였다. 빼앗기는 것이 아니라 공유하는 것이라는 이데올로기적 설득은 농민에게 헛소리로만 들렸다. 농민은 다시 격렬히 저항했고 곳곳에서 엄청난 비극이 벌어졌다. 이에 1930년대 초 볼셰비키는 집단화의 속도를 잠시 늦추기도 했지만 결국 멈추지는 못했다. |자료7| 1931년 말, 마침 만주를 점령한 일본이 본격적인 반공·반소 정책을 내세우면서 이제는 유럽만이 아니라 동쪽에서도 군사적 침입을 받을 가능성이 생겨났기 때문이다. 볼셰비키에게 빠른 산업화는 더욱더 절실해졌다.

스탈린 체제의 대두

소련 농민들은 절망했다. 그 절망은 우크라이나를 중심으로 한 참혹한 기근의 중대한 요인 중 하나가 되었다. 하지만 집단화로 곡물을 국가가 한꺼번에 먼저 확보하여 국제 시장으로 돌리는 일은 수월해질 수 있었다. 그 재원을 바탕으로 볼셰비키는 1920년대 말부터 시작한 산업화를 더욱 급속히 추진했다. 산업화는 외세 침략에 대비한 것이었기에 무기 생산을 위한 중화학 공업에만 절대적으로

도판 25 스탈린의 산업화가 단순한 근대화나 개발이 아닌 전쟁 준비였다는 점을 잘 보여주는 당시의 소련 포스터. 산업화, 특히 기술력을 높이는 것이 전쟁 준비를 위한 것이라는 포스터의 메시지는 스탈린을 비롯한 볼셰비키 지도부가 공유하던 바였다.

치중했다. 따라서 신경제정책 시기와 달리, 자본가의 자유를 허용하며 다양한 산업 분야의 생산이 이루어지게 할 수는 없었다. 이제 이들의 자산 역시 농촌에서 그랬던 것처럼 몰수하고 이를 국가가 계획에 따라 운영하는 사회주의 경제 체제가 들어서야 했다. 그 계획 경제는 5년을 단위로 이루어졌으며, 보통 '5개년 계획'으로 불렸다. 제1차 5개년 계획이 기간 시설 설립에 집중했다면, 1932년에 시작된 제2차 5개년 계획부터는 본격적인 공업 생산이 이루어졌다. 그 결과 1939년에 이르렀을 때에는 독일과 어깨를 나란히 하는 중화학 공업 대국으로 변모할 수 있었다. 매해 기록적인 수치의 성장을 거듭하며 이룬 이런 성과는 특히 당시 미국과 유럽이 대공황을 겪고 있었다는 점을 염두에 둔다면 한층 더 인상적이었다.

하지만 이런 외적 성장에 가려진 그늘도 아주 짙었다. 앞서 언급했듯이, 소련의 산업화는 근본적으로 전쟁 대비용이었으며, 따라서 실제로 전시 분위기에서 진행되었다. 자연스럽게 민주주의 가치는 퇴조할 수밖에 없었다. 전시처럼 모든 물자를 빠른 시간 안에 동원해야 한다는 강박 속에서, 토론이나 이견 제시, 절차의 투명성 같은 민주주의적 가치와 관행은 뒤로 밀려났다. 또 다른 문제는, 소련의 계획 경제가 명령 경제라 불리기도 했다는 사실이 보여주듯이 명령, 즉 행정적 지시를 하달하는 고위 공무원이나 당원에게 권력이 집중되었다는 점이다. 핵심적인 경제 활동이라 할 생산, 분배, 투자가 모두 국가의 명령으로 이루어지다 보니, 이를 결정하고 추진하는 이들의 입김이 현장의 생산 책임자나 노동자들에 비해 강해질 수밖에 없었던 것이다. 이런 체제는 급속히 군수 공업화를 이루는 데는 효율적인 면도 있었으나, 명령자들의 담합, 부패, 축재 등을 부추길 수도 있었다.

마지막으로, 가장 짙은 그늘은 소련의 농촌에 드리워졌다. 집단화 이후 낙담한 농민들 다수, 특히 젊은이들은 농촌을 탈출하여 도시로 몰려들었다. 소련은 거대한 유동 인구의 국가로 순식간에 바뀌었으며, 이는 수많은 사회 문제를 일으켰다. 비교적 성실한 농민 출신 도시 거주민들조차 기계가 쉴 새 없이 돌아가고 굉음이 울리는 새로운 공장 환경에 쉽게 적응하지 못했다. 물론 소비에트의 이념을 체화하면서 열렬한 공산주의자로 변모한 경우도 있었지만, 많은 이들은 여전히 전근대적이고 '후진적' 감성을 지니고 있었다. 소련 당국은 이 새로운 노동력을 규율 잡힌 근대 주체로 바꾸는 데 커다란 어려움을 겪었으며, 종종 노동자 국가라는 이름에 어울리지 않게 억압적인 조치를 취할 수밖에 없었다. |자료8| 저명한 소련사가 모셰 레빈Moshe Lewin의 표현을 빌리면, 1930년대 초 소련 사회는 온통 "시골 인구와 그들의 문화로 뒤덮였다."

이 같은 대혼란은 1930년대 중엽이 되면서 점차 안정을 찾기 시작했다. 기근은 끝이 났고, 생필품 부족이라는 고통을 유발했던 기간 시설 건설 프로젝트도 나름으로 완수되었다. 대대적인 인구 이동도 당시

도판 26 스탈린의 산업화 이후 소련의 여러 도시에는 사진과 같은 대규모 공장의 마천루가 세워졌다. 이런 마천루는 산업화 성공의 상징이었지만, 동시에 수많은 내적 모순을 가리는 기능도 했다.

건설되고 있던 수많은 산업 도시가 농촌 출신 이주민들을 빨아들임으로써 전보다 줄어들었다. 중앙의 행정력도 강화되어 공무원과 당원의 일탈을 예의 주시할 수 있는 위치가 되었다. 이렇게 상대적으로 안정화된 상황에서 소련은 1936년에 새 헌법을 통해 그들의 사회주의 체제 건설이 일차적으로 완수되었음을 알렸다. 외관상 당시 세계에서 가장 민주적이었던 이 헌법은 소련 사회의 주요 계층을 노동자, 농민, 인텔리겐치아로 삼분하고, 이제 이 세 계급 사이에 계급 투쟁은 존재하지 않는다고 선언했다. |자료9| 이에 발맞추어 그간 계급의 적, 또는 인민의 적으로 몰려 강제 교정 수용소에 있던 수많은 사람을 석방하는 조치도 단행했다.

지속된 대외 위기와 대숙청

하지만 1930년대 중반부터 불거진 대외 위기로 이 같은 안정적인 분위기는 지속되지 못했다. 히틀러는 유럽에서 영토 팽창을 자행했고, 일본 군국주의는 만주 국경을 넘보기 시작했다. |자료10| 에스파냐에서는 정당하게 선출된 인민전선 정권이 독일과 이탈리아 파시즘 세력으로부터 지원을 받은 군부에 의해 몰락했다. 특히 에스파냐의 상황은 외세의 개입에 의한 소련 정권의 전복이라는, 볼셰비키 지도부의 오랜 걱정거리를 떠올리게 했다. |자료11| 암울한 소식은 또 있었다. 파시즘을 억제하기 위해 소련과 일시적으로 제휴했던 영국과 프랑스가 특유의 반공주의 탓에 나치의 불법적인 팽창에 유화적인 태도를 보이고, 그들끼리 반공의 기치 아래 결속할 가능성마저 내비친 것이다.

이 같은 대외 위기 속에서 스탈린 지도부는 소련 내부 사회 단속에 나섰다. 그 계기는 스탈린 측근인 레닌그라드 당서기 세르게이 키로프 암살 사건이 제공해 주었다. 스탈린파는 그 직후 카메네프, 지노비예프, 부하린 등 과거의 경쟁자를 포함한 주요 반대파 인사들을 처형했다. |자료12| 소련 정권의 안위가 이런 숙청의 핵심적 이유였다. 하지만 그 안위는 단기 정적들에 의해서만 흔들리는 것은 아닌 듯했다. 소련 정권이 외세에 의해 무너지지 않도록 대비하는 노력에 방해가 되는 이들 역시 숙청의 표적이 되었다. 그중에는 위에서 언급한 명령 경제

체제를 통해 권력을 쌓은 부패 국가 공무원 및 당원이 우선 포함되었다. 이들에 대한 비밀경찰의 내사가 시작되면서, 이들 조직과 직간접적으로 결부되어 있던 수많은 인물이 처벌 대상으로 드러났다. 물론 그 과정에서 셀 수 없이 많은 불의와 음모가 결합하면서 무고한 이들이 잡혀가는 일도 빈번했다. 하지만 스탈린의 숙청이 당시의 권력층인 당원과 공무원을 주 표적으로 삼았다는 점, 특히 이들의 부패와 무책임, 과업 완수 실패 등이 주요 근거가 되었다는 점은 기억될 필요가 있다. 다시 말해, 스탈린의 숙청은 서방의 미디어가 전하는 이미지처럼 '선량한' 불특정 다수에 대한 무차별적 테러는 아니었다. | 자료13 |

문제는, 결국 숙청이 권력층에만 머물지 않았다는 점이다. 대외 상황의 악화와 더불어, 소련 체제의 안위에 직접적으로 방해가 '되는' 이들로 한정되었던 원래의 숙청 범위는 그럴 수 '있는' 자들에게로 확대되었다. 당원이나 공무원 같은 권력층뿐만 아니라, 공장에서 게으름 부리는 이들, 알코올 의존증 환자들, 또는 거리의 훌리건과 같은 경범죄자도 소련 사회에 잠재적 해를 끼칠 수 있는 숙청 대상에 포함되었다. 또 국경에 거주하던 비러시아계 민족들 역시 언젠가는 안보에 위협이 될 수 '있는' 이들로 분류되면서, 소련 영토의 한복판, 즉 국경에서 가장 멀리 떨어진 지역으로 강제 이주되었다. 이같이 숙청 대상이 사회 전반으로 확대되면서 희생자 수도 급증했다. 학자들은 이른바 대숙청이 이루어진 1937년에서 1938년까지 2년 남짓 동안 약 80만 명 가까운 수가 숙청으로 희생되었다고 추산한다. 이러한 숙청으로 일부는 관료 조직이나 산업 현장에서 빠른 승진을 보장받는 등 수혜자가 되기도 했지만, 소련의 사회 분위기는 한층 더 비민주주의적인 방향으로 흘러갔다.

자료
01

당내 파벌을 금지한 레닌의 연설

정치 파벌을 금지한다는 내용이 담긴 레닌의 연설이다. 1917년 10월 혁명의 성공 이후 볼셰비키 지도부는 여러 차례에 걸쳐 격렬한 논쟁에 휘말렸다. 브레스트-리토프스크 조약 조인부터 내전 기간에 나온 여러 정책 모두가 치열한 논쟁의 대상이었다. 내전이 끝난 직후에 열린 1921년 제10차 당대회는 다시 한번 대논쟁을 예고했다. 10월 혁명의 주역 중 하나였던 크론슈타트 수병들이 반볼셰비키 봉기를 일으킨 반면, 볼셰비키 정부는 현실주의 노선으로 기울며 시장 경제 요소의 도입과 대서방 외교 정상화를 검토하고 있었다. 이런 상황에서 레닌은 당내 파벌을 금지하며 볼셰비키 지도부의 단결을 그 해법으로 들고 나왔다. 형식적인 측면에서 볼 때 이는 볼셰비키 지도부 내 민주주의의 종말을 의미했다. 하지만 볼셰비키 정권과 사회주의의 생존을 최우선 순위로 삼았던 레닌은 민주주의 문제가 시급하다고 생각하지 않았다. 이런 생존의 절박함과 민주주의를 맞바꾸는 사고는 스탈린에게 이어졌다.

러시아 공산당(볼셰비키) 제10차 당대회에서 레닌이 한 연설; 블라디미르 레닌,《전집》, Vol. 32, Moscow, 1964, p. 245

러시아와 같은 나라에서는 프티부르주아적 요소가 압도적 우위를 점하고 있으며, 전쟁으로 불가피하게 황폐화, 궁핍화, 전염병, 흉작, 극심한 가난, 고난이 자리 잡게 되었다. 이러한 요소들은 프티부르주아와 반프롤레타리아 대중의 기질이 유독 더 우유부단한 방향으로 흐르도록 만든다. 첫째, 이러한 우유부단함은 위의 대중과 프롤레타리아 사이의 연합을 강화하게 하고, 그 후 부르주아가 복원되도록 이끈다. 18세기, 19세기, 20세기에 이루어진 모든 혁명 경험은 이러한 우유부단함이 나타나면, 즉 프롤레타리아 혁명적 전위의 단결과 힘, 영향력이 조금이라도 약화되면, 그 결과는 오직 자본가와 지주의 권력 및 재산의 부활이라는 점을 아주 명확하고 설득력 있게 보여주었다. 그러므로 노동자 반대파와 그와 유사한 부류의 견해는 단지 이론상으로 틀렸을 뿐만 아니라, 실천적으로도 프티부르주아적·무정부주의적 동요의 표현이며, 실제로 공산당 지도 노선의 일관성을 약화시키는 동시에 프롤레타리아 혁명에 반하는 계급의 적을 돕는 것이다. …

6. 이를 모두 감안하여, 러시아 공산당 당대회는 단호하게 생디칼리즘적·무정부주의적 편향의 표현인 위의 사고들을 배격하면서 다음을 공표한다.

　　첫째, 당대회는 이러한 사고들에 대항하는, 흔들림 없고 체계적인 투쟁이 필수적이라고 간주한다.

　　둘째, 당대회는 이러한 사고들을 선전하는 것과 러시아 공산당원 자격을 유지하는 것은 양립 불가능하다고 인식한다. …

자료 02

레닌의 '신경제정책' 강연

> 1921년에 내전을 치른 직후 소비에트 러시아는 이른바 '신경제정책'을 실시한다. 신경제정책은 즉각적인 사회주의화 대신, 자본주의 경제 발전의 경로를 러시아에 적용하는 것을 의미했다. 볼셰비키로서는 '후퇴'에 해당하는 이 같은 결정은 세계혁명의 가능성이 요원해진 당시 국제 정세와 심각한 수준의 경제 위기를 겪고 있던 러시아의 국내 상황 탓에 어쩔 수 없이 실시된 것이었다. 하지만 레닌과 볼셰비키 지도부에게는 다행스럽게도 이런 '후퇴'가 그들이 신봉했던 역사유물론의 가르침, 즉 러시아 같은 후진 지역은 사회주의로 이행하려면 자본주의 단계를 반드시 거쳐야 한다는 가르침과 모순되지 않는 것처럼 보였다.

제2차 전 러시아 정치 교육 부서 대회에서 레닌이 한 강연, https://www.marxists.org/archive/lenin/works/1921/oct/17.htm

신경제정책과 정치 교육 부서들의 과업(1921년 10월 17일)

신경제정책에 대해서 간단하고 개략적으로 말씀드리려 합니다. … 우리의 신경제정책은 심각한 실패를 경험한 끝에 전략적인 후퇴를 하는 것을 의미합니다. 우리는 실제로 "우리가 완전히 패배하기 전에, 일단 후퇴해서 모든 것을 재정비하자. 하지만 그 재정비는 더 확고하고 체계적으로 이루어져야 한다"라고 말했습니다. … 농촌에서 우리가 시도했던 잉여 곡물 공출 체제는 사실 도시 발전 문제를 해결하기 위한 직접적인 공산주의 정책이었습니다. 하지만 이 정책은 생산력 확대를 방해했고 결국 1921년 봄에 이르러 우리가 겪고 있는 경제적·정치적 위기의 가장 중요한 요인이 되었습니다. …

신경제정책은 강제적인 곡물 조달을 세금으로 대체하는 것을 의미합니다. 말하자면 상당한 정도로 자본주의로 돌아간다는 뜻입니다. 정확히 어느 정도까지 돌아갈지는 현재 우리가 잘 모르지만 말입니다. 외국 자본가들에게 특혜를 주는 것(사실 우리가 이런 특혜를 제안했던 외국 자본가들 수에 비해 이를 받아들인 외국 자본가는 아직 몇 명 없습니다)과 사업체를 민간 자본가들에게 임대하는 것은 자본주의의 복원을 의미하며, 이는 신경제정책의 한 부분을 차지합니다. 잉여 곡물 공출 체제의 폐지는 농민이 세금을 내고 남은 잉여곡물을 자유롭게 거래할 수 있다는 뜻입니다. 그리고 세금은 농민이 생산한 전체 양에 비해 아주 적은 양에 불과할 것입니다. 농민은 우리 인구와 경제에서 엄청나게 큰 비중을 차지하고 있습니다. 이런 이유로, 우리의 자본주의는 농민들의 자유 거래라는 토양에서 자라나야 합니다.

자료
03

볼셰비키 지도부의 위기의식이 드러난 연설

> 1926년 당시 스탈린과 더불어 소련의 최고 권력자 중 한 명이었던 니콜라이 부하린Nikolai Bukharin이 모스크바 공산당협의회에서 했던 연설의 일부다. 당원들을 상대로 한 공식 연설이니만큼 표현이 많이 순화되어 있지만, 부하린을 비롯한 볼셰비키 지도부가 느끼는 당시의 위기 상황이 잘 드러난 문건이다. 부하린에 따르면, 도시의 산업은 작동하지 않고, 곡물 수취는 어려움을 겪고 있으며, 무엇보다도 부농 또는 쿨라크kulak라 불리던 '폭리를 취하는 농민'과 네프맨이라는 별칭을 지닌 민간 중간상인들이 부리는 농간이 심각해지고 있었다. 이런 상황은 집권 세력인 볼셰비키를 정치적 위기로 몰아넣을 수도 있었다.

모스크바 공산당협의회에서 부하린이 한 연설(1926), https://www.marxists.org/archive/bukharin/works/1926/01/x01.htm

〔현재의 어려운 상황은〕 우리의 곡물 수취 정책이 원활하지 못해서, 혹은 우리의 산업이 공산품을 충분히 공급하지 못해서 발생한 것입니다. 폭리를 취하는 농민(쿨라크)과 민간

자본주의 중간상인들이 활발하게 활약하게 된 것은 이런 상황 탓입니다. 쿨라크는 우리의 곡물 수취 작업을 이용해 시장에서 구매자로 등장하고, 중간상인과 연합해 '이마에 땀 한 방울' 흘리지 않은 채 '그의 빵'을 다량으로 확보합니다. 현재의 상대적으로 좋지 않은 경제 조건에서도 말입니다. 지금 상황은 이런 식으로 돌아가고 있습니다.

따라서 우리는 쿨라크와 민간 자본가들이 초래하는 위험을 쉽게 무시하면 절대로 안 됩니다. 현재 우리의 국영 산업과 협동조합 체제 및 거래가 나아져서 민간 중간상인을 둘러싸고 포위하는 중이기는 합니다. 그러나 현시점에, 그리고 특히 곡물 재고와 원자재가 있는 특정 지역에서는 쿨라크와 민간 자본가들이 우리의 전선을 뚫고 들어왔다는 것을 인정해야 합니다. …

자료 04

급속한 산업화의 필요성을 주장한 스탈린

> 1928년 5월, 국제적 고립 속에서 소련이 스스로 산업화하고 국방력을 강화해야 한다는 위기의식이 팽배하던 시점에 '붉은 교수 연구소'에서 스탈린이 한 강연의 일부다. 많은 서방 학자들의 주장과 달리, 스탈린의 산업화는 그의 독재 확립을 위한 전략도, 공산주의 이데올로기의 즉각적 실현을 위한 수단도 아니었음을 이 강연 내용에서 추론할 수 있다. 그것은 곡물 조달 위기와 외세의 군사적 위협이라는 국내외적 위기에 대한 대응이었다. 이런 대응 방법이 정당하고 적절했느냐는 큰 논란거리일 수 있지만, 그것이 대두한 배경은 분명해 보인다.

스탈린이 '붉은 교수 연구소'에서 한 강연(1928년 5월); 히로아키 구로미야Hiroaki Kuromiya, 《스탈린의 산업혁명 Stalin's Industrial Revolution》, Cambridge University Press, 1990, p. 19

우리는 현재의 산업 발전 속도를 반드시 유지해야 합니다. 또한 우리는 이 첫 번째 기회에 그 속도를 더 높여야 합니다. 이는 농촌에 공산품을 다량으로 공급하고 농민들에게서 더 많은 곡물을 조달하기 위함이며, 농업, 특히 집단 농장과 국영 농장에 농기계를 공급하기 위함입니다. 이로써 농업의 산업화가 이루어지고 시장에 나오는 곡물 생산 비율이 높아질 것입니다.

과연 우리는 더욱 '신중'하기 위해, 중공업 발전을 더디게 해야 할까요? 단지 경공업, 즉 주로 농민 시장을 겨냥해 생산하는 산업이 우리 산업 체제의 근간이 되도록 말입니다.

그런 일은 어떤 상황에서도 수용할 수 없습니다. 그것은 … 자살 행위가 될 겁니다. 그것은 우리나라를 세계 자본주의 경제 체제의 부속물로 전락하게 만들 것입니다.

자료
05
강제로 시행된 볼셰비키의 곡물 공출

> 1928년부터 강제 공출이 시작되었다. 강제 공출이 산업화를 통해 사회주의를 방위한다는 볼셰비키 지도부의 절실하고 진심 어린 마음에서 시작되었다고는 하나, 실제 진행 과정은 행정 중심적이고 폭력적일 수밖에 없었다. 아래는 지방 소비에트에 하달된 강제 공출 명령의 일부다. 강제 공출 정책은 지역의 소비에트 의장마저 의아해할 만큼 도덕적으로 문제가 있었다. 이 부분은 일부 볼셰비키 지도부 역시 마찬가지로 느끼는 바였다.

강제 공출 명령서(1928); 로베르타 매닝Roberta Manning, 〈'비상 조처'의 증감(1928년 1월에서 6월까지) The Rise and Fall of "the Extraordinary Measures," January－June, 1928〉, 칼 베크 연구 논문 시리즈The Carl Beck Papers, No. 1504, 2001, p. 27

"토지 연대 대표 오데로프가 곡물 수색을 하기 위해 내려올 겁니다. 당신은 그를 지원해야 합니다. 수취된 곡물은 보관 창고로 가져가십시오. 그 작업이 부실할 경우, 토지 연대 대표가 형법 제485조에 따라 책임지게 되어 있습니다. 당신은 할당량 100푸드(약 1638킬로그램)를 채워야 합니다. 본격적인 곡물 수색은 6월 10일에 시작될 것입니다. 만약 한 소련 시민이 잉여 곡물을 50푸드 이상 소유하면 형법 제107조에 따라 그의 자산, 즉 곡물을 즉시 몰수하십시오."

이 명령을 받은 농촌 소비에트 의장은 칼리닌에게 "이거 명령이 제대로 내려온 것 맞습니까?"라고 물었다.

농민이 강제 공출에 저항하다

1928년 농촌에 강제 공출 작업이 시작된 이후, 한 러시아 농민이 이에 불만을 터트리는 내용이다. 이 글에는 볼셰비키 정부의 강제 공출 정책에 대한 분노와 이에 대한 저항 의지가 잘 드러나 있다. 10월 혁명 이후 볼셰비키 정부는 민중의 불만을 직접 경청한다는 뜻에서 투서 제도를 활성화하려 했다. 역설적이게도 이 농민은 바로 그 제도를 이용해 볼셰비키 정책에 대한 불만을 토로했다. 볼셰비키 지도부는 이에 대한 대책을 마련해야 했는데, 그 결과는 놀랍게도 더 급진적인 정책인 농업 집단화로 나타났다.

농민의 투서(1928); 로베르타 매닝, 〈'비상 조처'의 증감(1928년 1월에서 6월까지)〉, 칼 베크 연구 논문 시리즈, No. 1504, 2001, p. 34

당원 동무들이여!

당신들은 인민, 카자키 그리고 빈농과 중농에게 고통을 안기고 있습니다. 그들은 쿨라크가 아닙니다. 소비에트의 권력은 노동 계급을 위해 만들어졌습니다. 하지만 당신들은 이 점을 직시하지 않고 불쌍한 빈민들을 털어 빵과 돈을 가져갑니다. 그러니 빈민들은 몽둥이를 들 수밖에 없습니다. 당신들은 우리를 잘 대우해주지 않습니다. 오히려 우리 것을 빼앗고 있습니다. 만약 이런 식으로 빈민 대하기를 멈추지 않는다면, 당신들의 정권은 오래가지 못할 것입니다. 빈민들은 당이 우리에게 도움이 되지 않는다는 것을 이미 알고 있습니다.

당신들은 우리가 적들을 몰아내면 우린 잘살고 자유로울 수 있다고 했습니다. 하지만 자본주의가 더 낫습니다. 우리 중 그 누구도 자본주의로 고통받지 않았습니다. 하지만 이제 우리는 인민들의 권력 아래에서 굶주리고 있습니다. 만약 이 정권이 지속된다면, 우리 인민들은 몰락할 것입니다.

당신들이 우리에게서 곡물 징수를 멈추지 않는다면, 우리는 몽둥이를 들고 공산주의자들을 내리칠 것입니다. 글이 엉망이라 미안합니다. 제가 많이 배우지 못해서 그렇습니다.

농업 집단화의 폐해를 우려한 스탈린의 사설

1930년 3월, 소련 공산당 기관지 《프라우다》에 먼저 실렸던 스탈린의 사설이다. 1929년 겨울에 본격적으로 강행된 농업 집단화 운동의 조급함과 무모함을 지적하는 내용이다. 서방의 여러 학사들은 이 문건을 스탈린이 농업 집단화 운동의 폐해에 대한 자신의 책임을 모면하고 이를 지방의 당원들에게 떠넘기기 위한 권모술수로 해석해왔다. 하지만 그들 해석을 뒷받침해줄 만한 문서 근거는 어디에도 없다. 그리고 1930년대 후반에 스탈린 숙청의 칼날이 농업 집단화를 주도했던 수많은 지방 당원에게로 향했다는 사실을 기억한다면, 1930년 초 당시 스탈린이 이들에게 자제를 촉구하는 것을 두고 권모술수로 해석하기는 어려워 보인다.

이오시프 스탈린, 〈성공에 도취되어〉, 《레닌주의의 문제Problems of Leninism》, Moscow, 1934, pp. 333~338

모두가 농업 집단화 운동의 영역에서 소비에트 정부가 이룬 성공에 대해 이야기하고 있다. 우리의 적들조차 우리가 일군 중요한 성과를 어쩔 수 없이 인정하고 있다. 물론 이는 중대한 성공임이 틀림없다. …

하지만 성공에는 늘 이면이 존재한다. 말하자면 성공이 비교적 '쉽고' '예상치 못하게' 이루어졌을 때 특히 그러하다. 그러한 성공은 때때로 자만과 오만을 불러일으킨다. "우리는 무엇이든 해낼 수 있다!" "우리는 무엇이든 쉽게 이룰 수 있다!"와 같은 태도 말이다. 사람들은 자주 그러한 성공에 중독되며, 성공에 도취되고, 균형 감각과 현실을 이해하는 능력을 완전히 잃는다. 이들은 자신을 과대평가하고 적의 능력을 과소평가하는 경향을 보이며, 사회주의 건설의 모든 문제를 '눈 깜짝할 사이에' 해결하려는 무모한 시도를 펼치게 마련이다. 이런 경우, 지금까지 이룬 성공을 굳건히 하고 앞으로 더 나아갈 목적으로 그러한 성과를 조직적으로 활용하려는 주의 깊은 노력이 발휘되지 않는다. "왜 우리가 성공을 굳건히 해야 하는가? 우리는 어떻게든 '눈 깜짝할 사이에' 사회주의의 완전한 승리를 이룰 것이다" "우리는 무엇이든 해낼 수 있다!" "우리는 무엇이든 쉽게 이룰 수 있다!"

그러므로 우리 당의 과제는, 대의에 해롭고 위험한 이러한 마음가짐에 맞서 결연한 투쟁을 벌이고 이를 당 밖으로 몰아내는 것이 되어야 한다.

이러한 위험하고 해로운 마음가짐이 우리 당의 대오에 아주 널리 퍼져 있다고 말할 수는 없다. 하지만 이러한 마음가짐이 우리 당에 존재하는 것은 확실하며, 무엇보다 이러한 태도가 당 내에 퍼지지 않을 것이라고 장담할 근거가 없다. 그리고 만약 이러한 마음가짐이 우리 사이에서 정당성을 획득한다면, 농업 집단화 운동의 대의는 분명 상당히 약해질 것이며, 운동이 파괴될 수 있다는 위험이 현실화할 것이다.

그러므로 우리 언론의 과제는 이러한, 혹은 이와 유사한 반레닌주의적 마음가짐을 조직적으로 폭로하는 것이다. …

이것이 지금 우리 당의 시급한 과제 중 하나다.

지도력을 발휘하는 것은 매우 중요하다. 지도부는 운동에서 절대로 뒤처지면 안 된다. 그럴 경우 대중으로부터 고립될 것이기 때문이다. 하지만 무작정 앞서가서도 안 된다. 조급하게 나아갈 경우, 대중과의 접점을 잃을 것이기 때문이다. 운동을 이끌어가는 동시에 광범위한 대중과 소통하기 위해서는 두 전선에서, 요컨대 뒤처진 사람들과 서둘러 앞서가는 사람들 모두에게 맞서 싸워야 한다.

자료
08 --

소비에트형 인간의 등장

소련에서 집단화와 산업화가 한창이던 1930년대 초에 한 청년 노동자가 쓴 일기다. 이 일기는 공산주의 선전을 위해 출판되었던 수기나 일기와 달리 매우 개인적인 성격을 띤다. 이 일기를 연구한 독일 출신의 미국 역사학자 요헨 헬베크Jochen Hellbeck에 따르면, 일기 작성자 포드루브니는 소련의 이데올로기 교육을 받으며 진정한 소비에트형 인간으로 성장했다. 그는 인민의 적이었던 자신의 부모를 부끄러워했고 계급 해방과 소비에트 사회 건설을 위해 기꺼이 헌신하려 했다. 그는 농업 집단화와 산업화에 나선, 진정한 사회주의 이데올로기를 신봉한 수많은 사람들 중 한 명이었다. 위의 일기는 청년 지도자였던 포드루브니가 당대 사회주의 건설에 무감했던 이들에게 어떤 감정을 품고 있었는지도 드러낸다. 소련 민중은 후진적인 환경에서 성장해 아직 '교양 있는 인간'이 못 되었으며, 결국은 사회주의 건설에 걸림돌이 되고 있다는 포드루브니의 인식은 볼셰비키 지도부가 당시 소련 민중을 바라보던 관점과 유사했다.

포드루브니의 일기(1933년 2월 12일); 실라 피츠패트릭Sheila Fitzpatrick 편집, 《스탈린주의: 새로운 연구 방향Stalinism: New Directions》, Routledge, 2000, pp. 92~93

… 로딘네 집에서 춤추고 노래 부르기 위해 모인 젊은이들. 이 젊은이들은 촌구석에서 온 소년, 소녀 들로 후진적이고 심각하게 수준 낮은 환경 출신이다. 그저 서서 그들을 바라보면, 꽤 유쾌한 그림이라는 첫인상을 받는다. 하지만 좀 더 깊이 생각하다 보면, 그 첫인상을 고치게 된다. 이들이 살아 있는 사람이라는 것을 깨달으면서 말이다. 단지 동물이 아닌 사람 말이다. 하지만 이들이 서로 관계 맺는 방식, 이들의 사고와 행동은 그저 '동물' 같다. … 이번 저녁만 해도 그렇다. 이들은 아코디언 소리에 맞춰서 '고수'의 춤을 춘다. 취한 낯짝을 한 녀석들과 취하지 않았는데도 무례한 표정을 한 남자들이 여자들에게 치근덕거리고 소란스럽게 굴면서 서로를 밀친다. 1928년부터 모스크바에서 살았던 바스카 고두노프는 고작 스무 살로, 말 그대로 인생의 한창때에 속한 젊은이다. 그는 고주망태가 되어서 취한 다리로 어설프게 러시아 춤을 춘다. 그는 일하러 갈 시간이 되었다는 것도, 그의 동무들이 자신을 기다리고 있다는 것도, 운전기사가 차를 대놓고 기다리고 있다는 것도 새까맣게 잊고 있다(그는 짐 싣는 일을 한다). … 그는 한 병을 통째로 비웠는데, 여기에 전혀 신경 쓰지 않는다. 하지만 내일은 어떨까? 내일, 그는 심한 두통과 함께 잠에서 깰 것이며, 일도 하지 못하고, 빵 한 조각 먹지 못한 채로 너덜너덜 아파서 누워 있을 것이다. 그런데 그다음은? 아마 그는 일을 받을 수 없을 텐데, 그는 어디로 갈 수 있을까? 아마 시장에서 물건을 팔 수 있으려나. 몇몇 녀석도 함께 모일 것이고, 그들은 도둑질을 시작할 것이다. 도둑질에 성공하면 다행이겠지만 성공하지 못한다면, 그들은 아마 말 그대로 굶어 죽을 것이다. 집도 없이 얼어 죽겠지. 거기서 도둑, 노상강도, 그리고 스스로 일어나서 진리의 길, 즉 교양 있는 인간이 되기 위한 길로 나아가기가 불가능하진 않겠지만 그렇게 하기가 아주 어려운 사람을 만나겠지. …

1936년에 제정된 소비에트 연방 헌법

스탈린 독재가 완성된 시점인 1936년에 새로이 제정된 소비에트 연방 헌법의 일부다. 이 법은 참정권, 여성 권리, 종교의 자유, 인종 간 평등 등의 측면에서 당시 세계에서 가장 민주적인 헌법이었다. 하지만 여기서 규정한 바가 소비에트 사회의 참모습이라고 생각한다면, 그것은 크나큰 오해일 것이다. 당시 스탈린 체제가 집착한 안보 문제로 인해 이 헌법 조항들은 자주 침해당했다. 그렇다고 해서 1936년의 소련 헌법을 사료적 가치가 전혀 없는 선전 도구로만 취급할 수도 없다. 이것이 소련 사회주의 사회의 현실을 일부 드러내주기 때문이다. 일례로, 소련에는 사유 재산권이 일정한 범위 내에서 인정되었고 사유 재산의 상속도 가능했다. 사회주의 개념 자체가 모든 개인의 재산을 몰수하는 것이 아니라, 생산 수단과 기반 시설에 대한 배타적 사유 재산권을 폐지하는 것임을 떠올려보면 이는 당연한 조치였다. 하지만 냉전 시대 서방의 반공주의는 대중이 이 점에 주목할 수 없도록 했다.

소비에트 연방 헌법(1936), http://soviethistory.msu.edu/1936-2/stalin-constitution/stalin-constitution-texts/the-stalin-constitution

제4조 　자본주의 경제 제도의 폐지, 생산 수단 및 기구에 대한 사적 소유권 철폐, 인간의 다른 인간에 대한 착취의 폐절로 확립된 사회주의 경제 제도와 생산 수단 및 기구에 대한 사회주의적 소유권이 소련의 경제적 토대를 구성한다.

제5조 　소련의 사회주의적 재산은 국유 재산[모든 인민의 소유]의 형태로 존재하거나, 협동조합과 집단 농장의 형태[집단 농장의 재산 혹은 협동조합의 재산]로 존재한다.

제6조 　토지, 지하자원, 수자원, 삼림, 제분소, 공장, 광산, 철도, 수운 및 항공 교통, 은행, 우편, 전신과 전화, 대규모 국영 농업기업[국영 농장, 농기계 및 트랙터 기지, 그 밖에 이와 유사한 것들], 지방 자치 기업, 도시와 산업 단지 내 대다수의 주택은 모두 국유 재산, 즉 모든 인민에게 속하는 재산이다.

제7조 　… 집단 농장 내의 모든 가구는 공공 집단 농장 기업에서 얻는 기본 소득에 더해, 주거지에 딸린 작은 텃밭을 개인적인 용도로 사용할 수 있으며, 그 텃밭에 속하는 부수 시설, 주택, 가축, 가금, 작은 농기구를 농민협동조합의 규정에 근거하여 개인 재산으로 소유할 수 있다. …

제9조 　소련의 주된 경제 체제인 사회주의 경제 제도와 더불어, 법은 개개인의 노동에 기초하고 있으며 타인에 대한 착취에 기초하지 않는 농민과 수공업자 개개인의 소규모 사적 경제를 허용한다.

제10조 　소련 시민은 일해서 번 돈, 저축으로 생긴 수입, 거주 주택과 부수적인 가계 수입, 가구와 세간, 편의를 위해 개인 용도로 쓰는 물품에 대해 사유 재산권이 있으며 사유 재산의 상속권이 있다. 이 권리는 법의 보호를 받는다. …

제122조 　소련 여성은 경제, 국가, 문화, 사회, 정치 생활의 영역에서 남성과 동등한 권

리를 가진다. 여성이 이러한 권리를 행사할 가능성은 남성과 동등하게 일하고 임금을 받을 권리, 휴가 및 여가를 누릴 권리, 사회 보장 및 교육을 받을 권리를 여성에게 제공함으로써 보장받는다. 더불어 국가의 산모와 아이 보호, 유급 산전·산후 휴가 제공, 조산 시설, 탁아 시설, 유아 학교와 같은 광범위한 양육 시설 제공을 통해서도 보장된다.

제123조 소련의 모든 시민이 민족이나 인종과 관계없이 경제, 국가, 문화, 사회, 정치 생활의 모든 영역에서 동등한 권리를 갖는 것은 파기할 수 없는 법이다. 해당 권리를 직접적·간접적으로 제한하는 행위, 역으로 인종이나 민족에 따라 직접적·간접적 특권을 부여하는 행위, 인종적·민족적 배타성이나 혐오, 멸시를 조장하는 행위는 모두 법에 의해 처벌을 받는다.

제124조 시민에게 양심의 자유를 보장하기 위해 소련의 교회는 국가로부터 분리되며, 학교는 교회로부터 분리된다. 모든 시민은 종교 예배의 자유와 반종교적 선전의 자유를 보장받는다. …

제135조 대의원 선거는 보통 선거로 진행된다. 정신 질환자, 법정에서 유죄를 선고받았거나 선거권이 박탈된 자를 제외하고 18세 이상의 모든 소련 시민은 인종 또는 민족, 종교, 교육과 거주 자격, 출신 성분, 재산 규모 혹은 과거 행적에 상관없이 대의원 선거에서 선거권과 피선거권을 갖는다. …

제137조 여성은 남성과 동등하게 선거권과 피선거권을 갖는다. …

자료
10
국제적 안정을 추구한 스탈린 체제

1936년 일본과 독일의 팽창이 시작되고 있을 때, 미국의 스크립스-하워드 신문사의 대표 로이 하워드와 스탈린이 가진 대담의 일부다. 레닌처럼 스탈린 역시 서방의 언론인을 자주 만났다. 서방 학자들은 소련 지도부의 이 같은 대담을 대체로 의미 있는 사료로 취급하지 않았다. 완전한 대외 선전용 가식이라는 판단 때문이었다. 하지만 이런 대담 속에 당시 소련의 세계관과 현실 인식이 녹아든 경우도 있다. 아래 로이 하워드와의 대담에서도, 세계 혁명의 꿈보다는 일단 소련 체제의 안정을 우선시하고 따라서 전쟁도 최대한 피하고자 하는 스탈린의 심경을 읽어낼 수 있다.

〈로이 하워드와 스탈린의 대담(1936년 3월 1일)〉Interview between J. Stalin and Roy Howard, March 1, 1936〉,

Moscow, 1936, https://www.marxists.org/reference/archive/stalin/works/1936/03/01.htm

하워드　스탈린 씨, 만약 전쟁이 발발한다면 어디서 일어날 가능성이 제일 높을 것 같습니까? 동양과 서양에서 전운이 가장 강하게 감돌고 있는 곳은 어디인가요?

스탈린　제 생각에 전쟁 위험은 다음 두 지역에 존재하는 것 같습니다. 첫째는 극동, 즉 일본의 영역입니다. 이는 다른 강대국들에 대한 위협을 담고 있는 일본 군인들의 여러 진술을 염두에 두고 하는 말입니다. 둘째 지역은 독일의 영역입니다. 어느 지역이 가장 위험한지 말하기는 어렵지만, 두 지역에 다 전쟁 위험이 존재하며, 그러한 조짐이 굉장히 활발하게 나타나고 있습니다. 이 두 주요 위험 지역에 비하면 이탈리아 – 에티오피아 전쟁은 지나가는 사건에 불과합니다. 현재는 극동 지역이 가장 요란하지만, 전쟁 발발 위험의 중심은 유럽으로 이동할 수도 있습니다. 이런 가능성은, 이를테면, 아돌프 히틀러가 프랑스 신문과 했던 인터뷰에서 드러납니다. 그 인터뷰에서, 히틀러가 평화에 대해 뭔가 말하려 한 것 같기도 합니다. 하지만 그는 그 '평화로움'에 프랑스와 소련에 대한 위협을 너무도 많이 섞어놓았기에 거기에는 아무런 실체가 없습니다. 한마디로 아무 의미 없는 말이 되었습니다. 당신도 알겠지만, 아돌프 히틀러는 평화를 말하려고 할 때조차 위협적인 발언을 빼놓지 않습니다. 이는 전쟁 위험을 보여 주는 징후죠.

하워드　당신이 보기엔 오늘날 전쟁 발발에 어떤 상황이나 조건이 가장 위협이 되는 것 같습니까?

스탈린　자본주의입니다.

하워드　구체적으로 자본주의의 어떤 측면이 그러합니까?

스탈린　자본주의의 제국주의적이고 강탈적인 면모 때문입니다. 당신은 제1차 세계대전이 어떻게 발발했는지 기억할 것입니다. 제1차 세계대전은 세계를 재분할하려는 욕구로 시작되었습니다. 오늘날 우리는 그때와 같은 상황에 놓여 있습니다. 일부 자본주의 국가들은 영향권, 영토, 원료 공급원, 시장 등을 두고 이전에 이루어진 재분할에서 자신들이 속았다고 믿고 있습니다. 이들은 자신들의 입맛에 맞는 또 다른 재분할을 원할 것입니다. 제국주의 단계에 있는 자본주의는 전쟁을 국제적 분쟁을 해결하기 위한 정당한 도구로 여기는 체제입니다. 그 방법이 법에 명시되어 있지는 않다 할지라도, 사실상 합법적 수단으로 생각하는 거죠.

하워드 　당신이 자본주의 국가로 규정하는 측은 자국의 정치 이론을 다른 나라들에 강요하는 듯한 소련의 의도에 진심으로 공포를 느낍니다. 그 공포 속에도 위험 요소가 있지 않을까요?

스탈린 　그러한 공포에는 어떤 근거도 없습니다. 만약 당신이 소련 사람들이 주변국들의 모습을 바꾸고 싶어 하고 이를 위해 강제적 수단을 사용하려 한다고 생각한다면, 당신은 완전히 잘못 생각하고 있습니다. 물론 소련 사람들은 주변국들의 모습이 바뀌기를 기대하겠지만, 이는 주변국들이 알아서 할 문제입니다. 만약 주변국들이 정말 확고하게 자리 잡혀 있다면, 소련의 사상에서 위협을 느끼지 않을 것이라고 저는 생각합니다.

하워드 　당신의 말은 소련이 세계혁명을 획책할 계획과 의도를 어느 정도 포기했다는 것을 의미합니까?

스탈린 　우리는 그런 계획과 의도를 가졌던 적이 없습니다.

하워드 　스탈린 씨, 당신도 분명 대다수 사람들이 오랫동안 소련에 대해 〔방금 그 이야기와는〕 다른 인상을 갖고 있다는 사실을 아실 겁니다.

스탈린 　이는 오해의 산물입니다.

하워드 　일종의 비극적인 오해겠네요?

스탈린 　아니오, 희극적인 오해죠. 어쩌면 희극적인 동시에 비극적인 오해라고 할 수도 있겠습니다. 당신도 알다시피, 우리 마르크스주의자들은 다른 국가들에서도 혁명이 일어날 것이라고 믿습니다. 하지만 이는 그 나라의 혁명가들이 혁명이 가능하거나 필수적이라고 생각할 때에만 일어날 수 있을 것입니다. 혁명을 수출한다는 생각은 터무니없습니다. 모든 국가는 혁명을 원할 경우 자신들의 혁명을 일으킬 것이고, 혁명을 원치 않을 경우 혁명을 일으키지 않을 것입니다. 가령 우리나라는 혁명을 일으키길 원했고, 따라서 혁명에 성공했습니다. 그리고 지금은 새로운, 계급 없는 사회를 건설하고 있죠. 하지만 우리가 다른 나라에서 혁명을 일으키고, 그들의 생활에 관여하려 한다고 주장하는 것은 거짓을 말하는 것이며, 우리가 한 번도 지지해본 적이 없는 것을 말하는 것입니다.

인민전선의 개념과 목표

에스파냐 내전 당시, 에스파냐 공산당의 한 지도자가 인민전선의 개념과 목표를 설명한 것이다. 나치의 집권 이후, 유럽에서는 여러 나라가 파시즘의 위협에 직면했다. 유럽의 사회주의 세력은 좌파 세력이 분열한 바람에 나치가 집권할 수 있었으며, 따라서 이들의 발흥을 막기 위해서는 좌파들 간의 단결이 필요하다는 생각에 이르렀다. 이런 생각은 1935년에 열린 코민테른 제7차 대회에서 인민전선이라는 이름으로 공식화되었다. 나아가, 인민전선은 일부 비좌파 정치 세력까지 반파시즘 연합에 끌어들였다. 의회 민주주의가 발달한 유럽에서 인민전선은 반파시즘 세력 사이의 선거 동맹 및 연정을 세우는 것으로 드러났다. 반면 아시아와 아프리카의 식민지처럼 합법적 활동 공간이 좁은 곳에서는 인민전선이 사회주의와 민족주의 세력 간의 연합을 통한 무장 반제국주의 투쟁의 형태가 되었다. 인민전선은 기본적으로 반파시즘 운동이고 정치적 연합이었기에 즉각적인 사회주의 개혁을 추구하지는 않았다. 그들의 당면 목표는 아래 글에서 볼 수 있듯이 민주주의 공화국 건설, 혹은 식민지 독립이었다.

호세 디아스Jose Diaz, 〈승리할 때까지 단결하기 위하여〉, 에스파냐 공산당 중앙위원회에 한 보고(1937년 3월 5일); 로버트 대니얼스Robert Daniels 편집, 《자료로 보는 공산주의의 역사A Documentary History of Communism》, Vintage Books, 1960, pp. 117~121

승리할 때까지 단결하기 위하여

전쟁이 시작되었을 때, 우리의 투쟁이 품은 새로운 성격을 인식하게 된 우리 당은, 에스파냐 인민의 연합을 도모하는 쪽으로 방향을 전환하고 인민전선을 넓히자는 구호를 내세웠다. 이를 위해 내전이 독립 전쟁, 민족 해방 전쟁으로 전환됐다는 사실을 고려했다. 근본적인 내용에서 민족적이라 할 수 있는 우리의 투쟁은 국제적 특성도 지니고 있다. 우리의 위대한 스탈린 동지가 우리의 투쟁이 지닌 국제적 특성을 간단하게, 하지만 천재적인 방식으로 정의한 바 있다. …

우리는 민주 공화국, 깊은 사회주의적 내용까지 담은 새로운 형태의 민주주의 및 의회주의 공화국을 세우기 위해 싸우고 있다. 에스파냐에서 벌어지고 있는 투쟁의 목표는 프랑스나 다른 자본주의 국가에서 볼 수 있는 민주주의 공화국을 세우는 것이 아니다. 아니, 우리는 다른 민주 공화국을 건설하기 위해 싸우고 있다. 우리는 반동 세력과 파시즘을 뒷받침하는 물질적 근간들을 파괴하기 위해 싸우고 있다. 이를 파괴하지 않고서는 정치적 민주주의를 실현할 수 없기 때문이다. 우리는 투쟁을 통해 반봉건적인 에스파냐의 물질적 근간들을 폐절하고자 하며, 파시즘의 뿌리를 제거하고 있다. …

전쟁의 승패가 결정되지 않았고, 내부의 적이 외부의 파시즘 세력에게 지원을 받는 시기에, 아직은 시기상조인 '사회화'와 '집단화' 시도를 운운하는 것은 우리의 입장을 맹렬하게 공격하는 것인 동시에 이 나라의 운명을 위협하는 것과 다를 바 없다. 이는 터무니없을 뿐만 아니라, 적의 편에 서는 것과 같은 행위다. 그러한 시도는 우리 투쟁의 성격을 이해하는 데 실패했음을 의미한다. 우리의 투쟁은 민주 공화국 수호를 위한 투쟁이며, 여기서 전쟁에 이기고자 하는 모든 인민 세력은 단결할 수 있고, 단결해야 한다. 흔히들 공산당이 혁명을 위한 계획을 포기했다고들 말한다. 아니다, 우리는 투쟁의 현실과 이 전쟁의 필요에 따르고 있을 뿐이다. …

이 모든 어려움에도 불구하고, 우리는 무슨 수를 써서라도 인민전선을 지켜야만 한다. 우리가 가는 길에 어떤 어려움이 나타나더라도 공산당은 앞으로도 인민전선과 인민전선 권력의 표현인 합법적 정부의 가장 열렬한 수호자가 되어야 한다. 우리 당은 그 누구도 반파시스트 세력의 연합을 쉽게 공격하게 내버려두지 않을 것이다. 우리 당의 구호는 다음과 같다. "지금은 전쟁에서 승리하기 위해 단결하고, 나중에는 승리의 과실을 따기 위해 단결하자." 인민전선의 연합을 깨려고 하는 자, 에스파냐의 독립을 위해 싸우고 있으며 이 투쟁에 모든 것을 걸고 있는 에스파냐 인민의 연합을 깨려고 하는 자는 의식적으로 혹은 무의식적으로 적의 입맛에 맞게 행동하고 있는 셈이다. …

자료
12 ---
숙청의 화살이 볼셰비키 지도부를 향하다

아래 자료는 이른바 전시 재판에서 최종 선고를 받기 직전, 부하린이 그의 부인 라리나에게 보낸 편지다. 부하린의 재판과 그의 옥중 서신은 서방의 여러 학자와 문필가에 의해 독재자에게 억울하게 희생되는 지식인의 이미지로 그려졌다. 특히 스티븐 코언Stephen Cohen 같은 미국 정치학자는 부하린을 개혁적이고 온건하며 인간적인 사회주의자로 규정하면서, 스탈린과 대비시키기도 했다. 하지만 부하린이 정계에서 맹활약했던 1920년대, 그가 주장한 정책은 스탈린의 정책과 확연히 구별되지 않았다. 사실 부하린은 온건 정책과 급진 정책을 상황에 따라 오갔던 볼셰비키 지도부의 전형적인 모습을 보여주었다. 아래 옥중 편지는 볼셰비키 지도부가 공유했던 또 나른 특징들을 드러낸다. 사회주의 건설이라는 대의를 위해 자신을 포함한 개인의 운명을 상대적으로 가볍게 보는 것, 그리고 끊임없이 마르크스주의 이론에 천착하는 것 등이 그것이다.

사망 직전 부하린이 쓴 편지, https://yeltsin.ru/uploads/upload/newspaper/1992/izv10_13_92/index.html

안나 미하일로브나 라리나에게,

귀엽고 사랑스런 안누쉬카, 보고 또 보고픈 내 사랑!

지금 나는 재판 심의 전날에 당신에게 편지를 쓰오. 이 편지는 세 가지 분명한 목적을 담고 있소. 당신이 앞으로 어떤 것을 읽든지, 듣든지, 상황이 무서워지든지, 그들이 내게 어떤 말을 하든지, 내가 무어라 말하든지, 이 '모든 것'을 용기 있고 차분하게 받아들이길 바라오. 가족들도 그렇게 할 수 있게 도와주고.

나는 당신이 걱정되고 다른 사람들도 걱정되오. 하지만 그 모든 사람보다 당신이 가장 걱정되오. 그 무엇에도 원한을 품지 마오. 소련의 위대한 과업이 있고, 바로 '그것'이 중대하지, 이에 비한다면 개개인의 운명은 그저 지나가는 것이고 하찮은 것임을 기억하오. …

두 번째 부탁은 첫 번째 부탁에 비해 훨씬 작은 것이지만, 내 개인으로 보자면 아주 중요한 거요. 당신은 자필 원고 세 부를 전달받을 거요. a) 310쪽짜리 꽤 많은 분량의 철학서 작업《철학 소고》), 2. 시집, 3. 소설의 첫 일곱 개 장.

그것들을 각각 세 부씩 타자기로 쳐놓아야 하오. … 가장 중요한 것은 철학서 작업이 소실되지 않게 하는 것이오. 그 작업에 나는 공을 많이 들였고, 많은 것을 쏟아부었소. 그 작업은 나의 이전 작업에 비해 '훨씬' 발전한 것이고, 그전 것들보다 탁월하게 처음부터 끝까지 '변증법적'이오.

내가 집에 있을 때 전반부를 썼던 책《자본주의 문화의 위기와 사회주의》)이 '아직' 있을 거요. 당신이 그 책을 꺼내 보오. 나한테는 없소. 만약에 책이 사라졌다면 나는 아쉬울 거요. …

지금 내 감정을 토로하기에 적절한 지면은 아니지만, 이 문장들에서 당신은 내가 헤아릴 수 없을 만큼 깊이 당신을 사랑한다는 걸 알 수 있을 거요. 내 첫 번째 부탁을 잘 들어주는 것으로 날 도와주오. 너무도 힘든 시간에 처해 있는 날 말이오. 상황이 어떻게 되든지, 재판의 결론이 어떠하든지, 나는 재판이 끝나면 당신을 볼 것이고 당신의 두 손에 입을 맞출 수 있을 거요.

만날 때까지 안녕, 내 사랑.
당신의 콜카로부터
1938년 1월 15일

대숙청의 화살이 겨냥한 대상

1937년 3월, 소련 공산당 중앙위원회에서 스탈린이 행한 연설의 일부다. 이 자료는 1936년부터 2년여에 걸쳐 이루어진 이른바 '대숙청'의 정치사회적 맥락을 읽어낼 수 있게 해준다. 특히 대숙청이 외세의 위협이라는 배경 속에서 시작된 것이라는 점, 그리고 대숙청의 화살은 공산당 밖의 인물들, 즉 일반 민중이 아니라 당원을 향하고 있었다는 점 등이 잘 드러난다.

스탈린, 소련 공산당 중앙위원회 전원 회의 연설(1937년 3월 3일); 로버트 대니얼스 편집, 《자료로 보는 공산주의의 역사》, pp. 205~208

… 우리 당 동무들은 소비에트 권력이 세계의 6분의 1에서만 승리했으며, 나머지 6분의 5는 자본주의 국가의 세력권이라는 사실을 잊곤 합니다. 그들은 소련이 자본주의 세력에게 포위되어 있다는 사실을 망각합니다. …

자본주의 세력의 포위라는 것은 사회주의 질서를 확립한 국가가 소련 하나뿐이라는 것, 그리고 소련을 제외하면 수많은 부르주아 국가가 자본주의적 생활 방식으로 살고 있다는 뜻입니다. 그리고 그들은 소련을 공격해서 파괴하거나, 또는 어쨌든 소련의 힘을 침식하고 약화하려는 기회를 기다리며 소련을 포위하고 있다는 의미입니다. … 자본주의 세력의 포위가 존재하는 한, 외국의 요원들이 우리 내부로 침투시킨 파괴 분자들, 스파이들, 교란자들, 암살자들이 존재한다는 것은 확실하지 않습니까? 우리 당 동무들은 이 모든 사실을 망각해왔으며, 지금도 여전히 그렇습니다. 완전히 방심하고 있습니다. 이런 방심 때문에 일부 우리 당 동무들은 일본-독일 경찰이 조종하는 트로츠키주의자들의 스파이 및 교란 작업에 깜짝 놀랐던 것입니다. …

1937년의 공개 재판에서 퍄타코프, 라데크, 소콜니코프는 … 분명한 정치적 강령, 즉 반대중과 반反프롤레타리아 강령이 있었음을 인정했습니다. 자본주의 복원, 집단 농장과 국영 농장의 폐지, 착취 체제의 부활, 독일 및 일본 파시스트 세력과의 동맹을 통한 대 소련 전쟁 획책, 전쟁에 찬성하고 평화 정책에 반대하는 투쟁, 우크라이나를 독일에 넘기고 연해주를 일본에 넘기는 소련 영토의 분할, 적대국이 소련을 침공할 때 소련에 군사적 패배를 안기게 할 준비, 그리고 이와 같은 과업들의 완수 수단으로 파괴 활동, 교란, 소련 정부 지도자들에 대한 개별 테러, 일본과 독일의 파시스트 세력을 위한 첩보 활동 등, 이것들이 퍄타코프, 라데크, 소콜니코프가 제시하는 오늘날 트로츠키주의의 정치 강령입니다.

… 우리가 현재 전문적으로 잘 훈련된 볼셰비키 간부들을 보유한 상태에서, 파괴 분자들의 역할은 눈에 띄는 외국인에 의해서가 아니라 당원증을 소유하고 당원의 권리를 누리는 사람들에 의해 수행됩니다. 우리의 약점은 전문성 면에서의 후진성이 아니라 정치적 경솔함입니다. 어쩌다가 당원증을 보유한 사람들도 무조건 신뢰하는 것 말입니다. 또 당원들 평가 체제의 부재, 즉 당원들을 그들의 정치적 언사뿐만 아니라 과업 수행의 결과를 통해서 평가하지 못한 것입니다. …

트로츠키주의 파괴 분자들은 예비 병력을 보유하고 있습니다. 이들은 무엇보다도 소련 내에서 패배한 착취 계급의 잔당 세력으로 이루어져 있고, 소련에 적대적인, 소련 국경 밖의 조직과 집단으로 구성되어 있습니다. 트로츠키주의 반혁명 세력인 제4인터내셔널을 예로 들어봅시다. 이들은 3분의 2가 스파이와 교란 분자들로 이루어져 있습니다. 이것이 예비 병력이 아니란 말입니까? 이 스파이들의 인터내셔널이 간첩 행위와 파괴 활동을 벌이기 위해 요원을 배출하리란 것이 명백하지 않습니까?

| 참고문헌 |

박원용, 《소비에트 러시아의 신체문화와 스포츠》, 산지니, 2019.

Davies, R. W., *The Socialist Offensive: The Collectivization of Soviet Agriculture, 1929~1930*, Harvard University Press, 1980.

Davies, Sarah & James Harris eds., *Stalin: A New History*, Cambridge University Press, 2005.

Fitzpatrick, Sheila, *Everyday Stalinism: Ordinary Life in Extraordinary Times: Soviet Russia in the 1930s*, Oxford University Press, 1999.

_____, ed., *Stalinism: New Directions*, Routledge, 1999.

Getty, J. Arch, *Practing Stalinism: Bolsheviks, Boyars, and the Persistence of Tradition*, Yale University Press, 2013.

Khlevniuk, Oleg, *Master of the House: Stalin and His Inner Circle*, Yale University Press, 2008.

Kotkin, Stephen, *Stalin: Paradoxes of Power, 1878~1928*, Penguin Press, 2014.

_____, *Stalin: Waiting for Hitler, 1929~1941*, Penguin Press, 2017.

Lewin, Moshe, *The Making of the Soviet System*, Methuen, 1985.

9

제2차 세계대전의 기원

대공황과 제2차 세계대전의 관계

역사에서 경제 위기는 전쟁을 부추기는 경향이 있다. 경제 위기를 극복하려는
노력이 꼭 평화적으로만 이루어지지는 않았기 때문이다. 안타깝게도 대공황의
극복 과정도 예외는 아니었다. 앞선 장에서 언급했듯이, 대공황은 과잉 생산과
과소 소비가 낳은 위기였다. 이 위기를 탈출하기 위해 가장 쉽게 머리에 떠오르
는 생각은 소비 확대, 즉 시장 수요를 늘리는 것이다. 각국이 시장 수요를 국내
에서 어떻게 늘리고자 했는지는 앞에서 이미 살펴보았다. 미국의 경우, 우여곡
절이 있었으나 국내 수요를 평화적인 방법으로 늘리는 데 성공했다. 하지만 국
내 수요 진작책만으로는 부족하다고 느끼는 국가들도 있었다. 수많은 이설이
존재하지만, 1931년 말에 자행된 일본의 만주 침략은 경제 위기를 극복하려는
시도의 일환으로 보는 데 큰 무리가 없을 듯하다. 독일은 제1차 세계대전의 패

배로 해외 식민지를 모두 잃은 처지여서 상황이 더 좋지 않았다. 뒤에서 자세히 살펴보겠지만, 1930년대 중반부터 본격화된 독일의 영토 팽창에는 해외 시장과 추가 수요를 확보하는 것이 주요한 동기였다.

한편 국내 수요를 자극함으로써 경제 위기를 평화적으로 극복하려 해도, 이런 정책의 결과로 전쟁에 가까워지는 현상도 발생했다. 독일과 일본은 미국의 뉴딜 정책처럼 국가의 적극적인 재정 지출, 특히 기간 시설 투자를 통해 국내 수요를 늘리려 했다. 그런데 이들 국가는 미국과 달리 투자 대상에 군수 공업도 적극적으로 포함했다. 이는 독일과 일본이 겪은 제1차 세계대전 이후의 독특한 역사적 경험에 분개한 집권 세력의 성향 때문이었다. 독일은 베르사유 조약에서 겪은 굴욕에 반기를 든 세력인 나치당이, 그리고 일본은 워싱턴 체제에 불만을 품은 군부가 각각 권력을 장악하면서 상대적으로 호전적인 투자처를 선택했다. 이런 적자 재정 정책을 바탕으로 한 정부 지출은 미국의 뉴딜 정책처럼 일시적으로 경기 호전을 불러오기도 했지만, 영원히 지속될 수는 없었다. 특히 생산된 물자가 민간에서 소비될 수 없는 군수 산업의 경우, 초기 투자 덕분에 반짝 좋아졌던 경기가 계속해서 상승 곡선을 그리려면 그것이 소비될 수 있는 전기가 생기거나 정부가 추가로 투자를 해야 했다. 후자는 재정 지출을 늘리기 어려웠던 '작은' 경제 규모의 국가들이 내놓을 수 있는 방책일 수는 없었다. 마침 호전적인 정치 지도자들이 집권한 독일과 일본은 점차 군사적 팽창만을 그 유일한 해결책으로 상상하기에 이르렀다.

마지막으로, 대공황은 제2차 세계대전을 추동한 또 다른 상황을 조성했다. 앞선 장에서 대공황으로 국제 무역이 급감하고 세계가 폐쇄적 경제 블록으로 갈라졌다고 언급한 바 있다. 자급자족을 의미하는 '오타키autarky(그리스어 '아우타르케이아'에서 유래한 말) 체제'라 불리기도 했던 이 블록 경제는 과거 제국주의 국가들이 과거의 식민지나 현재의 식민지, 또는 세력권을 하나의 블록으로 연결하여 만든 광역 경제권을 뜻한다. 이 흐름은 당시 전 세계에서 가장 많은 식민지를 거느린 영국이 주도했고, 역시 주요 식민지 보유국이었던 네덜란드와 프랑스가 뒤를 따랐다. 오타키 체제에 부정적이던 미국도 어쩔 수 없이 중남미와 태평양 일부를

단속하는 방법으로 그 흐름에 올라탔으며, 소련은 국제적으로 고립된 탓에 자신들의 의지와 무관하게 사실상 블록 경제를 전부터 운영하고 있었다. 여기에 상대적으로 작은 규모의 식민지를 보유하고 있던 일본 역시 이 대세(?)에 참여해야겠다는 판단을 내렸으며, 식민지를 전부 박탈당한 독일은 더욱 조바심을 냈다. 이렇게 오타키 형성에 상대적으로 뒤처졌던 일본과 독일은 블록 경제를 확대하거나 건설하지 못하면 생존할 수 없다는 극단적인 생각에 이르렀다. 특히 그들은 영국이나 미국의 경우처럼 기본 물자인 식량과 에너지를 블록 내에서 자급할 수 있는 경우와 자신들의 처지를 대비하면서 스스로 불안감을 키워갔다. |자료1|

　이런 판단에는 다른 블록들의 적대성을 전제한 일본과 독일 지도부의 감성이 크게 작용했다. 다시 말해, 그들은 다른 블록과 선린 관계를 통해 기본 물자 조달의 문제를 해결할 가능성은 별반 염두에 두지 않았다. 이런 감성은 전후 그들의 '굴욕적' 경험에서 자라난 것이었다. 여기에다 독일과 일본의 지도자들이 추종한 극단적 인종주의가 이를 집착과 망상으로 발전시켜 놓았다. 일본은 자신들의 블록 경제 건설에 백인 문명 대 아시아 문명의 대결이라는 문명사적 의미를 삽입했고, 전자의 성과인 의회 민주주의, 이성과 계몽주의, 그리고 그들이 계몽주의의 발현이라 믿은 공산주의를 공격하기 시작했다. 그들은 대안으로 아시아 공동체주의를 내세웠으며, 그 공간을 아메리카 대륙의 서부까지 포함하는 태평양 지역으로 설정했다. 한편 독일에서는 나치당의 아리안주의가 블록 경제를 건설하려는 꿈을 더욱 부추겼다. 히틀러와 나치는 백인 아리안족 혈통이 인류 가운데 가장 우월하므로 이를 순수하게 보존해야 하며, 바로 그 보존자인 독일인 중심의 공간이 건설되어야 한다고 믿었다. 그곳에서는, 비백인에게서 백인 혈통의 순수성을 심각하게 침해당한 슬라브인은 게르만계를 위한 노예의 삶을 살아야 하고, 오염의 원천인 유대인은 박멸되어야 했다. 이런 독일인의 '생활 공간Lebensraum'을 나치는 중부 유럽에서 소련의 우랄 서부에 이르는 광대한 지역으로 설정했다. 이는 과거 독일 민족의 진출지이기에 역사적으로 정당한 영토이자, 당대의 오타키 설립 문제도 해결하는 경제적 자급의 공간이라는 게 그들의 믿음이었다. |자료2|

Map labels:

리투아니아
덴마크
북 해
발트 해
단치히
비무장 지대 라인란트
진군(1936)
보헤미아 모라비아
병합(1939)
네덜란드
베를린
바르샤바
독일
(1933~1939)
폴란드
폴란드가 병합
(1939)
벨기에
슬로바키아 위성국화
(1939)
프랑스
프라하
수데티 지방
(1938)
뮌헨
빈
헝가리가 병합
(1939)
스위스
부다페스트
헝가리
이탈리아
오스트리아 병합
(1938)

도판 27 히틀러의 팽창을 보여주는 지도. 히틀러는 비무장 지대였던 라인란트 지방에 진주한 것을 시작으로 오스트리아, 수데티 지방, 그리고 체코슬로바키아의 대부분을 차례로 합병했다. 흥미로운 것은 체코슬로바키아 합병 과정에서, 폴란드와 헝가리도 이 영토를 독일과 나눠 가졌다는 점이다.

히틀러의 팽창으로 유럽에 감돌기 시작한 전운

히틀러와 나치의 총구는 먼저 그들이 굴욕으로 느낀 베르사유 체제로 향했다. 집권 직후 나치는 베르사유 조약의 소산인 국제연맹을 탈퇴했으며, 1935년에는 이 조약이 무효라고 일방적으로 선언했다. 그 직후 베르사유 조약에서 가장 대표적인 독일 제재 조항인 라인란트 비무장화를 무시하고 군대를 진주시켰다. 또 1936년 말과 1937년에 걸쳐 또 다른 반베르사유 및 반국제연맹 세력이던 이탈리아·일본과 반코민테른 조약, 일명 방공 협정을 맺었으며, 1938년 초에는 오스트리아를 병합했다. | 자료3 |

히틀러의 이 같은 노골적인 팽창 정책으로 유럽에는 전쟁이 발발할 것이라는 위기의식이 감돌았다. 이에 영국과 프랑스는 그간 적대시해온 소련과 공조를 펼쳐 독일을 견제하기로 마음먹었다. 이는 1871년 독일 통일 이후 이른바 '독일 문제'가 유럽에서 대두한 이후 독일을 다루는 고전적인 수법의 연장이었다. 요컨대 중부 유럽에 위치한 '대국' 독일을 동서의 양쪽 국경에서 압박한다는 것이었다. 역설적이게도 소련은 이 같은 히틀러의 도전 덕에 고립에서 벗어나 영국,

프랑스와 함께 '집단 안보'로 불린 외교 공조를 펼칠 수 있었다. 물론 소련에게는 여전히 국제 무대가 호의적인 장은 아니었다. 더욱더 노골적으로 반공을 외치는 독일과 일본의 대두로 스탈린과 소련 지도부가 느끼는 긴장감은 오히려 더 커졌다. 또 마르크스주의를 신봉했던 그들이 보기에, 히틀러와 영국, 프랑스 간의 대립이 계속될지도 확실해 보이지 않았다. 어쨌든 이 유럽 국가들은 모두 자본주의 체제를 따르기에, 기회가 된다면 반공주의를 축으로 반소 연합 전선을 형성할 수 있을 터였다. 1920년대 중반에 로카르노 조약이 이미 그런 가능성을 실증하지 않았던가?

하지만 당시 소련에게는 영국, 프랑스와 공조해서 유럽의 문제아 히틀러를 상대하는 것 말고 다른 선택지는 없었다. 소련의 외무 장관 막심 리트비노프는 집단안보 체제의 가장 강력한 지지자로 떠올랐다. ^{자료4} 양쪽 국경에서 벌어진 이러한 견제에도 아랑곳하지 않고 히틀러는 계속해서 팽창을 감행해 다시금 유럽을 충격에 빠뜨렸다. 1938년에 체코슬로바키아의 수데티 지방(당시 체코슬로바키아의 북부, 남부, 서부 영토 상단을 잇는 긴 띠 모양의 지역으로, 독일어 지명은 주데텐이다)을 독일 영토로 합병할 것을 요구한 것이다. 히틀러 주장의 근거는 이 지방에 독일계 인구가 압도적으로 비중이 높다는 것이었다. 이 같은 히틀러의 도전에 체코슬로바키아는 결사 항전을 선언했으며, 곧바로 소련은 독일이 침략할 경우 체코슬로바키아를 군사적으로 지원하겠다는 뜻을 공표했다. 하지만 여기에 대해 명확한 입장을 밝히지 않던 영국과 프랑스는 소련과 당사국 체코슬로바키아를 배제한 채 독일과 뮌헨에서 협상을 벌였다. 그 결과는, 히틀러에게 추가 팽창은 없을 것이라는 약속을 받아내는 조건으로 수데티 지역을 독일에 넘겨주는 것이었다. ^{자료5} 당시 영국 수상 네빌 체임벌린은 뮌헨 회담 직후에 가진 귀국 기자 회견에서 이 방법이 평화를 지키는 유일한 길이라고 주장했다. ^{자료6}

하지만 소련이 보기에 뮌헨에서 영국과 프랑스가 보인 태도, 즉 향후 유화 정책으로 불리게 될 그 태도는 로카르노의 악몽이 재현될 징조 같았다. 나아가, 스탈린은 영국과 프랑스가 히틀러를 의도적으로 제재하지 않고 그를 소련 공산주의 팽창에 대한 방파제로 이용한다고 의심하기 시작했다. ^{자료7} 그 결과 1939년

도판 28 1938년 가을, 영국 수상 체임벌린이 뮌헨 협정에서 체코슬로바키아의 수데티 지방을 독일에 넘겨주기로 한 직후, 그 선언문을 기자들 앞에서 흔들어 보이고 있다. 체코슬로바키아 본국과 소련을 의사 결정 과정에서 배제한 이 협정을 두고 그는 우리 시대의 평화를 위한 선택이었다고 말했다.

8월 말에 소련은 영국 및 프랑스와의 공조를 중단하고 히틀러의 독일에 접근해 이들과 불가침 조약을 맺었다. |자료8| 이는 1920년대 중반처럼, 혹시 다시 있을지 모르는 자본주의 국가들 간의 연합을 미리 막고, 향후 벌어질지 모를 독일 또는 일본과의 전쟁에 대비하기 위해 시간을 번다는 현실주의적인 판단의 소산이었다. 하지만 나치와 '협력'한다는 스탈린의 충격적인 선택 탓에, 전 세계의 수많은 좌파 지식인들은 사회주의 이념의 모국으로서 소련에 대한 신뢰를 버리기도 했다.

한편 독일은 소련의 이 같은 제안 덕에 비로소 베르사유 체제가 만들어놓은 구도를 무력으로 바꿀 기회를 잡은 것 같았다. 소련과 맺은 불가침 조약은 앞서 언급한 '독일 문제'에 대한 고전적 수법이 기능할 수 없도록 만들었기 때문이다. 이제 독일은 약소국 폴란드만 제외한다면 '동부' 전선을 걱정할 필요가 없었기에 대규모 유럽 전쟁을 구상하고 실행할 수 있게 되었다.

블록 경제가 제2차 세계대전을 불러오다

> 나치 독일은 프랑스를 단 6주 만에 점령한 후, 유럽 경제 통합에 대한 그들의 구상을 더 구체적으로 드러냈다. 히틀러의 재무 장관 발터 풍크Walther Funk의 연설은 제2차 세계대전의 기원 측면에서 블록 경제라는 발상이 얼마나 중요한 역할을 했는지를 보여준다. 여기에서는 독일의 식량과 자원 자급, 그리고 이를 위한 블록 내 경제 분업이 그 핵심이었다.

발터 풍크 연설문(1940년 7월 25일); R. C. 브리지스 편집, 《민족들과 제국들》, pp. 280~281

첫째, 유럽 국가들과 장기 경제 협약을 맺음으로써, 이 국가들의 장기 생산 계획에서 독일 시장이 차지하는 위치를 정할 수 있게 되었습니다. 이로써 앞으로 오랫동안 안정적인 수출 판로로서 기능할 수 있을 것입니다. 그러면 유럽의 생산이 추가로 확대되고 새로운 생산 라인이 발전할 수 있겠죠. 반면에 독일 상품의 유럽 시장 수출을 원활하게 할 수 있는 더 나은 판로들도 개척될 것입니다. …

셋째, 농업과 산업 분야에서의 교역 경험을 통해, 식량과 자원을 최대한 생산하는 것이 우리의 목적이며, 따라서 유럽에서는 합리적인 경제 분업이 이루어지게 할 필요가 있습니다. …

넷째, 유럽 국가들 사이에서, 개별 국가 경제 정책의 모든 영역(통화, 신용, 생산, 무역 등)에서 협력함으로써 더 강한 경제 공동체 의식을 북돋워야 합니다. 유럽 국가들이 경제적으로 확실히 협력한다면 그들이 세계 경제에서 다른 국가나 블록 등 다른 경제 집단과 협상할 때 더 나은 위치를 확보할 수 있을 것입니다. …

곧 다가올 평화 시대의 경제는 대독일에 경제적 안보를 최대한 보장하고, 독일 국민들에게는 최대치의 상품 소비를 가능케 해서 복지 수준을 높여주는 것이어야 합니다. 유럽의 경제는 이 목적에 부응해야 합니다. 발전은 단계별로, 그리고 각 나라마다 다르게 이루어질 것입니다.

자료
02

다시 팽창을 꿈꾸는 독일 지도자의 망상

> 나치 독일의 이념적 지도자 중 한 명이었던 리하르트 다레^{Richard Darre}의 1936년 연설문 중 일부다. 다레는 자신이 직접 조직한 독일 농업부^{Reichsnährstand} 관료들에게 아래와 같은 독일의 영토 팽창 비전을 제시했다. 나치의 팽창 망상에는 인종주의, 경제적 욕망, 역사의식 등이 중요한 역할을 했다.

리하르트 다레의 연설문(1936); 애덤 투즈 Adam Tooze, 《파괴의 대가 The Wages of Destruction》, Penguin Books, 2006, pp. 198~199

독일 민족이 정착할 수 있는 자연 지역은 우랄산맥에까지 이르는 독일 제국의 동쪽입니다. 그 지역은 남으로는 캅카스, 카스피해, 흑해와 접할 뿐 아니라, 지중해만과 발트해 및 북해를 갈라놓는 분기점과 인접합니다. 우리는 이곳에 정착할 것입니다. 이는 우월한 민족은 언제나 열등한 민족의 땅을 정복하고 소유할 권리가 있다는 법칙에 따르는 … 우리 독일인은 비행기 및 최신 상업용 항공기 분야의 선두 주자입니다. 우리는 세계에서 가장 현대적인 도로를 건설하고, 엄청난 속도로 달리는 최신식 철도 차량을 보유하고 있습니다. 그 차량들은 일반적인 기차의 속도보다 훨씬 빠르게 우리의 철로에서 달리고 … 이와 같은 정치적 목표는 독일 농장에서 다른 농장으로, 입에서 입으로 전해져야 하며, 농촌 학교에서 교육의 근간이 되어야 합니다. 그러면 어느 날, 우리 민족은 자신에게 주어진 기회를 잡고, 생활권 없이 살아가던 민족에게 동방의 땅을 열어준 정치인을 따르게 될 … 유럽은 베르사유 평화 체제의 마비에서 막 벗어나 거동하기 시작했습니다. 10년이 지나지 않아, 유럽의 정치 지평은 오늘과 완전히 달라질 것입니다. 그때가 되면 독일 민족은 그들 앞에 놓인 도전들을 해결할 준비가 되어 있어야 합니다.

국제 공산주의에 대항하기 위해 맺은 동맹

독일과 일본이 맺은 동맹 조약, 이른바 '반反코민테른 조약'이라 불린 조약의 일부다. 이 두 나라는 1937년 초에 이탈리아까지 끌어들여 이른바 방공 협정(국제 공산주의에 대항하는 방어 협정)을 완성한다. 흥미롭게도 공산주의가 "국내 평화와 사회의 안녕을 위협"한다는 이들의 수사는 훗날 냉전 시대에 미국이 사용했던 반공 논리와 정확히 일치한다

베를린에서 체결된 독일-일본 조약과 추가 의정서(1936년 11월 25일), https://avalon.law.yale.edu/wwii/tri1.asp

일본 제국 정부와 독일 정부,

국제 공산주의(이른바 코민테른)의 목적이 모든 수단을 총동원하여 기존 국가들을 해체하고 폭력 사태를 조장하는 것임을 인지하고, 코민테른의 국내 문제 개입을 좌시하는 것은 국내 평화와 사회의 안녕을 위협할 뿐만 아니라 세계 평화 전반에 위협을 미친다고 믿어 의심치 않기에, 코민테른의 분열 공작을 방어하기 위한 상호 협력을 추구하며, 다음에 합의한다.

제1조 체결국들은 상호 간에 코민테른의 활동에 대한 정보를 제공하고, 방어에 필요한 조치들을 협의하며, 긴밀한 상호 협력하에 그러한 조치를 수행할 것이라는 데 동의한다.

제2조 체결국들은 국내 평화가 코민테른의 분열 공작에 의해 위협받는 제3국들을 공동으로 초청하여, 본 협정의 정신에 따라 방어 조치를 취하거나, 본 협정에 직접 참여할 수 있도록 한다. …

제3조 본 협정은 일본어 및 독일어 본문을 정식 문서로 한다. 본 협정은 서명한 날부터 실시될 것이며, 5년간 효력을 갖는다. 체결국은 위 기간 만료 전 적당한 시기에, 이후의 양국 협력에 대해 합의한다. …

긴토모 무사코지 자작, 일본 제국의 특명전권대사

요아힘 폰 리벤트로프 독일 특명전권대사

자료
04

소련, 집단 안보 체제를 주창하다

소련의 외교 수장 막심 리트비노프가 1938년에 국제연맹 총회에서 한 연설이다. 그의 연설은 이른바 뮌헨 회담 직전에 독일이 수데티 지역을 요구한 문제에 소련이 어떤 생각을 했는지를 잘 보여준다. 여기서 소련은, 독일이 체코슬로바키아로부터 수데티 지역을 강탈하려는 행동을 개시한다면, 체코슬로바키아에 군사 지원을 할 준비가 되어 있음을 분명히 했다. 이로부터 불과 열흘 후에 열린 뮌헨 회담에서 영국과 프랑스는 소련을 배제한 채 수데티 지역을 독일에 넘겨주는 결정을 내렸다. 소련은 이를 영국과 프랑스의 대독일 유화 정책이라고 비난했으며, 나아가 이를 통해 삼국 간의 자본주의 진영 공조가 이루어질 가능성에 무게를 두기 시작했다. 그 결과로 발생할 소련의 철저한 고립을 피하고 삼국 간의 균열을 유지하게 하려는 의도로, 소련은 이념적으로 적국인 독일에 접근하게 된다.

리트비노프의 국제연맹 총회 연설(1938년 9월 21일), http://soviethistory.msu.edu/1936-2/ popular-front/popular-front-texts/litvinov-to-the-league-of-nations/

체코슬로바키아와 상호 방위 조약으로 묶여 있는 소련은 체코슬로바키아 정부와 수데티 독일인들 사이의 협상에 어떠한 개입도 하지 않았습니다. 그 일은 체코슬로바키아의 내정이라고 여겼기 때문입니다. 우리는 체코슬로바키아 정부에게 조언하는 것을 삼갔습니다. 체코가 국익을 해쳐가면서까지 독일에 양보하도록 요구하는 것은 매우 부적절한 일이라고 생각했기 때문입니다. … 우리는 반대 방향으로도 어떠한 조언을 한 적이 없습니다. 우리는 체코슬로바키아 정부의 기략機略을 매우 높이 평가해왔습니다. 체코슬로바키아 정부는 우리가 반드시 조약 의무 사항을 이행해야 하는지조차 우리에게 묻지 않았습니다. 체코슬로바키아는 이에 대해 의심을 품지 않았으며, 의심을 품을 만한 여지도 없었기 때문입니다. 제네바로 떠나기 며칠 전에 프랑스 정부가 처음으로 체코슬로바키아가 공격을 받을 경우 우리가 취할 태도에 대해 물었습니다. 나는 우리 정부의 이름으로 다음과 같이 아주 확실하고 분명하게 답변했습니다.

"우리는 조약에 명시된 의무를 다할 작정이며, 프랑스와 함께 우리가 할 수 있는 방식으로 체코슬로바키아를 지원할 생각입니다. 우리 전쟁부는 적절한 방안을 논의하기 위해 즉각 프랑스·체코슬로바키아 전쟁부 대표와의 회담에 참석할 준비가 되어 있습니다. … 그러나 이에 앞서 무력 충돌을 피하기 위한 모든 방안을 철저히 모색할 것입니다. 유럽 강대국들과 다른 관심 있는 국가들 간의 즉각적인 협의가 그러한 방안 중 하나가 될 수 있을 것입니다. …"

체코 정부가 우리 정부에 공식적으로 문의한 것은 불과 이틀 전의 일입니다. 체코 정부는 프랑스가 의무 사항에 따라 비슷한 원조를 제공할 경우, 소비에트-체코 조약에 따라 소련이 체코에 즉각적이고 효과적인 지원을 제공할 준비가 되었는지 물었습니다. 우리 성무는 이에 대해 긍정적으로 답변했습니다. …

자료
05

영국과 프랑스의 독일 유화 정책으로 흔들린 집단 안보 체제

> 1938년, 히틀러는 체코슬로바키아의 수데티 지방을 요구하여 전 세계를 충격에 빠뜨렸다. 당시 집단 안보 체제를 통해 히틀러의 팽창에 맞섰던 영국, 프랑스, 소련은 히틀러의 이 황당한 요구를 좌절시킬 수 있을 것 같았다. 하지만 영국과 프랑스는 소련을 초청하지 않은 채 뮌헨에서 히틀러와 만났고, 결국 수데티 지방을 독일에 넘겨주기로 합의했다. 이 '뮌헨 위기' 이후 영국, 프랑스, 소련 간 사이의 집단 안보 체제는 크게 흔들렸다.

뮌헨 협정(1938년 9월 29일), https://avalon.law.yale.edu/subject_menus/munmenu.asp

독일, 영국, 프랑스, 이탈리아는 독일 민족 거주 지역인 수데티의 독일 이양을 위해 이미 원칙적으로 뜻을 모았던 것을 바탕으로, 다음의 이양 조건과 그에 따른 조처에 합의했다. 이 합의를 통해 각 국가는 이양 과정을 완수하기 위해 필요한 절차에 각각 책임을 진다.

1. 지역 소개疏開는 10월 1일에 시작한다.
2. 영국, 프랑스, 이탈리아는 지역 소개가 기존 시설이 파괴되지 않은 상태에서 10월 10일까지 완료되어야 하며, 체코슬로바키아 정부는 상기 시설물에 대한 피해 없이 소개를 완수할 책임이 있다는 데 동의한다.
3. 소개의 조건은 독일, 영국, 프랑스, 이탈리아, 체코슬로바키아의 대표로 구성된 국제

위원회에 의해 상세히 규정될 것이다.

4. 독일 민족이 다수 거주하는 지역은 독일군에 의해 단계적으로 점령될 것이며, 10월 1일부터 시작될 것이다. 남아 있는, 독일 민족이 다수 거주하는 지역은 전술한 국제 위원회에 의해 곧 확인될 것이며, 10월 10일까지 독일군이 점령할 것이다.

5. 제3항에서 언급된 국제위원회는 국민투표를 실시할 지역들을 결정할 것이다. 이런 지역들은 국민투표가 완료될 때까지 국제기구가 관할할 것이다. 위원회는 자르 지역 국민투표 조건을 기준으로 국민투표의 조건을 정할 것이다. 또 위원회는 11월 말 이전에 투표일을 확정할 것이다. …

8. 체코 정부는 이 협정이 발효된 후 4주 이내에 석방되기를 희망하는 수데티 독일인을 전부 군과 경찰로부터 석방한다. 또한 같은 기간 내에 정치범으로 복역 중인 수데티 독일인들을 석방한다. …

뮌헨, 1938년 9월 29일

아돌프 히틀러

네빌 체임벌린

에두아르 달라디에

베니토 무솔리니

선언

4개국 정부의 수반들은 체코슬로바키아 내 폴란드 및 헝가리 소수 민족에 대한 문제가 각 정부 간 협정에 따라 3개월 내에 해결되지 않는다면, 여기에 있는 4개국 정부 수반들로 구성되는 또 다른 회의의 주제가 될 것이라 선언한다.

자료
06 ---

영국 수상 체임벌린의 유화 정책 정당화 논리

영국 수상 체임벌린은 뮌헨 회담에서 그가 히틀러와 합의한 사항을 영국의 하원에서 승인받기 위해 '유화 정책'의 목적을 설명해야 했다. 체임벌린은 체코슬로바키아를 국가 전멸의 위기에서 막고 스위스처럼 중립국으로서 생존할 수 있도록 도우려는 것이 그 목적이라고 주장했다. 그리고 이러한 정책은 유럽을 전쟁의 공포로부터 구원할 것이라고 주장했다. 당시 체임벌린의 설명은 영국 내에서만 아니라 동맹국 프랑스에서도 커다란 논란을 일으켰다. 영국 외무 장관 앤서니 이든은 사임했으며, 프랑스 공산당은 체임벌린의 의견에 동조한 인민전선 정부에서 탈퇴하겠다고 선언했다.

체임벌린이 영국 하원에서 한 유화 정책 해설(1938년 10월 6일); 마빈 페리 외 편집,《서양 전통을 보여주는 사료들》5판, pp. 398~399

내가 히틀러와 정상 회남을 하기 위해 처음으로 베르히테스가덴에 다녀온 이래 2만 통이 넘는 서신과 전보가 다우닝가 10번지의 수상관저로 쏟아졌습니다. 물론 나는 그중에서 극히 일부만 읽었을 뿐이지만, 편지를 쓴 사람들이 수데티 독일인들을 독일 제국민이 되지 않도록 하는 전쟁에 참전하라는 요청을 받는다면, 이를 위해 싸울 이유가 없다고 여긴다는 점은 충분히 알 수 있었습니다. 이것이 그들이 느끼는 바입니다. 그리고 이것이 우리가 몇 주 전에, 만약 독일군이 체코슬로바키아 국경을 넘는다면 우리는 독일과의 전쟁에 나설 것이라고 독일에 말했어야 했다고 주장하는 사람들에 대한 나의 대답입니다. 우리는 체코슬로바키아에 어떠한 조약 사항의 의무나 법적 의무 사항이 없으며, 만약 우리가 그렇게 말했다면, 우리는 우리 국민들로부터 어떠한 지지도 받지 못했을 것이라고 생각합니다. …

… 우리가 수데티를 더는 체코슬로바키아 영역 안에 두어야 할 이유가 없다고 점차 확신하게 되었을 때, 우리는 체코슬로바키아 정부를 향해 영토 분리에 동의할 것을, 그것도 신속히 그렇게 할 것을 우리가 할 수 있는 한 가장 강력한 방식으로 촉구했습니다. 다행히도 체코슬로바키아 정부는 베네시 대통령이 지혜와 용기를 발휘하여 프랑스 정부와 우리의 조언을 받아들였습니다. 이는 조국을 사랑하는 사람이라면 그 누구라도 받아들이기 어려운 결정이었겠지만, 그러한 조언이 체코슬로바키아에 대한 배신이라며 우리를 비난하는 것은 터무니없는 일입니다. 우리가 한 일은 국가가 절멸할 수도 있는 위기로부터 체코슬로바키아를 구하여 새 국가로서 새 삶을 살 기회를 준 것입니다. 이는 영토 및 요새를 잃는 것을 수반하는 일이지만, 오늘날 우리가 스위스에서 보는 바와 견줄 수 있는 중립과 안보 원칙 아래, 아마도 체코슬로바키아가 국가 존립을 향유하고 발전을 이룰 수 있도록 해줄 것입니다. 따라서 나는 근래의 위기에서 정부가 수행한 정책들, 즉 체코슬로바키아를 파멸로부터 구하고 유럽을 아마겟돈으로부터 구한 정책들은 하원의 승인을 받을 자격이 있다고 생각합니다.

자료
07

스탈린이 영국에 대해 품은 의심

뮌헨 회담 이후 영국을 믿지 못하게 된 스탈린의 심경을 읽을 수 있는 자료다. 스탈린이 영국에 대해 품은 의심은 점점 커지고 있었다. 그는 영국이 독일을 살려주는 데 그치는 것이 아니라 소련 견제에 다시 말해 공산주의의 확장을 막는 용도로 활용하려 한다는 의심을 품었다. 그뿐 아니라 영국과 독일 사이에 반공산주의 연합마저 생겨날 가능성까지 있다는 생각에 사로잡혔다. 이런 사고는 소련이 독일에 먼저 접근해야 한다는 현실주의 전략을 낳기에 이르렀다.

제8차 소련 공산당 대회 보고(1939년 3월 10일); R. C. 브리지스 편집,《민족들과 제국들》, p. 276

영국과 프랑스를 비롯한 비도발 국가의 상당수가 집단 안보 정책, 도발 국가들을 공동으로 제어하는 정책을 거부하고, 비개입, 즉 이른바 '중립'의 입장을 택했습니다. …
평화주의와 군비 축소 계획은 끝났고 묻혀버렸습니다. 그 대신 과열된 군비 확대 경쟁이 자리를 차지했습니다. 큰 나라, 작은 나라 할 것 없이, 특히 비개입 정책을 시행하는 국가들도 포함해, 모두가 재무장에 힘쓰고 있습니다. 도발 국가들에 대한 뮌헨 회담의 양보와 뮌헨 합의가 '유화'의 새로운 시대를 열었다고 주장하는 번지르르한 연설을 믿는 사람은 이제 아무도 없습니다. … 소련은 이러한 불길한 사건들을 무시할 수 없는 처지입니다. …

자료
08

영국·프랑스·소련의 대독일 공조 정책의 실패

1939년, 히틀러가 영국과 맺은 약속을 저버리고 체코슬로바키아를 헝가리, 폴란드와 함께 집어삼킨 후, 그해 여름에 이어서 폴란드의 단치히 지방까지 요구하면서 유럽에서는 전쟁의 기운이 극에 달했다. 8월, 그간 집단 안보 체제에서 소련을 배제한 영국은 다시 소련과의 공조 필요성을 느끼는 듯했다. 소련은 이런 상황에 큰 기대를 걸고 반히틀러 집단 안보 체제를 부활시키고자 모스크바에서 3자 회농을 순비했으나, 영국과 프랑스가 보낸 대표단은 그기 정책 결정권이 없는 실무자들인 군부 장성에 불과했다. 이 회담에서 영국과 프랑스의 비협조적 태도에 실망한 소련은 결국 나치 독일에 접근해 그달 말에 상호 불가침 조약을 맺었다.

소련, 영국, 프랑스 군사 사절단 회의 기록(1939년 8월 14일); R. C. 브리지스 편집, 《민족들과 제국들》, pp. 278~279

보로실로프   나의 아주 분명한 질문에 대해 분명한 답변을 듣고 싶습니다. 만약 도발자
(소련 장군)   들 블록이, 또는 주 도발자〔나치 독일〕가 단독으로 공격해오는 경우에 영국,
           프랑스, 소련 군대의 공동 작전에 관한 질문입니다. … 만약 폴란드가 공격
           받는다면, 프랑스와 영국 총참모부는 소련의 육군이 그 침략자에 맞서기
           위해 폴란드 영토에 들어갈 수 있다고 보십니까? 나아가 소련의 군대가 폴
           란드 남부에서 적을 맞이하고 싸우기 위헤 갈리치아를 거치면서 폴란드
           영보를 통과할 수 있다고 보십니까? 만약 도발자들이 루마니아를 공격한
           다면, 소련 군대는 루마니아 영토를 통과하도록 허락받을 수 있습니까? 이
           세 가지 질문이 우리가 가장 관심 있는 문제들입니다. …

두망크   저는 보로실로프 장군의 의견, 즉 소련 군대가 장군이 말한 지역들에서 주
(프랑스 장군)   로 주둔해야 하고 이 군대는 장군의 재량에 따라 배치될 것이라는 데 동의
           합니다. 저는 폴란드-루마니아 전선의 약점은 그 측방과 분기점이라고 생
           각합니다. 군대 간 연락 문제를 다루면서, 우리는 특히 좌측방에 대해 이야
           기를 나누었으면 좋겠습니다.

보로실로프   제발 제 질문에 직접적으로 답변해주셨으면 합니다. 저는 소련 군대 '주둔'
           에 대해서는 아무 말도 하지 않았습니다. 영국과 프랑스 총참모부는 소련
           군대가 우리의 공적과 싸우기 위해 폴란드와 루마니아 영토를 통과하여
           동프로이센 지역 또는 다른 거점들을 향하는 그림을 그리고 있는지가 제
           질문이었습니다.

두망크   저는 폴란드와 루마니아가 장군에게 도움을 요청하리라 봅니다.

보로실로프   그 나라들은 아마도 그러지 않을 것 같습니다. 지금까지도 그러지 않았습
           니다. 우리는 폴란드와 상호 불가침 조약을 맺고 있는 반면, 프랑스와 폴란
           드는 상호 방위 조약을 맺고 있습니다. … 우리는 도발 국가에 대해 공동
           작전 계획을 논의하고 있습니다. 제 생각에는, 프랑스와 영국은 우리 소련
           이 실질적으로 지원을 펼칠 수 있는 방법, 혹은 직접적인 참전에 대해 분명
           한 태도를 보여야 한다고 생각합니다.

드랙스   만약 폴란드와 루마니아가 소련의 지원을 요청하지 않는다면, 그들은 독
           일의 일부가 될 것이며, 소련은 그때 가서 어떻게 행동할지 정하면 되겠습

니다. 반면 소련과 프랑스와 영국이 동맹 상태에 있다면, 루마니아와 폴란드가 지원을 요청할지 말지의 문제는 더 확실해질 것입니다.

보로실로프 여러분, 제 질문은 저희 소련에 매우 중요한 질문이라는 점을 반복해서 말씀드립니다.

드랙스
(영국 제독) 저도 제 대답을 반복하고 싶군요. 만약 소련과 프랑스와 영국이 동맹국이라면, 제 개인적인 생각에 폴란드와 루마니아가 지원을 요청할 것은 분명해 보입니다. 그러나 이는 제 개인저 견해입니다. 더 정확하고 만족스러운 답변을 위해서는 폴란드에 접근해보는 방법이 필요하겠군요.

보로실로프 대영 제국과 프랑스의 군사 사절단이 이 질문을 깊이 있게 고려하지 않고 정확한 답을 가져오지 않았다는 것이 유감입니다.

| 참고문헌 |

테일러, A. J. P., 《제2차 세계대전의 기원》, 유영수 옮김, 지식의풍경, 2003.

Barnhart, Michael A., *Japan Prepares for Total War: The Search for Economic Security, 1919~1941*, Cornell University Press, 1988.

Bell, P. M. H., *The Origins of the Second World War in Europe*, Longman Pub Group, 1986.

Carley, Michael J., *1939: The Alliance That Never Was and the Coming of World War II*, Ivan R. Dee, 1999.

Carr, E. H., *The Twenty Years' Crisis, 1919~1939: An Introduction to the Study of International Relations*, Harper Perennial, 1964.

Haslam, Jonathan, *The Soviet Union and the Struggle for Collective Security in Europe, 1933~39*, Palgrave Macmillan, 1984.

Nation, Craig R., *Black Earth, Red Star: A History of Soviet Security Policy, 1917~1991*, Cornell University Press, 1992.

Overy, Richard, *The Inter-War Crisis 1919~1939*, 2nd ed., Pearson, 2007.

Roberts, Geoffrey, *The Soviet Union and the Origins of the Second World War*, Red Globe Press, 1995.

Steiner, Zara, *The Triumph of the Dark: European International History 1933~1939*, Oxford University Press, 2013.

10
제2차 세계대전의 전개

제2차 세계대전의 시작

소련과 불가침 조약을 체결한 직후인 1939년 9월 1일, 독일은 그들 동쪽 국경에 남아 있는 유일한 반독 세력인 폴란드를 정리하기 위해 군사 행동을 개시했다. 이를 많은 학자들은 제2차 세계대전의 개막으로 규정한다. 당시 폴란드는 사실상 파시스트들이 정권을 장악하고 있었기에 나치와 친선 관계를 맺을 가능성도 있었지만, 독일과의 역사적 구원舊怨을 극복하지 못해 영국과 프랑스를 동맹 파트너로 삼은 바 있었다. 독일의 폴란드 침공 직후에 영국과 프랑스는 곧바로 독일에 선전 포고를 했지만, 독일의 군사 행동을 응징하거나 폴란드에 군사적 지원을 하려는 시도는 하지 않았다. |자료1| 영국과 프랑스의 방관 속에서 폴란드는 단 3주 만에 독일군의 손아귀에 떨어졌다. 그리고 독일의 대폴란드 전쟁이 끝나갈 즈음, 소련은 독·소 불가침 조약의 밀약대로 폴란드의 동부 지역을 점령

했다. |자료2| 이 지역은 과거 러시아 제국의 영토
(현재도 벨라루스와 우크라이나에 속한 지역이다)였지만,
1920년에 소비에트-폴란드 전쟁을 거치며 폴란
드로 귀속된 지역이었다. 소련은 이러한 역사적
근거를 가지고 폴란드 동부 점령을 정당화하려
했지만, 사실 그들의 의도는 향후 독일과의 전쟁
에 대비하기 위해 국경선을 서쪽으로 좀 더 옮
기는 데 있었다. 같은 의도로 1939년 말에 소련
은 핀란드 동부를 요구했으며 핀란드가 이를 거
절하자 이른바 '겨울 전쟁'을 일으켰다. 1940년
에는 발트 삼국 역시 소비에트 연방에 가입시키
며 국경 수비선 구축에 더욱더 열을 올렸다. 소
련은 그들 서부 국경 지대에 향후 독일군의 공

도판 29 독일과 소련의 폴란드 분할을 보여주는 제2차 세계 대전 초기의 동부 유럽 지도. 하지만 독일과 소련의 전쟁 목적이 달랐다는 것도 이 지도는 말해준다. 독일은 추가적인 팽창을 위해 동유럽, 특히 폴란드를 정복한 반면, 소련은 그들의 국경 지대 수비에 초점을 두고 동폴란드, 발트 삼국, 핀란드 일부, 루마니아 일부를 점령했다.

격을 먼저 받아줄 완충 지대를 준비하고 있었던 것이다.

이 같은 독일의 폴란드 정복과 소련의 국경 지대 정비를 끝으로 전쟁이 마무
리되리라고 생각한 사람은 거의 없었다. 특히 영국과 프랑스는 독일의 이런 행
동이 유럽 대전의 사전 포석임을 잘 알았다. 그래서 이들 나라는 유럽의 주요
철광석 산지여서 향후 전쟁에 중요한 자원 공급처가 될 북유럽을 먼저 장악하
기 위해 군사 작전 계획을 세웠다. 하지만 1940년 초에 독일이 먼저 움직였다.
독일은 재빨리 노르웨이와 덴마크를 점령했고 최대 철광석 생산국인 스웨덴과
는 친교를 맺는 데 성공했다. 스웨덴은 이 과정에서 중립을 선언하기는 했으나
다분히 독일 친화적인 교역 정책을 약속했다. 이렇게 나치의 북유럽 장악이 완
결되었다.

프랑스의 패배가 일으킨 파장

폴란드와 북유럽을 손에 넣은 나치의 그다음 목표는 모두가 예상한 대로 프랑
스였다. 1940년 봄, 독일의 상황은 제1차 세계대전 시기 러시아의 빠른 대응 탓

도판 30 1940년 봄, 독일의 프랑스 침공이 시작된 지 불과 6주 만에 프랑스는 패망했다. 사진은 그해 6월 22일 콩피에뉴에서 독일의 야전 사령관 빌헬름 카이텔이 프랑스의 육군 장군 샤를 욍치제의 항복 선언을 받아들이는 장면이다. 카이텔은 제2차 세계대전의 패배 이후 뉘른베르크 전범 재판에서 사형을 언도받고 처형되었다.

에 프랑스 공략 병력을 둘로 나눠 양쪽 전선을 동시에 상대해야 했던 것과는 비교할 수 없이 좋았다. 하지만 프랑스 역시 이런 상황을 잘 알고 있었기에 전쟁 준비에 만전을 기했다. 프랑스는 세계 최대 규모의 육군 병력을 모았으며 국경 지대를 철저히 요새화해 놓았는데 마지노선Magino線이 대표적인 예다. 따라서 1940년 6월에 독일이 마침내 네덜란드, 벨기에에 이어 프랑스를 침공했을 때, 많은 이들은 이 전쟁도 제1차 세계대전 때 못지않게 오래 지속될 것이라고 예상했다.

하지만 그런 예상은 완전히 빗나갔다. 독일군의 빠른 기동전에 프랑스군은 어이없게 방어선을 내주면서 단 6주 만에 항복을 선언한 것이다. |자료3| 이 사건은 전 세계를 충격에 빠뜨렸다. 특히 영국과 소련이 받은 충격이 가장 컸다. 영국으로서는 주요 동맹국이자 완충 지대인 프랑스가 독일에 점령되면서 나치의 군대와 직접, 그것도 유럽에서 유일하게 맞서야 하는 상황에 놓였다. 줄곧 유화 정책을 펼치다 갑작스럽게 히틀러의 군사 행동에 직면한 영국은 전쟁 준비를 위한 자국 내 인적·물적 자원 동원이 늦었다. 따라서 그들의 당시 전력은 독일 군을 단독으로 상대할 수준이 못 되었다. 영국 수상 처칠의 "결코 항복은 없다"

라는 호기 어린 배포에도 불구하고 실상 영국이 기댈 수 있는 것은 당시까지 참전 의사를 적극적으로 내놓지 않고 있던 미국밖에 없었다. |자료4| 한편 소련은 독일과 프랑스 사이의 장기 소모전을 예상하고 그 기간을 이용해 전쟁 준비에 박차를 가하려 했던 원래 계획에 큰 차질이 생기게 되었다. 이제 스탈린의 선택은 나치를 달래는 것이 될 수밖에 없었고 이는 석유와 식량 물자를 독일에 매우 유리한 가격으로 공급하는 무역 정책으로 나타났다.

프랑스가 패망할 즈음, 독일의 동맹국인 이탈리아도 전쟁에 뛰어들었다. 지중해에 위치한 국가답게 그들이 우선적으로 노린 것은 당시까지 영국이 장악하고 있던 그 해상권이었다. 이탈리아는 이를 통해 수에즈 운하를 장악하고 궁극적으로는 영국의 주요 식민지들인 동아프리카, 중동, 인도에까지 세력을 펼치려는 원대한 계획을 품었다. 영국으로서는 그들 식민지로 가는 젖줄인 지중해마저 빼앗긴다면 전쟁에서 아무런 희망을 품을 수 없었기에 북아프리카와 발칸반도 전선에 사활을 걸었다. 개전 초기 영국은 유고슬라비아와 그리스를 비롯한 발칸반도의 동맹국들과 협력해 이탈리아 군대를 물리치는 데 성공했다. 하지만 이탈리아의 부진(?)을 만회하기 위해 독일이 곧바로 북아프리카와 발칸반도에 개입했고, 그 결과 1941년 봄까지 이들 지역 역시 대부분 나치의 손아귀에 들어갔다. |자료5| 영국은 북아프리카에서 어느 정도 버틴 것을 제외하고는 고전을 거듭하기만 했다.

따라서 1941년 봄까지 독일은 폴란드, 북유럽, 프랑스, 발칸반도를 차례로 장악하면서 사실상 전 유럽을 통합한 것처럼 보였다. 남은 곳은 식민지로 가는 길마저 상당수 차단되어 힘 빠진 영국뿐이었다. 1941년 봄, 많은 이들이, 유럽 전역의 자원을 활용할 수 있는 독일군이 상륙 작전을 통해 영국을 점령한다면 대전은 곧 끝나리라고 예상했다. 이렇게 전쟁이 마무리된다면 세계는 네 대제국에 의해 분할될 터였다. 유럽과 아프리카 그리고 일부 서아시아는 독일이, 유라시아 대륙은 소련이, 아메리카는 미국이, 그리고 영국·프랑스·네덜란드 등 구제국의 몰락으로 아시아 태평양의 식민지들을 거저 얻게 된 일본이 이 지역을 중국까지 포함하여 장악하는 세계 4분할의 구도가 펼쳐질 것 같았다. 당시 국제 관계에 민감했던 많은 지식인들은 이런 4분할 체제가 최소 50년 이상은 지속되리라 예측하며 성급하게(?) 국민 국가 시대의 종말을 예상하기도 했다.

예상을 벗어난 나치의 소련 침공

하지만 그럴듯해 보였던 이 예상은 빗나갔다. 나치 독일이 영국을 공격하여 대전을 끝내는 방법 대신, 소련 침공을 선택한 것이다. 독일과 소련은 불가침 조약을 맺은 상태였지만, 앞서 언급했듯이 스탈린을 비롯한 소련 지도부는 독일의 소련 공격 가능성을 항상 염두에 두고 있었다. 하지만 독일이 영국을 젖혀두고 소련을 먼저 침공하리라는 생각은 쉽게 할 수 없었다.

히틀러의 이런 선택은 당시 많은 사람을 충격에 빠뜨렸던 만큼 후대에 이를 설명하려는 학자들 역시 곤혹스럽게 했다. 식량과 에너지원이라는 기본 물자를 자체 블록 경제 내에서 조달해야 한다는 나치 지도부의 강박 관념이 우선 그 원인으로 제시되었다. 독일의 유럽 장악은 겉으로는 눈부셔 보였지만 여전히 이 기본 물자를 확보해주지는 못했다. 따라서 독일은 소련 흑토 지대의 곡창과 바쿠 유전이 추가로 필요했다는 것이다. 하지만 이는 독일이 영국을 장악한다면 영국 식민지들의 자원을 통해 식량과 에너지원 문제를 해결할 수 있었다는 점을 설명하지 못한다. 더구나 당시 스탈린은 이 물자를 매우 싼값에 독일에 공급하고 있었다. 프랑스에서의 성공처럼 아무도 예상하지 못한 깜짝 전략을 통해 승리를 거둔다는 전략적 사고가 소련 침공 결정에 주요했다는 일부 학자들의 설명도 큰 설득력이 없다. 소련은 프랑스와는 달리, 한 번의 기습으로 결판이 날 수 있는 규모의 나라가 아니라는 점은 히틀러 주변의 장성들도 잘 알았다. 따라서 히틀러의 소련 침공 결정은 경제적·군사적 선택이라기보다는 인종주의적 편견이 결합된 비합리적 결정이었다고 보는 편이 더 적절하다. |자료6|

전쟁 초기 히틀러의 모험은 성공하는 듯이 보였다. 당황한 소련 군대는 그해 8월까지 그들 서부 전선의 주력 부대를 상당 부분 잃었다. 세 방향으로 나누어 진격한 독일 군대는 9월에 소련의 제2도시인 레닌그라드(현재의 상트페테르부르크)를 포위했고, 일부는 모스크바로, 나머지는 소련 남동부의 자원 지역을 향했다.

간헐적으로 소련군의 격렬한 저항이 있었지만 그해 12월 초 독일군 주력은 수도 모스크바 인근에 도달했다. ^{자료7} 전쟁은 독일의 승리로 곧 끝날 것처럼 보였다. 독일 병사들은 크리스마스를 집에서 보낼 수 있을 것 같다고 가족에게 편지를 썼다.

하지만 12월 초, 한 역사가가 "20세기의 가장 중요한 일주일"이라 칭한 그 한 주가 시작되었다. 이 한 주 내에 일어난 사건 두 가지가 전쟁의 향방과 세계사를 바꾸었다. 그 첫 번째는 일본의 진주만 공습이었다. 독일이 프랑스를 패망시킨 직후, 일본은 주인이 사라진 아시아 태평양의 서유럽 식민지들을 장악하는 과정에서 보르네오 유전까지 넘보았다. 미국과 영국이 이를 우려하며 일본에 석유 공급 제재를 가하자, 일본 제국은 모험적인 선택을 했다. 미국 해군 기지를 잠시 마비시키고 이를 빌미로 미국과의 태평양 분할 협상에 들어가려 한 것이다. 하지만 일본의 이런 도발에 미국은 협상 참여가 아닌 무력 응징으로 대응했다. 진주만이 폭격당하기 이전까지, 미국은 그해 8월에 대서양 헌장을 발표했음에도 불구하고 참전 의사가 확고하지 않았다. ^{자료8} 이제 미국은 본격적으로 소련군과 영국군에 가담하여 명실상부한 '연합군'을 출범시켰다. 세계 최대 경제 대국인 미국의 가담으로 연합국 측은 추축국 측에 비해 물량 조달 면에서 분명한 우위에 설 수 있었다.

12월 8일이 있던 주에 일어난 두 번째 중요한 사건은 모스크바 인근에서 목도된 소련군의 대반격이었다. 독일의 침공 시기를 예상하지 못하여 군사 자원을 전면 가동하지 못하던 소련의 산업 시설들은 그해 겨울이 되어서야 전시 체제로 완전히 탈바꿈할 수 있었다. 그 결과는 탱크와 야포 생산 등 군수 물량의 폭발이었다. 게다가 일본이 시베리아와 극동이 아닌 태평양으로 '남진'한다는 첩보를 미리 접하고 극동에 진주하던 대일전 대비 부대를 모스크바로 돌릴 수 있었던 것도 소련의 반격에 중요한 자산이 되었다.

소련의 대반격을 계기로 독일군 주력은 모스크바에서 밀려났다. 1942년이 되자 히틀러는 독일이 장악한 전 지역의 자원을 쥐어짜서 전년도의 약 세 배에 달하는 전비를 확보한 후, 이번에는 소련 자원의 보고인 남동부로 군대를 집중했다.│자료9│ 결국 이를 막기 위해 남쪽으로 진군한 소련군과의 일대 회전이 불가 피했고, 그 전투는 볼가강 유역의 공업 도시 스탈린그라드(현재의 볼고그라드)를 중심으로 펼쳐졌다.│자료10│ 전투가 마무리된 1943년 2월, 독일군은 주력 기갑 부대 병력 30만 명이 전사하는 궤멸적인 타격을 입었다. 이때부터 독일군은 '공세'가 아닌 '수세' 국면에 처하게 되었다. 유럽 대륙의 전세가 완전히 뒤바뀐 것이다. │자료11│ 그해 7월 독일군은 공세로 전환한 소련군을 쿠르스크에서 저지하지 못한다면 전쟁에 아무런 희망이 없음을 깨달았다. 이 전투는 양국의 댕크, 야포, 전투기 등이 총동원된, 인류 역사상 가장 큰 규모의 물량전, 군사사가들의 표현을 빌리면 "기계들의 전투"였다. 여기서 다시금 독일군의 주력이 전멸하면서 유럽 대륙에서의 전쟁 승패는 결정 났다. 이제 전쟁 양상은 소련 영토 밖으로 퇴각하는 독일군을 소련군이 추격하는 형태가 될 터였다. 물론 이 '토끼몰이'가 소련 측을 즐겁게만 하지는 않았다. 퇴각하던 독일군이 조직적으로 민간인을 학살하고 간헐적으로 군사 반격을 펼치면서 계속해서 소련에 거대한 인명 피해를 입혔기 때문이다.

한편 일본의 도발로 시작된 태평양 전쟁은 초반에 미국과 일본의 항공모함을 이용한 항공기 간의 전투와 폭격이 주를 이루었다. 1942년 6월, 양측 항공모함이 총동원된 미드웨이 대해전에서 전쟁의 결과가 나왔다. 이에 투입된 정규 항공모함 네 척을 모두 잃은 일본은 태평양에 흩어져 있는 섬들을 하나씩 지키는 옥쇄 전략으로 나올 수밖에 없었고, 미국은 대규모 공습과 해병대 상륙 작전을 중심으로 그 섬들을 하나씩 점령해나갔다('섬 뜀뛰기 전략'). 1945년에 이르자 미국은 일본 열도에 근접하고 있었다. 이에 앞서 이제까지 미국이 점령했던 태평양의 섬들보다 훨씬 큰 규모의 이오섬과 오키나와가 기다리고 있었다.

독일이 폴란드를 침공하고 영국이 독일에 전쟁을 선포하다

> 소련과 맺은 불가침 조약으로 동부 전선이 든든해진 독일은 1939년 9월 1일에 이 전선을 그들의 시각에서 완벽하게 안정화하기 위해 폴란드 침공을 감행했다. 그로부터 이틀 후 영국 수상 체임벌린은 스스로 유화 정책 실패를 자인하며 독일과의 전쟁을 선포한다. 물론 영국과 프랑스가 폴란드를 지키기 위해 당장 군사 행동을 개시하지는 못했지만, 곧 전쟁은 유럽의 '대전'이 될 모양새가 되었다.

체임벌린의 대독일 전쟁 선포(1939년 9월 3일), http://romanohistory.pbworks.com/w/file/fetch/
73728956/British%20Declare%20War%20on%20Germany.pdf

오늘 아침 베를린 주재 영국 대사는 독일로부터 11시까지 폴란드에서 즉시 군대를 철수시킨다는 말을 듣지 못한다면, 양국이 전쟁 상태에 돌입할 것이라는 내용의 최후통첩을 독일 정부에 전달했습니다. 저는 아직까지 독일의 그런 움직임을 보고받지 못했고, 그 결과 지금 이 나라는 독일과의 전쟁에 돌입한다는 것을 여러분께 말씀드려야겠습니다. 평화를 쟁취하기 위한 저의 오랜 노력이 모두 실패했다는 것이 제게 얼마나 쓰라린 타격인지 짐작하실 겁니다. 그러나 저는 제가 할 수 있었을 법한, 더 성공적일 수 있었을 그 이상의 방법이나 다른 어떤 방법이 있었다고는 생각하지 못하겠습니다.

아주 최근까지도 독일과 폴란드 사이에는 평화롭고 명예로운 합의의 가능성이 꽤 크게 있었습니다만, 히틀러는 그런 선택을 하려 들지 않았습니다. 그는 무슨 일이 있어도 폴란드를 공격하겠다고 분명히 결심했던 것입니다. 히틀러는 자신이 폴란드에 합리적인 제안을 내놓았는데도 폴란드가 거부했다고 말합니다. 하지만 이는 진실이 아닙니다.

폴란드도 우리도 그러한 제안을 결코 본 적이 없습니다. 그것이 지난 목요일 밤 독일 방송에서 발표되었다지만, 히틀러는 이에 대한 반응을 기다리지도 않고 자신의 부대에 폴란드 국경을 넘으라고 명령을 내렸습니다. 히틀러의 행동은 그가 자기 뜻의 실현 수단으로 무력을 사용하는 습관을 언젠가는 포기할 거라고 기대할 수 없음을 확실히 보여줍니다. 히틀러는 오로지 무력으로만 저지할 수 있습니다. 우리와 프랑스는 오늘 우리의 의무를 다하여 폴란드를 도우려 합니다. 폴란드는 그들이 어떠한 도발 행위도 하지 않았음에도 지금 당하고 있는 이 사악한 독일의 공격에 용감하게 저항하고 있습니다. 우리는 양심에 부끄럽지 않습니다. 우리는 평화를 얻기 위해 할 수 있는 모든 것을 해왔습니다. …

자료
02

독일과 소련이 폴란드를 분할하다

숙적끼리의 만남으로 전 세계를 충격에 빠뜨렸던 독·소 불가침 조약에는 사실 또 다른 비밀 합의가 있었다. 동유럽 지역을 나치 독일과 소련이 각각 영향권이라는 이름으로 차지한다는 내용이었다. 강대국들에 의한 영토 분할 결정이라는 점에서 이 합의는 비난받아야 마땅하다. 하지만 이 두 강대국이 영향권을 차지하기 위한 목적과 성격은 매우 달랐다는 점도 함께 기억할 필요가 있다. 나치는 이 영향권을 기반 삼아 추가로 전쟁을 일으킬 공세적 의도가 있었던 반면, 소련은 자국의 안보를 위한 수세적 목적만을 가지고 있었다. 소련의 이념에는 세계혁명이라는 공세적 표어가 항상 포함되어 있었지만, 당시 스탈린 정권은 이를 아주 먼 훗날의 일로만 여기고 당장에는 소련 체제 수성에만 골몰했다.

독일과 소련의 영향권 경계 설정에 관한 추가 비밀 의정서(1939년 8월 23일), https://digitalarchive.
wilsoncenter.org/document/110994

추가 비밀 의정서

독일과 소비에트 사회주의공화국연방 간의 상호 불가침 조약에 서명하면서, 양측 전권 대사들은 극비에 동유럽 지역에서의 상호 영향권 구분 문제를 논의했다. 논의 결과는 다음과 같다.

1. 발트해 국가(핀란드, 에스토니아, 라트비아, 리투아니아)를 구성하는 지역의 영토-정치적 재편성이 일어나는 경우, 독일과 소련은 일제히 리투아니아 지역의 북쪽 경계를 영향권의 경계선으로 삼는다. 양측 모두 빌뉴스 지역에 대한 리투아니아의 지배권은 인정한다.

2. 폴란드 공화국을 구성하는 지역의 영토-정치적 재편성이 일어나는 경우, 독일과 소련의 영향권 경계선은 대략 피사, 나레프, 비스툴라, 산강을 따라 정해질 것이다.
   독립된 폴란드 국가를 보존하는 것이 (서명국의) 상호 이익에 부합하는지 여부, 폴란드의 국경을 확정하는 문제는 향후 정치적 변화 과정을 지켜본 후에 최종적으로 확정될 수 있다. 어떤 경우에도, 양국은 우호적인 상호 합의를 통해 이 문제를 해결하도록 한다.

3. 남·동유럽 지역에 관한 한 소련 측은 베사라비아에 대한 소련의 지배권을 강조한다. 독일 측은 이 지역에 대해 정치적으로 완전히 관심 없음을 선언한다.

4. 양측은 이 의정서를 극비에 부칠 것이다.

자료
03
예상치 못한 프랑스의 항복

> 1940년 6월, 프랑스가 그토록 빨리 항복하리라고 예상한 사람은 거의 없었다. 프랑스를 완충 지대 삼아 늦어진 전쟁 준비를 만회하려던 영국에게 이는 청천벽력과도 같은 소식이었다. 한편 자본주의 국가들끼리의 소모전을 기대하며 향후 전쟁 대비에 시간을 벌려고 했던 소련에도 재앙과 같은 일이었다. 항복 후 프랑스의 인적·물적 자원은 독일의 추가적인 전쟁 준비를 위해 대규모로 동원되었다.

콩피에뉴에서 체결된 독일 육·해·공군 최고 사령부와 프랑스군 전권대사 사이에 맺어진 정전 협정 (1940년 6월 22일); 데이비드 톰슨 편집,《프랑스: 제국과 공화국, 1850~1940》, pp. 358~359

제1조

프랑스 정부는 프랑스 국내와 프랑스의 점령국, 식민지, 보호국 영지 내에서 독일군에 대항하여 싸우는 것을 중지하도록 명령한다. 이는 프랑스 영해에도 마찬가지로 적용된다. 프랑스 정부는 독일군에 포위된 프랑스 부대가 즉시 무기를 내려놓도록 명령한다.

제2조

독일 제국의 이익을 보호하기 위해, 첨부된 지도의 북쪽과 서쪽에 해당하는 프랑스 국가 영토는 독일 군대가 점령한다. 점령 예정지 중 아직 독일군의 통제를 받지 않는 지역에서는 본 조약의 체결 이후 즉시 독일군 점령이 이루어질 것이다.

제3조

독일 제국은 프랑스 점령지에서 점령 국가의 모든 권리를 행사한다. 프랑스 정부는 모든 수단을 동원하여 이러한 권리 행사에 따른 규정을 지원하고 프랑스 행정 관청의 도움을 빌어 이를 수행할 의무가 있다. 따라서 모든 프랑스 당국과 점령지 관리들은 프랑스 정부로부터 독일군 사령관의 규정과 지시를 준수하고 그들과 올바른 방식으로 협력할 것을 곧 통보받을 것이다. 독일 정부는 영국과의 적대 관계를 완전히 종식한 후에는 프랑스 서해안 지역 점령을 제한적으로 수행하려 한다. 프랑스 정부는 비점령지 내에서 그들 정부의 소재지를 정할 수도 있고, 원한다면 파리로 돌아올 수도 있다. 후자가 될 경우, 독일 정부는 프랑스 정부와 중앙 당국이 파리로부터 비점령지에 대한 행정을 수행하는 데 필요한 모든 완화 조치를 취할 것이다.

제4조

프랑스의 육·해·공군은 정해진 기간 내에 해산하고 무장 해제해야 한다. 국내의 질서 유지를 위해 반드시 필요한 단위의 부대만을 예외로 둔다. 독일과 이탈리아가 그 부분을 대체할 것이다. 독일에 점령된 지역 내의 프랑스 무장 군대는 아직 점령되지 않은 지역으로 신속히 퇴각하여 해산한다. 이 부대들은 철수 전에, 그들의 무기와 장비를 이 조약이 발효되는 시점에 주둔하고 있던 곳에 내려놓아야 한다. 그들은 그 무기와 장비를 독일 군대에 질서 있게 양도해야 한다. …

처칠의 항전 의지가 담긴 연설

프랑스의 패망과 더불어 영국에서는 체임벌린이 물러나고 보수당의 강경파 처칠이 전시 내각을 이끌었다. 처칠은 그 특유의 수사로 영국 국민의 마음을 움직여 히틀러와의 전쟁에 대비하려 했지만, 그 전망이 밝아 보이지는 않았다. 수상이 된 후, 처칠이 하원에서 펼친 '피, 노력, 눈물, 땀' 연설은 전쟁 수행에 대한 자신감과 의지의 표현이었다기보다는 영국의 취약함과 설박함을 반영한 것이었다.

윈스턴 처칠의 '피, 노력, 눈물, 땀' 연설(영국 하원, 1940년 5월 13일), https://sourcebooks.fordham.edu/Halsall/mod/churchill-blood.asp

지난 금요일 저녁에 나는 폐하에게서 새로운 행정부를 구성하라는 임무를 부여받았습니다. 가능한 넓은 정치 세력의 기반 위에 모든 정당을 포함해야 한다는 것이 국회와 국가의 분명한 의지였습니다. 나는 이 과업의 가장 중요한 부분을 이미 완수했습니다. 전쟁 내각의 위원은 다섯 명으로, 노동당, 범야권, 자유당을 포함한 국민 통합체로 구성되었습니다. 나는 사안이 극도로 시급하고 엄중했기에, 단 하루 만에 이 작업을 수행해야 했습니다. … 우리는 역사상 가장 중요한 전투를 준비하고 있습니다. 우리는 노르웨이와 네덜란드 등 여러 지역에서 전투 중이며, 지중해에서도 준비해야 합니다. 공중전은 계속되고 있으며, 후방에서도 많은 준비가 필요합니다. … 나는 정부 각료들에게 한 말을 하원에서 다시 하고자 합니다. 내가 내놓을 것이라곤 피와 노력, 눈물과 땀뿐입니다. 우리는 가장 비통한 종류의 시련을 앞두고 있습니다. 우리는 여러 달 동안 몸부림칠 것이고 고통을 겪을 것입니다. 우리의 근본 정책은 무엇일까요? 나는 그것이 육지, 바다, 공중에서 전쟁을 수행하는 것이라고 말하고자 합니다. 우리의 전력과 신이 우리에게 주신 능력을 다해 전쟁을 수행해야 합니다. 그리고 어둡고 통탄할 인간 범죄의 목록 속에서도 전례가 없던, 괴물 같은 폭정에 대항하는 전쟁을 수행해야 합니다. 그것이 우리의 근본 정책입니다. 그렇다면 우리의 목표는 무엇일까요? 나는 한 단어로 대답할 수 있습니다. 승리입니다. 어떠한 대가를 지불하더라도, 어떠한 두려움이 있더라도, 그곳에 이르는 길이 아무리 길고 어렵더라도 승리를 쟁취해야 합니다. 왜냐하면 승리 없이는 생존도 없기 때문입니다. 이 점을 자각합시다. 영국 제국도 살아남지 못하고 영국

제국이 지켜온 모든 것도 살아남지 못합니다. …

자료
05

독일이 발칸반도를 장악하다

> 북유럽과 프랑스를 점령한 나치 독일은 1941년 봄이면 발칸반도까지 장악한다. 영국은 지중해 해상권을 내주지 않기 위해 발칸반도와 북아프리카를 수호하려 했으나, 그들 뜻대로 되지 않았다. 아래 자료는 미국의 주요 일간지가 입수해 공개한 독일군의 명령서로, 1941년 4월까지만 해도 유럽 전쟁의 핵심 대결은 독일과 영국 사이에서 펼쳐졌다는 사실을 알 수 있다. 이 구도를 깬 것이 두 달 후에 목도될 히틀러의 소련 침공이다.

히틀러의 오늘의 명령(1941년 4월 6일),《뉴욕 타임스》, 1941년 4월 7일자

베를린에서 선전부 장관 괴벨스가 동부 전선의 독일 병사들에게 총통의 이름으로 오늘의 명령을 하달한다. 남동부 전선의 군인들이여, 이제 그대들이 작전을 개시할 시간이되었다. 그대들은 이제 동료들이 1년 전에 노르웨이의 서부 전선에서 그랬던 것처럼, 독일의 국익을 그대들의 보호 아래 두게 될 것이다. 그대들은 남동부 전선에서도 옳은일을 하게 될 것이다. 이 작전에서 그대들의 임무는 1915년에 발칸반도에서 승리를 거두었던 독일 사단의 군인들만큼 용맹하게 싸우는 것이다. 그대들은 적들이 그대들을 인도적으로 대할 때만 그들을 인도적으로 대해야 한다. 적들이 그대들을 완전히 야만적으로 대한다면, 그대들은 똑같은 방식으로 그들을 물리치면 된다. 그리스 땅에서 치르는 전쟁은 그리스 국민을 상대로 한 전투가 아니라, 우리의 최대 적국인 영국을 상대하는 전쟁이다. 영국은 작년에 북유럽에서 그랬듯이 전쟁을 남동쪽 발칸 지역으로까지 확대하고 나왔다. 이런 이유로 우리는 바로 이곳, 발칸반도에서 동맹국과 어깨를 맞대고 영국과 싸울 것이다. 최후에 살아남은 영국인 한 명이 그리스에서 그들의 됭케르크를 발견할 때까지 말이다. 만약 어떤 그리스인이라도 영국의 정책을 돕는다면, 그는 영국인들처럼 쓰러질 것이다. 독일 병사가 눈과 산맥으로 덮인 발칸반도에서 영국 병사를 무찌를 수 있음을 스스로 증명해 보일 때, 그는 뜨거운 아프리카 사막의 열기 속에서도 영국인들을 패퇴시킬 수 있음을 증명하는 것이다. 우리가 추구하는 궁극적 목표는우리 독일 국민을 위한 자유를 쟁취하는 것과 독일 가족들을 위한 생활 공간을 안전하

게 확보하는 것 외에는 없다. 모든 독일인은 기도와 묵상을 생활화해왔다. 그것은 이제
다시 독일 병사 하나하나의 마음속에도 있다.

총사령관

아돌프 히틀러

자료 06

나치 독일의 소련 침공

> 발칸반도까지 독일의 손에 넘어가자, 영국은 식민지로 가는 루트에 심대한 타격을 입었고 유럽
> 대륙에 홀로 남는 처지가 되었다. 독일은 도버 해협에서 계속해서 상륙 작전을 훈련했고, 곧 영국
> 침공을 감행할 것 같았다. 하지만 충격적이게도 독일의 선택은 영국이 아닌 소련이었다. 히틀러
> 는 이 충격적 선택을 설명하기 위해 소련 침공을 개시하기 직전에 동맹국인 이탈리아의 총통 무
> 솔리니에게 편지를 썼다. 다음에 소개한 편지에서 히틀러가 스스로 내건 설명에 따르면, 러시아
> 침공은 영국의 희망을 꺾고 일본에 도움이 되며 결과적으로 미국을 견제할 수 있는 전략이며, 식
> 량과 석유를 확보할 수 있는 대책이었다. 일부 학자들은 히틀러의 이 지정학적이고 지경학적 설
> 명처럼 나치의 소련 침공을 합리적 차원에서 이해해보려고 노력하기도 했다. 하지만 여전히 히틀
> 러가 영국을 남겨놓은 상태에서 소련부터 먼저 침공한 것을 합리적으로 설명하기는 어려웠다. 히
> 틀러가 설명하는 소련 침공 목적은 영국을 먼저 정리한 후에도 얼마든지 이룰 수 있는 것들이었
> 기 때문이다.

소련 침공에 대한 히틀러의 설명(1941년 6월 21일); 〈미국 국무부 발행 문서 3023호, 1939~1941년
나치-소련 관계, 독일 외무부 문서고 자료United States, Department of State, Publication No. 3023, Nazi-Soviet
Relations 1939-1941, Documents from the Archives of the German Foreign Office〉, Government Printing Office,
1948, pp. 349~353

총통!

몇 달간 이어진 근심 어린 고민과 계속된 초조한 기다림이 제 인생에서 가장 힘든 결정
으로 마무리된 이 순간에 지는 당신께 이 편지를 쓰고 있습니다. …

영국은 여태까지 항상 대륙의 도움을 받아 전쟁을 수행해왔습니다. 영국의 전쟁광들은
프랑스의 패배로 사실상 서유럽의 거점들을 잃자 소비에트 러시아에 계속해서 눈짓을

보냈습니다. 사실 소비에트 러시아는 영국이 개전을 유도했던 장소인데도 말입니다.

소비에트 러시아와 영국 둘 다 유럽이 장기간의 전쟁으로 쇠약해져서 파멸의 나락으로 떨어지게 하는 데 관심이 있습니다. 이 두 나라 뒤에는 그들을 부추기고 예의주시하며 때를 기다리는 북아메리카 연합이 있습니다. 폴란드의 몰락 이후, 소비에트 러시아에는 그들이 영리하고 조심스럽게 진행하고 있지만 그럼에도 불구하고 뚜렷이 보이는, 하나의 일관된 흐름이 존재합니다. 그것은 소비에트 국가를 확장하려는 과거 볼셰비키의 경향으로 확고하게 돌아가는 것입니다. … 실제로, 전력을 동원할 수 있는 러시아 군대가 우리의 국경에 와 있습니다. 게다가 따뜻한 계절이 도래한 이래, 수많은 빙어선에서 군비 사업이 진행되고 있습니다. 러시아가 남유럽과 북유럽 모두에서 강탈 전략을 개시할 위험이 존재합니다.

영국의 상황 자체는 좋지 않습니다. 식량과 원료의 공급이 점차 어려워지고 있기 때문입니다. 어쨌든 전쟁을 하기 위한 군의 사기는 오직 희망이라는 감정이 있을 때만 살아날 수 있습니다. 이 희망들은 전적으로 러시아와 미국이라는 두 가지 가정에 의존하고 있습니다. 우리는 미국을 제거할 수 없습니다. 하지만 러시아를 배제하는 건 우리 힘으로 가능합니다. 러시아를 제거하는 것은 동시에 동아시아의 일본에 엄청나게 도움이 되며, 따라서 일본의 개입을 통해 미국의 활동에 훨씬 더 큰 위협을 가할 수 있다는 뜻이 됩니다.

노르웨이에서 프랑스에 이르기까지 서부 영토의 안보는 충분히 굳건합니다. 총통, 동부 전선은 확실히 어려운 전쟁이 되겠지만, 저는 우리가 위대한 승리를 거둘 것이라는 데 한 점 의혹도 품지 않습니다. 무엇보다도 앞으로 우크라이나에서 공동의 식량 공급 기지를 확보할 수 있으리라 희망합니다. 그리고 그 기지는 미래에 우리가 필요로 할지 모르는 식량을 추가로 공급해줄 것입니다. … 러시아는 루마니아의 석유 지대를 파괴하려 시도할 가능성이 있습니다. 우리는 지금까지 최악의 상황을 예방해줄, 또는 예방해줄 것 같은 방어책을 구축해왔습니다. 게다가 이런 위험은 최대한 빨리 제거하는 것이 우리 군대가 할 일일 것입니다. …

소련, 패전의 위기에 빠지다

독일군의 침략 자체는 예상했으나 그 시기까지는 예측하지 못했던 소련은 전쟁 초반에 패퇴를 거듭했다. 1941년 11월, 당시 제2의 수도였던 레닌그라드가 이미 포위된 상태였고, 수도 모스크바도 독일군의 진군을 곧 맞닥뜨릴 것 같았다. 소련으로서는 절체절명의 위기 상황이었다고 할 수 있다. 스탈린의 다음 연설은 그즈음 소련의 군대와 민중에게 항전을 독려하는 내용을 남기고 있다. 스탈린의 전략은 크게 두 가지였다. 하나는 내전 극복의 경험을 불러내는 것이었고, 다른 하나는 러시아 민족주의에 호소하는 것이었다.

10월 혁명 24주년 기념 스탈린의 연설(1941년 11월 7일), https://www.marxists.org/reference/
archive/stalin/works/1941/11/07.htm

동무들, 붉은군대 육·해·군의 병사, 사령관과 정치 지도원, 남녀 노동자, 남녀 집단 농장원, 전문직 종사자, 독일의 멍에 아래 일시적으로 놓인 적 후방의 형제들과 자매들, 그리고 독일 침략자들의 후방에서 그들을 부숴버리는 용감한 남녀 게릴라 대원들이여! 소비에트 정부와 볼셰비키 당의 대표로서 여러분을 맞이합니다. 또 10월 사회주의 혁명의 24주년을 축하합니다.

동무들이여, 우리는 10월 혁명 24주년을 몹시 어려운 상황에서 기념하고 있습니다. 독일은 불가침 조약을 어기고 우리를 배신하여 전쟁을 개시했고, 이 전쟁은 우리를 위협하고 있습니다. 우리는 일시적이긴 하지만 많은 지역을 잃었고, 적들은 레닌그라드와 모스크바의 입구에 나타났습니다. 적들은 한 방에 우리의 군대가 뿔뿔이 흩어지고 우리가 그들에게 무릎 꿇을 것이라고 예상했습니다. 그러나 적들은 완전히 오판했습니다. 일시적 후퇴에도 불구하고 우리 육군과 해군은 영웅적으로 전방에서 적들의 공격을 막아내고 그들에게 엄청난 피해를 입히고 있습니다. 한편 우리나라, 아니 우리나라 전체가 전쟁 기지로 질서 있게 재조직되고 있으며, 우리의 육군 및 해군과 함께 독일 침략자들의 패주로를 둘러쌀 것입니다.

우리나라가 지금보다 더 어려운 상황일 때도 있었습니다. 1918년, 우리가 사회주의 혁명 1주년을 기념했던 때를 생각해보십시오. 우리 국토의 4분의 3이 다른 나라의 손에 있었습니다. 우리는 우크라이나, 캅카스, 중앙아시아, 우랄, 시베리아와 극동까지 일시적으로 잃었습니다. 우리는 동맹도 없었고 붉은군대도 없었습니다. 그때에서야 막 만들기 시작했지요. 군대에 제공할 음식도, 군 장비도, 군복도 없었습니다. 무려 14개국이 우리를 압박했습니다. 하지만 우리는 낙담하지도 절망하지도 않았습니다. 전쟁의 불길 속에서 우리는 붉은군대를 주조했고 나라를 전쟁 기지로 바꾸었습니다. 위대한 레닌의 정신이 그때 전쟁 속에서 우리를 외국 군대에 대항하게 했습니다. 그래서 어떤 일이 벌어졌습니까? 우리는 그들을 쫓아냈고, 잃어버린 땅을 되찾으며 승리를 쟁취했습니다. 지금 우리나라의 현실은 23년 전보다 훨씬 낫습니다. …

동지들, 붉은군대 육·해·군의 병사들, 사령관과 정치 지도원, 남녀 게릴라 대원늘이여, 진 세세가 여러분을 독일 침략자라는 약탈 무리를 붕괴시킬 희망으로 여기고 있습니다. 독일 침략자들의 멍에 아래에서 노예가 된 유럽 사람들은 여러분을 해방자로 바라보고 있습니다. 이 위대한 해방의 사명이 여러분에게 주어졌습니다. 이 사명의 중요성을 알아주십시오! 당신이 참여한 전쟁은 해방 전쟁이지, 그저 평범한 전쟁 가운데 하나가 아닙니다. 알렉산드르 넵스키, 드미트리 돈스코이, 쿠즈마 미닌, 드미트리 포자르스키, 알렉산드르 수보로프, 미하엘 쿠투조프 같은 우리 위대한 선조들의 용맹한 이미지가 이 전쟁에서 당신들을 북돋울 것입니다. 위대한 레닌의 승리의 깃발이 여러분을 인도하는 별이 되길!

독일 침략자들의 전멸을 위해! 독일 침략자들에게 죽음을! 우리 영광스러운 모국과 그 자유와 독립을 위해! 레닌의 깃발 아래서 승리를 향해!

자료
08

영국이 미국의 지원을 얻어내려 애쓰다

풍전등화와도 같았던 영국의 상황은 독일이 영국이 아닌 소련을 침공함으로써 갑자기 호전되었다. 독·소전의 시작 직후부터 영국과 소련은 사실상 동맹 관계에 들어갔다. 그리고 영국은 나치 전쟁을 비판하던 미국을 그 동맹에 끌어들이려 했다. 그 첫 결실이 바로 유명한 대서양 헌장이다. 하지만 대서양 헌장의 내용에는 '나치 폭정이 완전히 멸망한 뒤에는'이라는 표현만 있을 뿐 이를 어떻게 실현할지에 관한 내용은 담겨 있지 않았다. 1941년 여름에 미국은 참전 의사를 직접적으로 분명히 밝히지 않았다. 미국이 분명히 하고자 했던 것은 전후 질서의 형태였다. 그것은 각 민족이 제국주의나 강대국으로부터 독립하고 자유무역이 이루어지는 것을 의미했다. 미국의 이 메시지는 반독일적이기도 했지만 반영국적인 것으로 읽힐 수도 있었다. 영국이 바로 제국주의의 주역이었으니 말이다.

대서양 헌장(1941년 8월 14일), https://avalon.law.yale.edu/wwii/atlantic.asp

미국 대통령과 영국 정부를 대표하는 처칠 수상은 회담을 진행한 결과, 바람직한 세계의 미래를 위한 희망에 근거하여 양국 정부의 국가 정책 중에서 확실한 공통의 원칙을 공표하는 것이 옳다고 생각하여 다음과 같이 선언한다.

첫째, 양국은 영토나 그 밖의 어떤 세력 확장도 추구하지 않는다.

둘째, 양국은 자유롭게 표현된 국민들의 소망에 어긋나는 어떠한 영토적 변화도 원치 않는다.

셋째, 양국은 모든 민족이 그 속에서 영위할 정부 형태를 선택할 권리를 존중한다. 또 강압적으로 빼앗겼던 주권과 자치 정부를 인민들이 다시 찾기를 원한다.

넷째, 양국은 기존의 의무 조항을 존중하면서 크든 작든, 승전국이든 패전국이든, 모든 국가가 동등한 조건으로 안녕을 증진하기 위해 자신들의 경제적 번영에 필요한 무역과 세계의 원자재에 접근할 권리를 향유할 수 있도록 노력한다.

다섯째, 양국은 모든 국가에서 개선된 근로 기준, 경제 발전과 사회적 안전을 확보하기 위해, 경제 분야에서 모든 국가 사이에 적극적 협력이 있기를 희망한다.

여섯째, 양국은 나치 폭정이 완전히 멸망한 뒤에는, 모든 국가가 자기들 국경 내에서 안전하게 살 수 있는 수단을 제공하고, 또 전 세계 사람들에게 공포와 궁핍에서 벗어나 자유 속에서 일생을 살 수 있도록 평화가 확립되기를 희망한다.

일곱째, 그와 같은 평화를 통해 모든 사람은 구속받지 않고 공해와 대양을 항해할 수 있어야 한다.

독일이 소련 공세 전략을 변경한 이유

1941년, 독일군은 소련을 크게 세 방향에서 공격했다. 하지만 1941년 말의 모스크바 후퇴 이후 독일은 남쪽 방향에서의 공격에만 집중하게 된다. 아래 히틀러의 명령에서 보이듯이, 그 목적은 원유 지대의 우선적 확보에 있었다.

총통 명령(1942년 4월 5일); 제프리 로버츠Geoffrey Roberts, 《스탈린의 전쟁들: 1939~1953년 세계대전에서 냉전까지Stalin's Wars: From World to Cold War, 1939-1953》, Yale University Press, 2006, p. 119

우리가 가동할 수 있는 모든 전력을 남부 전선의 주요 작전에 집중해야 할 것이다. 우리의 목표는 돈강에 이르기 전에 적을 섬멸하는 것이다. 이는 캅카스의 원유 지대와 캅카스산맥을 넘어가는 통로들을 확보하기 위함이다. …

스탈린그라드에서 소련군이 전세를 돌려놓다

스탈린그라드 전투에 참가한 한 독일 병사의 일기다. 전투 초기인 10월부터 이미 독일 사병들은 전황을 긍정적으로 바라보지 않았음을 알 수 있다. 불길했던 그들의 전망은 결국 현실이 되었다. 1942년 말까지 스탈린그라드에 투입된 독일군 주력이 궤멸했고, 그들의 간헐적 저항은 그 뒤 두 달을 넘기지 못했다.

독일 병사의 일기; 마빈 페리 외 편집, 《서양 전통을 보여주는 사료들》, pp. 415~416

10월 22일

우리 연대는 그 공장 건물에 진입하지 못했다. 우리는 너무나 많은 동료를 잃었다. 한 걸음 움직일 때마다 시신들을 넘어야 했다. 낮에는 숨도 제대로 쉴 수 없다. 시신들을 치울 장소도, 치울 사람도 없어서 거기에 버려진 채로 썩어가고 있다. 불과 석 달 전만 해도 어느 누가 승리의 기쁨 대신 이런 희생과 고통을 견뎌야 할 것이며 그 끝이 어디인지 보이지 않을 것이라고 상상이나 했겠는가. … 병사들은 스탈린그라드를 독일군의 거대한 무덤이라 부른다. 중대마다 남은 사람이 별로 없다.

10월 27일

우리 군대는 바리카디 공장을 통째로 점령했지만 볼가강까지 뚫고 나아가는 데에는 실패했다. 러시아인들은 사람이 아니라 일종의 무쇠로 만든 생명체다. 그들은 결코 지치지 않으며 총격을 두려워하지도 않는다. 우리는 완전히 탈진했다. 우리 연대에는 이제 1개 중대 정도의 병력만이 남았다. 볼가강 반대편에 있는 러시아군의 대포 때문에 고개를 들 수조차 없다.

11월 10일

엘자에게서 편지가 왔다. 모두들 우리가 크리스마스에는 돌아오기를 바란다고 한다. 독일에서는 모든 이들이 우리가 이미 스탈린그라드를 장악했다고 믿는다. 그들이 얼마나 잘못 알고 있는지 알기나 할까. 스탈린그라드에서 우리 군대가 어떤 일을 당했는지 알게 되면 그 사실을 깨닫겠지.

11월 29일

우리는 포위되었다. "우리 군대는 보급로를 확보하고 신속하게 포위망을 돌파하는 데 필요한 모든 조치를 내가 취할 것임을 믿어야 합니다"라고 히틀러 총통이 말했단다. 오늘 아침에 그 말을 들었다.

12월 7일

군대가 심한 굶주림으로 고통을 겪을 정도로 식량 배급이 줄어들었다. 병사 다섯 명이 상한 빵 한 덩어리를 나눠 먹을 정도밖에 배급되고 있지 않다.

12월 25일

러시아 라디오에서 만슈타인 부대[1]의 패배 소식이 흘러나왔다. 우리 앞에는 죽음 혹은 포로의 길만 있을 뿐이다.

1 | 스탈린그라드 전투에 참전한 독일의 주력 기갑 부대.

12월 26일

말들은 이미 다 잡아먹었다. 고양이도 먹어야 할 것 같다. 고양이 고기도 맛있다는 얘기
들을 한다. 병사들은 산송장 아니면 미치광이로 보인다. 계속해서 입에 넣을 것이 없는
지 찾고 있다. 그들은 이제 러시아의 포탄을 피해 숨으려고도 하지 않는다. 더는 걸을
힘도 없고 도망가거나 숨을 힘도 남아 있지 않다. 이 전쟁을 저주한다!

자료
11

영국과 미국, 스탈린그라드 전투를 전쟁의 전기로 인식하다

다음 정보부 문건을 보면, 영국과 미국 연합국은 스탈린그라드 전후 직후, 유럽 전쟁에서 독일군
이 회복 불능 상태에 빠졌음을 이미 알고 있었다는 사실이 드러난다. 실제로 그 후 독일은 동부
전선에서 그 어떠한 효율적인 반격이나 수성 전술을 펼칠 수 없었다. 1943년 7월에 벌어진 쿠르
스크 전투는 이를 확인한 치명타였다. 전쟁 당시에는 영국과 미국이 유럽 전쟁에서 소련이 기여
한 바를 잘 알았지만, 이런 인식이 냉전 시대에는 이어지지 않았다. 전후 서방 세계가 제2차 세계
대전을 재현할 때는, 스탈린그라드 전투가 끝난 지 1년 4개월 이후에야 펼쳐진 노르망디 상륙 작
전이 항상 가장 중요한 전쟁의 분기점으로 묘사되곤 했다.

스탈린그라드 전투 직후 연합국 합동정보부 보고서(1943년 2월 15일); 카를하인츠 프리저Karl-Heinz
Frieser 편집, 《독일과 제2차 세계대전Germany and the Second World War》 8권, Oxford University Press,
2017, p. 10

러시아에서 군사 작전을 수행하기 위해 독일은 지금까지 조성한 군대 중 가장 거대하
고 종합적인 군대를 조직했다. 하지만 독일군은 복구될 수 있을지 의문스러울 만큼 타
격을 입고 망가졌다. 후퇴하는 군대의 보급·정비·관리는 이미 독일군의 통제 역량을
넘어선 문제일 수 있다. 따라서 우리는 독일군이 일정한 시간 내에 안정을 되찾고 전선
을 유지할 수 없는 상황이 발생할 수 있으며 이에 대비해야 한다고 믿는다. 그렇게 되
면, 독일은 러시아에서 더는 조직적으로 저항할 수 없을 것이다.

스멜서, 로널드 외, 《제2차 세계대전의 신화와 진실》, 류한수 옮김, 산처럼, 2020.

오버리, 리처드, 《스탈린과 히틀러의 전쟁》, 류한수 옮김, 지식의풍경, 2003.

와인버그, 제러드 L., 《2차 세계대전사》 1, 2, 3, 홍희범 옮김, 길찾기, 2016.

키건, 존, 《2차세계대전사》, 류한수 옮김, 청어람미디어, 2007.

Bartov, Omer, *The Eastern Front, 1941~45: German Troops and the Barbarisation of Warfare*, 2nd ed., Palgrave Macmillan, 2001.

Fvans, Richard J., *The Third Reich at War: 1939~1945*, Penguin Books, 2009.

Gorodetsky, Gabriel, *Grand Delusion: Stalin and the German Invasion of Russia*, Yale University Press, 1999.

Lafeber, Walter, *The Clash: US-Japanese Relations throughout History*, W. W. Norton & Company, 1997.

Reynolds, David, *From Munich to Pearl Harbor: Roosevelt's America and the Origins of the Second World War*, Ivan R. Dee, 2002.

Roberts, Geoffrey, *Stalin's Wars: From World War to Cold War, 1939~1953*, Yale University Press, 2006.

11

제2차 세계대전의 결말과 피해 양상

종전으로 가는 길

쿠르스크 전투 이후 독일군은 퇴각 작전으로 들어갔고, 유럽 대륙 전쟁에서 승자와 패자가 결정되었다. 하지만 독일을 어디까지 응징할 것인가 하는 문제는 여전히 확실해 보이지 않았다. 미국과 영국은 수차례 전시 회담을 통해 독일의 무조건 항복 원칙을 천명했지만, 단독 강화 협상을 하기 위해 나치와 접촉하고 있다는 소문 역시 계속해서 들려왔다. |자료1| 반면 나치에게 가장 막대한 피해를 입은 소련은 독일의 무조건 항복과 히틀러 정권 파괴 이외에는 다른 종전 방법을 생각할 수 없었다. 따라서 독일군이 소련의 영토 밖으로 물러난 1944년, 소련군의 진군은 자국 국경에서 멈출 수 없었다. 그들은 독일군을 추격하며 동유럽과 발칸반도로 진입했다.

독일군은 동유럽과 발칸반도를 수성하려는 노력 없이 그저 달아나지만은 않

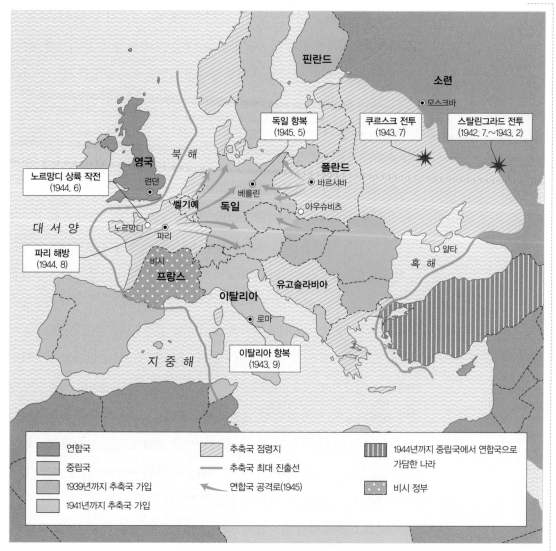

지도 내 텍스트:

핀란드

소련

노르망디 상륙 작전
(1944. 6)

독일 항복
(1945. 5)

쿠르스크 전투
(1943. 7)

스탈린그라드 전투
(1942. 7.~1943. 2)

모스크바

영국

북 해

폴란드

런던

벨기예

베를린

독일

바르샤바

대 서 양

노르망디

파리

아우슈비츠

얄타

파리 해방
(1944. 8)

비시

프랑스

이탈리아

유고슬라비아

흑 해

로마

지 중 해

이탈리아 항복
(1943. 9)

범례:

■ 연합국
■ 중립국
■ 1939년까지 추축국 가입
■ 1941년까지 추축국 가입

▨ 추축국 점령지
— 추축국 최대 진출선
← 연합국 공격로(1945)

▥ 1944년까지 중립국에서 연합국으로 가담한 나라
⋰ 비시 정부

| 도판 31 제2차 세계대전의 전황.

았다. 이곳의 정치 지도자들은 그간 나치에게 적극적으로 협력했던 파시스트 또는 준파시스트 세력이었기에, 이들 중 일부는 독일군과 함께 방어선을 치고 소련군에게 맞섰다. 하지만 소련군은 나치에게 저항했던 이들, 특히 빨치산 세력과 더불어 동유럽과 발칸반도 지역을 하나씩 접수했다. 1944년 봄에는 소련이 볼 때 동유럽의 핵심 국가라 할 수 있던 폴란드의 국경에 이르렀다.

소련이 독일군을 자국 영토에서 몰아내고 동유럽에서 전쟁을 치르는 동안, 1944년 6월에 드디어 이른바 '제2전선'이 개설되었다. 미국과 영국 연합국이

노르망디에 상륙하고 일부는 프랑스의 남동부로 들어오면서 독일군은 이제 제1차 세계대전 때처럼 양쪽 전선을 상대해야 하는 상황에 놓였다. 하지만 제2전선은 독일군의 주력이 이미 소련 영토 안에서 궤멸된 이후에 열린 뒤늦은 작전이었다. 달리 말하면 이는 유럽에서의 제2차 세계대전 승패와 직접적으로 관련이 없었다. 다만, 제2전선이 소련 영토의 끝자락이나 밖에서 독일군을 쫓던 소련군에게 군사적으로 도움이 되었던 것은 사실이다. 독일군 병력의 일부가 서쪽으로 이동할 수밖에 없었으니 말이다. |자료2|

하지만 제2전선이 소련에 이득만 되었던 것은 아니다. 지금까지 유럽 전선에서 거의 피해를 입지 않았던 미군과 영국군이 프랑스에 상륙해 독일의 심장으로 빠르게 진격한다면, 소련군의 입장에서는 그 두 나라에 전쟁 승리의 주인공 역할을 내주는 격이 될 터였다. 따라서 소련군은 영·미군에 뒤처져서 베를린에 도착하지 않도록 군사 작전에 속도를 낼 수밖에 없었고, 이 '속도전'은 '아군'의 피해를 예상보다 훨씬 크게 만들었다. 한편 영·미군은 그들대로 서둘러 독일로 향해야 할 이유가 있었다. 나치 몰락 이후 서유럽에는 좌익 세력이 크게 대두할 것이 뻔해 보였다. 정치 세력 중 유일하게 좌익만이 반나치 저항 운동을 펼쳤으며 그만큼 나치 피점령국 민중에게 크게 신망을 얻었기 때문이다. 만약 소련군이 독일을 홀로 장악하여 라인강 너머 서유럽의 좌익 세력을 지원한다면 그 전역이 공산화할 가능성도 배제할 수 없었던 것이다.

연합국으로 묶여 있던 영·미군, 그리고 소련군이 이 같은 동상이몽을 할 무렵, 노회한 정치가였던 영국 수상 처칠은 소모적인 연합국 내부 경쟁을 끝내고 전후 협력 관계를 지속하고자 1944년 늦가을에 모스크바로 날아가 스탈린을 만났다. 여기서 두 정상은 그 악명 높은 '퍼센트 유럽 분할'에 합의했다. |자료3| 서유럽과 지중해 남부는 영국이, 동유럽과 발칸반도 북부는 소련이 각각 세력권으로 관할한다는 계획이었다. 이렇게 하면 영국은 프랑스와 저지대 국가들의 공산화를 막는 한편, 제국주의 이권을 지키는 통로인 지중해의 해상권을 유지할 수 있을 터였다. 반면 소련은 동유럽과 발칸반도 북부를 향후에 또 일어날지 모르는 전쟁에 중요한 완충 지대로 삼을 수 있을 터였다.

도판 32 스탈린그라드와 쿠르스크 이후 독일군의 주요 작전은 퇴각이었지만, 그들이 군사적 저항을 멈춘다는 의미는 아니었다. 마지막 격전지였던 베를린에서도 독일군의 저항은 거셌고, 소련군 역시 큰 피해를 입었다. 사진은 소련군의 베를린 점령 직후에 벌어진 전투로 상당 부분이 파괴된 독일 국회의사당의 모습이다.

　하지만 이 같은 양 정상의 유럽 분할 아이디어는 전후 제국주의 시대를 끝내고 자유무역으로 세계 경제를 통합하고자 한 루스벨트 대통령의 계획과 조화를 이룰 수 없었다. 1945년 2월, 소련의 크림반도 얄타에서 세 정상이 만났을 때, 루스벨트는 스탈린을 자기편으로 끌어들이는 데 성공했다. 제국주의 질서 종식과 자유무역 지대 건설이라는 미국의 바람에 소련의 동의를 얻어내며, 1944년의 영·소 합의를 흔들어버린 것이다. 이제 서유럽과 전 세계의 식민지는 강대국의 세력권, 즉 1930년대식 블록 경제로 나뉘는 것이 아니라 자유무역 지대로 통합될 것이며, 소련 역시 그 일부가 될 것이었다. 얄타에서 그 설립이 합의된 국제연합은 평화 유지와 분쟁 조정을 통해 자유무역 체제를 보조할 예정이었다. 다만, 동유럽만이 이 같은 '자유' 질서의 예외로서 이른바 친소 세력권으로 남게 될 예정이었다. |자료4| 이는 이례적으로 컸던 소련의 전쟁 피해에 공감하는 한편, 향후 일본과의 선생에 소련의 도움이 필요하다고 판단한 루스벨트의 양보 덕분에 가능했던 일이다. |자료5|

　얄타 회담 이후 두 달이 지났을 무렵, 영·미군과 소련군은 독일 영토 깊숙이 진입한 상태였다. 소련군의 대대적인 베를린 공세가 한창이던 4월 말에 히틀러는 스스로 권총 방아쇠를 당겼고, 소련군은 그다음 달 9일에 베를린에 입성했다. 그보다 불과 몇 시간 전에 영·미군도 독일군의 무조건 항복을 받아냈다. 유럽 전선의 총성이 드디어 멈춘 것이다. 하지만 아시아 태평양 전쟁의 상황은 그만큼 녹록하지 않았다. 1945년 초, 미군은 이오섬과 오키나와를 장악하는 과정에서 예상했던 것보다 훨씬 큰 인명 피해를 감수해야 했다. 일본의 4대 열도를 점령하는 데에는 이보다 더 큰 희생이 발생할 것이 뻔했다. 미국 측은 미군 피해 규모로 최소 100만 명을 예상하기도 했다. 하지만 1945년 7월, 극비리에 진행되던 '맨해튼 프로젝트'가 성공하면서 원자폭탄이라는 새로운 무기가 개발되자, 미국은 군 사상자를 최소화할 수 있는 장치를 확보한 것 같았다. 결국 8월 6일과 9일, 히로시마와 나가사키에 각각 원폭이 투하되었다.

하지만 놀랍게도 일본은 그 뒤에도 즉각적으로 항복할 의사가 없었다. 멀리 만주에 강력한 70만 관동군이 건재했기 때문이다. 그리고 원폭이 입힌 즉각적인 피해는 그간 일본이 미국의 재래식 폭격으로 입었던 피해와 크게 다르지도 않았다. 일본이 8월 15일에 마침내 항복 선언을 할 수밖에 없었던 이유에는 얄타에서 미국과 맺은 약속에 화답하기 위해 만주로 침공한 소련군에게 관동군이 속절없이 무너졌던 것이 더 중요했다. 이로써 아시아 태평양 전쟁도 미·소 간의 공조로 종말을 고했다. 차이라면 유럽 전선은 미군과 소련군 모두가 공적共敵 독일 땅을 밟으면서 끝난 데 비해, 아시아 태평양의 경우는 일본 본토에 미군만이 들어갈 수 있었다는 점이다. 나머지 전쟁의 또 다른 축인 소련은 본토가 아니라 일본 제국의 일부였던 만주와 한반도로 들어왔다.

제2차 세계대전이 남긴 피해

제1차 세계대전이 끝났을 때 유럽인들은 그 피해에 경악했으며 다시는 이런 일이 재발해서는 안 된다고 다짐한 바 있었다. 하지만 그 다짐이 무색하게도, 불과 한 세대도 지나지 않아 유럽과 세계는 또다시 대참사를 겪고 말았다. 제2차 세계대전의 사망자 수는 제1차에 비해 다섯 배에 달하는 5000만 명이었다. 놀랍게도 이 숫자는 동시에 벌어진 전쟁인 중일전쟁의 사망자 수를 뺀 수치다. 그런데 이 같은 천문학적인 사망자 수가 국가별로 고르게 분포되었던 것은 아니다. 전범국이자 패전국인 독일이 가장 큰 피해를 입었을 거라고 예상하기 쉽지만, 700만 명의 사망자를 낸 그들은 2위에 그쳤다. 1위는 무려 2700만 명이 사망한 소련이다. 소련의 참전 기간이 상대적

도판 33 독일의 소련 침공은 양민 학살과 방화를 동반했다. 독일이 승세를 이어가던 독·소전 초기에는 학살이 유대인들에게 집중되었던 반면, 그들이 퇴각하던 시점에서는 그 범위가 크게 확대되었다. 독일의 양민 학살과 방화는 소련의 전시 인명 피해의 주요 요인이었다.

으로 짧았다는 점에서 이 숫자는 실로 충격적이다. 그 충격은 소련의 동맹국인 영국의 사망자 수를 비교해보면 배가된다. 영국은 제1차 세계대전 때보다도 적은 45만 명의 사망자 수를 기록했다. 일부 폭격을 제외하면 영국이 전장이 된 적이 없었고, 영국군이 상대적으로 전력이 미약한 독일 병단을 상대했기 때문이다. 일례로 소련에 침공한 독일군의 병력은 250개 사단 규모였던 데 비해, 영국군이 북아프리카에서 상대한 독일군은 4개 사단 규모였다. 나치의 250개 사단을 홀로 상대했던 소련군의 입장에서는 제2전선의 늑장 개설에 원망이 클 수밖에 없었다. 실제로 소련의 정치 지도자들과 민중은 영국과 미군이 일부러 소련군을 더 소모시켰다는 의심을 지울 수 없었으며, 이는 자연스럽게 전후 반反서방 감정으로 이어졌다. |자료6|

소련이 입은 피해는 전선에서만 머무르지 않았다. 독일은 소련 침공 직후부터 본격적으로 유대인 청산 작업을 벌였다. 악명 높은 히틀러의 '최후의 처리' 문서는 나치가 소련 침공과 함께 자신들 이데올로기의 실현이 임박했다는 환상 속에서 작성된 것이었다. 소련의 서부 국경 지역 공화국들, 특히 벨라루스와 우크라이나에 밀집되어 있던 유대인들은 나치에게 대량으로 학살당했다. 이곳의 희생자 수는 전후 서방 세계의 대중에게 더 잘 알려진 이야기, 즉 아우슈비츠로 끌려가 가스실에서 살해당한 서유럽과 독일의 중산층 유대인 수보다 훨씬 더

많았다.│자료7│ 소련과 동유럽의 유대인들은 자신들의 삶의 터전이었던 촌락과 도시에서 주변 사람들의 밀고나 방관 속에서 집단 처형되었다.│자료8│ 독일의 인종 청소 작업이 제2차 세계대전의 희생자 수를 크게 증폭시켰다는 점은 폴란드의 피해자 규모를 통해서도 증명된다. 본격적인 전투 기간이 매우 짧아 군 사망자가 상대적으로 적었던 폴란드의 희생자 수는 독일과 맞먹는 600만이었다.

인종 학살 말고 또 다른 형태의 민간인 공격도 있었다. 후방을 총동원하는 총력전의 특성상 산업 지대가 중요한 공격 대상이 되었다. 따라서 그 산업 지대에 사는 많은 민간인의 이름이 사망자 명단에 올랐다. 하지만 전쟁이 막바지로 갈수록 전략적으로 중요도가 떨어지는 지역에 대한 폭격도 늘어났다. 영·미 연합군이 1945년 2월, 사흘간에 걸쳐 독일 드레스덴에 펼친 대규모 공습은 특히 악명 높았다. 드레스덴은 독일의 고도古都로서 주요 산업의 거점도 아니었고 더군다나 군대 주둔지도 아니었다.│자료9│ 아시아 태평양 전쟁의 종료 수단으로 정당화된, 히로시마와 나가사키에 투하된 원폭 역시 그 사례였다.

민간인의 강제 이주도 전쟁 피해자 수가 늘어난 주요 원인 중 하나였다. 독일의 유대인 강제 이주는 인종주의적 망상에서 시작되었고, 소련의 소수 민족 강제 이주는 전쟁 대비라는 전략적 선택에서 비롯되었지만, 그 결과 이주민이 크나큰 피해를 입었다는 점에서 다를 바가 없었다. 영국이 주도한, 전후 독일인 강제 이주는 그 규모나 피해자 수 측면에서 가장 큰 비극이었다. 전후 약 2년에 걸쳐 유럽 전역에서 신생 독일로 강제 이주된 독일계 인구수는 무려 1400만 명에 달했다.

제2차 세계대전으로 전대미문의 사망자가 발생한 것은 전쟁 포로에 대한 가혹한 대우 때문이기도 했다. 여기서도 소련의 피해가 단연 컸다. 독일군이 모스크바를 향해 진격한 1941년 가을 무렵, 스몰렌스크 근처에서 포획된 소련군 포로 20만 명이 집단 살해되는 사태가 일어났다. 이 '슬라브계' 포로들은 인간 이하의 존재라는 인종주의적 믿음을 품은 나치의 군대는 그들에게 끼니를 일절 공급하지 않았던 것이다.│자료10│ 하지만 소련이 포로 문제에서 일방적인 피해자였던 것만은 아니다. 폴란드 동부를 진격한 1939년 가을, 소련군은 폴란드 장교 4000여 명을 카친 숲에서 집단 처형했다고 알려져 있다. 포로에 대한 잔혹한 대우는 아시아 태평양 전쟁의 현장에서도 발생했다. '섬 뜀뛰기' 전략으로 태평양 섬들을 장악했던 미군은 그곳에서 투항 의사를 보인 일본 군인들을 포로로 대우하지 않고 '간단히' 처형하는 절차를 밟았다. 여기에는 일본인을 벌레나 원숭이로 자주 묘사하던 미국의 뿌리 깊은 인종주의적 편견이 작용했다.

영국, 독일과 단독 강화 협상을 시도하다

쿠르스크 전투 이후 독일의 패배가 확실해지자, 히틀러와 나치는 소련을 고립시키고 영국과 단
독 강화를 추진하는 방안을 검토하기 시작했다. 영국의 공식 입장은 독일의 무조건 항복이었지
만, 그들은 조기 종전을 위해 독일의 일부 정치인 및 장성과 극비리에 대화를 진행했다. 이 대화
가 영국 정치 지도부의 주요 현안으로 발전하지는 않았지만, 소련의 첩보망에 포착되었던 것은
확실하다. 1943년 10월에 스탈린이 런던 주재 소련 대사 이반 마이스키에게 보낸 편지는 소련
이 당시 영국의 의도를 의심하고 있었음을 알려준다.

스탈린이 이반 마이스키에게 보낸 서한(1943년 10월); 제프리 로버츠,《스탈린의 전쟁들》, p. 142

여전히 나는 처칠이 전쟁을 쉽게 마무리하고자 한다고 생각하며, 그러기에 그는 소련
의 패전을 원하는 사람들에게서 쉽게 영향을 받을 수 있다고 믿습니다. 그들 입장에서
는, 우리나라의 패배와 소련의 희생을 바탕으로 한 독일과의 타협이 영국과 독일 사이
에서 전쟁을 가장 쉽게 마무리하는 방법일 테니 말입니다. 물론 영국인들은 러시아 전
선이 없고, 프랑스가 전쟁에 기여하지 않으면 영국이 망할 수밖에 없다는 점을 나중에
는 깨달을 것입니다. 그렇지만 과연 언제 그들이 이 사실을 깨달을 수 있을까요? 지켜
봐야겠지요.

전쟁 말기에 끝까지 희망을 품은 독일

나치 독일의 2인자 괴벨스가 1945년 봄에 쓴 일기다. 1943년 쿠르스크 전투의 패배 이후 독일은 유럽 전쟁에서 최종 승자가 될 수 없다는 사실을 잘 알았다. 하지만 이런 부정적인 전황이 꼭 그들의 질멸을 의미하는 것은 아직 아니었다. 나치는 영국·미국과의 단독 강화 가능성을 끊임없이 타진했고 무조건 항복 없이 전쟁을 마무리할 수 있다고 믿었다. 그러나 1944년 연합국의 서부 전선 개창은 그 가능성을 대폭 줄여버렸다. 최후의 희망이었던 1945년 초 서부 전선 공세가 실패하자, 나치는 자신들 체제의 몰락이 다가옴을 느끼기 시작했다. 아래 괴벨스의 일기는 당시 절망적이었던 나치 지도부의 심정을 드러내는 동시에, 여전히 그들이 반유대주의와 반공 수사를 통해 체제를 지켜보려 했음을 보여준다.

괴벨스의 일기(1945); 마빈 페리 외 편집, 《서양 전통을 보여주는 사료들》, pp. 437~438

3월 13일

아이젠하워 사령부 측은 ⋯ 동부와 서부, 양쪽 전선에서 독일을 상대로 무자비한 전쟁을 수행하고 있으며, 독일군의 항복은 의심의 여지가 전혀 없는 일이라고 공언했다. 연합국 사령부 측은 무엇보다도, 독일군 포로들이 여전히 승전 가능성을 말하면서 이에 대해 강한 믿음을 품고 있으며 히틀러에 대한 거의 신비주의적 광신을 견지하고 있다는 사실에 깊은 인상을 받은 듯하다. ⋯

유대인들이 다시 떠오르고 있다. 유대인의 대변인은 악명이 자자한 레오폴트 슈바르츠실트다. 전 신문 편집장이던 그는 미국으로 이주한 인물이다. 그는 지금 미국 언론에서 어떠한 경우에도 독일이 관대한 처분을 받아서는 안 된다고 주장한다. 할 수만 있다면 이러한 유대인들을 쥐새끼 잡듯이 죽여야 한다. 신께 감사하게도, 독일에서는 우리가 이런 작업을 상당 부분 완수했다. 나는 세계도 우리를 따를 것이라 믿는다.

3월 29일

서부 전선의 전황은 민간인과 군대 모두에서 뚜렷한 사기 저하가 나타나고 있다는 사실로 대변된다. 사기 저하는 우리에게 아주 위험하다. 병력과 무기가 아무리 보상된다 하더라도 전투에 나갈 준비가 안 된 국민과 군대는 살아남기 어렵기 때문이다. 예를 들어 지크부르크에서는 무기를 버리고 항복할 것을 요구하는 여성들의 시위가 시청 주변에서 일어났다고 한다.

3월 30일

… 나는 공보국 내 불충한 자들과 패배주의에 빠진 분자들을 신속히 숙청할 것이고, 이제 동쪽의 적들에 대한 프로파간다에 비해 결코 그 중요성이 떨어지지 않는 서쪽 적들에 대한 프로파간다를 이어갈 수 있을 것이다. 반反영·미 프로파간다는 현재 우리의 중심 과업이다. 영국과 미국이 독일 국민에게 품고 있는 의도가 볼셰비키와 전혀 다르지 않다는 것을 입증하기만 하면, 우리 국민은 서부 전선의 적을 상대할 때 다른 태도를 취하지 않을 것이다. 우리가 독일 국민을 볼셰비키에 대항하도록 단단히 결속하고 그들에게 볼셰비키에 대한 증오심을 불어넣는 데 성공했다면, 영국과 미국에 대해서도 그렇게 하지 못할 이유가 없지 않겠는가.

자료
03

영국과 소련, 전후 세력권 형성에 합의하다

1944년 늦가을, 영국과 소련은 전후 유럽의 세력권 재편에 합의했다. 동유럽과 발칸반도 북부는 소련의 세력권으로, 서유럽과 그리스를 포함한 지중해 연안은 영국의 세력권으로 삼는다는 내용이었다. 이는 전후 안보 문제에 집착하던 스탈린에게도, 영국 제국의 보존에 관심을 집중했던 처칠에게도 만족스러운 결과였다. 하지만 강대국들의 이 같은 세력권 분할 계획은 루스벨트가 그린 전후 국제 정치의 모습과 정면으로 충돌했다. 미국은 1945년 초에 3개국 정상 회담을 앞두고 영국과 소련의 움직임을 예의주시했다. 다음 자료는 미 국무부가 이에 대해 보고한 것이다. 흥미롭게도 미국은 분할 협상에서 영국이 소련에 밀렸다고 판단했다.

미국 국무부의 얄타 회담 대비 브리핑(1945년 1월); 세르히 플로히Serhii Plokhii, 《얄타: 평화의 대가Yalta: The Price of Peace》, Viking, 2010, p. 140; 허승철 옮김, 《얄타: 8일간의 외교전쟁》, 역사비평사, 2020, 276쪽

지난 몇 달간 사건의 추이를 보면 영국과 소련 정부는 실제로는 영향권의 분할 조정을 위해 노력해왔다. 이것은 그리스 문제에 대한 소련의 관용과 유고슬라비아 문제를 둘러싼 협력에서 주로 나타났는데, 영국은 자신들이 불리한 상황에 처했다고 느끼고 있었다. 우리가 아는 바로는 알바니아에서는 어떠한 조정도 이루어지지 않았다. 영국은

소련의 입장을 조금 앞서가려고 했다. 헝가리에서는 소련 정부가 군사적으로 우위를 점해 주도적인 지위를 차지했고, 영국은 어쩔 수 없이 이를 받아들일 수밖에 없었다. 그리스에서 조금 '앞선 것'을 제외하고는 영국이 이 책략으로 영향권을 대등하게 분할하지도 못했고 지중해에서 영국의 지위를 보호하지도 못했다고 느끼는 것은 당연하다.

자료
04

루스벨트가 친소 폴란드 정권을 약속하다

> 얄타 회담 당시 동유럽을 소련의 세력권으로 인정한다고 밝힌 루스벨트의 발언이다. 국내에도 소개된 세르히 플로히를 비롯한 보수적인 역사가들은 대체로 이 발언을 인용하지 않는다. 하지만 루스벨트의 아래 언급은 얄타 회담장에서 스탈린이 가장 중요하게 받아들인 내용 중 하나였다.

루스벨트의 얄타 회담 발언(1945년 2월 6일), 미국 국무부U. S. Department of State, 《미국의 대외 관계: 1945년 몰타 및 얄타 회담Foreign Relations of the United States: The Conferences at Malta and Yalta, 1945》, United States Government Printing Office, 1955, p. 678

내가 제안하고자 하는 것은 폴란드인들 다수의 지지를 받는 임시정부가 세워져야 한다는 것이다. 그런 정부를 수립할 방법은 많다. … 우리는 향후 소련에 완전히 우호적인 폴란드를 원한다. 이것은 핵심적인 사안이다.

자료
05

소련이 입은 전쟁 피해에 공감한 루스벨트

> 루스벨트가 소련의 전쟁 피해를 깊이 동정했다는 것은, 아래 소개된 루스벨트의 하원 연설과 그의 딸 애나 보티거Anna Boettiger의 일기를 비롯한 여러 자료를 통해 증명된다. 그는 영국의 고집으로 제2전선 개창이 늦어지면서 소련 민중의 사망자 수가 크게 늘어난 데에 안타까움을 드러냈으며, 독일의 전범 행위에 진심 어린 분노를 사주 표출했다. 최고 지도자의 이 같은 감성적 측면은 공식 외교 정책 결정에도 중요하게 작용하는 요소가 될 수 있었다. 실제로 얄타에서 정상들 간의 합의가 비교적 잘 이루어진 데에는 루스벨트가 소련의 전시 희생에 깊이 공감한 덕분이기도 했다.

세르히 플로히, 《얄타》, p. 323; 허승철 옮김, 《얄타: 8일간의 외교전쟁》, 585~586쪽

루스벨트의 미국 하원 연설(1945년 3월 1일)

얄타에는 빈 벽들과 파괴된 건물의 잔해와 파괴 현장을 제외하곤 남아 있는 것이 거의 없었습니다. 거기서 40~50마일 떨어진 요새화된 군항인 세바스토폴에도 참혹한 파괴의 광경이 다시 이어졌습니다. 커다란 해군 보급창과 방어 시설을 갖춘 이 큰 도시 전체에서 온전한 건물은 10여 채뿐이었습니다. 나는 이미 바르샤바, 리디체, 로테르담, 코번트리의 파괴에 대한 보도를 읽어보긴 했지만 세바스토폴과 얄타는 직접 보았습니다. 나는 독일 군국주의와 기독교의 바른 태도가 공존할 수 있는 공간은 이 지구상에 없다는 것을 깨달았습니다.

애나 보티거의 2월 3일 일기

FDR은 이런 파괴 현장에 크게 놀란 듯했다. 이렇게 만들 아무런 군사적 이유가 없다고 말했다. 얄타는 군사적 가치가 전혀 없는 곳이고 방어 시설도 없는 곳이라는 뜻이다. 이런 광경을 목격한 아버지는 독일에게 '눈에는 눈' 식의 조치를 취해야 한다는 생각을 어느 때보다 굳혔다.

자료
06

영국의 늑장에 소련이 불만을 품다

> 스탈린은 일찍이 1941년 여름부터 당시 동맹국이 된 영국에 제2전선 개창을 요구했다. 독일을 양쪽 전선에서 협공하여 전쟁에서 승리를 거둔다는, 이미 잘 알려진 공식을 따르기 위함이었다. 하지만 영국은 여러 가지 이유를 대며 제2전선 개창을 미룬 채, 지중해와 북아프리카에서의 소규모 전투에만 집중했다. 나아가, 영국은 미국이 제2전선 개창을 서두르려 하자 이를 막아서기까지 했다. 다음은 1943년 가을, 스탈린이 런던 주재 소련 대사인 이반 마이스키에게 보낸 전신의 일부다. 제2전선 개창이 늦어지는 데 대한 불만이 영국에 대한 의심과 얽혀 있음이 드러난다. 영국의 이런 늑장으로 소련과 동유럽의 민중은 전쟁 피해를 고스란히 감당해야 했다.

스탈린이 마이스키에게 보낸 전신(1943년 가을); 제프리 로버츠, 《스탈린의 전쟁들》, pp. 141~142

모스크바에 있는 우리 모두는 처칠이 소련의 패배를 의도하고 있다는 인상을 받고 있습니다. … 그런 가정 없이는 처칠이 유럽에서 제2전선 개창을 왜 미루는지 설명하기

어렵습니다. 그리고 영국 내 생산은 늘고 있는데 왜 대 소련 무기 공급은 줄고 있는지, 그리고 처칠이 왜 루돌프 헤스Rudolf Hess를 히틀러의 특사인 양 계속 감싸는지도 마찬 가지입니다. 또한 처칠이 지난 모스크바 방문 때 약속했던 베를린 공습도 전혀 이행되지 않고 있습니다. 분명 영국은 그 공습을 감행할 능력이 있는데도 말입니다. …

자료
07

아우슈비츠 수용소 나치 책임자의 학살 증언

> 아우슈비츠 수용소 책임자 중 한 명이었던 루돌프 회스Rudolf Höss가 뉘른베르크 국제 군사 재판에서 한 증언이다. 이 증언을 통해 당시 수용소 안에서 대대적인 집단 처형이 실제로 존재했다는 사실이 전 세계에 알려졌다.

뉘른베르크 국제 군사 재판에서 루돌프 회스가 한 증언(1946년 4월 15일), https://avalon.law.yale. edu/imt/04-15-46.asp

저는 1943년 12월 1일까지 아우슈비츠 수용소를 통솔했습니다. 그곳에서 최소 250만 명의 희생자가 가스와 불로 처형 및 절멸되었고 최소 50만 명이 굶주림과 병으로 쓰러지며 총합 300만 명이 죽음을 맞이했습니다. 이 수치는 아우슈비츠 수용소에 수감된 사람들 가운데 70~80퍼센트에 해당합니다. 나머지는 강제 수용소 산업의 노동자로 징발되고 활용되었습니다. 또한 러시아인 전쟁 포로 2만 명이 처형되어 산화했습니다. 이 러시아인들은 게슈타포에 의해 전쟁 포로 감옥에서 분류된 후, 독일 정규군 수송 수단을 통해 아우슈비츠 수용소에 이송된 이들이었습니다. 독일계 유대인 10만여 명, 그리고 네덜란드·프랑스·벨기에·폴란드·헝가리·체코슬로바키아·그리스, 혹은 다른 나라들에서 온 상당수 시민들(대부분 유대인)이 피해자 중 나머지에 포함되었습니다. 저희는 아우슈비츠 수용소에서 1944년 여름에만 약 40만 명의 헝가리계 유대인을 처형했습니다. … 가스에 의한 집단 처형은 1941년 여름부터 시작되어 1944년 가을까지 지속되었습니다. 저는 1943년 12월 1일까지 아우슈비츠 수용소에서의 학살을 개인적으로 감독했고 … 가스에 의한 모든 집단 처형은 친위대 국가보안본부의 식섭석인 명령과 감독 및 책임하에 이루어졌습니다. 저는 이 집단 처형을 수행하라는 명령을 모두 국가보안본부로부터 직접 하달받았습니다. …

수용소 밖에서 나치가 자행한 유대인 학살의 사례

나치의 유대인 학살은 수용소 내에서만이 아니라 소련과 동유럽 유대인들의 삶의 현장에서도 자행되었다. 나치의 소련 침공과 더불어 본격적으로 시작된 이 같은 현장 학살은 피해자 규모 측면에서 나치의 수용소 만행보다 더 컸다. 소련의 공화국 중 하나였던 벨라루스는 독일과의 접경 지역이고 유대인 인구 비율도 높았다. 결국 벨라루스는 제2차 세계대전으로 총인구의 4분의 1을 잃었다. 다음은 벨라루스와 인접한 소련 공화국인 우크라이나에서 자행된 유대인 학살 목격 팀이다.

1942년 10월에 벌어진 나치의 우크라이나 유대인 학살; 존 캐리John Carey, 《역사 목격담Eyewitness to History》, Harvard University Press, 1987, pp. 569~570

1942년 10월 5일, 내가 두브노에 있는 건축 사무소를 방문했을 때, 우리 십장은 이 부근에서 두브노 출신 유대인들이 길이 30미터에 깊이 3미터짜리 구덩이 각 세 개에 총 살당한 채 들어 있다고 말했다. 하루에 약 1500명 정도가 살해되었다고 한다. 두브노에 서 여전히 살아가는 유대인 5000명도 전부 다 제거될 거라고 했다. 그의 바로 앞에서 총살이 벌어졌던 터라, 십장은 여전히 몹시 흥분한 상태였다. 나는 곧 십장과 함께 학살 현장으로 차를 몰았는데, 그 근처에서 길이 30미터에 높이 2미터의 거대한 흙더미들을 볼 수 있었다. 그 앞에는 트럭 몇 대가 서 있었다. 무장한 우크라이나 민병대가 친위대 대원의 감독 아래 사람들을 트럭에서 내리게 했다. 민병대원들은 트럭에서 호송병 역할을 하며 사람들을 구덩이로 몰았다. 이 사람들은 같은 모양의 노란색 표지를 착용한 옷의 앞뒤에 달고 있어서 유대인임을 알 수 있었다. 십장과 나는 곧장 구덩이로 갔다. 아무도 우리에게 신경 쓰지 않았다. 그때 나는 한 흙더미 뒤쪽에서 연속해서 소총 소리 가 나는 걸 들었다. 트럭에서 내린 사람들은 남녀노소 할 것 없이 말 채찍인지 개 채찍 인지를 들고 있는 한 친위대 대원의 명령에 따라 옷을 벗어야 했다. 그들은 정해진 장 소에다 자신들의 신발과 겉옷, 속옷을 분류해서 놔두어야 했다. 신발 무더기는 대충 800켤레에서 1000켤레는 되어 보였고, 속옷과 옷도 엄청나게 쌓여 있었다. 옷을 벗은 사람들은 비명을 지르지도 울지도 않은 채 가족끼리 둘러서서 키스를 나누고 작별 인 사를 했다. 그리고 역시 채찍을 들고 구덩이 근처에 서 있는 또 다른 친위대원의 신호를 기다렸다. 내가 그 근처에 서 있는 15분 동안 불평 한마디, 자비를 구하는 애원 한마디도 듣지 못했다.…

구덩이는 벌써 3분의 2 정도가 찼다. 대략 1000명 이상이 이미 그곳에 있는 것으로 추산되었다. 나는 그들에게 총을 실제로 쏜 사람이 어디에 있는지 찾아보았다. 친위대 대원인 그는, 구덩이가 좁아지는 끝 쪽에 걸터앉아 다리를 건들건들하고 있었다. 기관 단총을 자기 무릎 위에 놓고는 담배를 피우면서. 유대인들은 완전히 발가벗은 상태로 구덩이 안쪽 흙벽에 파인 층계를 따라 내려갔고 그곳에 누워 있는 사람들의 머리 위로 기어서 친위대원이 지시하는 곳으로 갔다. 그들은 죽거나 총상을 입은 사람들 앞에 누웠다. 그중 일부는 아직 살아 있는 사람들을 어루만지고 그들에게 나직한 목소리로 말을 건네기도 했다.

그때 총소리가 연속적으로 들려왔다. … 그들의 목에서 피가 흘러나왔다. 나는 현장 밖으로 물러나라는 소리를 듣지 않았다는 것이 놀라울 따름이었다. 군복을 입은 전령 두세 명이 근처에 있었는데도 말이다. 다음 무리가 벌써 다가오고 있었다. 그들은 구덩이로 내려가 이전 희생자들을 뒤에 둔 채 정렬한 후 총살되었다. 흙더미를 돌아 걸어 나왔을 때, 막 도착한 또 다른 트럭 한 대분의 사람들을 보았다. 이번에는 병자와 쇠약한 사람들도 포함되어 있었다. …

자료
09

민간인 지역이었던 드레스덴에 가해진 폭격

유럽에서 치러진 전쟁의 승패가 이미 결정 난 지 한참 지난 1945년 2월 중순, 영국과 미국의 폭격기들은 독일의 드레스덴에 총 3900톤에 달하는 폭탄을 사흘 동안 투하했다. 공습에 참여한 전투기만 해도 1200대가 넘는 대작전이었다. 문제는 드레스덴이 전략적 가치가 없는 문화의 고도古都였다는 점이다. 학자들은 이 폭격 작전의 이유를 영·미군의 순수한 복수심부터 시작해, 당시 독일 수도 베를린에 영·미군보다 훨씬 근접했던 소련군에게 보내는 경고 등으로 설명했다. 하지만 더 주목해야 할 점은 폭격이 불러일으킨 민간인 피해다. 폭격으로 사망한 사람만 2만 5000명가량 되었으며, 고도는 완전히 파괴되었다. 아래 회고는 그 참상을 일부나마 보여준다.

내 앞에 아마도 길이었을 것으로 보이는 것이 있다. 거기에 무시무시한 불꽃 비가 내리
는데, 그 비가 땅에 닿으면 엄청난 불의 고리 같은 것들이 보인다. 내게는 선택의 여지
가 없다. 뚫고 나가야 한다. 나는 또 다른 젖은 손수건을 입에 대고 거의 뚫고 나가다 넘
어졌다. 그러고는 더는 나아갈 수 없다는 것을 확실히 알았다. 뜨겁다, 뜨거워! 내 손이
불처럼 타고 있다. …

어두운 곳을 향해 비틀대며 나아갔다. 갑자기, 내 코앞에서 사람들을 보았다. 그들은 비
명을 지르고 격렬히 손짓을 한다. 그러고는 너무나도 무섭고 놀랍게도, 나는 그들이 하
나씩 제풀에 땅으로 넘어지는 것 같은 모습을 본다. 나는 그들이 총에 맞았다고 생각했
다. 하지만 실제로 무슨 일이 일어났는지 추정할 정신이 없었다. 이제 나는 그 불쌍한
사람들이 산소 부족으로 희생되었다는 것을 안다. 그들은 기절했고, 그런 뒤 불에 타서
재로 변했다. 그때 나는 쓰러진 여자에 걸려 넘어진다. 그리고 그녀 옆에 누워, 그녀의
옷이 타서 없어지는 모습을 본다. 미칠 듯한 공포가 나를 사로잡는다. 그 후로 나는 계
속해서 하나의 간단한 문장을 되뇐다 "나는 불에 타 죽고 싶지 않아. 절대, 절대로 불에
탈 수 없어. 나는 불에 타고 싶지 않아." …

갑자기 한 군인이 내 시야에 들어온다. 나는 손을 흔들고 또 흔든다. 그는 내게 왔고 나
는 그의 귀에다 속삭인다(내 목소리는 거의 갔다). "날 데리고 가줘요. 나는 불에 타고 싶지
않아요." 하지만 그 군인도 나를 부축하기에는 너무도 쇠약했다. 그는 내 두 팔을 내 가
슴 위로 십자형으로 포개놓고는 내 위로 비틀거리며 지나갔다. 내 눈은 그가 어둠 속으
로 사라질 때까지 그를 따라갔다.

나는 다시 일어나려 한다. 하지만 내가 할 수 있는 것은 네 발로 기는 것뿐이다. 나는 내
몸을 느낄 수 있다. 내가 살아 있다는 걸 안다. 갑자기 나는 일어났다. … 내 앞에 쓰러
진 나무가 있다. 그리고 달려가며, 나는 내가 살았음을 안다. 그 공원이 뷔르게르비제
공원인지는 모르지만 말이다.

나는 좀 더 걷다가 차를 한 대 발견한다. 나는 기꺼이 거기서 오늘 밤을 보내기로 결심
한다. … 어떤 이가 나를 그곳에서 끌어내려 하자 나는 놀랐다. 목소리에 분노를 담아
나는 말했다. "여기에 머무르게 해주세요. 가진 돈 전부를 주겠소"(지금 생각해보면, 이건
거의 농담으로 들렸을 거다). 하지만 내가 받은 대답은 "아니, 난 당신 돈이 필요 없소. 이 차
는 불타고 있소."

신이시여. 나는 즉시 튀어나왔고, 타이어 네 개가 모두 불타는 광경을 보았다. 주변의

엄청난 열기 때문에 알아차리지 못했던 것이다. 이제 그 남자를 보니 내 가슴 위에 팔을 올려놓았던 그 군인임을 알 수 있었다. 내가 물어보니, 그가 맞다고 했다. 그러더니 그가 울기 시작했다. 내 등을 계속 쓰다듬으며 용맹함과, 러시아 작전 등에 대해 몇 마디를 웅얼거렸지만, 바로 여기, 여기가 지옥이라고 했다. 그 뜻을 이해하지 못하고 나는 담배 한 대만을 권한다. …

내가 본 모습은 너무나 처참해서 그것을 묘사할 수도 없다. 죽음, 죽음, 모든 곳에 죽음뿐이었다. 어떤 시신은 숯처럼 완전히 새까맸다. 또 다른 시신들은 마치 잠들어 누워 있는 것처럼 전혀 손상되지 않기도 했다. 앞치마를 두른 여자들, 아이들과 함께 전차 칸에 앉아 이제 막 졸음에 빠진 것 같은 여자들. 여러 여인네들, 여러 아가씨들, 여러 어린이들. 허리띠의 금속 버클로 겨우 알아볼 수 있는 군인들, 이들 중 대부분은 벌거벗은 시신이었다. …

그리고 나는 그로서가르텐 공원을 가로질러 가며 한 가지 사실을 깨달았다. 걸어가면서 사람들의 손, 즉 자기를 데려가달라고 하는 사람들, 내게 매달리려 하는 사람들의 손을 계속 뿌리쳐야 했음을 알았다. 하지만 나는 그 누구도 일으킬 힘이 없었다. 마치 베일을 통해 보는 것처럼 모든 것이 내 마음속에서 흐릿하게만 기억된다. 사실 나는 드레스덴에 세 번째 공습이 있었다는 것조차 알아차리지 못한 상태였다. 그날 오후 늦게 나는 오스트라-알레 길에서 쓰러졌고, 그곳에서 두 사람이 나를 교외에 사는 내 친구 집으로 데려다주었다. …

자료
10
전쟁에 반공주의와 반유대주의 선전을 이용한 나치

첫 번째 자료는 독일과 소련 사이의 전쟁이 시작된 직후 독일군에게 뿌려진 선전물의 일부다. 그들이 품고 있던 반유대주의와 반공산주의, 즉 반볼셰비키 감성이 결합된 묘사가 등장한다. 이에 따르면 유대인은 악마로, 볼셰비키는 테러와 광기로 대표되며, 소련은 그 둘을 합친 것이다. 특히 '인간 이하' '짐승' 같은 표현은 향후 독일군이 소련군 포로를 다룰 때 중요한 심리적 기능을 했을 것으로 보인다.

두 번째 사료에는 1941년 가을, 독일군이 모스크바를 향해 진군할 때, 독일 장군들이 인종주의적 수사로 군인들을 독려하는 모습이 담겨 있다. 각각 1941년 10월에 제6군 사령관 발터 폰 라이헤나우Walter von Reichenau의 말과, 같은 해 11월에 제11군 사령관 에리히 폰 만슈타인Erich von

Manstein이 한 말이다. 이들에게서 반유대주의와 반공주의를 하나로 결합한 당시 독일 장교들의 심성을 확인할 수 있다. 특히 히틀러와의 불화로 잘 알려진 만슈타인 장군 역시 철저한 반유대주의자 및 반공주의자였음을 알 수 있다.

독일의 전쟁 팸플릿; 마빈 페리 외 편집, 《서양 전통을 보여주는 사료들》, pp. 409~411

붉은군대 인민위원의 얼굴을 한 번이라도 본 사람은 볼셰비키가 어떤 사람들인지 알 수 있을 것이다. 이를 이론적으로 정형화해서 표현할 필요도 없다. 주로 유대인들인 이들을 우리가 짐승 같다고 묘사한다면, 이것은 동물을 모욕하는 일이다. 유대인들은 고귀한 인류 전체에 반하는 악마적이고 광기 어린 증오의 화신이다. 이들 인민위원의 형상은 고귀한 혈통에 대한 '인간 이하들Untermenschen'의 반란을 우리에게 보여준다. 볼셰비키가 냉혹한 테러와 광기 어린 선동 같은 온갖 수단을 동원하면서 대독일 전쟁의 사지로 보내고 있는 대중은, 볼셰비키 광기의 분출이 최후의 순간에 저지되지 않았다면, 이미 의미 있는 삶을 마감했을 것이다.

독일 장군들의 인종주의 담론; 마빈 페리 외 편집, 《서양 전통을 보여주는 사료들》, pp. 409~411

반유대인-반볼셰비키 체제 작전의 핵심 목표는 그 체제의 권력 기구들을 완전히 파괴하고 유럽 문화권에 대한 아시아의 영향력을 근절하는 것이다. … 따라서 독일 군인들은 유대인들의 인간 이하적 특성에 대해 가혹하지만 정당한 죗값을 치르게 할 필요가 있다는 점을 **철저히** 이해해야 할 것이다. [강조는 원문]

6월 22일 이래로, 독일 민족Volk은 볼셰비키 체제에 맞서 사활을 건 전투 중이다. … 유대주의는 우리 후방의 적을, 전장에서 여전히 버티고 있는 붉은군대 및 그 지도부의 잔당과 이어주는 역할을 한다. 유대주의는 정치 지도부와 행정부의 모든 요직에서 유럽보다 소련에서 더 강력한 거점을 확보하고 있으며, 상업과 무역을 장악하고, 나아가 모든 분규와 가능한 반란을 위한 조직 세포를 이룬다. 유대인-볼셰비키 체제는 영구히 뿌리 뽑혀야 한다. 다시는 유럽인의 생활 공간에 끼어들지 못하도록 말이다.

| 참고문헌 |

레이놀즈, 데이비드, 《정상회담: 세계를 바꾼 6번의 만남》, 이종인 옮김, 책과함께, 2009.

마조워, 마크, 《암흑의 대륙》, 김준형 옮김, 후마니타스, 2009.

브라우닝, 크리스토퍼 R., 《아주 평범한 사람들: 예비경찰대대와 유대인 학살》, 이진모 옮김, 책과 함께, 2010.

최호근, 《서양 현대사의 블랙박스 나치 대학살》, 푸른역사, 2006.

커밍스, 브루스, 《미국 패권의 역사: 바다에서 바다로》, 김동노·박진빈·임종명 옮김, 서해문집, 2011.

Bartov, Omer, *Anatomy of a Genocide: The Life and Death of a Town Called Buczacz*, Simon & Schuster, 2018.

Beorn, Waitman Wade, *The Holocaust in Eastern Europe: At the Epicenter of the Final Solution*, Bloomsbury Academic, 2018.

Dallek, Robert, *Franklin D. Roosevelt and American Foreign Policy, 1932~1945*, Oxford University Press, 1979.

Dower, John W., *War without Mercy: Race and Power in the Pacific War*, Pantheon, 1986.

Harbutt, Fraser J., *Yalta 1945: Europe and America at the Crossroads*, Cambridge University Press, 2010.

3부

냉전, 탈식민주의 그리고 세계화

제2차 세계대전 이후 세계의 패권 국가가 된 미국은 전쟁의 주요 원인을 1930년대 국제 무역의 실종으로 보고 이를 재건하기 위한 자유무역 체제 건설에 나섰다. 미국의 이러한 노력은 결국 소련의 안보 집착과 모순을 일으키며 냉전을 야기했다. 냉전 시기에 분단된 세계는 제각각 자기 진영 안에서 경제적 번영을 구가했고 어느 정도 사회 개혁도 이루었다. 그리고 양 진영을 대표하는 미국과 소련은 영국을 비롯한 옛 제국주의 국가들을 국제 무대의 주인공 자리에서 끌어내리며 탈식민화를 촉진했다. 하지만 1970년대부터 시작된 경제 불황은 이들 진영 모두에 위기를 초래했다. 이 위기를 미국 진영은 세계화 정책 등을 펼치며 넘어선 반면, 소련 진영은 그렇지 못했다. 그 결과 냉전이 종식되고 소련까지 해체되었지만, 세계화가 진행되면서 심화된 모순들은 과거 제국주의 시대의 그것과 특별히 달라지지 않았다.

12
냉전의 기원

전쟁 말기의 미·소 관계

회고적 시각에서 보았을 때, 미국과 소련 간에 냉전이 시작된 것은 자연스러워 보인다. 특히 두 나라가 각각 추구했던 이념의 상반성을 떠올린다면 냉전은 필연적 귀결 같기도 하다. 하지만 양국이 제2차 세계대전에서 나치와 일본 제국이라는 공적을 함께 피 흘리며 물리친 동맹국이었다는 명백한 사실은 꼭 기억되어야 한다. 1944년에 미국의 대표적 주간지 《타임》지가 스탈린을 올해의 인물로 다시 선정했을 때, 그 이미지는 그가 1939년에 처음 뽑혔을 때와 사뭇 다르게 온화하고 능력 있는 지도자의 모습이었다. 스탈린과 소련 지도부를 직접 접한 미국 고위 관료와 장성 들도 그들에 대한 찬사를 아끼지 않았다. 한편 소련에서도 미국과 루스벨트는 인기가 높았다. |자료1| 이런 호감 어린 동맹 관계가 정전 이후 얼마 지나지 않아 냉전이라는 군사·외교·이념 대결로 치달았던 것이다.

이 급격한 관계 전환을 이념의 상반성으로만 치환해서 설명하기는 어렵다. 여기에는 양국의 전후 계획에서 비롯된 이해관계 차이가 더욱 중요했다.

앞 장에서 언급했듯이, 제2차 세계대전이 마무리될 무렵 미국은 대공황을 영속화하고 결국에는 전쟁까지 불러일으킨 것으로 보이는 폐쇄적인 블록 경제를 타파하고 세계를 자유무역 시내로 통합하는 것을 전후의 최우선 과제로 삼았다. 이를 위해 미국은 블록 경제의 근간이던 제국주의와 강대국의 패권 정치를 끝장내고 국제연합을 중심으로 하는 새로운 세계질서를 수립하려 했다.

한편 이처럼 원대한 꿈을 품은 미국과 달리, 또 다른 전승국이었던 소련은 훨씬 소박한 전후 계획을 가지고 있었다. 전대미문의 전쟁 피해를 입은 소련은 자국의 안보를 수호하는 데 집중했다. 이는 구체적으로 독일 무력화와 동유럽의 완충 지대화라는 두 가지 핵심 목표로 드러났다. 전시에 있었던 일련의 국제 회담을 볼 때, 독일 무력화는 미·소가 쉽게 합의할 수 있는 사안인 듯했다. 이는 미국 역시 독일을 상대로 처절한 전쟁을 치렀다는 단순한 사실 때문이기도 했다. 반면 동유럽 과제는 성취하기가 좀 더 어려워 보였다. 소련은 나치의 소련 침공에 적극적으로 가담했던 동유럽을 향후 자국 안보에 핵심 요소로 인식하여 이곳에 꼭 공산주의 정권까지는 아니더라도 최소한 친소 정권이 들어서기를 바랐다. 이런 생각은 미국의 전후 목표 중 하나, 즉 강대국 패권주의 타파와는 원칙적으로 양립될 수 없었기에 미·소 관계의 난항을 예고했다.

하지만 예상과 달리, 소련의 전쟁 기여와 희생에 크게 공감한 루스벨트는 비교적 흔쾌히 동유럽에 대한 소련의 입장을 수용할 뜻을 1945년 2월 얄타에서 밝혔다(11장의 '자료4' 참조). 이 '양보'가 고마웠던 소련은 미국의 여타 전후 계획, 특히 제국주의 해체와 국제연합 설립 등에 적극적으로 찬동했다. 자료2 옛 제국주의 국가의 대표라 할 수 있던 영국은 새로운 양대 강대국 중심의 새판 짜기가

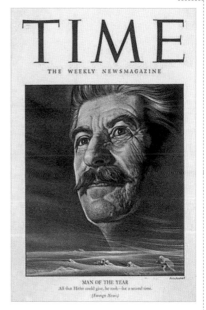

도판34 1943년 1월, 미국의 대표적인 시사 주간지 《타임》은 1942년 '올해의 인물'로 소련의 지도자 스탈린을 선정했다. 당시 긴밀한 동맹 관계를 반영하듯 여기서 스탈린의 이미지는 믿음직한 정치가의 모습이다. 실제로 당시 미국과 영국 언론은 소련의 전쟁 기여와 스탈린의 정치가로서의 능력을 매우 높게 평가했다.

도판 35 1945년 2월 얄타 회담이 종착지로 달려가던 무렵, 미국의 루스벨트, 영국의 처칠, 소련의 스탈린이 한 기념 촬영. 얄타 회담에 대해서는 여러 학설이 있지만, 이들 세 지도자 간에 협력의 분위기가 두드러졌음은 부정할 수 없다. 사진이 그점을 잘 보여준다.

못마땅했으나 이에 강력하게 반대할 힘은 없었다. |자료3| 이런 미·소 합의의 분위기에서 훗날 펼쳐질 냉전을 떠올리기는 어려웠다. |자료4|

트루먼 행정부의 태도 변화

이렇듯 전쟁 말기에 더욱더 가까워진 미국과 소련의 관계는 1945년 5월에 유럽에서 전쟁이 끝날 때까지 눈에 띄는 삐걱거림은 없었다. 불과 한 달 전 루스벨트의 갑작스러운 사망으로 대통령이 바뀌긴 했지만, 미국의 친소 정책 기조는 특별히 달라진 것 같지 않았다. 미국과 소련, 영국의 정상은 7월 베를린 인근의 포츠담에서 만나 다시 한번 협력 의사를 확인했다. |자료5| 특히 독일 문제가 집중적으로 논의되었던 이 회담에서 미국과 소련의 의견 차이는 크지 않았다. 앞으로 독일은 미국·소련·영국·프랑스의 공동 감시 아래 비무장 중립국으로 존립하는 수순을 밟을 예정이었다. |자료6|

하지만 그해 8월 아시아 태평양 전쟁이 끝난 후 미국의 태도에서 변화가 감지

되었다. 특히 9월에 열린 런던 삼상 회의에서 미국은 동유럽 문제를 꺼냄으로써 소련의 심기를 건드리기 시작했다. 동유럽에 즉각적인 자유선거가 실시되어야 한다는 미국의 주장은 소련이 보기에는 동유럽을 소련의 세력권으로 인정해주 었던 얄타 회담의 합의를 뒤집는 것이었다. |자료7| 러시아와의 불편한 역사적 관 계, 반공 파시스트 세력이 집권한 전력, 그리고 미약하게 발달한 노동 계급 등 여러 요소로 볼 때, 일반적인 자유선거를 통해 동유럽에 친소 정권이 탄생하기 는 어려워 보였던 것이다. 미국도 이 점을 잘 알았다. 따라서 그런 태도는 트루 먼 행정부가 얄타에서 루스벨트가 했던 양보, 즉 '동유럽 내주기'를 전면 재고하 기 시작했음을 뜻했다. 여기에는 트루먼과 미 행정부 그리고 군부 내 일부 인사 들의 반공 정서가 한몫했다. |자료8|

그해 12월에 열린 모스크바 삼상 회의에서는 다시금 미·소 간의 거리가 좁혀 지는 듯했지만, 결국 1946년 초 미국은 러시아 주재 외교관 조지 케넌George Kennan의 대소 봉쇄 제안을 받아들이며 강경책으로 선회했다. |자료9| 케넌은 소 련의 동유럽 정책이 참혹한 전쟁을 겪은 국가의 수세적 행동이 아닌 강대국의 공세적 팽창으로 재해석했으며, 이런 주장은 미국 과 영국의 정가에서 공감을 얻었다. |자료10| 여전히 동유럽 확보가 가장 중요했던 소련은 이란 내전과 터키 위기에서 손을 떼는 등의 '양보'를 통해 미국 과 대화를 이어가려 했다. 하지만 미국과 서방의 지식인들은 동유럽에서 소련이 보이는 행보에 대 해 비난의 수위를 높여만 갔다. 처칠의 '철의 장막' 연설은 그중 가장 잘 알려진 사례다. |자료11| 미국 이 보기에 소련의 이러한 팽창은 비단 동유럽에만 국한되지 않을 수도 있었다. 자칫 독일을 넘어 서 유럽까지 미칠지도 모르는 일이었다. 만약 그렇게 된다면 미국의 근본적 전후 목표였던 세계 자유무 역 지대 수립에 큰 차질이 빚어질 터였다.

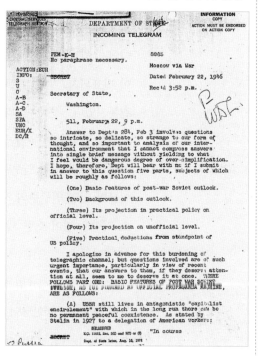

도판 36 1946년 2월 모스크바 주재 미국 외교관 조지 케넌이 본국에 보낸 '긴 전보'의 첫 페이지. 케넌의 분석은 미국의 정책이 대소 강경론으로 전환되는 데 중요한 계기가 되었다.

냉전의 시작

1946년이 지나면서 미국은 동유럽 문제뿐만 아니라 소련에 더 민감한 문제였던 독일 문제까지 재고하기에 이르렀다. 즉 통일 독일을 비무장 중립국으로 만들자던 포츠담 회담의 결의안 대신, 미국·영국·프랑스가 점령한 지역만 따로 묶어 재무장 국가를 단독으로 수립하려는 새로운 계획을 추진했다. 강한 독일에 대한 트라우마를 가진 프랑스의 우려에도 불구하고 미국과 영국이 이 계획을 들고 나온 이유는 분명했다. 그들은 독일 경제를 조속히 소생시켜야 한다는 판단을 내린 것이다. 독일의 소생이 유럽 재건의 핵심이었고, 이는 미국의 자유무역 지대 건설 계획의 주축이 되어야 했다. 영국과 미국이 보기에, 통일 독일 체제로는 그 목표를 이룰 수 없을 것 같았다. 그것은 그들과는 정반대의 목표, 즉 독일을 약화시킨다는 목표를 세운 소련과의 협치를 전제하는 것이었기 때문이다.

그해 가을에 열린 일련의 국제 회담들은 단독 독일 국가를 수립하려는 서방의 시도에 소련이 문제 제기를 하면서 교착 상태에 빠졌다. 이처럼 악화하던 미·소 관계는 1947년 3월에 트루먼 대통령이 '자유'와 '압제'라는 이분법적 수사법으로 세계의 양분을 공식화했을 때 돌이킬 수 있는 수준을 넘어섰다. |자료12| 이어 그해 6월, 유럽 대륙 재건에 거대한 미국 자본 투입을 제안하는 '마셜플랜'이 발표되자, |자료13| 소련은 이를 미국이 동유럽에 침투하려는 의사 표현으로 결론지었다. |자료14| 그리고 스탈린은 경제 재건을 위해 미국 자본에 관심을 보일지도 모르는 동유럽 국가들을 더 강력하게 단속하기 시작했다. 친소 정권이기만 하다면 의회 민주주의와 시장 경제 요소까지 적극적으로 활용할 수 있던 이른바 인민 민주주의 시대는 동유럽에서 막을 내렸다. 이제 그들은 단순한 친소 지향을 넘어 소련 체제를 모델로 하는 프롤레타리아 독재 정권으로 변모해야 했다.

한편 이 시기 서유럽은 미국의 세력권으로 확실히 재편되어갔다. 1947년 5월, 프랑스에서는 공산당이 연립 정부에서 축출되었으며, 이듬해 미국의 철저한 감시 속에서 시행된 이탈리아 '자유선거'에서는 보수적인 가톨릭 정당이 승리를

거두며 좌파 계열을 정치 무대에서 밀어냈다. 그해 9월, 소련의 2인자 안드레이 즈다노프가 '트루먼 독트린'과 같은 형식을 빌려 세계를 '진보'와 '반동', '평화' 와 '제국주의' 진영으로 양분했을 때, 냉전은 실재가 되었다. | 자료15 |

스탈린의 이미지가 호전되다

> 제2차 세계대전 시기, 소련과 스탈린에 대해 미국이 갖고 있던 이미지는 점점 긍정적으로 바뀌고 있었다. 아래 자료는 1940년에 공화당 대통령 후보로 출마해서 루스벨트와 맞섰던 인물인 웬들 윌키Wendell Willkie가 그린 소련과 소련 정치 지도자들의 이미지다. 이런 긍정적인 판단을 바탕으로 윌키는 전쟁 때문만 아니라 전후에도 소련과 협력할 것을 제안했다.

웬들 윌키, 《하나의 세계》(1943); 제프리 엥겔Jeffrey Engel 외 편집, 《세계 속 미국: 미국-에스파냐 전쟁부터 테러와의 전쟁까지 자료로 보는 역사America in the World: A History in Documents from the War with Spain to the War on Terror》, Princeton University Press, 2014, pp. 158~159에서 재인용

러시아는 이 전쟁[제2차 세계대전]에서 우리의 동맹국입니다. 러시아는 히틀러의 공격을 영국보다 더 많이 받았습니다. 그들은 파시즘과 나치 체제를 진정으로, 아주 깊이, 지독하게 증오합니다. … 우리는 종전 후에 러시아와 협력해야 합니다. 우리가 러시아와의 협력을 고려하지 않는다면, 평화를 더 유지하기 어려울 것입니다. …

저는 모스크바에서 스탈린과 두 차례 대화했습니다. 대화한 내용을 모두 기록할 수는 없지만, 스탈린이라는 사람을 조심해야 할 필요는 없습니다. 그는 이 세대에서 중요한 인물입니다. … 외무 장관 몰로토프, 안드레이 비신스키, 그의 비서 솔로몬 로좁스키, 그리고 전 조달 인민위원이자 소련 대외무역부 장관이었던 보로실로프 원수 등 다른 정치 지도자들과도 꽤 오랜 시간 만나서 이야기를 나누었습니다. 이들은 모두 교양 있는 사람들이며, 외부 세계에 진지하게 관심을 품고 있습니다. 그리고 이들은 매너나 외양, 화술 면에서도 우리의 신문 만평이 그리는 거칠고 난폭한 볼셰비키의 이미지와는

완전히 다릅니다. … 우리는 절대 러시아를 두려워할 필요가 없습니다. 우리는 우리의 공동의 적 히틀러에 맞서기 위해 러시아와 협력하는 법을 배워야 합니다. 러시아는 역동적인 나라이며, 활기 찬 새로운 사회, 즉 미래 세계에서 무시할 수 없는 힘을 가진 사회이기 때문입니다.

자료
02

얄타 회담에서 미국·영국·소련이 전후 협력을 약속하다

> 1945년 2월에 열린 얄타 회담에서 미국은 소련에 동유럽을 내주는 대가로 소련의 국제연합 참여와 대일전 참전 약속을 받아냈다. 새로운 국제기구인 국제연합은 자유무역 지대 수립과 제국주의 질서 종식이라는 미국의 전후 목표를 실현하는 핵심이 될 터였다. 전후 파시즘에서 해방된 유럽 국가들은 즉각적인 독립과 정부 구성을 약속받을 것이며, 아시아와 아프리카의 식민지들은 신탁 통치 기간을 거쳐 독자 정부 수립의 자격을 얻을 것이라는 게 미국의 계획이었다. 얄타에서 소련은 이에 적극적으로 동조하겠다고 약속했다. 그 계획은 국제연합 내 안전보장이사회를 중심으로 국제 질서를 운영하는 것으로 요약할 수 있었다.

얄타 회담 기록의 프로토콜, https://avalon.law.yale.edu/wwii/yalta.asp

I. 국제기구

다음이 결정되었다.

1. 제안된 국제기구를 위한 국제연합 회의는 1945년 4월 25일에 소집될 것이며, 미국에서 열릴 것이다.

2. 이 회의에 초대받는 국가는 다음과 같아야 한다.

   a) 1945년 2월 8일에 국제연합의 일원으로 존재한다.

   b) 그러한 참여국들은 1945년 3월 1일까지 공통의 적에 전쟁을 선포한 나라들이다 (여기서 '참여국'이라는 의미는 현재 참여하고 있는 8개국에 더해 터키를 포함한다). 국제기구를 위한 회의가 소집되면 영국과 미국의 대표는 현재 참여국에 소련의 두 공화국, 우크라이나와 벨라루스를 포함하는 안을 지지할 것이다.

3. 미국 정부는 미국, 소련, 영국을 대신하여, 제안된 국제기구에 관해 크림 회담에서 결정된 사항들을 중국 정부 및 프랑스 임시정부와 협의한다. …

C. 국제연합에서의 투표권

1. 안전보장이사회에서 회원은 각각 투표권을 하나씩 갖는다.

2. 절차의 문제에 관한 안전보장이사회의 결정은 7개 회원국의 찬성표로 승인되어야
   한다.

3. 모든 현안에 대한 안전보장이사회의 결정은 7개 회원국의 찬성표로 승인되어야 하
   는데, 이 7개국 중에는 안전보장이사회의 상임 이사국 5개국의 찬성표가 전부 포함
   되어야 한다. …

영토 신탁통치

안전보장이사회의 상임 이사국 5개국은 국제연합 회의에 앞서 신탁통치 문제를 상호 논
의하기로 합의했다. … 신탁통치는 아래의 조건에 일치하는 대상에게만 적용될 것이다.

　　a) 국제연맹이 기존에 위임 통치하던 지역들

　　b) 현 전쟁의 결과로 적국으로부터 떨어져 나올 영토들

　　c) 신탁통치 받기를 자발적으로 원하는 지역 …

II. 해방된 유럽 선언

… 유럽에서의 질서 수립과 국민 경제 생활의 재건은 해방된 국민들이 나치즘과 파시
즘의 최후의 흔적을 파괴하고, 그들 스스로 선택한 민주적 기구들을 창설하도록 하는
과정을 통해 달성되어야 한다. 이것이 대서양 헌장의 원칙이다. 자신들이 원하는 정부
형태를 선택할 수 있는 국민의 권리, 침략국에 의해 강제로 빼앗겼던 주권과 자치 정부
를 다시 그들에게 되돌려주는 것이다.

해방된 인민들이 이런 권리들을 조속히 행사할 수 있도록 3국 정부는 연합하여, 다음과
같은 상태가 필요하다고 판단할 경우, 유럽에서 해방된 국가 또는 옛 추축국의 위성국
이었던 국가의 국민을 도울 것이다. …

　　c) 인구 비례에 따른 모든 민주주의 부류의 대표자들이 광범위하게 참여한 임시정
　　　부를 구성하고, 인민의 의지에 호응하는 정부의 자유선거로 되도록 빠른 시일 안
　　　에 그 구성을 약속하기 위해,

　　d) 필요한 경우, 그러한 선거의 실시를 후원하기 위해 …

영국이 제국주의 이해관계에 집착하다

제2차 세계대전에서 프랑스가 패망한 이후, 영국은 서로 모순적인 두 가지 조건에 놓였다. 하나
는 전쟁에서 승리하려면 미국과 동맹 관계를 맺어야 한다는 것이었고, 그 미국이 제국주의 질서
의 종식을 원한다는 것이 다른 하나였다. 미국의 이런 희망은 1941년 여름에 민족 자결주의 문
구를 명시한 대서양 헌장을 통해 공표되었으며, 1945년 2월에 열린 얄타 회담에서 소련으로부
터 분명한 지지를 얻었다. 영국으로서는 전쟁에서 승리하고 전후 재건을 위해서는 식민지가 꼭
필요하다고 여겼기에 이 딜레마는 클 수밖에 없었다. 영국은 미국의 눈치를 보기는 했지만, 대체
로 영국 제국을 유지하려 최대한 애썼다.

'대서양 헌장' 발표 직후에 처칠이 영국 의회에서 한 발언(1941년 9월), http://hansard.millbanksystems.
com/commons/1941/sep/09/war-situation

〔대서양 헌장〕회의에서, 우리는 현재 나치의 멍에 아래에 있는 유럽의 민족들과 국가들
의 주권, 자결권, 민족 생활을 복원하는 것을 주로 염두에 두었다. … 따라서 우리의 대
서양 헌장 논의는 영국 왕실에 충성을 서약한 지역들과 민족들에서 자결권 문제를 진
전시키는 것과는 완전히 별개의 사안이다.

1945년 2월 얄타 회담 미국 측 기록; 미국 국무부, 《미국의 대외 관계: 1945년 몰타 및 얄타 회담》, p. 844

처칠은 열을 올리며 어떤 경우에도 40개 혹은 50개 국가가 대영 제국의 존속에 간여하
는 것을 용납하지 않을 것이라고 선언했다. 그는 자신이 수상으로 있는 한 영국의 유산
을 한 치도 포기하지 않을 것이라고 공언했다. …

국제연합의 출범

국제연합 설립은 미국의 전후 계획에서 핵심적인 지위를 차지했다. 루스벨트 행정부는 제2차 세
계대전 기간에 이 문제를 국제 회담을 통해 꾸준히 개진했으나, 그 최종적 합의는 전쟁 막바지에

얄타 회담에서 소련의 적극적인 지지 속에서 이루어졌다. 그 결과 1945년 4월에 국제연합 창립 총회가 샌프란시스코에서 열렸으며, 그해 6월에 국제연합 헌장이 공포되었다. 이 헌장에는 당시 세계 평화와 제국주의 종식을 함께 바라던 소련과 미국의 입장이 반영되어 있다. 훗날 냉전으로 상호 갈등이 시작된 후에도 미국과 소련은 이 헌장의 내용을 국제 무대에서 자신들 정책의 준거로 삼곤 했다. 한편 국제연합 헌장은 1950년대 중반 이후에는 중국을 비롯한 제3세계 국가들의 평화주의와 비동맹주의 노선에 근거가 되기도 했다.

국제연합 헌장(1945년 6월 26일), https://www.un.org/en/charter-united-nations/, http://www.mofa.go.kr/www/brd/m_3998/view.do?seq=333138&srchFr=&srchTo=&srchWord=&srchTp=&multi_itm_seq=0&itm_seq_1=0&itm_seq_2=0&company_cd=&company_nm=&page=20

우리 연합국 국민들은 말할 수 없는 슬픔을 우리 일생에서 두 번이나 인류에게 가져온 전쟁의 불행으로부터 다음 세대를 구하고, 기본적인 인권, 인간의 존엄 및 가치, 남녀 및 대소 각국의 평등권에 대한 신념을 재확인하며, 정의와 조약 및 기타 국제법의 연원으로부터 발생하는 의무에 대한 존중이 계속 유지될 수 있는 조건을 확립하며, 더 많은 자유 속에서 사회적 진보와 생활 수준의 향상을 촉진할 것을 결의하였다. 그리고 이러한 목적을 위하여 관용을 실천하고 선량한 이웃으로서 서로 평화롭게 함께 생활하며, 국제 평화와 안전을 유지하기 위하여 우리들의 힘을 합하며, 공통의 이익을 위한 경우 이외에는 무력을 사용하지 아니한다는 것을 원칙의 수락과 방법의 설정에 의하여 보장하고, 모든 국민의 경제적·사회적 발전을 촉진하기 위하여 국제 기관을 이용한다는 것을 결의하면서, 이러한 목적을 달성하기 위하여 우리의 노력을 결집할 것을 결정하였다. 따라서 우리 각자의 정부는 샌프란시스코에 모인, 유효하고 타당한 것으로 인정된 전권위임장을 제시한 대표를 통하여 이 국제연합 헌장에 동의하고, 국제연합이라는 국제기구를 이에 설립한다.

제1장 목적과 원칙

제1조 국제연합의 목적은 다음과 같다.

1. 국제 평화와 안전을 유지하고, 이를 위하여 평화에 대한 위협의 방지 및 제거, 그리고 침략 행위 또는 기타 평화의 파괴를 진압하기 위한 유효한 집단적 조치를 취하고 평화의 파괴로 이어질 우려가 있는 국제 분쟁이나 사태의 조정 및 해결을 평화적 수단

에 의하여 또한 정의와 국제법의 원칙에 따라 실현한다.

2. 사람들의 평등권 및 자결의 원칙의 존중에 기초하여 국가 간 우호 관계를 발전시키며, 세계 평화를 강화하기 위한 기타 적절한 조치를 취한다.

3. 경제적·사회적·문화적·인도적 성격의 국제 문제를 해결하고, 인종·성별·언어 또는 종교에 따른 차별 없이 모든 사람의 인권 및 기본적 자유에 대한 존중을 촉진하고 장려할 때 국제적으로 협력한다.

4. 이러한 공통의 목적을 달성할 때 각국 활동의 조화를 이루는 데 중심이 된다.

제2조 이 기구 및 그 회원국은 제1조에서 명시한 목적을 추구하면서 다음의 원칙에 따라 행동한다.

1. 기구는 모든 회원국의 주권 평등 원칙에 기초한다.

2. 모든 회원국은 회원국의 지위에서 발생하는 권리와 이익을 그들 모두에게 보장하기 위하여, 이 헌장에 따라 부과되는 의무를 성실히 이행한다.

3. 모든 회원국은 그들의 국제 분쟁을 국제 평화와 안전, 정의를 위태롭게 하지 아니하는 방식으로 평화적 수단에 의하여 해결한다.

4. 모든 회원국은 그 국제 관계에서 다른 국가의 영토 보전이나 정치적 독립에 대하여 또는 국제연합의 목적과 양립하지 아니하는 어떠한 기타 방식으로도 무력의 위협이나 무력행사를 삼간다.

5. 모든 회원국은 국제연합이 이 헌장에 따라 취하는 어떠한 조치에서도 원조를 다하며, 국제연합이 방지 조치 또는 강제 조치를 취하는 대상이 되는 어떠한 국가에 대해서도 원조를 삼간다.

6. 기구는 국제 평화와 안전을 유지하는 데 필요하다면, 국제연합의 회원국이 아닌 국가가 이러한 원칙에 따라 행동하게 한다.

7. 이 헌장의 어떠한 규정도 본질상 어떤 국가의 국내 관할권 내에 있는 사항에 간섭할 권한을 국제연합에 부여하지 아니하며, 또는 그러한 사항을 이 헌장에 의한 해결에 맡기도록 회원국에 요구하지 아니한다. 다만, 이 원칙은 제7장에 의한 강제 조치의 적용을 막는 것은 아니다.

제2장 회원국의 지위

제3조 국제연합의 원 회원국은, 샌프란시스코에서 국제기구에 관한 연합국 회의에 참

가한 국가 또는 1942년 1월 1일의 연합국 선언에 서명한 국가로서, 이 헌장에 서명하고 제110조에 따라 이를 비준한 국가다.

제4조

1. 국제연합의 회원국 지위는 이 헌장에 규정된 의무를 수락하고, 이러한 의무를 이행할 능력과 의사가 있다고 기구가 판단하는 그 밖의 평화 애호국 모두에게 개방된다.

2. 그러한 국가를 국제연합 회원국으로 승인하는 것은 안전보장이사회의 권고에 따라 총회의 결정으로 이루어진다.

자료 05
트루먼과 스탈린의 첫만남

> 미국 대통령 트루먼은 스탈린을 포츠담에서 처음 만났다. 다음은 그 당시에 트루먼이 쓴 일기의 일부다. 이 일기만 보더라도, 그가 포츠담 회담의 진행에 만족스러워했으며 소련과의 전후 협력 가능성에 근본적으로 의구심을 품지 않았음을 알 수 있다. 이에 더해 트루먼은 스탈린이라는 인물 자체에 대해서도 높이 평가했다.

트루먼의 일기(1945년 7월 17일), https://alphahistory.com/coldwar/harry-truman-diary-potsdam-1945/

이제 막 스탈린과 두 시간을 함께 보냈다. 조 데이비스가 마이스키에게 어젯밤 전화를 걸어 오늘 열두 시로 약속을 잡았다. 열두 시 몇 분 전쯤, 내가 책상에서 고개를 들자 출입문 앞에 서 있는 스탈린이 보였다. 나는 일어나 나가서 그를 맞았다. 그는 손을 내밀고 미소를 지었다. 나도 똑같은 행동을 취했고, 우리는 악수를 했다. 나는 몰로토프, 통역관과 인사하고 앉았다.

우리는 의례적인 인사말을 나누고, 본격적인 일 이야기로 들어갔다. 나는 스탈린에게, 나는 외교 전문가는 아니며 이야기를 다 들은 뒤, 질문에 대해 보통 '네' 아니면 '아니오'로 답한다고 말했다. 내 말을 듣고 그는 즐겁게 웃었다. 나는 그에게 회의 의제가 있는지 물었다. 그는 그렇다고 했고, 논의할 문제가 더 있다고 했다. 나는 당장 시작하자고

했다. 그는 바로 이야기를 꺼냈는데, 다이너마이트 급 내용이었다. 하지만 나에게도 역시 그런 급의 이야기가 있었다. 단지 아직 터트리지 않았을 뿐이다. 그는 에스파냐의 프랑코가 권좌에서 물러나기를 원한다고 했고, 나는 반대하지 않았다. 또 그는 이탈리아 식민지들과 다른 위임 통치령들을 본국으로부터 분리하고, 영국령들 중 일부도 그렇게 되기를 원했다. 그러고는 중국의 상황을 논의 주제로 삼았고 중국과 어떤 합의가 이루어졌으며 어떤 부분이 미정인지 우리에게 알려주었다. 주요 쟁점의 대부분은 잘 해결되었다. 그는 8월 15일에 일본인들과 전쟁에 돌입할 것이다. 그때가 되면 일본놈들Japs 을 끝장낼 수 있을 것이다.

우리는 점심을 같이 먹으며 화기애애하게 대화를 나누었다. 우리는 멋진 모습을 연출하며 모두에게 건배를 권했다. 그리고 뒤뜰에서 함께 사진도 찍었다.

나는 스탈린을 상대할 수 있을 것 같다. 그는 속내를 숨기지 않지만, 엄청나게 머리가 좋다.

자료
06 --

미국·영국·소련이 포츠담에서 협력 의사를 재확인하다

> 1945년 7월에 열린 포츠담 회담은 얄타 회담의 주역들 중 두 명이나 교체되었음에도 얄타의 협력 정신을 이어갔다. 유명을 달리한 루스벨트 대신 트루먼이, 총선에서 패배한 처칠 대신 클레멘트 애틀리가 그 자리를 차지했지만 미국과 영국, 소련 사이의 대독일 정책 기조는 흔들리지 않았으며, 소련의 대일전 참전도 다시 확인되었다. 물론 소련은 그간 내세웠던 독일 분단안 대신 중립국 통일안을 들고 나왔지만, 독일의 비무장화와 독일 전시 경제의 무력화라는 점에서는 줄곧 일관된 태도를 보였으며, 이는 미국과 영국도 마찬가지였다.

포츠담 회담의 결정(1945년 8월 1일), https://alphahistory.com/coldwar/potsdam-resolutions-germany-1945/

1. … 독일에서의 최고 권위는 미국·영국·소련·프랑스 4개국 정부의 지령에 의거하여 4개국 군대 총사령관이 행사한다. 4개국은 각자 점령 지역에서, 또 독일 전체에 영향을 미치는 문제에는 공동으로, 통제위원회 회원 자격으로 그렇게 한다. …

3. 통제위원회가 준수할 독일 점령의 목적은 아래와 같다.

첫째, 독일의 완전한 비무장화와 비군사화, 그리고 군수 물자 생산에 사용될 수 있는 모든 독일 산업의 제거 또는 통제 …

둘째, 독일인에게 그들이 군사적으로 완전히 패배했으며 그들 스스로 야기한 사태에 책임을 피할 수 없음을 깨닫게 한다. …

셋째, 나치당, 그 당과 제휴한 조직들 그리고 그 당이 감독했던 기관들은 파괴하며, 모든 나치 조직을 해산하고, 그것들이 어떤 형태로건 부활할 수 없게 하며, 모든 나치 및 군국주의적 행동 또는 선전을 금한다.

넷째, 독일의 정치가 궁극적으로 민주주의를 토대로 재구축되고 독일이 국제 질서의 궁극적인 평화 구축에 협력할 수 있도록 준비한다. …

11. 독일의 전쟁 잠재력을 제거하기 위해 무기, 탄약, 전쟁 도구들, 그에 더해 모든 종류의 비행기, 항해가 가능한 선박 생산을 금하고 중지한다. 강철, 화학 제품, 기계류, 그리고 전쟁 경제에 직접적으로 필요한 다른 품목들의 생산은 엄격하게 통제하고 독일의 평시 필요를 위해 허가받은 것들로 제한한다. … 허가받은 생산에 필요하지 않은 생산 능력은 연합국 배상위원회가 제안하고 연합국 정부들이 승인한 배상 계획에 맞추어 제거한다. 또는 제거하기가 어렵다면 파괴한다.

12. 최대한 빨리 실행 가능한 날짜에, 독일 경제는 카르텔, 신디케이트, 트러스트 그리고 다른 독점체에서 특히 드러나는 현재의 지나친 경제 능력 집중을 해체하기 위해 탈중심화한다.

13. 독일 경제를 조직하는 데에서 주된 강조점은 농업과 평화적인 국내 산업 발전이다.

자료
07
소련이 알타 회담에서 한 약속의 이행을 촉구하다

> 1945년 4월 말, 스탈린은 새로 취임한 미국 대통령 트루먼과 영국 수상 처칠에게 폴란드 문제를 의논하는 편지를 보냈다. 아래는 그 내용 중 일부다. 이 발췌문의 첫 문장에서 스탈린은 알타에서 루스벨트가 했던 말을 직접 인용하며 그 약속을 이행하지 않는 서방의 두 강대국을 향해 불만을 토로한다. 하지만 이런 불만 제기가 그해 9월부터 본격화된 미국과 영국의 입장 선회를 돌릴 수는 없었다.

스탈린이 트루먼에게 보낸 편지(1945년 4월); 세르히 플로히,《얄타》, 허승철 옮김,《얄타: 8일간의 외교 전쟁》, 676쪽

당신들은 우리가 폴란드에 소련에 우호적인 정부가 들어서도록 할 권리를 가지고 있다는 점, 즉 소련에 적대적인 정부가 폴란드에 존재하는 것에 동의할 수 없다는 점을 분명 받아들이지 않고 있습니다. 이는 반드시 실현되어야 할 것입니다. 폴란드의 독립을 위해 폴란드 땅에서 수없이 흘린 소련 인민의 피가 그렇게 지시하고 있습니다. 나는 그리스에 진정으로 대표성이 있는 정부가 들어섰는지, 벨기에에 진정으로 민주적인 정부가 들어섰는지는 잘 모릅니다. 이 정부들이 수립될 때 당신들은 소련과 협의한 적이 없으며, 소련은 그리스와 벨기에가 대영 제국의 안보에 얼마나 중요한지를 잘 알기 때문에 이 문제에 간섭할 권리를 요구하지도 않았습니다. 나는 폴란드 문제를 논의하면서 소련의 이익과 안보가 고려되지 않은 것을 이해할 수 없습니다. 미국과 영국 두 국가 정부가 폴란드에 대한 결정을 미리 해버리고 당신들의 대표를 우리 측이 용인할 수 없는 자리에 배치하면서 이를 받아들이라고 강요하는 상황은 비정상적이라고밖에 볼 수 없습니다. 폴란드는 소련이 최우선적으로, 그리고 그 무엇보다도 큰 관심을 가지고 있는 나라인데도 말입니다.

트루먼 행정부의 입장이 바뀌다

> 첫 번째 자료는 트루먼 행정부의 초대 국무 장관 제임스 번스James Byrnes의 기록이다. 제2차 세계대전이 전개되는 동안 소련과의 협력을 강조했던, 홉킨스를 비롯한 루스벨트주의자들과 달리, 번스의 주장은 대소 강경책으로 요약될 수 있다. 그 이후 미국의 대외 정책은 줄기차게 번스의 시각을 토대로 입안되었으며, 그 결과는 냉전의 도래였다.
> 한편 1946년에 더욱더 강경해진 트루먼 행정부의 대소 입장은 당시 소련의 워싱턴 주재 대사 니콜라이 노비코프Nikolai Novikov에게 포착되지 않을 수 없었다. 노비코프는 번스의 영향력이 커지는 것과 민주당의 우경화가 향후 미·소 관계 증진에 커다란 걸림돌이 될 것이라고 예측한다.

제임스 번스의 기록(1946); 제프리 엥겔 외 편집,《세계 속 미국》, pp. 159~160

실질적으로 대 소련 정책을 수정해야만 이 상황을 해결할 수 있습니다. 그들은 우리의 호의적인 태도를 우리가 나약해서 그들의 정책을 받아들이는 것으로 여깁니다. 우리는

소련에게 우리가 바라는 바를 확실히 전달해야 합니다. 소련의 현 정책에 문제를 제기하지 않는다면 소련은 그들이 원하는 바가 있는 곳에는 언제든지 불순한 의도로 관여할 것입니다. 이전의 몇몇 예를 보자면, 우리가 단호한 모습을 보였을 때는 상황에 진전이 있었습니다.

워싱턴 주재 소련 대사 니콜라이 노비코프의 전문(1946년 9월), https://alphahistory.com/coldwar/novikov-responds-long-telegram-1946/

현시점에서 미국의 대외 정책은, 루스벨트가 생존했을 당시 반히틀러 전시 동맹의 주축이던 3개국의 협력을 강화하고자 한 민주당 서클에서 결정되지 않습니다. 정치적으로 불안한 사람이자 약간 보수적 성향의 인물인 트루먼이 대통령에 오른 것, 그리고 이어 제임스 번스를 국무 장관으로 임명한 것은 미국의 대외 정책 입안에서 민주당 내 가장 반동적인 서클들의 영향력 강화를 의미합니다. 미국의 대외 정책 방향에 지속적으로 반동적 성격이 강화되면서, 결과적으로 공화당이 지지하는 정책과 가까워지고 있습니다. 그리고 이는 민주당 내 극우파와 공화당 간의 긴밀한 협력에 토대가 되고 있습니다. … 이와 동시에 평화를 사랑하는 국가들 사이의 협력을 위해 루스벨트의 노선을 따랐던 사람들의 대외 정책 영향력은 감소하고 있습니다. 그들은 정부나 하원, 민주당 지도부에서 점점 밀려나고 있습니다. … 헨리 월리스가 상공부 장관직에서 물러난 것은 번스가 공화당 의원 반덴버그 및 태프트와 협력해서 추진하고 있는 반동적 노선의 승리를 뜻합니다.

자료
09
미국이 소련의 정책을 팽창적인 것으로 규정하다

> 모스크바 주재 미국 대사관의 외교관 조지 케넌의 이른바 '긴 전보'의 일부다. 당시 트루먼 행정부는 여전히 루스벨트 스타일의 소련 협력 정책을 하나의 선택지로 가지고 있었다. 케넌의 '긴 전보'는 이런 선택의 여지를 대폭 좁히고 미국 정책이 대소 강경 노선을 채택하게 만드는 데 결정적 계기가 되었다. 케넌은 소련의 동유럽 집착이나 이란, 터키 등으로의 진출이 수세적인 안보 집착이 아니라 공세적인 팽창 의지에서 비롯되었다고 주장했다. 따라서 미국의 정책은 소련과의 타협이 아니라 이를 강경하게 막아서는 것, 즉 '봉쇄'가 되어야 한다는 주장이었다.

조지 케넌의 '긴 전보'(1946년 2월), https://digitalarchive.wilsoncenter.org/document/116178

소련 세력은 시기가 적절하고 유망하다고 판단되면 어디서나 자신의 공적 경계를 확대하려고 시도할 것입니다. 현재는 그러한 시도가 이란 북부나 터키, 보른홀름섬처럼 즉각적으로 전략적 필요가 있다고 판단하는 일부 접경 지역에만 국한되어 있습니다. 하지만 다른 지역들 역시 하시라도 문제가 될 수 있습니다. 지금까지 그 의도를 숨겨온 소련의 정치권력이 새로운 영역들로 확대된다면 말입니다. …

러시아인들은 소련의 세력을 확장하거나, 다른 세력을 억제할 기회 혹은 희석할 기회를 보기 위해 국제기구에 공식적으로 참여할 것입니다. 모스크바는 국제연합을 모든 국가의 상호 이익과 목적에 기반을 둔 영구적이고 안정적인 세계 건설의 도구가 아니라, 위에서 언급한 목표를 유리하게 추구할 수 있는 일종의 활동 무대로 보고 있습니다. 국제연합이 이 목적에 부응한다고 생각하는 한, 소련은 여기에 남을 것입니다. 그러나 국제연합이 그들의 세력 확장 목표를 당황하게 하거나 좌절시킬 뿐이라는 결론에 도달하고, 다른 곳에서 그 목적을 추구하는 것이 더 낫겠다고 판단하면, 언제라도 주저하지 않고 국제연합을 포기할 것입니다. …

자료
10
전쟁 말기 영국의 반소련적 시각

> 당시 영국 외무부의 '북부국 Northern Department' 책임자였던 크리스토퍼 워너 Christopher Warner가 1946년 4월에 내놓은 제안이다. 영국 외무부는 초기에 친소 성향의 정책을 제안했지만, 전쟁이 마무리될 무렵부터 점차 참모부 Chiefs of Staff의 전시 입장, 즉 반공·반소 주장에 경도되기 시작한다.

영국 외교관 워너의 주장(1946년 4월); 오드 베스타Odd Westead, 멜빈 레플러Melvyn Leffler 편집, 《케임브리지 냉전사The Cambridge History of Cold War》 1권, Cambridge University Press, 2010, p. 119

최대한의 안보 라인을 구축하는 과정에서, 러시아의 정책은 분명 공세적일 것이다. 즉 그들은 전쟁만 제외하고 모든 수단을 동원할 것이다. …

(소련은) 전투적 공산주의와 러시아 국수주의를 바탕에 깔고 공세적 정책을 펼치기로 결정했다. 그들은 사회민주주의뿐만 아니라 우리나라에도 공세를 펼친 바 있다. … 소련 정부는 군사, 경제, 선전, 정치적 무기들, 그리고 공산주의 '종교'까지도 함께 체계적

으로 활용해왔다. 따라서 우리는 이 모든 것에 대해 우리의 방어 태세를 갖추면서 그들만큼 체계적으로 맞서야 하며, 수세적이면서도 동시에 공세적인 정책을 수립하는 데 부족함이 없어야 한다.

자료
11

냉전 기류의 확산에 깊은 영향을 미친 '철의 장막' 연설

> 1946년 3월, 미국 미주리주의 한 대학에서 처칠이 한 강연 내용의 일부다. 이른바 '철의 장막' 연설로 알려질 이 강연에는 당시 미국과 영국 정부의 대 소련 정책 기조 변화가 반영되어 있다. 처칠은 얄타에서 루스벨트와 함께 소련의 안보 집착에 공감을 표했던 것과 달리, 이제는 소련의 지배욕과 비민주성을 더 부각한다. 처칠 강연의 의도가 삼국 협력 재개의 촉구였다는 이설도 있지만, 그 결과는 냉전 기류의 심화였다.

처칠의 '철의 장막 연설'(1946년 3월); 에드워드 저지Edward Judge, 존 랭군John Langoon 편집, 《자료로 보는 냉전The Cold War through Documents》3판, Rowman & Littlefield, 2018, pp. 17~18

연합국의 승리로 최근까지 밝게 빛났던 곳들에 그림자가 드리워졌습니다. 그 누구도 소비에트 러시아와 그들의 공산주의 국제기구가 가까운 미래에 무엇을 하려는지, 그리고 그들이 영토를 팽창하고 외부 세력을 개종시키려는 경향에 한계가 있는지 알지 못합니다. 나는 용맹한 러시아 사람들과 내 전쟁 동지 스탈린 원수에게 깊은 존경심과 호의를 품고 있습니다. 영국에는 러시아인들에 대한 깊은 공감과 선의가 존재합니다. 또한 지속적인 우호 관계를 유지하기 위해 여러 어려움과 방해 조건을 뚫고 나갈 의지도 존재합니다. 우리는 러시아 사람들이 독일의 침략 가능성을 제거함으로써 자신들의 서부 국경을 안전하게 만들 필요가 있다는 점도 이해합니다. 우리는 러시아가 세계의 지도적 국가로서 적절한 지위를 누려야 한다고 기꺼이 믿습니다. 무엇보다도, 우리는 러시아 사람들과 대서양 양편에 자리 잡은 우리 인민들 사이의 접촉이 지속적이고, 빈번하며, 더 늘어나는 것을 환영합니다.

발트해의 슈체친부터 아드리아해의 트리에스테까지, 하나의 철의 장막이 유럽 대륙을 가로질러 내려졌습니다. 그 선 뒤에 중부 유럽과 동부 유럽의 오래된 국가들의 수도들이 있습니다. 바르샤바, 베를린, 프라하, 빈, 부다페스트, 베오그라드, 부쿠레슈티, 소피아 같은 유명한 도시들과 주민들이 내가 소련의 영향권이라고 부르는 지역 안에 있습니다. 그리고 그 모두가 다양한 형태로 소련의 영향을 받을 뿐만 아니라, 많은 경우 모스크바에서 내려오는 고도의 통제를 받고 있으며 그 통제의 강도가 점증하고 있습니다. 유일하게 아테네, 그리스만이 그들 역사의 불멸의 영광을 간직한 채 영국과 미국, 프랑스의 감독 아래 자신들의 미래를 결정하는 자유선거를 치를 수 있습니다. …

미국의 냉전 선언, 트루먼 독트린

> 트루먼 대통령은 1947년 3월에 그리스와 터키를 지원해 공산주의의 팽창을 막아야 한다는 주장을 펼치며 미국 하원에 예산 승인을 요청했다. 아래 자료는 그 연설의 일부분이다. 여기서 트루먼은 전체주의라는 용어를 통해 제2차 세계대전의 동맹국이었던 소련을 적국 나치 독일 및 일본과 동일한 범주로 묶는다. 그리고 서방 진영과 소련 진영을 자유와 억압이라는 이분법으로 구분한다. 전체주의론 및 자유와 억압의 이분법은 냉전 시대에 수많은 미국 진영에 속한 국가들이 따른 반공 논리의 핵심이었다.

트루먼 독트린(1947년 3월); 에드워드 저지, 존 랭군 편집, 《자료로 보는 냉전》, pp. 28~29

미국 대외 정책의 주된 목표 중 하나는 우리가, 그리고 다른 나라들이 압제로부터 벗어나 자유로운 삶의 방식을 영위할 수 있는 여건을 마련하는 것입니다. 이는 독일 및 일본과 벌인 전쟁에서도 근본적 이슈였습니다. 이 전쟁에서 우리는 그들의 의지, 그들의 삶의 방식을 다른 나라에 강요하려 했던 국가들을 상대로 승리를 거두었습니다. … 세계의 수많은 나라 사람들이 최근 그들의 의사와 관계없이 전체주의 체제를 강요받고 있습니다. 미국 정부는 폴란드와 루마니아, 불가리아에서 얄타 회담의 합의를 위반하며 자행된 강제와 위협에 대해 몇 번이고 항의했습니다. 그 외에도 수많은 나라에서 유사한 일이 벌어지고 있다는 것도 이야기해야 합니다. 현시점의 세계사에서 거의 모든 국가는 둘 중 하나의 삶의 방식을 선택해야 합니다. 아주 빈번하게, 그러한 선택은 자유롭게 이루어지지 않고 있습니다. 그 첫째는 다수의 뜻에 기초하고 자유로운 기관들, 대의 정부, 자유선거, 개인 자유의 보장, 언론과 종교의 자유, 그리고 정치적 탄압으로부터의 자유로 특징지을 수 있습니다. 두 번째 삶의 방식은 다수에게 강제된 소수의 의지를 바탕으로 합니다. 그것은 테러 행위와 억압, 검열된 신문과 라디오, 조작된 선거와 개인적 자유의 탄압에 의존합니다. 나는 소수 과격분자나 외부 압력에 굴복하지 않기 위해 저항하는 자유민들의 노력을 지원하는 것이 반드시 미국의 정책이 되어야 한다고 믿습니다. 나는 자유민들 스스로가 자신의 운명을 결정할 수 있도록 도와야 한다고 믿습니다. 그리고 우리의 지원이 경제와 재정 원조를 통해 이루어져야 한다고 믿습니다. 이는 경제적 안정 및 질서 잡힌 정치 발전에 필수적입니다. …

자료
13
마셜플랜이 선포되다

> 1947년 6월, 조지 마셜George Marshall 장군이 새 국무 장관으로 임명된 직후에 하버드 대학교에서 행한 강연의 일부다. 유럽에 대한 대대적 재정 지원, 더 구체적으로 말해서 달러 공급책으로 요약될 수 있는 '마셜플랜'은 결국 냉전이 시작되는 데 가장 결정적 역할을 했다. 아래 강연 내용을 보면, 미국은 유럽의 경제 회복을 전 세계의 정치적 안정과 연관지어 생각했음이 분명하다. 그리고 그러한 안정은 그들이 볼 때 공산주의 팽창을 막는 가장 중요한 조건이었다.

마셜의 하버드 대학교 강연(1947년 6월); 에드워드 저지, 존 랭군 편집, 《자료로 보는 냉전》, pp. 31~32

여러분, 현재 세계의 상황이 아주 심각하다는 점을 군이 말할 필요는 없을 듯합니다. … 유럽의 재활을 위한 필요조건을 고려해볼 때, 물리적 인명 손실, 도시와 공장, 철도와 광산 등의 눈에 보이는 파괴는 정확히 추산됩니다. 하지만 최근 몇 달 동안 이러한 가시적 파괴보다는 유럽 경제의 전체적인 조직 문제가 더 심각한 문제임이 분명해졌습니다. 지난 10년간 유럽은 매우 비정상적인 상황에 처해 있었습니다. 과열된 전쟁 준비, 그리고 이보다 더 과열되었던 전쟁 수행은 국민 경제를 모든 측면에서 휩쓸어버렸습니다. 기존의 기계들은 손상되거나 완전히 쓸 수 없게 되었습니다. 더구나 자의적이고 파괴적인 나치의 지배 아래에서 기업 하나하나가 독일의 전쟁 기구로 재조정되었습니다. 자본의 손실, 국유화를 통한 합병, 혹은 단순 파괴로 오랫동안 지속된 상업망, 민간 조직, 은행, 보험 회사, 운송업체 들이 사라졌습니다. 많은 나라에서, 국가 화폐에 대한 신뢰가 심각하게 흔들렸습니다. 유럽의 사업 체계는 전쟁 중에 완전히 파괴되었습니다. 경기 회복도 심각하게 지체되었는데, 그 이유는 독일 및 오스트리아와의 전쟁이 끝난

지 2년이 지났는데도 평화 협정이 맺어지지 않은 탓입니다. 이런 어려운 문제들에 대해 더 즉각적인 해결책이 제시되었지만, 유럽 경제 구조를 다시 살리는 일은 예상보다 더 많은 시간과 노력을 필요로 하리라는 점이 분명합니다. …

그래서 유럽의 정부들은 해외에서 생필품을 사들이기 위해 어쩔 수 없이 외화와 국채를 사용하게 될 것입니다. 이 과정을 통해 재건에 긴박하게 필요한 기금은 고갈될 것입니다. 이렇게 전 세계에 해악을 끼치는 매우 심각한 상황이 빠르게 진척되고 있습니다. 생산물 교역을 바탕으로 한 현대의 세계적 노동 분업이 무너질 위험에 처하게 된 것입니다. 사실 차후 3년에서 4년 동안 유럽이 필요로 하는 외국의 식량과 생필품 — 주로 미국에서 들어와야 하는 것들입니다 — 은 유럽이 현재 지불할 수 있는 능력보다 훨씬 큽니다. 그래서 유럽은 상당한 규모로 추가 원조를 받지 못한다면 매우 심각한 경제·사회·정치 위기를 겪을 것입니다. 이런 문제들의 해결책은 이 악순환을 깨고 그들 나라와 유럽 전체의 미래 경제에 대한 유럽 사람들의 자신감을 회복시키는 데 있습니다. 이 넓은 지역의 제조업자들과 농민들은 그들의 생산물을 자국 통화, 즉 그 가치를 위협받지 않고 안정적인 통화와 교환할 수 있어야 하고, 또 기꺼이 그렇게 해야 합니다.

유럽인들의 절망은 전 세계의 사기를 꺾는 상황을 빚어낼 것이고 혼란을 초래할 가능성이 있습니다. 그리고 이런 사태가 미국 경제에 미칠 결과는 자명합니다. 미국은 당연히 세계 경제가 정상으로 돌아오도록 미국이 할 수 있는 모든 일을 해야 합니다. 그렇지 않으면 정치적 안정이나 평화를 보장할 수 없을 것입니다. …

미국 정부가 상황을 완화하기 위해 더 나아가고 유럽 세계를 회복의 길로 올려놓는 데 도움을 주기 전에, 먼저 유럽 정부들 사이에서 상황을 개선하려는 노력에 대해 서로 동의해야 할 것입니다. 또한 우리 정부가 취할 조치가 적절한 효과를 낼 수 있도록, 유럽 정부들이 맡아야 할 역할에 대해서도 미리 합의가 이루어져야 할 것입니다. 우리 정부가 유럽을 경제적으로 우리 밑에 두기 위해 일방적인 프로그램을 계획하는 것은 현 상황에 맞지 않을 뿐 아니라 효과적이지도 않을 것입니다. 이것은 유럽의 문제입니다. 그러므로 유럽이 앞장서야 한다는 게 제 생각입니다. 미국의 역할은 유럽이 구호 프로그램을 만드는 데 우호적인 원조를 하는 것, 우리가 실제로 할 수 있는 만큼 차후에 재정 지원을 하는 것으로 채워져야 합니다. 이 프로그램은 모두는 아닐지 몰라도 여러 유럽 국가가 동의하는 공동 프로그램이어야 합니다. …

소련의 마셜플랜 비판

> 국제연합의 소련 대표 안드레이 비신스키Andrey Vyshinskii는 마셜플랜에 대해 신랄한 비판을 가했다. 마셜플랜은 유럽을 미국의 통제 아래 두기 위한 시도이며, 궁극적으로 유럽의 분단을 획책하는 수단이라는 것이 그의 설명이었다.

국제연합 소련 대변인 안드레이 비신스키의 연설(1947년 9월 18일), https://digitalarchive.wilson center.org/document/220070

트루먼 독트린과 마셜플랜은 국제연합의 원칙들을 위반하고 그 조직을 무시한, 아주 불온한 사례입니다. 이것은 미국 정부가 그리스 및 터키와 관련해 국제연합을 무시하고 우회해서 내린 조치들뿐만 아니라, 이른바 마셜플랜이라는 이름으로 유럽에 제안된 조치에서도 분명히 증명됩니다. 이 정책은 1946년 12월 11일에 국제연합에서 채택된 결의안의 원칙, 즉 다른 국가에 지원하는 구호물자는 "정치적 무기로 이용되어서는 안 된다"라고 선언한 원칙과 정면으로 충돌합니다. 마셜플랜의 이행은 곧 유럽 국가들을 미국의 경제적·정치적 통제 아래에 두는 것을 의미한다는 점이 점차 명확해지고 있습니다. … 이 계획을 추진할 때, 영국과 프랑스 정부의 협력하에 미국 정부는 유럽의 피원조국들에게 일반적으로는 이양될 수 없는 권리들의 포기를 사실상 요구했습니다. 여기에는 자국의 경제 자원을 처분하는 권리나 자국의 국민 경제를 스스로 계획하는 권리까지 포함됩니다. 미국은 또 모든 국가가 미국 독점 자본의 이익에 직접적으로 종속되게 하고 있습니다. …

게다가 이 계획은 유럽을 두 진영으로 분할하려는 시도이며, 영국과 프랑스의 도움을 받아 동유럽 민주주의 국가들의 이익, 그리고 특히 소련의 이익에 적대적인 몇몇 유럽 국가들로 구성된 블록을 형성하려는 기도입니다. 이 계획의 주요 요소는 동유럽 국가와 서부 독일을 포함한 서유럽 국가들의 블록을 대립시키려는 시도입니다. 서부 독일과 독일의 중공업(루르 지방)을 미국의 유럽 팽창을 위해 가장 중요한 경제적 기반으로 활용하려는 의도입니다. 마셜플랜은 독일의 침공으로 고통받았던 나라들의 국익은 무시합니다. …

소련도 냉전을 받아들이다

소련의 정치 지도자 안드레이 즈다노프Andrei Zhdanov의 1947년 코민포름 창립 대회 연설이다.
이 연설은 '트루먼 독트린'에 대한 소련 측의 대답이라고 할 수 있다. 트루먼이 자유와 억압으로
세계를 나누었다면, 즈다노프는 제국주의와 반제국주의, 민주주의와 반민주주의로 세계를 양분
했다. 하시만 즈다노프의 연설에는 많은 학자가 흐루쇼프 시대에나 나오는 개념으로 잘못 생각하
는 '공존'이 이미 존재했다. 다시 말해, 소련은 미국의 공세적인 외교 정책에 어쩔 수 없이 냉전을
선언하기는 했지만, 여전히 공존의 가능성을 열어두려 했다.

즈다노프의 코민포름 연설(1947년 9월); 에드워드 저지, 존 랭군 편집,《자료로 보는 냉전》, pp. 50∼51

전쟁〔제2차 세계대전〕이 과거의 것이 될수록, 전후 국제 정치에서 두 가지 뚜렷한 경향이
나타나고 있습니다. 그리고 그 경향은 여러 정치 세력이 국제 무대에서 두 진영으로 나
뉘는 현상과 만납니다. 제국주의와 반민주주의 진영이 그 하나고, 또 다른 하나는 반제
국주의와 민주주의 진영입니다.
제국주의 진영의 가장 핵심적 원동력은 미국입니다. 그리고 미국은 영국 및 프랑스와
동맹을 맺고 있습니다. … 제국주의 진영은 또한 벨기에와 네덜란드 같은 식민지 보유
국들, 그리고 터키, 그리스 같은 반동적 비민주주의 체제들, 마지막으로 미국에 정치적·
경제적으로 의존하고 있는 국가들의 지지를 받고 있습니다. 제국주의 진영의 가장 중
요한 목표는 제국주의를 강화하고, 새로운 제국주의 전쟁을 부추기며, 사회주의 및 민
주주의와 싸우고, 반동적이고 반민주적인 친파시즘 체제 및 그 운동을 지원하는 것입
니다. 이러한 목적을 추구하면서 제국주의 진영은 모든 나라의 반동적이고 반민주주의
적인 세력에 의지하고, 전쟁 때의 동맹국들을 상대하기 위해 전쟁 때의 적국들을 지원
하려 합니다.
한편 전 세계의 반파시즘 세력이 두 번째 진영을 이루고 있습니다. 이 진영은 소련과
신민주주의 국가들을 근간으로 합니다. 또한 루마니아, 헝가리, 핀란드처럼 제국주의
의 끈을 단절하고 확고하게 민주적 발전의 길에 들어선 나라들을 포함합니다 인도네
시아와 베트남도 이 진영과 함께합니다. 그리고 인도, 이집트, 시리아도 이 진영에 동조
합니다. … 이 진영의 목적은 새로운 전쟁과 제국주의 팽창을 저지하고, 민주주의를 강

화하며, 파시즘의 잔재를 청산하는 것입니다. … 소련의 외교 정책은 자본주의와 사회주의라는 두 체제의 장기 공존이라는 틀 안에서 진행될 것입니다. …

| 참고문헌 |

쓰요시, 하세가와, 《종전의 설계자들: 1945년 스탈린과 트루먼, 그리고 일본의 항복》, 한승동 옮김, 메디치미디어, 2019.

Bernstein, Barton J. ed., *Politics and Policies of the Truman Administration*, Quadrangle, 1970.

Craig, Campbell & Sergey Radchenko, *The Atomic Bomb and the Origins of the Cold War*, Yale University Press, 2008.

Gaddis, John Lewis, *The United States and the Origins of the Cold War 1941~1947*, Columbia University Press, 1972.

Gardner, Lloyd C., *Architects of Illusion: Men and Ideas in American Foreign Policy, 1941~1949*, Quadrangle, 1972.

Holloway, David, *Stalin and the Bomb: Soviet Union and Atomic Energy, 1939~56*, Yale University Press, 1994.

Kolko, Joyce & Gabriel Kolko, *The Limits of Power: The World and United States Foreign Policy, 1945~1954*, Harper & Row, 1972.

Leffer, Melvyn P., *A Preponderance of Power: National Security, the Truman Admini-stration, and the Cold War*, Stanford University Press, 1992.

Stephanson, Anders, *Kennan and the Art of Foreign Policy*, Harvard University Press, 1989.

Zubok, Vladislav & Constantine Pleshakov, *Inside the Kremlin's Cold War*, Harvard University Press, 1997.

13
세계의 분단

유럽과 동아시아의 분단

미국과 소련의 지도자 모두가 세계를 양분하는 수사법을 제시한 1947년 이후, 세계는 실제로 미·소 양대 진영으로 나뉘는 양상을 보였다. 1948년 2월에 체코슬로바키아에서 일어난 쿠데타는 유럽의 동서 분단을 돌이킬 수 없는 사태로 몰고 갔다. 원래 공산당이 주도하는 연정이 정권을 잡고 있던 체코슬로바키아는 쿠데타 이후 공산당만의 단독 정부가 들어서고 소비에트화가 가속화되었다. 이 쿠데타를 빌미 삼아 미국은 서부 독일 지역의 통화를 통일하면서 소련군이 진주한 동부 독일을 고립시켰다. 이는 여전히 독일의 중립국 통일안을 주장하던 소련을 무시한 처사였으며, 동시에 루르 지방이라는 대규모 공업 지대를 포함한 서부 독일을 경제적으로 되살리고 나아가 재무장까지 가능케 하겠다는 의사 표현이었다. 그러한 가능성이 무엇보다도 두려웠던 소련은 이른바 '베를린 봉쇄'

라는 강수를 두었다. 하지만 서베를린 지역으로 물자가 공급되는 루트를 차단
하여 미국을 다시 독일 통일을 위한 협상 테이블로 끌어들이려던 소련의 전략
은 역효과만 낳았다. 미국은 이를 공산주의의 반인륜적 행동으로 전 세계에 선

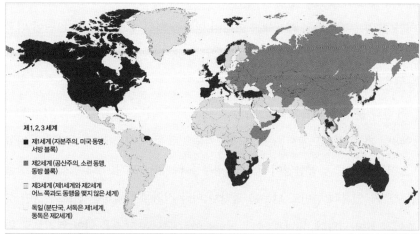

도판 37 냉전기 세계의 분단을
보다 객관적으로 보여주는 지
도. 일반적으로 서방의 독자들
에게 디 익숙한 메르카토르 노
법의 지도(위)는 소련 영토의
크기를 과장하면서 그들의 팽
창적 이미지를 만들어낸다. 하
지만 아래 지도는 미국 진영에
포위된 소련의 현실을 더 잘 보
여준다.

전하는 동시에 물자를 서베를린 공중에서 공급함으로써 '봉쇄'를 무력화했다. |자료1| '베를린 봉쇄'가 실패한 후, 1949년 5월 독일의 분단은 공식화되었다. 이로써 서부 독일과 서유럽은 미국 진영에, 동부 유럽과 발칸반도 북부는 소련 진영에 포함되는 유럽의 분단이 시작되었다. 이 과정에서 소련 진영에서 이탈한 유고슬라비아, 중립을 선언한 스위스·오스트리아·핀란드와 같은 예외도 있었지만, 유럽 분단이라는 대세에는 그다지 영향을 끼칠 수 없었다. 1949년에 미국이 서유럽 국가들과 함께 북대서양조약기구NATO를 창설하자 미국 진영은 군사 동맹으로도 결속되었다. |자료2|

유럽의 분단이 확고해질 즈음, 동아시아 역시 미·소 양 진영으로 나뉘었다. 1948년 가을, 한반도에서는 38도선을 기준으로 두 독자 정권이 제각각 들어섰다. 이듬해에 중국 공산당이 국민당 정부를 타이완으로 몰아내며 집권에 성공함으로써, 일본과 한반도 남부를 장악한 미국 진영에 대항하는 친소 진영이 갖추어진 셈이 되었다. 유럽과 달리, 동아시아의 분단은 냉전을 넘어 열전으로 변모했다. 일제가 빚어놓은 식민지의 모순과 문제점이 해결되지 못하고 곪아 터져서 일어난 한반도에서의 내전인 한국전쟁은 미국과 중국의 국제전으로 확대되면서 냉전의 양대 진영 간 대결이 되었다.

한편 냉전이 격화되는 분위기 속에서 이를 완화하고자 눈에 띄게 노력한 쪽은 소련이었다. 이에는 제2차 세계대전의 엄청난 피해 탓에 더는 군비를 지출하기가 부담스러운 현실적 고려가 컸다. 이 시기 소련은 피카소를 비롯한 세계의 지식인 및 예술가 들의 지원 속에서 전 세계 평화 운동과 비핵화 운동을 주도했다. |자료3| 그리고 소련은 다시금 독일의 중립화 통일안을 제의하기도 했다. 하지만 냉전이 이미 시작된 상황에서 미국은 소련의 이 같은 노력에 진정성이 있다고 믿지 않았다. 오히려 미국은 소련과 동유럽 붕괴까지 염두에 두며 국방비 예산을 천문학적으로 올리는 공세적 방식으로 대응했다. |자료4| 이에 소련 역시 국방력 강화에 전력하면서, 양국은 본격적인 군비 경쟁 시대로 돌입했다. 미·소의 이 같은 경쟁은 인류를 핵공포로 몰아넣었다. |자료5|

미국의 국내 냉전

미국 국내 정치는 냉전의 흐름 속에서 민주당과 공화당의 대결로 단순화되었다. 민주당의 자유주의보다 좌선회한 이념을 제시했던 뉴딜 좌파나 진보 정치인들은 무대에서 강제로 퇴출되었다. 진보당 후보 헨리 월리스Henry Wallace의 1948년 대선 참패, 노동조합의 극단적 보수화, 미국 공산당의 몰락 등은 한국전쟁 이후의 매카시즘 발흥을 예고했다. 이 같은 미국 사회의 우경화로 언론과 사상의 자유가 크게 위축되었다. |자료6| 빨갱이라는 꼬리표가 붙을지 모른다는 두려움 탓에 미국 식자층 다수가 입을 닫았다. 그런가 하면 미·소의 군비 경쟁으로 미국인들의 일상도 바뀌었다. 소련이 1949년에 핵무기를 보유하고 1957년에는 세계 최초로 인공위성 개발에 성공해 로켓 기술을 선보이자, 미국 정부와 보수 언론은 소련의 대미 미사일 공격 가능성을 연일 제기했다. '스푸트니크 충격'이라고 불린 이 사건 이후, 미국 사회는 공포 분위기에 휩싸였으며 방공호 대피 훈련과 같은 군사 훈련이 일상적으로 자리 잡았다. |자료7| 또 중산층을 중심으로 핵공격에 취약해 보이는 대도심을 떠나 교외로 이주하는 사례가 급증했다. |자료8|

도판 38 세계 최초의 인공위성 스푸트니크호가 발사되는 순간. 놀랄 만한 과학적 성취였던 소련의 이 실험을 서방 세계는 주로 군사적 위협으로 받아들였다.

반공주의를 기초로 한 미국 사회의 우경화는 전체주의론이라는 이론을 통해 뒷받침되었다. 1950년대 미국의 정치학자들의 작품인 전체주의론은 나치와 소련을 하나로 묶으며, 일당 독재, 사회의 원자화, 감시 체제, 비밀경찰, 지도자 숭배 등을 그 공통점으로 제시했다. 이는 제2차 세계대전 당시 적국 나치의 이미지를 이용해 새로운 적국이 된 소련을 악마화하는 전략이었다. 그때부터 소련은 사회주의 경제 체제라는 특징보다 나치처럼 민주주의와 자유를 탄압하는 독재 국가로 더 자주 표상되었고, 미국은 그 가치의 수호자로 계속 부각되었다. 이 같은 이분법적 이미지는 미국뿐만 아니라 미국 진영에 속한 다른 나라들에서도 함께 대두했다.

냉전 시대의 소련

소련 역시 냉전의 대두로 그들 역사의 방향이 바뀌었다. 냉전이 시작되기 전인 1947년 여름까지 소련은 후대의 학자들이 '작은 페레스트로이카'라 부른 개혁이 실행되었다. 농업과 경공업 분야에 대한 투자가 확대되었으며, 시장 요소의 확충도 활발히 논의되었다. 1930년대와 같은 극단적 언론 및 학계 통제도 풀릴 기미가 보였다. 하지만 냉전이 시작되자 소련은 1930년대의 전시 분위기로 회귀했다. 군수 공업이 다시 강조되었고, 문화와 지성계에 대한 감시가 정풍 운동이라는 이름으로 부활했다. 전 세계를 대상으로 한 미국의 반소 선전 공세를 보며, 소련 사람들은 제2차 세계대전 시기 자신들의 기여와 희생이 저평가된다고 느꼈고, 이는 자연스럽게 반反서방 감정으로 발전했다. 이 감정은 반유대주의, 즉 당시 용어로는 반코스모폴리탄주의라 불린 흐름까지 만들어냈다. 사회 곳곳에서 러시아의 위대성과 반서방, 반유대주의를 외치는 분위기가 형성되면서 수많은 유대인 지식인이 고초를 겪었다. |자료9|

1953년에 스탈린이 사망하고, 그로부터 3년이 흐른 후 흐루쇼프가 탈스탈린 운동과 '해빙' 정책을 펼치기 시작하면서, 엄혹한 전시 분위기가 다소 누그러지고 농업과 경공업에 대한 지원도 확대되는 모습이 연출되었다. 하지만 '쿠바 위기'를 비롯해 때때로 터지는 미국 및 서방과의 대결 국면 탓에 군수 산업을 강조

하고 사회를 통제하는 스탈린 시대의 기조는 줄곧 유지될 수밖에 없었다. | 자료10 |
흐루쇼프의 '해빙'은 서방과의 공존 가능성을 열고 소련 문화계의 자율성을 확
대하는 긍정적 효과가 있었지만, 한편으로는 공산당 관료에게 숙청의 두려움을
없애주고 일종의 이익 집단으로서 공고하게 자리 잡을 수 있는 기회를 제공했
다. 민주주의 원칙이 사라진 국가 중심의 체제에서 이런 특권 집단을 '숙청' 없
이 통제하기란 흐루쇼프의 예상보다 훨씬 어려웠다. 결국 이들 특권을 스탈린
시대처럼 다시금 흔들 필요가 있다는 흐루쇼프의 뒤늦은 깨달음이 공산당 관료
들에게 간파되었고, 이들은 흐루쇼프를 1964년에 정권에서 축출했다. 흐루쇼프
의 뒤를 이은 브레즈네프는 공산당 관료들이 오래오래 안정을 누리는 시대를
열어갔다.

서유럽의 미국화

냉전과 더불어 유럽은 점차 두 가지 다른 세상으로 변해갔다. 서유럽은 북대서
양조약기구가 조성한 하나의 군사 블록으로 편제되는 동시에, 마셜플랜 이후에
는 미국 주도의 통합된 경제 체제로 조직되었다. 미국은 1930년대식 오타키 체
제가 유럽에 재등장하지 않도록 개별 국가의 관세 인하를 강제했으며, 유럽 경
제를 더욱더 상호 의존적으로 바꾸어놓으려 했다. 미국은 향후에 경제협력개
발기구OECD로 발전한 유럽경제협력기구OEEC를 결성하고, 이를 정치적으로도
뒷받침하기 위해 유럽의회의 설립을 도왔다. 유럽 국가들 역시 자생적으로 석
탄·철강공동체ECSC를 설립하며 경제 통합의 방향으로 나아갔다. | 자료11 |

이 같은 미국의 경제 체제 설계로, 서유럽은 사회·문화 영역에서도 미국의 영
향을 강하게 받았다. 유럽인들은 청바지, 햄버거, 할리우드 영화, 팝송 등으로
대표되는 미국의 대중문화에 잠식되었다. 이른바 미국화, '서양화' 또는 후대 학
자의 표현에 따르면 '코카콜라-식민화'의 과정으로 불린 이런 현상은 고등 교육
기관과 같은 보다 고급한 분야에서도 나타났다. 하지만 최근의 학자들은 미국화
가 미국의 의도만이 관철된 일방적 현상이었다고 보지는 않는다. 미국화는 서유
럽인들이 그들 나름의 방식으로 수용한 쌍방향의 문화 흐름이었다는 것이다.

한편 1960년대 프랑스처럼 미국의 압박에 좀 더 노골적으로 반발한 경우도 있었다. 프랑스 대통령 드골은 일시적이기는 했지만 북서대양조약기구 군대에서 프랑스 군대를 빼내고 독자적으로 핵개발을 시작했다.

동유럽과 소비에트 블록

냉전이 시작되기 이전에 소련은 동유럽에 최소한 친소 정부를 세운다는 방침을 세워두었지만, 그들 내부 체제가 어떤 모습을 띠게 될지에 대해서는 여러 가능성을 열어놓고 있었다. 실제로 1945년부터 1947년 전까지, 농유럽은 이른바 인민민주주의를 따랐다. 이는 1930년대 프랑스와 에스파냐에서처럼 반파시즘 세력들의 연정을 의미했다. 물론 대부분의 국가에서 공산당이 주요 세력으로 부상하기는 했지만, 독재 권력을 휘두르는 데까지는 이르지 않았다. 경제적으로도 인민민주주의는 과거 소련의 신경제정책처럼 사실상 자본주의 경제를 수용하는 이념이었다. 소련이 이를 사회주의 혁명을 위한 한 단계로 설정한 것은 맞지만, 그것은 먼 훗날의 일일 터였다.

하지만 앞 장에서 언급했듯이, 1947년에 미국이 마셜플랜을 공표한 직후, 소련은 동유럽 정책을 바꾸어 전면적인 소비에트화의 길로 나아갔다. 이는 스탈린 시대의 모델에 따라 동유럽을 급격히 변모시킨다는 정책으로, 일당 독재, 농업 집단화, 계획 경제, 반대파 숙청 등을 예고했다. 그해에 코민포름이 창설되며 동유럽 공산당의 결속이 강화되었고 1949년에는 코메콘COMECON을 통해 동유럽과 소련은 하나의 경제 블록이 되었다. 한국전쟁 이후 미국이 '전범'인 서독까지 군사 동맹인 북대서양조약기구에 포함시키자, 소련도 바르샤바 조약을 통해 동유럽과 군사 동맹을 결성했다. |자료12| 소련의 우산 아래서 동유럽은 소련처럼 급격한 산업화에 성공했지만, 역시 소련처럼 민주주의 후퇴를 경험했다.

그러나 이 같은 경제적·군사적 유대가 있었음에도 동유럽과 소련의 관계는 그리 끈끈하지 못했다. 1953년 스탈린 사망 이후 동유럽의 반소 운동은 동독에서의 봉기를 시작으로, 1956년 폴란드와 헝가리의 대규모 시위에서 그 정점에 달했다. 폴란드 사태가 비교적 부드럽게 무마된 데 비해, 헝가리에서는 수도 부

도판 39 1956년 말 소련 군대의 헝가리 수도 부다페스트 진주에 맞서 저항하는 시민들의 모습. 헝가리 사태는 이후 TV 매체의 발달로 전 세계에 더 많이 알려졌던 1968년 체코슬로바키아의 '프라하의 봄'보다 훨씬 많은 사상자를 냈다.

다페스트에 소련군 탱크가 진입해 시위대를 무력 진압하는 참사가 일어났다. |자료13| 이때 총 4000명 이상이 사망했고, 너지 임레Nagy Imre를 비롯한 헝가리 지도부는 숙청 대상에 올랐다. 이처럼 같은 반소 시위에 다른 처분이 내려진 것은 폴란드와 헝가리의 지향점 차이 때문이었다. 폴란드는 소련의 내정 간섭으로부터 자율성을 확보한다는 목표에 머문 반면, 헝가리는 대외적 자율, 즉 바르샤바조약기구 탈퇴 의사까지 내비쳤다. 소련 특유의 안보 집착은 친서방적 움직임으로 나아갈지 모르는 동유럽의 독자 외교를 용납할 수 없었던 것이다.

거의 같은 상황이 12년 후인 1968년에 이른바 '프라하의 봄'에서도 전개되었다. 모스크바는 자신들이 신뢰하는 인물인 알렉산드르 둡체크Alexandr Dubček가 체코슬로바키아 공산당의 내정 개혁에 착수할 때까지는 별다른 반응을 보이지 않았다. 하지만 둡체크가 독자적 외교 정책을 펼칠 가능성을 내비치자 소련은 군대를 프라하로 보냈다. 여하튼 동유럽의 반소 시위 이후 폴란드, 헝가리, 체코슬로바키아 등은 시장 경제 원리를 더욱더 확대 적용하는 등 내정에서의 자율성은 확보할 수 있었다. 하지만 그들의 대외 정책은 그럴 수 없었다. 이런 소련과 동유럽 관계는 이른바 '브레즈네프 독트린'을 통해 규정되었다. |자료14|

베를린 봉쇄를 보는 상반된 시각

> 베를린 봉쇄에 대한 서방 언론의 전형적인 보도 내용이다. 《가디언》지는 20세기 후반에 오면 노동당을 지지하지만, 당시까지만 해도 자유주의 기조를 보이는 영국의 대표적인 신문사였다. 서방 언론은 영·미의 독일 분단 결정이라는 베를린 봉쇄가 시작된 맥락, 미국을 다시 독일 통일을 위한 협상 테이블로 끌어들이려 한 스탈린의 봉쇄 목적, 그리고 동베를린을 통한 물자 유통 현황은 잘 보도하지 않았다. 그 대신 봉쇄된 베를린을 소련의 압제에 신음하는 공간으로 이미지화하고, 이때 미국과 영국이 내민 구원의 손길을 '서양 민주주의 대의'의 표현으로 그리는 데 열심이었다. 서방 언론의 이 같은 전략은 냉전 시대 내내 전 세계에 반공 정서를 주입하는 데 매우 효과적이었다.

베를린 봉쇄 관련 사설, 《가디언The Guardian》, 1948년 10월 5일자

겨울 봉쇄? 베를린에서의 첫 100일

〔특파원 보도〕

10월 2일은 베를린의 육로와 해로가 완전히 봉쇄된 지 100일째 되는 날이었다. 3개월 전에 펼쳐진 영국과 미국의 합동 공수 작전은 잘 조직된 군사 작전이라기보다는 봉쇄에 대한 자연발생적 대응이자 지원책으로 볼 수 있다. 이로써 독일 국민들을 격려할 수는 있었으나, 확실히 사람이 살아가는 데 필요한 모든 생필품을 공급할 수는 없었다. 3개월 전에는, 소수의 정책 입안자를 제외하고는 영국과 미국 본부의 그 누구도 몇 주 이상, 혹은 그 이후의 상황을 내다보지 못했다. 그해 여름, 항공기로 200만 명이 넘는 사람들에게 물자를 공급하는 일은 가능할 성싶지 않았다. 하물며 겨울이라면 상상도 할 수 없는 일이었다.

계획이 마련되고 기술적으로 완벽하게 실행되자, 첫 3개월 동안은 물자 공급의 다리가 성공적으로 놓였다. 하지만 향후 3개월도 여전히 어려운 시간이 될 것이다. 베를린은 이번 겨울을 걱정하고 있다. 사실 베를린은 전후 매해 겨울을 두려워했다. 베를린의 모든 가구가 공수 작전으로 베를린이 내년 봄까지 버틸 수 있을지 반신반의한다. 그럴 가능성이 얼마나 될까? 225만 명이 〔공산주의의〕 위협에 종속될지, 아니면 나치 때문에 서양 민주주의의 대의를 늦게 깨닫기는 했지만 지금은 진심으로 지지하는 베를린 주민들의 염원 끝에 그들이 기본적인 자유를 얻을 수 있을지는 그 가능성에 달렸다.

자료
02

북대서양조약기구의 창립으로 소련에 맞선 미국

> 1949년 북대서양조약기구가 창립되던 시점에 체결된 조약문의 일부다. 이 기구가 방위를 위한 동맹이라는 사실을 분명히 하면서도, 한편으로는 그 군사적 성격도 강조한다. 그리고 프랑스령 알제리가 포함된 데에서 알 수 있듯이 이 조약의 체결국들은 과거 식민지를 여전히 그들 영토의 일부로 취급한다.

북대서양조약(1949년 4월 4일, 워싱턴 D. C.), https://www.nato.int/cps/en/natolive/official_texts_17120.htm

이 조약의 체결국들은 국제연합 헌장의 목적과 원칙에 대한 믿음, 그리고 모든 국민 및 정부와 평화롭게 지내고자 하는 희망을 재차 확인한다. 체결국들은 민주주의, 개인의 자유, 법치의 원칙에 바탕을 둔 체결국 국민의 자유, 공통의 유산, 문명을 보호할 것임을 결의한다. 체결국들은 북대서양 지역의 안정과 안녕을 증진하고자 한다. 체결국들은 집단 방위를 위해, 그리고 평화와 안보를 지키기 위해 함께 노력을 다할 것이다. 체결국들은 이에 이 북대서양 조약에 동의한다. …

제5조 체결국들은 유럽이나 북아메리카의 그중 하나 또는 그 이상의 국가가 받은 무
        기 공격을 체결국 전체에 대한 공격으로 산수하는 데 농의한다. 따라서 체결국
        은 그런 공격이 일어난 경우, 국제연합 헌장 제51조가 인정한 개별 또는 집단 자
        위권에 따라, 체결국 각자는 개별적으로, 또는 다른 체결국과의 협력하에, 필요

하다고 판단하면 무력을 동원해서라도 북대서양 지역의 안보 수호·복원·유지를 위해 공격받은 체결국 혹은 체결국들을 즉시 지원한다.

제6조 제5조를 위해, 다음에 해당하는 행위는 체결국에 대한 무장 공격으로 간주한다. 첫째, 유럽과 북아메리카 내 모든 체결국의 영토, 프랑스령의 알제리, 터키 영토, 북회귀선 북쪽의 북대서양 지역 내 체결국의 주권이 미치는 섬들. 둘째, 상기 영토들, 또는 이 조약이 발효된 날 체결국의 점령 병력이 주둔해 있는 유럽 지역, 또는 지중해, 또는 북회귀선 북쪽의 북대서양 지역과 그 상공에 있는 체결국의 군대, 선박, 또는 항공기 …

자료
03

소련이 평화 운동을 시작하다

1947년 여름에 냉전이 시작된 후, 평화 문제에 먼저 관심을 보인 쪽은 소련이었다. 미국과의 전후 공조를 희망했으나 의도치 않게 냉전에 돌입하게 된 소련은 여전히 전후 복구와 미국에 비해 뒤처진 기술력을 만회하기 위해 시간이 필요했다. 소련의 이러한 현실적인 고려는 전 세계 차원의 평화 및 반핵 운동을 후원하는 방식으로 드러났다. 그런데 이런 운동이 시작되자 소련의 예상을 뛰어넘는 규모의 전 세계 시민과 민간 조직이 이를 지지했다. 초강대국들이 만든 냉전의 세계는 대중의 힘을 통해 진정한 평화와 반핵 메시지의 공간으로 바뀔 수 있었다. 다음은 1949년 파리 세계평화회의에서 채택된 선언 중 일부다.

'세계평화회의'의 선언, 《뉴 타임스New Times》, 1949년 5월 4일자

우리, 전 세계 72개국의 대표는 모든 문화·이념·인종으로 구성된 남성과 여성으로서, 여전히 세계를 위협하고 있는 끔찍한 위험인 '전쟁의 위험'을 인식하고 있다.

제2차 세계대전이라는 비극적인 사건이 종결된 지 4년이 지난 지금, 사람들은 위험한 군비 경쟁에 돌입하고 있다. 인류의 행복을 보장해야 할 과학은 진리의 길에서 벗어나 군사적 목적으로 나아가고 있다. 세계 곳곳에서 여전히 전쟁의 불길이 외국의 개입과 그들 군대의 직접 행동 탓에 타오르고, 지펴지고, 이어지고 있다.

이 거대한 평화를 위한 세계 회의에 모여, 우리는 모든 이에게 우리가 자유롭게 사고했으며 어떤 프로파간다도 우리의 논리에 영향을 미치지 않았음을 선언한다. 우리는 강대국들 간의 동의, 즉 다른 사회 체제도 공존할 수 있다는 믿음을 누가 찢어놓았는지 알

고 있다. 우리는 오늘날 누가 국제연합 헌장을 찢어버리는지 알고 있다. …

원자폭탄은 방어 무기가 아니다. 우리는 국가들이 만든 한 블록을 또 다른 블록과 대립하게 하려는 자들의 게임에 참여하기를 거부한다. 우리는 이미 끔찍한 결과를 낳고 있는 군사 동맹 정책에 반대한다. 우리는 계속해서 무력 충돌을 야기하고 또 다른 세계 전쟁 발발에 결정적인 도화선이 될지 모르는 식민주의를 비판한다. 우리는 제2차 세계대전의 살인자들이 다시 무기를 들고 있는 서독과 일본의 재무장을 규탄한다. 국가들 사이의 경제 교류를 고의로 막는 것은 이미 전시 봉쇄의 성격을 띠고 있다. 냉전의 주인공들은 단순한 협박에서 노골적인 전쟁 준비로 나아가고 있다. …

우리, 평화를 위한 세계 회의에 참석한 민중은 다음과 같이 선언한다.

우리는 국제연합 헌장을 지지하며, 이를 무력화하고 전쟁으로 이끄는 모든 군사 동맹에 반대한다. 우리는 군비 지출에 따른 막대한 부담을 지고 싶지 않다. 그러한 지출은 민중을 빈곤에 빠뜨리기 때문이다. 우리는 핵무기 및 인류를 대량으로 살상하는 다른 무기의 사용을 금지하기를 원한다. 따라서 우리는 강대국의 군비 제한과, 원자력을 단지 평화적 목적과 인류의 안녕을 위해서만 사용할 수 있도록 하는 실질적인 국제적 통제를 요구한다. 우리는 모든 민족의 독립과 평화적 협력, 즉 그들 자신의 미래를 결정할 수 있는 권리를 추구한다. 이는 자유와 평화를 위한 기본 조건이기 때문이다. 우리는 전쟁을 준비하기 위해 민주주의적 권리들을 제한하고 파괴하려는 모든 시도에 반대한다. 우리는 진리와 이성을 세계적 차원에서 지키는 보루다. 이를 통해 우리는 전쟁을 위해 여론을 선동하는 프로파간다를 무력화하려 한다. 우리는 전쟁 히스테리, 인종 증오와 민족 간 적개심을 부추기는 행동을 규탄한다.

… 6억 명의 남녀가 그들의 대표를 세계평화회의에 보냈다. 그들의 이름으로 세계평화회의는 전 세계 사람들에게 메시지를 보낸다. "더 용감해져라, 더욱더."

만장일치로 채택함.

미국의 적극적인 대외 정책

> 1950년, 미국 트루먼 대통령은 '국가안보회의 문서 68호 NSC-68'를 승인했다. 이 문건의 작성에는 당시 미국 대외 정책의 주요 기획자였던 폴 니츠 Paul Nitze를 비롯한 미 국무부와 국방부 인사들이 참여한 것으로 알려져 있다. 전후 미국 대내 및 대외 정책의 근간들을 이 문건에서 모두 발견할 수 있다. 소련의 위협 강조와 소련에 대한 봉쇄, 국방비 증액, 국제 관계에서의 오판 가능성까지 고려하는 집착, 국내의 정치적 단속, 한국을 비롯한 우빙 이용 및 지원, 소련과 위성국(특히 동유럽) 사이의 분쟁 유도 등이 그것이다. 이 문건 이후 미국은 국방 예산을 대대적으로 늘렸으며, 이렇게 늘어난 예산은 서유럽을 비롯한 전 세계의 경제를 자극하는 결과를 낳았다. 다만, 그것은 과거 제국주의 시대의 국제 경제 분업, 즉 첨단 기술과 주요 제조업은 이른바 서방에, 원료 공급은 옛 식민지에 맡기는 분업을 유지한 상태에서 이루어졌다.

국가안보회의 문서 68호, https://digitalarchive.wilsoncenter.org/document/116191.pdf

결론

앞에서의 분석은 소련의 원자폭탄 제조 능력과 원자핵융합폭탄 개발 가능성이 미국의 안보에 대한 소련의 위협을 크게 강화했다는 것을 시사한다. 이 위협은 NSC 20/4 (1948년 11월 24일 대통령에 의해 승인됨)에서 말했던 바와 같은 성격을 띠지만 이전의 예상보다 더 즉각적이다. … 위험이 임박했다는 점을 고려하면, NSC 20/4에서 말했던 소련의 위협에 대한 다음 진술은 여전히 유효하다.

…

14. 가까운 미래에 미국의 안보를 가장 심각하게 위협하는 것은 소련의 적대적 의도와 무시무시한 물리력, 그리고 소련 체제의 성격에서 나온다. …

16. 소련과의 전쟁 가능성은 미국이 신중하게 적시에 적절하게 준비해야 할 만큼 충분히 있다.

　　　a. 현재 예상에 따르면 소련 지도자들이 당장 미국에 계획적인 군사 행동을 펼칠 것 같지는 않지만, 그들이 전쟁을 수단으로 이용할 가능성을 배제할 수 없다.

　　　b. 현재 그리고 가까운 미래에 위협은 계속될 수 있다. 그것은 소련이 미국의 의지, 즉 모든 수단을 동원해 안보 태세를 갖추려는 의지를 잘못 판단하거나, 혹은 그들이 우리의 의도를 오해하거나, 혹은 우리가 취할 수 있는 조치에 소련이 어떤

대응을 할지 우리가 오판할 때 현실이 될 수 있다.

17. 유라시아 대륙의 잠재력을 소련이 지배하는 것은, 그것이 무장 도발을 통해 이루어지든 혹은 정치적·전복적 수단을 통해 이루어지든, 미국으로서는 전략적으로든 정치적으로든 받아들일 수 없는 일이다. …

21. 이러한 목표를 달성하려면 미국은 다음과 같이 해야 한다.

    a. 군사 대비의 수준을 끌어올려야 하고, 그 수준은 소련의 침략 억제, 소련에 대한 우리의 정치적 태도 지지, 소련의 정치적 침략에 저항하는 국가들에 대한 격려, 그리고 전시에 즉각적인 군사적 지원과 신속한 동원을 위한 적절한 토대가 필요하다면 계속 유지되어야 한다.

    b. 사보타주, 전복 및 스파이 행위의 위험으로부터 미국의 내부 안보를 보장한다.

    c. 평시 경제를 든든히 하고 전쟁이 발발하면 쉽게 이용할 수 있는 필수 비축분을 마련하는 것을 비롯해 우리의 경제 역량을 극대화한다.

    d. 비非소비에트 국가들을 미국 편으로 끌어들일 수 있도록 노력한다. 그리고 그들 중 미국 안보에 중요한 기여를 할 수 있는 국가들이 경제적·정치적 안정성 및 국방력을 향상할 수 있도록 돕는다.

    e. 소련의 권력 구조에, 그리고 특히 모스크바와 그 위성 국가들의 관계에 최대한 압박을 가한다.

    f. 미국 대중이 국가 안보에 대한 위협을 충분히 알고 인식하도록 하여 그에 따라 우리가 채택해야 하는 조치를 기꺼이 지지할 수 있도록 한다. …

자료 05

지식인들이 반핵 운동에 나서다

> 1955년 7월, 영국의 철학자 버트런드 러셀Bertrand Russell이 발표한 반핵 선언이다. 러셀은 물리학자 알베르트 아인슈타인Albert Einstein과 서신을 주고받으며 이 발표를 준비했다. 아인슈타인은 그해 4월에 세상을 떠나 발표에 직접 참여하지는 못했다. 한편 유럽의 일부 과학자들은 이른바 '괴팅겐 선언'을 통해 핵무기 제조와 사용에 공개적으로 반대를 피력하여 큰 반향을 일으키기도 했다.

러셀–아인슈타인 선언; 이동기 편저, 《20세기 평화 텍스트 15선》, 아카넷, 2013, 119~121쪽

이제 우리는 여러분에게 가혹하며 끔찍하고 피할 수 없는 문제를 제기하겠다. 우리는 인류의 종말을 초래할 것인가? 아니면 인류는 전쟁을 포기하게 될 것인가? … 사람들은 어렴풋하게만 인지되는 그 '인류'에게만 위험이 닥친 게 아니라 바로 자기 자신이나 자식들과 후손들에게 위험이 닥쳐 있다는 사실을 제대로 지각하지 못하고 있다. … 전면적 군비 축소의 일환으로서 핵무기를 포기하는 협정이 궁극적인 해결책을 제공해줄 수는 없지만, 다소간 중요한 목적에 이바지할 것이다. 첫째, 긴장 완화를 지향하는 한, 동서 진영 사이의 어떤 협약도 유익할 수 있다. 둘째, 양 진영 모두가 상대방이 협약을 성실하게 이행하고 있다고 믿을 경우, 핵무기를 폐기함으로써 진주만 방식의 기습 공격에 대한 두려움이 줄어들 것이다. 그런데 현재 양 진영은 그와 같은 기습 공격에 대한 두려움 때문에 성마른 걱정 상태에 빠져 있다. 따라서 우리는 비록 첫걸음에 불과하더라도 그러한 협약을 환영해야 한다.

괴팅겐 18인 선언; 이동기 편저, 《20세기 평화 텍스트 15선》, 129쪽

우리가 수행하는 일은 순수 과학과 그것의 응용이며 그 과정에서 우리는 많은 젊은이를 우리 분야로 인도한다. 그러나 이와 같은 우리의 일로 초래될 수 있는 결과에 대해 우리는 책임이 있다. 그렇기 때문에 우리는 모든 정치적 문제들에 대해 침묵할 수만은 없다. … 우리는 평화와 자유를 안전하게 지키는 이러한 종류의 방법〔수소 폭탄 개발—옮긴이〕을 결국에는 신뢰할 수 없는 것으로 간주하며, 실패할 경우의 위험은 치명적일 것으로 여긴다. … 우리 서명자들 중 어느 누구도 핵무기의 제조나 실험이나 설치에 어떤 방식으로도 참여할 용의가 없다.

자료
06
매카시즘의 광풍이 몰아치다

1950년 2월, 미국 공화당의 매카시 상원 의원은 미 국무부 내에 공산주의자들이 활약하고 있다고 주장했다. 매카시의 세계관에 따르면, 미국과 소련은 각각 기독교와 무신론을 대표하며, 냉전은 이들 간의 전쟁이다. 현재 미국은 이 전쟁에서 불리해지고 있으며, 그 원인은 외부가 아니라 내부의 반역자들에게 있다는 것이 그의 '상상'이었다. 이 연설에 이어 한국전쟁이 발발하면서,

미국에서는 내부의 공산주의자와 반역자를 색출해야 한다는 분위기가 형성되었다. 이 매카시즘은 미국 지성계와 문화계에 엄청난 파장을 몰고 왔다. 수많은 이들이 이른바 좌익으로 몰려 직장에서 쫓겨나거나, 심지어 목숨을 잃었다.

'우리 안의 적', 매카시 연설(1950년 2월), http://www.digitalhistory.uh.edu/disp_textbook.cfm?smtID=3&psid=3633

세계내전이 승리로 끝난 지 5년이 지난 지금, 인류의 감성은 정기 평화를 바라보고 인류의 지성은 전쟁이 초래한 무거운 무게에서 벗어나고자 합니다. 하지만 지금은 그런 시대, 즉 평화의 시대가 아닙니다. 지금은 냉전의 시기입니다. 전 세계가 두 가지 거대한 진영, 점점 더 적대적으로 변하는 무장 진영으로 나뉘는 시기입니다. 그리고 엄청난 군비 경쟁의 시대이기도 합니다. 오늘날 우리는 고무된 전쟁의 신이 투덜거리며 으르렁대는 소리를 거의 물리적으로 들을 수 있습니다. 여러분은 그것을 인도차이나의 언덕, 타이완의 해안에서 유럽의 바로 중심부에서까지 보고, 느끼고, 들을 수 있습니다. 오늘날 우리는 공산주의 무신론과 기독교 사이의 총력을 기울인 최종적인 전투에 참여하고 있습니다. 최근의 공산주의 지지자들은 지금 시기를 적기로 선택했습니다. …

6년 전 평화를 설계하는 첫 번째 회담인 덤버턴 오크스Dumbarton Oaks가 열렸을 때는 소련의 영역에 1억 8000만 명이 있었습니다. 반전체주의 쪽에 줄을 선 전 세계 인구는 그 당시 16억 2500만 명이었습니다. 6년 후 오늘날, 소비에트 러시아의 절대 지배하에 8억 명이 있습니다. 무려 400퍼센트가 늘어난 셈입니다. 우리 쪽에서는 그 수치가 5억으로 줄었습니다. 다시 말해서, 6년이 채 되기도 전에 우리에게 유리한 9 대 1 비율이 우리에게 불리한 8 대 5로 변한 것입니다. 이것은 냉전에서 공산주의자의 승리와 미국의 패배가 일어나는 박자의 빠르기를 보여줍니다. 우리의 뛰어난 위인 중 한 사람은 위대한 민주주의가 파괴되는 원인은 외부의 적이 아닌 내부의 적일 것이라고 말했습니다. 우리가 이 나라에서 매일 모든 전선에서 패배하는 것처럼, 이 말의 진실은 소름이 끼칠 만큼 명확해지고 있습니다. …

우리가 무능력해진 이유는 단지 우리의 강하고 잠재적인 적이 우리의 해안을 침입하기 위해 사람을 보냈기 때문이 아니라, 이 국가가 잘 대우해준 사람들의 배신 때문입니다. 이 나라를 팔아넘기고 있는 이들은 형편이 어려운 자나 소수자가 아니라, 지구상에서 가장 부유한 이 나라가 제공해주는 가장 좋은 집, 최상의 대학 교육, 정부 내 최고의 직업 등 온갖 혜택을 받은 이들입니다. 국무부의 상황을 볼 때 이는 명백한 사실입니다.

··· 제 생각에 가장 중요한 정부 부처인 국무부는 철저하게 공산주의자들로 들끓고 있습니다. 저는 지금 제 손안에 공산당원이거나 확실히 공산당에 충성하면서도 여전히 우리의 대외 정책 입안에 조력하는 개별 사례를 57개 가지고 있습니다. ···

자료
07

'스푸트니크 충격'에 빠진 미국

이른바 '스푸트니크 충격' 직후 미국의 한 일간지에 실린 사설의 일부다. 세계 최초의 유인 인공위성 발사라는 과학적 성취를 미국 언론은 곧바로 냉전 프리즘을 통해 바라보았다. 이 사설에 따르면, 소련은 이러한 성취로 전 세계인들을 사회주의 이념으로 끌어들일 기회를 잡았다. 이 사설은 또 인공위성 기술과 대륙간탄도미사일을 연결지어, 그것이 전쟁 수단이 될 수 있다고 미국인들에게 경고한다.

해리 슈워츠Harry Schwartz, 〈선전의 승리〉, 《뉴욕 타임스》, 1957년 10월 6일자

소련의 우주 위성 발사 공표公表는 물론 과학적 업적일 뿐만 아니라, 세계에서 가장 위대한 선전이었던 것으로 보인다. 소련은 이 선전으로 거둔 이익을 발판 삼아 막대한 정치적 이득까지 무한정으로 획득할 것으로 보인다. 선전의 의도는 위성이 발사된 시점과 타스TASS 공동 성명의 내용 모두에서 분명하게 보인다. ··· 소련이 대륙간탄도미사일을 성공적으로 실험했다고 주장한 지 불과 한 달 만에 위성을 성공적으로 발사함으로써, 전 세계인들이 그 주장에 대해 품고 있던 의심을 모두 날려버렸다. 현재 세계의 많은 나라가 소련의 로켓 생산 능력에 감명을 받았기에, 소련은 대륙간탄도미사일 기술을 이용하여 그 나라들로부터 정치적 양보를 얻어낼 수 있는 길을 연 것으로 보인다. 지난해 11월, 이집트 전쟁이 중단되지 않는다면 수소 폭탄을 적재한 로켓으로 영국과 프랑스를 폭격하겠다고 위협했던 소련의 외교 성명은, 아직은 아니지만 곧 이 기술을 확보할 것이라는 추정에 바탕을 두었던 것이다. 그 후로 소련의 선전가들은 자신들의 이러한 위협 덕에 영국과 프랑스가 이집트 침공을 멈추었다고 중동 사람들이 믿게 하려 했다. 최초의 소련 우주 위성의 놀랄 만큼 무거운 무게는 이제 이 선전과 잘 부합한다. 소련의 로켓이 무거운 핵무기를 운반할 수 있다는 것을 암시하니 말이다. ··· 이 성취는 오늘날 세계 다른 국가들보다 소련의 정치·경제 체제가 우월하다는 것을 '증명'한

다는 주장을 뒷받침하는 셈이다. 타스의 발표에 따르면, "인공위성은 우주여행의 길을 열어줄 것이며 현재 세대는 새로운 사회주의 사회에 사는 사람들의 자유롭고 의식화된 노동이 인간의 꿈 가운데 가장 담대한 꿈까지 어떻게 현실로 만드는지 목격할 것"이라고 말했다. 소련과 공산주의 선전가들은 그러한 역사적 성취는 오직 소련 체제에서만 가능하다고 주장할 것이다. 소련의 선전가들은 사회주의의 성취가 자본주의의 한계를 넘어섰다는 식으로 외국의 여론을 자기 쪽으로 유리하게 만드는 데 능숙하다. 그러나 이번에 그들은 그전의 어떤 것보다도 일반인들에게 훨씬 더 극적이고 인상적인 선전 자료를 가진 셈이다. 모스크바는 때를 놓치지 않고 이 기회를 이용할 것이다.

자료
08

일상화된 원자폭탄의 공포

첫 번째 자료는 침례교 복음주의 목사로 알려진 미국의 빌리 그레이엄Billy Graham이 1949년에 소련의 첫 번째 핵폭탄 실험 성공 소식을 들은 직후 내놓은 반응이다. 여기서 그는 미국 대도시들이 원폭에 노출될 수 있다는 주장을 펼쳤다. 두 번째는 미국의 도시 문제 관련 작가가 1940년대 말에 쓴 〈원폭의 위협〉이라는 기고문의 일부다. 그는 원폭의 가능성에 대비해 주거 공동체의 형태가 바뀌어야 한다고 주장했고, 이는 당시 많은 미국인들에게 공감을 얻었다. 마지막 자료는 '찰스 프로젝트'라는 이름으로 불린 매사추세츠 공과대학교 공중 방어 연구팀의 1951년 보고서의 일부로, 원폭 시대에는 뉴욕 도심에 비해 코네티컷 교외가 더 안전하다고 주장한다. 이런 심리는 미국 교외의 발달을 자극했다.

매튜 패리시Matthew Farish, 〈재앙과 탈중심화: 미국 도시들과 냉전Disaster and Decentralization: American Cities and the Cold War〉, 《문화 지리Cultural Geographies》 10권 2호, 2003, pp. 128, 139~140에서 재인용

1. 적들이 폭탄을 제일 먼저 떨어뜨리려고 표시한 지역을 아십니까? 뉴욕입니다! 두 번째는 시카고, 세 번째는 로스앤젤레스입니다! 우리는 그런 사태가 얼마나 빨리 일어날지는 모르지만, 이것만은 알고 있습니다. 지금 신의 은총이 아직은 가엾은 길 잃은 죄인을 구할 수 있다는 것을….

2. 폭탄 피해를 최소화할 수 있게 맞춰진 최선의 형태는 아마도 불규칙하고 길게 늘어선 S자 형태일 것이다. 만약 주거 공동체가 이런 형태로 건설된다면, 폭탄이 지닌 최대 파괴력 중 일부만이 그 공동체에 위력을 조금 발휘할 수 있을 것이다. 반면 그 파

괴력의 나머지는 주변 열린 공간으로 분산될 것이다. 주거 공동체 건설에 사용될 정확한 곡선 모양은 가까운 미래에 원자폭탄이 파괴력을 미치는 반경에 대한 최고의 기술적 조언을 참고하는 한편, 공중 미사일이 표적으로 삼기가 가장 어려운 형태로 면밀하게 계산해서 결정되어야 한다.

3. 공장이건 주택이건, 특정 시설물을 짓는 장소로서 분산에 유리한 대안적 장소들의 가치가 크게 올랐다. 이는 합리적 계산의 결과다. 새집을 맨해튼에 지어야 할지, 아니면 코네티컷주 페어필드에 지어야 할지 결정할 사람은 이제 맨해튼에 있는 자신의 집과 가족이 폭탄의 표적이 되고 포화의 위험에 점점 더 노출되어 파괴될 수 있다는 확실한 가능성을 참작해야 한다.

소련에서 반유대주의가 대두하다

> 1952년 12월, 사망하기 불과 3개월 전 스탈린이 당 중앙위원회에서 했던 연설의 일부다. 당시 그가 유대인들에게 품은 의심은 극에 달한 상태였다. 하지만 스탈린의 이러한 의심은 그 한 사람만의 것은 아니었으며, 제2차 세계대전이 끝나고 냉전이 시작되면서 형성된 소련 사회의 전반적인 분위기를 반영했다. 이는 오래전부터 유럽 역사에서 전해 내려온 반유대주의 정서에 더해, 소련이 치른 제2차 세계대전에서의 희생과 기여를 당시 미국을 위시한 서방 진영과 범세계 유대인들이 저평가한다는 분노에서 비롯되었다.

스탈린의 중앙위원회 연설(1952년 12월); 제프리 로버츠, 《스탈린의 전쟁들》, p. 341

우리가 더 성공하면 할수록, 적들은 우리에게 더욱더 타격을 입히려 합니다. 우리의 위대한 성공에 경도되어 우리 인민들은 이 점을 망각하고 있으며, 그저 일상에 만족하면서 분별력이 없어지고 그 결과로 쉽게 기만당하고 맙니다. 유대인 민족주의자들 하나하나는 모두 미국 정보부의 첩자로 보면 됩니다. 유대인 민족주의자들은 미국이 그들 민족을 구원해주었다고 생각합니다. 따라서 미국에서 그들은 부유해질 수 있고 부르주아가 될 수 있다고 믿습니다. 그들은 스스로 미국에 큰 빚을 졌다고 여깁니다. 특히 의사 중에 유대인 민족주의자가 많습니다. …

쿠바 위기

1962년 10월, 미국은 쿠바에 미사일 기지가 건설되는 정황을 포착했다. 미국 대통령 케네디는 대국민 담화까지 열면서 사태의 위급함을 미국 국민에게 알리는 한편, 소련과 쿠바 측에는 기지 건설을 중단하지 않는다면 전쟁을 불사하겠다는 최후 통첩을 보냈다. 전 세계는 제3차 세계대전의 가능성을 떠올렸다. 사실 이른바 '쿠바 미사일 위기'는 그 전에 미국이 터키에 모스크바를 타격할 수 있는 핵미사일을 배치했던 사실, 그리고 그보다 더 이전 쿠바에 반미·반독점 자본을 외치는 민중 혁명이 성공한 사실을 먼저 고려해야 이해될 수 있다. 미국에 경제적으로 종속되기를 거부하고 좌파 노선을 걸어간 쿠바 혁명 정부는 초강대국 미국의 공격에 위태로웠기에 방어책을 마련할 필요가 있었다. 그리고 미국의 터키 미사일 배치를 중화할 수단을 찾던 소련은 미국에 보다 근접한 기지가 필요했다. 겉에서 볼 때는 일촉즉발의 전쟁 위기 같았던 쿠바 위기는 소련과 쿠바가 기지 건설을 포기하는 대신, 미국은 터키에서 미사일을 철수하고 쿠바 전복 시도를 중단하겠다는 약속을 함으로써 해결되었다. 다음 자료는 서로를 전쟁 도발자로 비난한 케네디와 쿠바 혁명 지도자 카스트로 사이에 벌어진 설전의 일부다. 미국은 공산주의 세력의 위협을 과장하고 소련 진영은 그들 무기의 방어용 목적을 강조하는 등, 전형적인 냉전 시대 동서 갈등의 논리가 여기서도 엿보인다.

존 F. 케네디, 대국민 담화(1962년 10월 22일), https://www.jfklibrary.org/learn/about-jfk/
historic-speeches/address-during-the-cuban-missile-crisis

존경하는 시민 여러분, 안녕하십니까. 약속한 대로, 우리 정부는 소련의 쿠바섬 군사 기지 건설을 면밀히 감시해왔습니다. 지난주에 이 폐쇄된 섬에서 현재 공격용 미사일 발사 기지들이 가동 중이라는 분명한 증거들이 발견되었습니다. 이 기지들의 목적은 다름 아닌 서반구를 핵으로 타격하는 것입니다. … 정부는 우리 국민에게 이 새로운 위기를 최대한 상세히 보고할 의무를 느낍니다. 이 새 미사일 기지들의 특징은 서로 구분되는 두 종류의 시설이 있다는 것입니다. 그중 몇몇은 핵탄두를 탑재하고 사정거리가 1000마일이 넘는 중거리 탄도미사일을 갖고 있습니다. 간단히 말해, 이 각각의 미사일은 워싱턴 D. C., 파나마 운하, 케이프 커내버럴, 멕시코시티, 미국 남동부, 중앙아메리카, 캐리비언 지역들이 모든 도시를 타격할 수 있습니다. 아직 완성되지는 않았지만, 또 다른 기지들은 중장거리 탄도미사일 배치를 위해 기획된 듯합니다. 이 미사일은 사정거리가 두 배이고, 북쪽으로는 캐나다의 허드슨만, 남쪽으로는 페루의 리마에 이르기까지 서반구의 대다수 큰 도시들을 타격할 수 있습니다. 게다가 핵무기를 운송할 수 있는 폭격기들이 소련제 부품으로 조립되고 있고, 이에 필요한 비행장이 마련되고 있습니다.

이런 거대하며 사정거리가 길고 분명히 공격용인 무기들, 다시 말해 갑작스럽게 수많은 인명을 해칠 수 있는 무기가 들어서면서 쿠바는 중요한 전략 기지로 급격히 바뀌었습니다. 이는 아메리카 대륙의 모든 사람의 평화와 안전을 노골적으로 위협하는 행위이며, 1947년에 맺어진 리우 협약, 미국과 서반구의 전통, 제87차 미국 의회의 합동 결의, 국제연합 헌장, 그리고 9월 4일과 13일에 제가 소련에 했던 공적 경고에 도전하는 행위입니다. 이는 소련 대변인이 공적·사적으로 반복적으로 확인했던바, 즉 쿠바의 군사 증강은 원래 수세적 성격을 띠며, 소련은 자국 영토 외의 다른 국가에 전략적 미사일을 설치할 필요나 열망이 없다는 주장과 모순됩니다. … 미국과 세계는 크든 작든 특정 국가의 계획적 기만과 공격적 위협을 참지 않을 것입니다. 우리는 단지 무기가 발사된다는 사실만으로 한 나라의 안보가 극단의 위협에 처하는 세계에서 더는 살 수 없습니다. 핵무기는 매우 파괴적이고 탄도미사일은 또한 아주 순식간에 발사되고 터지기에, 그것을 사용할 가능성이 실제로 높아질 가능성이 있거나, 또는 그것의 배치에 어떤 급격한 변화가 있다면, 우리는 이를 평화에 대한 분명한 위협으로 간주해야 합니다. … 우리는 소련과의 전쟁을 원하지 않습니다. 우리는 세계 다른 민족들과 평화롭게 살기를 바라는 평화로운 사람들이기 때문입니다. 하지만 이러한 위협적인 분위기에서는, 문제 해결뿐만 아니라 심지어 논의조차 어렵습니다. 이것이 바로 현재의 소련 위협에 대해 우리가 강경하게 대처할 수밖에 없고, 반드시 그래야 할 이유입니다. …

카스트로의 반박(1962년 10월 23일), https://alphahistory.com/coldwar/castro-responds-kennedys-blockade-1962/

미국은 쿠바가 획득한 무기를 구실 삼아 쿠바 군도에 해상 봉쇄를 실시했습니다. 그 무기는 사실 미국의 침략에 대비한 순수 방어용이었는데도 말입니다. 쿠바는 미국의 이 공격적인 봉쇄에 우리 인민에게 전쟁 경보를 내리는 것으로 대응했습니다. … 케네디의 연설에 대해 오늘 소련은 침착하면서도 단호한 성명을 내놓았습니다. 그 성명은 미국 대통령의 억지를 부정하고 미국의 도발이 야기하는 전쟁의 위험성을 비판합니다. … 〔1962년 6월 22일 대국민 담화에서〕 케네디 대통령은 아무런 근거도 없는 이유만 들면서, 쿠바가 받은 군비는 1947년 리우 조약을 명백하게 위반하는 비난받을 만한 것이라며,

아메리카 대륙 모든 사람의 평화와 안보에 위협이 된다고 말합니다. 그의 이런 행동은 제국주의 집단에 속한 이들에게는 타당할 수 있겠지만, 우리에게는 아닙니다. 그는 국제연합 헌장을 운운했지만, 이를 위반하려는 쪽은 미국입니다. 미국은 자신들이 국제연합을 위반한 바로 그 순간에 이를 통해 우리를 비판한 것입니다. 우리는 국제연합 헌장의 규약을 조금도 위반하지 않았습니다. 일말의 여지도 없습니다. 우리를 비판할 만한 근거는 전혀 없으며, 그 누구도 우리가 그 규약 중 하나라도 위반했다고 말할 수 없습니다.…

저와 우리 국민이 보기에, 케네디의 연설은 정치가의 진술이 아니라 해적의 진술입니다. 다음의 사실은 분명합니다. 이 모든 결과로 그가 취한 조치는 완전히 명백한 국제법 위반이라는 것입니다. 어떤 국가도 그렇게 할 수는 없습니다. 어떤 국가도 공해상에서 다른 국가로 가는 배를 막을 수는 없습니다. 어떤 국가도 다른 국가를 봉쇄할 수는 없습니다. … 지금까지 우리의 무기 중 그 어떤 것도 공격용인 것은 없었습니다. 우리는 그 어떤 나라도 공격하려는 의도를 품고 있지 않기 때문입니다.

유럽 경제의 통합

> 미국의 비호 아래 유럽 경제의 통합은 시작되었다. 이는 전후 재건의 효율성을 위한 것이기도 했지만 1930년대식 폐쇄적인 블록 경제 체제로의 회귀를 근본적으로 막는 방법이기도 했다. 또한 이 통합은 냉전 시대 동유럽권과의 적대적 대결을 전제한 것이기도 했다. 미국 입장에서는 서유럽 경제가 공산주의의 확장을 막을 만큼 효율적으로 개선되어야 했다. 그리고 그 효율성을 위해서는 유럽 내 경제 분업과 통합이 필요했다.

미국 국무부 보도 자료: 〈유럽 공동 시장과 자유무역 지대에 대해〉(1957년 1월 15일), 《국무부 공보The Department of State Bulletin》 36권 919호(1957), p. 182

벨기에, 프랑스, 독일연방공화국, 이탈리아, 룩셈부르크, 그리고 네덜란드는 그들 사이의 공동 시장 수립을 위해 협상에 임해있다. 공동 시장은 이 여섯 국가 사이의 모든 무역 장벽의 실질적 폐지, 그리고 다른 국가들에 대한 공동 외부 관세 설정을 포함한다. 영국은 이 여섯 나라의 공동 시장이 실현될 경우, 이들과 자유무역 관계를 맺고 싶다는 바람을 드러낸 바 있다. 이러한 협정 아래 영국과 공동 시장의 여섯 나라 사이의 무역 장벽은 광범위한 수준에서 제거된다. 그러나 영국은 자유무역 지대 밖에 있는 나라들에는 관세를 유지하고, 공동 시장의 여섯 나라 또한 그런 나라에는 통일된 관세를 유지한다. 다른 서유럽 국가들은 영국과 유사하게 이러한 협정에 참여하고자 하는 관심을 드러냈다. …

공동 시장과 자유무역 지대를 위한 현재 서유럽의 제안에 대한 미국의 태도는 미국 정부의 두 가지 전통적 정책에 의해 결정된다. 하나는 대서양 공동체의 확대 속에서 서유럽의 정치·경제적 역량과 결속력을 더 발전시키려는 시도에 대한 일관된 지지이고, 둘째는 더 자유롭고 무차별적인 다자간 교역과 통화 태환성의 발전에 대한 오랜 헌신이다. 이런 목표들에 비추어 미국은 서유럽 공동 시장과 자유무역 지대 수립을 위한 노력을 환영한다. 공동 시장 조약의 세부 사항은 브뤼셀에서 열리는 벨기에, 프랑스, 독일연방공화국, 이탈리아, 룩셈부르크, 네덜란드 사이의 협상에서 논의하는 중이다. 이 국가들의 정부는 그들이 꿈꾸는 공동 시장을 통해 그 나라들 사이뿐만 아니라 다른 나라와의 무역도 확대할 의도가 있음을 시사했다. 이를 약속하는 유럽 공동 시장은 미국의 지지를 받을 것이다. 이는 관세와 무역에 관한 일반 협정GATT과 국제통화기금IMF의 합의 조항을 지지해온 미국의 입장에 부응한다. 이 기구들은 다자간 무차별적 무역의 확장을 그 목표로 삼는다. …

미국은 제안된 공동 시장, 영국 그리고 다른 OEEC 나라들 사이에서 결정될 이러한 자유무역 지대 계획을 통해, 여기에 참여하는 나라들뿐만 아니라 자유세계 국가 모두에게 득이 되는 국제 무역의 확장이 이루어지기를 희망한다. 요컨대 우리는 공동 시장과 자유무역 지대에 대한 협상이 진전되어, 유럽에서 나온 이 발의가 유럽과 대서양 공동체의 통합과 번영에, 그리고 전체 자유세계의 복지에 새롭게 기여하는 방식으로 결론이 나기를 희망하고 기대한다.

바르샤바조약기구의 창설

북대서양조약기구가 1949년에 설립되어 서유럽이 대 소련 군사 동맹을 맺었는데도 소련 진영에 서는 이에 대응하는 군사 동맹이 곧바로 생기지는 않았다. 하지만 한국전쟁 발발 이후 미국이 과 거 전범국인 서독까지 북대서양조약기구에 가입시키고 서독을 재무장시키려는 의도를 명확히 밝히자, 소련 진영도 대 서방 군사 동맹을 결성한다. 주목할 점은 북대서양조약기구처럼 바르샤 바조약기구도 국제연합을 그 존재 정당성의 근거로 삼았다는 점이다. 한편 바르샤바조약기구는 조약문에 군축 의지도 포함했는데, 이는 북대서양조약기구와 구별되는 사항이다.

바르샤바조약기구 조약문(1955), https://avalon.law.yale.edu/20th_century/warsaw.asp

1955년 5월 14일, 우호, 협력, 상호 원조 조약이 다음 국가들 사이에서 체결되었다. 알 바니아 인민공화국, 불가리아 인민공화국, 헝가리 인민공화국, 독일민주공화국, 폴란드 인민공화국, 루마니아 인민공화국, 소비에트 사회주의공화국연방과 체코슬로바키아 공화국.

조약 당사국들은 사회 및 정치 체제와 상관없이 모든 유럽 국가의 참여에 기초한 유럽 집단 안보 체제를 확립하려는 그들의 염원을 재확인한다. 이러한 염원 덕분에 유럽의 평화를 수호하는 노력을 통합할 수 있게 되었다. 동시에 조약 당사국들은 파리 협약들 의 비준으로 유럽에 초래된 상황에 유감을 표명한다. 그 협약들은 '서유럽 연합' 형태의 새로운 군사 동맹의 등장을 예고하며, 이에는 재무장한 서독의 참여 및 북대서양 블록 으로 서독이 통합되는 것이 포함된다. 이런 상황은 또 다른 전쟁의 위험성을 증대시키 고 평화를 애호하는 국가들의 국가 안보에 위협이 된다. 따라서 조약 당사국들은 유럽 의 평화 애호국들이 자국의 안보를 지키고 유럽 내 평화를 유지하기 위해 필요한 조치 들을 취해야 한다고 확신한다. 조약 당사국들은 국제연합 헌장의 목적과 원리에 따르 고, 국가의 독립과 주권 존중의 원칙, 내정 불간섭 원칙에 따라 우호, 협력, 상호 원조를 증진하고 긴건시키기를 희망하며, 현재이 우효, 협력 및 상호 원조 조약을 확정했다. …

제2조 … 조약 당사국은 협력을 희망하는 다른 국가들과 합의하여, 전반적 군축과 원

자력, 수소 및 기타 대량 살상 무기를 금지하기 위한 실질적인 조치를 채택하고
자 노력할 것이다. …

제4조 어느 국가 또는 국가들의 집단에 의해 조약 당사국 중 하나 또는 그 이상이 유럽
에서 무력 공격을 당할 경우, 조약 당사국들은 국제연합 헌장 제51조에 따라 개
별, 혹은 집단 자위권을 발동하여 개별적으로, 또는 다른 조약 당사국과의 합의
에 따라 무력을 포함해 필요하다고 판단되는 모든 수단을 동원해 공격받는 국가
나 국가들을 즉시 지원한다. 조약 당사국은 국제 평화와 안전을 회복하고 유지
하기 위하여 공동으로 취할 필요한 조치에 관하여 즉시 협의한다. 이 조항에 기
초하여 취해진 조치는 국제연합 헌장의 규정에 따라 안전보장이사회에 보고될
것이다. 이들 조치는 안전보장이사회가 국제 평화와 안전을 회복하고 유지하기
위해 필요한 조치를 채택하자마자 중단될 것이다.

제5조 조약 당사국은 합의에 따라 지휘권이 양도된 군 연합사령부를 설립하기로 합의
했다. 이는 공동으로 제정된 원칙에 기초해 기능할 것이다. 그들은 또한 그들 인
민들의 평화적 노동을 보호하고 국경과 영토의 불가침성을 보장하며 침략에 대
한 방어 수단을 제공하기 위해, 방어력 강화에 필요한 합의된 조치들을 채택할
것이다. …

제7조 조약 당사국은 어떠한 연합이나 동맹에 참가하지 않고 본 조약의 목적과 상충되
는 어떠한 협정도 체결하지 않을 것을 약속한다. …

제8조 조약 당사국은 각국의 주권과 독립 그리고 내정 불간섭 원칙을 준수하고, 서로
간의 경제 및 문화적 교류를 더욱 발전시키고 육성할 목적으로 우호와 협력의
정신으로 행동할 것임을 선언한다. …

자료
13
- -

헝가리에서 일어난 반소 봉기

> 1956년, 헝가리에서 봉기가 막 시작된 날을 당시 시위 참가자가 회상한 기록이다. 소련으로부터
> 의 자립을 외치며 헝가리 수도 부다페스트에 모인 대학생들의 열망과 요구가 생생하게 기록되어
> 있다. 소련은 미국과 서방의 위협을 느끼며, 그들의 동맹국인 동유럽 국가들의 자율성을 여러 부
> 문에서 허용하지 않았다. 특히 소련은 동유럽의 외교 행보에 민감한 반응을 보였다.

1956년 헝가리 봉기를 회상한 기록; 마빈 페리 외 편집, 《서양 전통을 보여주는 사료들》, pp. 461~463

1956년 10월 23일 화요일. 헝가리 사람들은 이날을 잊지 못할 것이다. 춥고 안개도 끼었지만 학생들은 이른 아침부터 거리로 나와 행진하며 노래를 불렀다. 캠퍼스나 강의실에는 아무도 보이지 않았다. 공산주의자들이 국정을 운영한 지 10년이 지나서야, 그들 지배 아래에서는 절대로 허용될 수 없었던 우리의 감정을 자연스럽게 우리만의 방식으로 표출하고자 했다. 학생들은 가족들 사이에서(가족 모두도 아니다) 말고는 말한 적이 없는 구호가 담긴 팻말을 들고 있었다. 구호에는 "러시아인들은 헝가리를 떠나라! 헝가리를 독립적으로 놔두어라! 라코시(헝가리 스탈린주의자)를 재판정으로 데려가라! 우리는 새로운 지도부를 원한다! 폴란드 사람들과 연합하자! 우리는 너지 임레를 신뢰한다. 너지 임레를 정부로!"라고 적혀 있었다. 밤새 학생들이 부다페스트의 벽에 대자보를 붙였다. 그들은 학내에서 열띤 토론을 벌인 끝에 채택된 14개 요구 사항을 나열했다. 그 요구 사항은 다음과 같다.

1. 헝가리에서 소련 무리를 완전히 축출할 것
2. 소련이 헝가리 내정에 간섭하지 않는 것을 전제로 한 소련과 헝가리의 완전한 정치적·경제적 평등 …
5. 새로운 지도부를 선출하기 위해 헝가리 공산당 의회를 소집할 것
6. 너지 임레를 수상으로 한 정권을 인정할 것 …
8. 비밀 선거를 실시할 것

자료 14

소련이 동유럽을 단속하다

이른바 '프라하의 봄' 이후 소련 지도부는 소련과 동유럽 국가들의 관계를 '브레즈네프 독트린'이라는 이름으로 새로이 규정했다. 이에 따르면, 동유럽 공산당들은 내정 개혁에 자율성을 가질 수 있지만, 대외 정책 면에서는 바르샤바조약기구의 공동 '이익'에 기초해서만 움직일 수 있다. 말하자면 동유럽 국가들의 대외 정책 자율성을 제한한 것이다. 그 이후 동유럽 공산당들은 바르샤바조약기구의 노선에 더 강하게 통합되어야 했다. 다만, 개별 국가의 경제 정책 등 내정 개혁은 소련으로부터 특별히 통제받지 않고 추진될 수 있었다.

브레즈네프 독트린, http://soviethistory.msu.edu/1968-2/crisis-in-czechoslovakia/crisis-in-czechoslovakia-texts/brezhnev-doctrine/

… 체코슬로바키아 사회주의자들의 이익을 수호하고자 여타 사회주의 국가들과 소비에트 연방이 취한 조치는 국제 노동자들의 가장 큰 성취인 사회주의 공동체 강화를 위해 매우 중요하다. 우리는 이 사회주의 5개국의 조치가 마르크스-레닌주의의 주권 원칙과 민족 자결권에 반한다는 일부의 주장을 일축하지 않는다. 하지만 그러한 논리는 주권 원칙과 민족 자결권에 대한 모호하고 비계급적인 접근법을 취하므로 설득력이 없다. 사회주의 국가와 공산당 소속 인민들은 해당 국가들의 발전 경로를 선택할 자유가 있고 또 그것을 가져야만 한다. 그러나 그들의 결정 중 그 어느 것도 그들 국가의 사회주의, 또는 다른 사회주의 국가의 이익, 그리고 사회주의를 위한 전체 노동 계급 운동에 해를 끼쳐서는 안 된다. 이는 각국의 공산당이 그들 국가의 인민에게만 책임이 있는 것이 아니라, 전체 사회주의 국가와 전체 공산주의 운동에 책임이 있다는 것을 의미한다. 개별 공산당의 독립성만 강조한 채 이 사실을 망각하는 사람은 편향적 시각을 가진 데 불과하다. …

| 참고문헌 |

슈퇴버, 베른트, 《냉전이란 무엇인가: 극단의 시대, 1945~1991》, 최승완 옮김, 역사비평사, 2008.

스마이저, 윌리엄, 《얄타에서 베를린까지: 독일은 어떻게 분단되고 통일되었는가》, 김남섭 옮김, 동녘, 2019.

Craig, Campbell & Fredrik Logevall, *America's Cold War: The Politics of Insecurity*, Belknap Press, 2012.

Engerman, David C., *Know Your Enemy: The Rise and Fall of America's Soviet Experts*, Oxford University Press, 2011.

Fursenko, Aleksandr & Timothy Naftali, *Khrushchev's Cold War: The Inside Story of an American Adversary*, W. W. Norton & Company, 2006.

Gorlizki, Yoram & Oleg Khlevniuk, *Cold Peace: Stalin and the Soviet Ruling Circle, 1945~1953*, Oxford University Press, 2004.

Hogan, Michael J., *A Cross of Iron: Harry S. Truman and the Origins of the National Security State, 1945~1954*, Cambridge University Press, 2008.

Loth, Wilfred, *The Division of the World, 1941~1955*, Palgrave Macmillan, 1988.

Offner, Arnold A., *Another Such Victory: President Truman and the Cold War, 1945~1953*, Stanford University Press, 2002.

Taubman, William, *Stalin's American Policy*, W. W. Norton & Company, 1983.

14
대호황

전후에 경제 대국이 된 미국

제2차 세계대전이 끝난 시점에 미국은 전 세계 생산량의 절반과 전 세계 금의 80퍼센트를 차지하는 전무후무한 경제 대국이 되어 있었다. 내부 전쟁 피해가 전무한 상태에서 유럽에서의 주문이 밀려드는 전쟁 특수特需를 누렸고, 세계 시장의 경쟁자 유럽과 일본 경제력이 고갈된 덕에 상대적 우위도 점할 수 있었기 때문이다. |자료1|

하지만 이 같은 압도적 경제 우위가 미국의 정치 지도자들에게 꼭 좋은 소식만은 아니었다. 미국의 독주로 여타 국가 경제의 수축이 계속된다면 미국 상품의 판매처가 줄어드는 셈이었고 궁극적으로 미국 기업에 타격이 될 터였다. 또한 이런 약화된 국가들이 미국의 독주를 막기 위해 보호 관세를 올리고 수입을 줄이는 정책을 편다면, 그것 역시 미국 기업의 수출 전략에 차질을 불러올 것이었다. 더구나 그 국가들이 그들 나라의 식민지들과 함께 폐쇄적인 경제 블록을 건설했던 1930년대식 오타키 체제가 재현된다면 장기적으로 미국 기업은 불황을 맞을 수밖에 없을 터였다. 그리고 미국 기업이 전쟁으로 벌어들인 잉여 자본을 블록 경제에 막혀 해외에 투자할 수 없고 국내로만 돌려야 한다면, 그것은 고전적인 자본주의 경제 위기의 법칙에 따라 미국 국내 시장 수요의 하락으로 이어질 것이고 최악의 경우에는 1929년과 같은 경제 위기를 초래할 수도 있을 터였다(1장 참조). 이런 가능성들을 방지하고 전후에 안정적인 호황 국면을 지속하기 위해, 미국 정책 입안자들은 전 세계를 자유무역의 공간으로 재편하여 미

도판 40 브레턴우즈 회의에 참석한 미국 대표 해리 화이트 Harry White(왼쪽)와 영국 대표 케인스(오른쪽). 미국 상공부 공무원이었던 화이트는 당시 미국의 힘을 상징하듯, 이 회의에서 케인스를 비롯해 저명한 '외국' 경제학자들을 압도했다. 흥미로운 것은 화이트가 훗날 소련의 스파이 혐의를 받았다는 점이다.

국 상품과 자본이 자유로이 움직일 수 있도록 해야 했다. 앞 장에서 언급했듯이, 이러한 전략은 안보에 치중하는 전후 계획을 세운 소련의 입장과 충돌하면서, 결국에는 냉전을 낳았다.

자유무역 지대를 수립하려는 미국의 노력

미국은 전 세계적 자유무역 지대를 수립하기 위해 우선 국제 교역의 핵심이라 할 수 있는 기축 통화 문제부터 건드렸다. 자유무역을 위한 가장 이상적인 거래 제도는 금본위제일 것이다. 금은 당시로서는 그 가치가 가장 안정적인 물건으로 평가되었기에 이를 기준으로 한 태환 제도는 각국 통화 가치를 안정시켜 국제 무역을 활성화할 수 있었다. 하지만 제2차 세계대전 직후의 상황은 미국이 금을 독식한 상태였기에, 다른 국가들이 단시일 내에 금 보유량을 회복하여 금본위제에 참여할 가능성은 없어 보였다. 그러자 금을 대신해 미국의 달러를 기축 통화로 삼아 전 세계 무역을 추동한다는 아이디어가 제시되었다. 이미 제2차 세계대전이 끝나기 전인 1944년에 미국의 브레턴우즈에서는 전후 경제, 특히 통화 문제를 놓고 국제회의가 열렸으며, 이때 미국은 달러를 기축 통화로 삼는다는 제안에 참여국들의 동의를 받아냈다. 그리고 미국이 세운 계획이 원활하

게 작동하도록 하기 위해 국제통화기금과 훗날 세계은행으로 불리는 '재건과 개발을 위한 국제부흥개발은행IBRD'도 출범시켰다. |자료2|

하지만 이 같은 브레턴우즈 체제의 실제 작동은 쉬운 문제가 아니었다. 달러가 기축 통화로 기능하려면 미국을 제외한 여타 국가들이 달러를 어느 정도 확보해두어야 했다. 하지만 심지어 과거 경제 대국이었던 영국, 프랑스, 독일, 일본 등도 그렇게 할 수단을 확보하지 못했다. 물론 자국 화폐 가치를 고정해 달러로 태환할 수는 있을 것이다. 하지만 그럴 경우 자국 화폐가 유출되는 셈이며, 자국 화폐로 처리해야 하는 일들, 이를테면 국민들에게 공급되는 복지 지원금 등이 심각하게 줄어들 수밖에 없었다. 전후 경제 파탄에 복지까지 축소한다는 것은 곧 정권의 종말을 의미했다. 더욱이 소련의 나치 격퇴, 공산당의 반나치 투쟁 주도 등으로 사회주의자들의 인기가 치솟은 당시 사회 분위기를 염두에 둔다면, 이러한 선택은 특히 보수 정치인들에게 치명적일 수 있었다. 그렇다고 자국 화폐를 더 많이 발행해서 이 문제를 해결할 수도 없었다. 전쟁 시기에 이미 늘어난 통화량 탓에, 제1차 세계대전 직후의 독일처럼 초인플레이션의 위기를 맞이할 가능성이 있었기 때문이다. 학자들이 달러 부족 위기라 부르는 이 같은 곤란한 상황은 미국이 달러를 대규모로 이들 국가들에 공급하지 않는 이상 해결될 수 없었다.

미국의 마셜플랜은 이 같은 상황을 타개하기 위한 해법이었다. 1952년까지 총 170억 달러 투입을 약속한 이 대대적인 경제 지원으로 서유럽은 달러 부족 현상에서 숨을 돌릴 수 있었다. 일본의 경우, '닷지 노선Dodge Line'이라는 다른 이름으로 달러 공급이 이루어졌다. 이 과정에서 미국은 서유럽 국가들과 일본이 과거 오타키 체제로 회귀할 수 없도록 하는 조처를 잊지 않았다. 서유럽 국가들의 국민 경제는 앞 장에서 언급했듯이 서로 통합되는 방향으로 바뀌어갔고, 일본 경제는 수출 지향적으로 재조직되어 대외 의존도가 높아졌다.

하지만 이 같은 대규모 달러 투입 이후 반짝 호전된 경제 상황을 뒤로하고 1949년에 다시금 위기가 찾아왔다. 서유럽과 일본의 경제가 생각만큼 자생적으로 살아나지 못하고 여전히 달러 부족 위기 속에서 허우적댄 것이다. |자료3| 이

어려움에 가장 핵심적인 원인은 이들이 전통적으로 장악해온 시장의 상실이었다. 냉전으로 서유럽은 동유럽 시장을 잃었으며, 일본은 중국과 만주를 잃었다. 또한 식민지들이 반제국주의 운동을 벌이고 수입 대체 산업을 육성하면서 서유럽과 일본 같은 과거 제국주의 국가들은 기존에 누렸던 만큼 식민지와의 교역에서 이익을 거둘 수 없었다. 따라서 미국은 다시 한번 심각한 결정을 내려야 했다. 바로 국방 예산을 극단적으로 증액한 것이다. 미국 정부의 이 돈은 서유럽과 일본을 비롯해 전 세계에서 군사 물자와 다양한 물품을 사들이는 데 쓰였고 그 나라들에 호경기를 선사했다. 여기에 더해 한국전쟁이라는 특수는 서유럽과 일본 경제를 되살리는 데 중요한 역할을 했다.

대호황의 지주들

한국전쟁 이후 바야흐로 미국의 전후 계획, 즉 자유무역 지대로의 세계 경제 통합은 나름대로 완성된 듯이 보였다. 물론 얄타 회담 당시 미국이 꿈꿨던 소련과 동유럽, 중국까지 포함하는 범위까지는 아니었지만, 과거 제국주의 열강과 그 식민지 영역들은 모두 미국의 틀 안에 들어갔다. 특히 유럽의 경우, 경제 통합을 위한 자생적 노력까지 보여주며 미국의 계획에 동참했다. |자료4| 이 '자유' 교역은 마침 당시 두드러지게 발전한 기술 덕분에 한층 더 활성화될 수 있었다. 1950년대 제트 여객기의 민간 활용은 항공 수송에 혁신을 일으켰고, 컨테이너와 트럭 트레일러는 교역의 효율성을 크게 높이며 자유무역 시대의 상징이 되었다. 더욱더 개방된 세계 시장을 대상으로 서방의 기업과 금융권은 거대한 수익을 올렸으며 이는 자연스럽게 개별 국민 경제의 기록적인 성장률로 이어졌다. |자료5|

　미국이 기획한 자유무역은 전 세계의 경제 분업에 바탕을 두고 있었다. 다시 말해 고급 기술이 발달한 이른바 선진국들은 부가 가치가 높은 공산품을 생산하고, 과거 식민지나 현 식민지 국가들은 지하자원 개발과 식량 생산을 맡았다. 그리고 그 사이에 있는 국가들은 경공업 제품 생산을 맡았다. 미국의 정책 주도자들은 이렇게 각 국가가 잘할 수 있는 일에 집중하면 비용을 줄이고 효율성을 높일 수 있다고 믿었다. 이처럼 위에서부터 강제된 분업화는 여기에 불만을

도판 41 1935년 미국 《라이프》 지의 표지가 포착한 당대 대호황의 풍요. 경제적 호황은 중산층의 '안락한' 가족의 이미지와 쉽게 연결되곤 했다.

품는 세력들, 즉 자생적 국민 경제 발전을 추구하는 민족주의자들이나 미국이 강제한 국제 분업에 반대하는 '공산주의자'들을 성장시키고 심지어 국제 분쟁으로까지 이어질 수 있지만, 그런 문제는 미국이 세계의 경찰로서 잘 감독하면 될 일이었다. |자료6| 따라서 미국이라는 경찰 아래 생산 효율성이 극대화된 상품들을 서로 자유롭게 교역하면 결과적으로 생산량이 늘어날 것이며, 그 늘어난 생산품들은 개방된 세계 시장에서 최대한 소비되어 과다 생산 문제를 일으키지 않을 것이라는 게 미국 엘리트들의 기대였다.

경제학자 장 바티스트 세Jean Baptiste Say의 이론에 바탕을 두고 있으며, 일부 학자들이 '생산주의' 시각이라 부른 이러한 사고는 실제로 1950년대 전 세계적 대호황을 견인했다. 하지만 이러한 국제 분업을 도모하는 것은 과거 제국주의의 무역 구조를 그대로 답습하여 이른바 선진국들에만 더 큰 부가 가치가 돌아가게 하는 불평등 문제를 영속화하는 측면이 있었다. 이는 미국과 서유럽, 일본에 비해 과거에 식민지였던 국가가 많은 아프리카 국가들의 경제 상황이 개선되지 않았다는 실제 사실이 방증한다. 한국이나 타이완 등 일부 국가를 제외하고 남아메리카나 남아시아에서도 선진국 경제에 대한 의존 및 그에 따른 불평등 교역이 지속되었다. 이른바 종속 이론가와 탈식민주의 지식인들은 이런 불

평등한 국제 분업에 특히 주목했다. |자료7| 그러나 1950년대에는 이들과 완전히 다른 시각에서 국제 관계와 세계사를 바라보는 근대화 이론가들이 더 득세했다. 월트 W. 로스토Walt W. Rostow를 비롯한 미국 동부 대학의 사회과학자들이었던 이 이론가들에 따르면 전 세계는 근대화라는 공통의 목표를 향해 함께 나아가고 있다. 차이가 있다면, 누가 먼저 가고 누가 따라가느냐 하는 것일 뿐이다. 따라서 '후발' 국가들은 먼저 근대화를 이룬 국가들, 즉 미국과 서유럽 근대화의 모델을 좇아야 한다는 생각이었다. 좇아야 할 대상에는 경제 발전뿐만 아니라 의회주의를 비롯한 정치 제도, 개인주의나 소비주의 같은 사회문화적 가치도 포함되었다. 근대화 이론가들에게, 일본은 비서양 국가가 서양의 경로를 좇아 근대화를 이룬 모범적 사례로 평가되었다. |자료8| 1964년 도쿄 올림픽은 서양에 반기를 들었던 전범국에서 '서방'의 경제 대국으로 탈바꿈한 일본의 이미지를 전 세계에 각인시켰다.

하지만 대호황을 성사시킨 요소가 자유무역 지대 설립과 국제 경제 분업만은 아니었다. 대외 무역의 자유화 흐름과 달리, 당시 세계 주요 국가들의 국내 경제는 국가가 시장의 자율성을 제한하는 방식으로 조직되었다. |자료9| 1930년대에 대공황을 극복하기 위해 시도되었던 이른바 케인스주의 경제 정책이 전후 서방 자본주의 국가들에서 계속 활용된 것이다. 이는 국가의 시장 규제, 복지 예산의 확대, 공공 부문의 투자 증대 같은 정책을 통해, 국민의 소득을 끌어올려 경제를 성장시킨다는 전략이었다. 이런 정책은 고용 안정, 소비와 시장 수요의 증가, 생산력 증대라는 선순환 구조를 이루어내며 1950~1960년대 서방 국가들의 경제를 융성하게 하는 데 크게 기여했다. 이 시대 서방 선진국들은 대개 연 5퍼센트 이상의 경제 성장률을 기록했으며, 유럽의 경우는 실업률도 2퍼센트 이하로 떨어지는 완전 고용을 달성하기도 했다. 서독의 '사회 자본주의', 프랑스의 '모네 개혁', 영국 노동당 정부의 국유화 정책 등은 각각 그 정도는 달라도 모두 정부의 적극적인 시장 개입과 소득 증대 정책을 통한 경기 부양과 민간 소비 지구을 추구한다는 공통점이 있었다. 이런 정책들은 대개 서유럽의 온건 좌파와 중도 세력이 주도했다. |자료10|

제2차 세계대전 이후 유럽인의 참혹한 생활상

> 제2차 세계대전 직후 유럽인들은 참혹한 경제 상황에서 곤궁한 일상을 견뎌내야 했다. 전쟁이 남긴 폐해는 향후 몇 세대 동안 유럽에 지속적으로 악영향을 끼칠 것처럼 보였다. 다음 자료는 미국 연방준비제도 이사회의 일원이자 국제 경제 전문가이기도 했던 브루노 포아Bruno Foa라는 인물이 유럽의 전후 경제를 평가하면서 쓴 보고서의 일부. 전후 경제가 특히 어려웠던 이탈리아 출신 포아가 보기에 당시 유럽의 상황은 매우 암울하다.

브루노 포아, 〈인간의 잠재력에 미친 영향〉(1945); 마빈 페리 외 편집, 《서양 전통을 보여주는 사료들》,

pp. 447~450에서 재인용

제2차 세계대전과 독일 점령이 그 지배 아래 있던 유럽인의 잠재력에 미친 영향은 헤아릴 수 없을 정도다. 독일의 지배 정책은 한 가지 범죄 패턴을 따랐는데, 바로 지배 민족Herrenvolk, 즉 독일 민족이 지배하는 노예 상태의 유럽을 지향하는 것이었다. 이러한 지배 정책은 다양한 국가에서 다양한 방식, 다양한 강도로 구현되었다. 모든 점령 국가의 유대인은 전부 박멸되어야 한다는 결정이 내려졌으며, 수백만 폴란드인, 러시아인, 동유럽의 여러 민족이 살해되었다. 프랑스를 점령한 5년 동안, 독일은 250만 명이 넘는 젊은 프랑스인들을 속박 상태로 만듦으로써 프랑스의 출생률에 큰 타격을 입혔다. 전면적인 기아가 그리스, 폴란드, 발칸반도 지역의 수십만, 사실상 수백만의 목숨을 앗아갔다. 나치가 점령한 대다수 국가에서는 영양실조, 결핵, 높은 유아 사망률이 인간의 잠재력을 둔화시켰다. 이 모든 것은 인구뿐만 아니라, 적어도 두 세대의 활력, 신체적·정신적 균형, 출산 능력에조차 지속적인 영향을 미칠 수밖에 없다. …

기아: 전쟁의 유산

몇몇 드문 경우를 제외하고, 나치 점령에서 해방된 유럽은 굶주림을 겪고 있거나, 혹은 영양 결핍 상태에 놓여 있다. 그리스, 유고슬라비아, 폴란드의 상황은 더 좋지 않으며, 이탈리아, 프랑스(노르망디처럼 식량 비축량이 충분한 몇몇 농촌 지역은 제외), 벨기에, 네덜란드에서도 역시 처참한 상황이다. 그리스와 프랑스, 이탈리아 사람들의 평균 칼로리 섭취량은 최저 생존 수준을 한참 밑돈다. 사망률이 이례적으로 높은 수준으로 올라가고 있으며, 특히 프랑스와 이탈리아의 유아 사망률은 50퍼센트를 넘었다고 한다. 전면적 기아 상태에서 벗어난 사람들조차 불균형한 식사와 지방, 철분, 칼슘과 비타민 등의 결핍으로 고통받는다.

자료
02

브레턴우즈 체제의 출범

1944년 7월, 미국 브레턴우즈에서는 전 세계 44개국의 경제 전문가와 고위 관료가 모여 전후 경제 질서를 논의했다. 회의 직후 바로 현실이 된 것은 아니었지만, 그 결과로 이른바 브레턴우즈 체제가 등장했고 달러 본위제를 통한 세계 무역 질서의 밑그림이 그려졌다. 브레턴우즈가 맺은 또 하나의 결실은 미래에 세계은행이라 알려지는 '재건과 개발을 위한 국제부흥개발은행', 그리고 국제통화기금을 설립한다는 발상이었다. 아래 자료는 재건과 개발을 위한 국제부흥개발은행 협정의 일부다. 흔히들 세계은행은 전후 황폐해진 국가들의 경제를 재건하는 것이 그 목적이라고만 알려졌지만, 미국의 목적은 훨씬 더 원대하고 장기적이었다. 다음 협정문은 1930년대식 폐쇄적인 블록 경제 체제로 세계가 회귀하지 않도록 외국 자본과 상품이 자유롭게 유통되는 자유무역 체제를 세우는 것이 미국 전후 계획의 핵심이었음을 잘 보여준다.

'재건과 개발을 위한 국제부흥개발은행' 협정(1944년 7월 22일), https://www.jus.uio.no/english/ services/library/treaties/14/14-01/reconstruction-bank.xml#history

현 협정에 서명한 정부들은 다음에 동의한다.

'재건과 개발을 위한 국제부흥개발은행'이 수립되며 이는 다음의 규정에 따라 운영될 것이다.

조항 1: 목적

국제 은행의 목적은 다음과 같다.

1. 생산적인 목적으로 자본 투자를 활성화함으로써 회원국 영토의 재건과 개발을 돕는다. 거기에는 전쟁으로 파괴되거나 망가진 국민 경제를 복구하는 것, 생산 시설을 평시의 요구에 맞춰 돌려놓는 것, 그리고 상대적으로 덜 발전된 국가들에서 생산 시설 건설과 자원 개발을 자극하는 것이 포함된다.

2. 보증을 서거나 대부에 동참하는 방법을 통해 민간 외국 자본 투자와 여타 민간 투자를 촉진한다. 민간 자본을 적성한 조건에서 구하기 어려울 때는 자체 자본, 그 자본이 조성한 기금 그리고 여타 자원을 동원하여 생산적인 곳에 적절한 조건으로 재정을 지원함으로써 민간 투자를 보충한다.

3. 회원국의 생산적인 자원을 개발하는 데 외국 투자를 독려함으로써 국제 무역의 장기적이고 안정적인 성장을 촉진하고 국제 수지의 균형을 유지한다. 그 결과로 회원국 영토 내에 생산성, 생활 수준, 노동 조건을 향상시킨다.

4. 다른 채널을 통해 국제 대출을 위해 조성되거나 보증된 자금을 주선하여, 더 유용하고 긴급한 프로젝트에 우선적으로 지원한다. 이 지원은 대형 혹은 소형 프로젝트 모두에 해당한다.

5. 국제부흥개발은행은 외국 투자가 회원국의 경기에 미치는 효과들을 잘 살피면서 운영된다. 그리고 전후 몇 년 동안은 전시에서 평시 경제로의 원활한 이행을 돕는다.

달러 부족 위기가 대두하다

전후 서유럽은 세계 기축 통화가 된 달러를 구할 수 없어서 전후 경제 재건을 위한 물자뿐만 아니라 국민들의 생존을 위한 생필품조차 조달하기가 쉽지 않았다. 전쟁으로 서유럽의 제조업 기반이 무너진 데다 식민지와의 경제적 연관성이 약화되었기 때문이다. 미국은 이 위기를 극복하고자 마셜플랜을 통해 유럽에 대대적으로 달러를 공급했지만, 아래의 메모가 쓰인 1950년에도 그 상황은 현저히 나아지지 않았다. 결국 미국은 추가로 달러를 공급하는 한편, 막대한 국방 예산 지출을 통해 간접적으로도 서유럽을 지원하기에 이른다.

국무 장관이 대통령에게 보내는 메모 1, 《1950년 미국의 대외 관계, 국가 안보 문제들: 대외 경제 정책 Foreign Relations of the United States, 1950, National Security Affairs; Foreign Economic Policy》 1권, United States Government Printing Office, pp. 834~835

기밀, 〔워싱턴〕 1950년 2월 16일.

대통령께서 고려하셔야 할 문제를 말씀드리고자 합니다. 미국의 지불 균형을 맞추기 위해 행정부의 정책과 계획을 어떻게 추진해야 하는가에 관한 문제입니다. 정부와 미국 국민들이 다른 나라들과 우리의 경제 관계에 관한 중차대하고 큰 파장이 일어날 정책 결정을 내려야 하는 순간이 빠르게 다가오고 있습니다.

이러한 결정들은 미국의 해외 무역 및 금융 거래의 향후 진로와 관련이 있습니다. 관련된 구체적인 문제들은 경제 문제지만, 해결책 모색의 방향 및 우리가 이 결정을 실행에 옮기는 속도를 포함하는 넓은 범위의 정책 결정은 국내 번영의 문제뿐만 아니라 전 세계에 걸친 미국의 정치 및 안보 이해관계에도 영향을 미칠 것입니다.

의회와 국민들은 '유럽복구계획'이 1952년에 마무리된다고 알고 있습니다. 적극적인 조치를 취하지 않는 한, 현재의 계획에 따른 대규모 해외 원조의 축소 및 종료는 심각한 경제 문제를 초래할 것이고, 이러한 문제는 국내와 국외에서 점점 더 악화할 것입니다. 만약 심각한 경제 문제가 현실이 된다면, 우리의 농업과 제조업 기반의 주력 상품을 포함한 미국의 수출은 급격히 감소할 것이며, 이는 우리 국내 경제에 심각한 파장을 불러올 것입니다. 유럽 국가들과 극동 및 타 지역의 우방국들은 우리가 현재 공급하고 있는 기본적인 생필품을 얻지 못할 것이며, 이는 그들의 정치적 안정을 위협할 것입니다.

우리는 현재 160억 달러의 재화와 서비스를 수출하고 있으며, 100억 달러의 재화와 서비스만을 수입하고 있습니다. 60억 달러의 차액 중 50억 달러는 해외 원조를 위해 지불되고 있습니다. 요컨대 우리 수출품의 3분의 1 정도가 우리의 원조금을 통해 외국에서 구매되는 셈입니다. … 간단히 말해, 문제는 바로 이렇습니다. '유럽복구계획'이 축소되다가 1952년에 종료되면, 유럽과 세계의 다른 지역들이 양질의 미국 수출품을 사는 데 필요한 달러를 마련할 수 있겠느냐는 것입니다. 유럽인들이 달러를 확보하는 것은 그들의 기본적인 필요를 충당하는 데에도, 그리고 미국 경제의 안녕을 위해서도 필수적입니다. 이것이 바로 세계 무역에서 나타나는 '달러 갭'이라는 문제입니다.

자료
04

유럽의 경제 통합 노력

프랑스 경제 성장의 설계자 장 모네Jean Monnet가 유럽의 공동 의회에 제출한 보고서 중 일부다. 프랑스는 경제적 측면뿐만 아니라 군사·안보 면에서도 유럽 시장의 통합을 강력히 원했다. 모네에 따르면, 이 통합은 미국, 소련 등과의 경쟁에서 유럽을 버틸 수 있게 해줄 뿐만 아니라, 미래에 있을지 모를 어느 유럽 국가(프랑스인 모네는 여기서 독일을 염두에 둔다)의 도발과 팽창 가능성을 미리 차단해줄 수 있다. 이런 유럽 시장의 통합 움직임은 마셜플랜이 그 근간을 마련한 이후, 몇몇 우여곡절은 있었으나 꾸준히 강화되었다. 그 최종적 결실은 유럽연합의 탄생이었다.

장 모네, 〈유럽 합중국의 시작: 유럽 석탄·철강공동체의 연설과 발언, 1952~1954년The United States of Europe Has Begun: The European Coal and Steel Community Speeches and Addresses, 1952~1954〉, http://aei.pitt.edu/14365/1/S5.pdf

B. '거대 내수 시장'

어느 쪽이든, 각국은 자국 제품과 타국에서 온 제품, 자국 소비자와 타국의 소비자를 근본적으로 구분해서 대했습니다. 이것이 국산품과 경쟁할 수 없도록 수입품 가격을 올리는 관세, 그리고 수입 상한제를 부과해 직접 경쟁을 제한하는 쿼터제 등 장벽이 세워진 이유입니다. 우리의 실험에서 도출된 첫 번째 결론은 유럽 국가들이 더는 세계적 수준에 필적하지 못한다는 것입니다.

유럽이 정치적으로 분열되고 전쟁 및 전쟁 공포로 쇠약해진 것은 물론 맞지만, 그들이 생명력을 전부 다 잃은 것은 아닙니다. 지난 전쟁 이후에 이루어진 회복이 그 증거입니다. 하지만 그들 중 누구라도 다른 유럽 국가들을 희생시키면서 위험한 우위를 확보하려 할 때, 그 나라는 외부와 경쟁해야 하는 유럽 공통의 처지를 어렵게 하는 것일 뿐입니다.

유럽 국가들이 오늘날 미국이나 몇 년 후의 소련과 비교해볼 때, 세계 경제에서 더 큰 비중을 차지하지 못하는 것은 분열 때문입니다. 유럽인들이 제자리를 되찾을 수 있도록 하고 자유세계의 진보에 제 몫을 다하기 위해서는 거대 내수 시장을 반드시 조성해야 합니다.

공동 의회

스트라스부르

1953년 1월 12일

자료 05

미국 기업의 해외 진출

> 1950년대 말부터 1960년대 초반까지 미국 기업의 해외 진출 현황을 미국의 주요 언론이 조사한 내용의 일부다. 미국이 전후에 건설한 자유무역 지대에서 북아메리카 기업들이 크게 활황을 누렸음이 잘 드러난다. 그중 많은 기업이 21세기 현재에도 대표적인 다국적 기업으로 활동하고 있다.

〈새로운 기회를 위해: 이제는 '전진'For New Opportunities: Now, the Word is 'Go Ahead'〉, 《유에스 뉴스 앤드 월드 리포트U.S. News & World Report》 1964년 6월 1일자

사업가들은 거대한 미개척 시장에 눈을 돌리고 있다. 이곳에는 온갖 종류의 재화와 용역에 대한 수요가 있고, 또 구매력 있는 고객이 수억 명 있다. 이것이 바로 해외 부문의 장점이다. 이 시장을 개척하기 위해 미국의 기업은 전 세계에 공장을 건설하고 확장하고 있다. 1958년 이래 서유럽에서만 2100개가 넘는 미국계 기업이 새로운 사업에 착수했다. … 자동차에서 베이비 푸드에 이르기까지 모든 유형의 기업이 찬란한 미래를 예언한다. 캐나다의 굿이어 타이어 고무 회사 대표 스펜서 씨는 "향후 10년 동안에 해외

시장은 북아메리카 시장의 몇 배 속도로 확장될 것이다"라고 이야기한다. IBM 월드트레이드사 부회장 스미스 씨에 따르면, "어떤 주요 제품이든 해외 사업의 신장률이 미국 내 신장률보다 높다. 따라서 해외 사업 총액이 국내 총액을 곧 능가하리라 짐작된다." … 미국의 해외 기업 조사는 다음과 같은 중요한 사실을 발견했다. 첫째, 미국 회사의 해외 판매액이 동사의 국내 판매액보다 훨씬 급속히 증가하고 있다. 전자의 증가율이 세 배 또는 네 배인 경우도 흔하다. 둘째, 일반적으로 동일한 분야에서는 해외 이윤율이 국내 이윤율보다 높다. 많은 회사가 '해외가 국내의 두 배'라고 보고한다. 해외에서는 임금 비용이 적게 들고 경쟁률이 낮기 때문이라고 대부분의 회사가 말한다. 셋째, 해외 시장을 개척하는 데에는 미국에서 수출하는 것이 아닌 해외 현장에서 벌이는 사업이 가장 성공적이다. 해외 현지 공장은 또 미국 본토에서 오는 수출품에 부과되는 관세 및 기타 무역 장벽의 대상이 되지 않는다. …

자료
06

미국이 세계의 반미 정부를 제거해 나가다

> 1954년 3월, 미국의 중앙정보국^{CIA} 요원이었던 도널드 윌버^{Donald Wilber}가 《뉴욕 타임스》에 제공한 200페이지 분량의 기록 일부다. 그는 1953년 8월에 이란의 모사데크 정부를 전복시킨 쿠데타의 미국 측 기획자였다. 다음 기록은 당시 미국이 과거 식민지 국가들의 움직임 및 그 국가들과 맺은 경제 관계를 바라보는 시각을 잘 보여준다. 모사데크는 미국의 원래 '계획'과는 달리, 이란 석유 산업의 국유화를 추진하면서 자생적인 국민 경제 건설을 도모하는 것으로 보였다. 게다가 이 정부는 소련과 가까워질 수도 있는 좌파 성향까지 있는 듯했다. 미국은 이른바 '세계의 경찰'로서 세계 자유무역 지대를 혼란에 빠뜨릴 것 같은 정부를 가만히 두고만 보지 않았다.

도널드 윌버, 〈모사데크 정권 전복: 요약〉, 도널드 윌버, 《이란에서의 정권 전복^{Regime Change in Iran}》, Spokesman, 2006, p. 13

1952년 말까지, 이란의 모사데크 정부는 이란의 석유에 관심 있는 서방 국가들과 석유 협정을 맺을 능력이 없음이 분명해졌고, 그들이 불법적으로 자행한 적자 재정 정책으로 경제 위기가 매우 위험한 단계에 이르렀다는 점도 명백했다. 또한 모사데크 정부는 모하마드 모사데크 수상의 임기를 연장하는 과정에서 이란의 헌법을 무시했고, 주로 모사데크 수상의 개인 권력욕으로 움직였으며, 감정적이고 무책임한 정책으로 점철되었고, 샤Shah와 이란 군대를 위협할 정도로까지 약화시켰으며, 이란의 투데당(공산당)과 긴밀히 협력했다. 이러한 요소들로 볼 때, 이란은 실제로 '철의 장막' 속으로 떨어질 위험에 처한 것으로 평가되었다. 만약 그런 일이 벌어진다면, 이는 냉전에서 소련이 승리하고 중동 지역에서 서방이 크게 후퇴하는 것을 의미할 터였다. 아래에 제시된 비밀공작 계획 외에는 현재 정세를 호전시킬 어떠한 처방도 없는 것 같았다.

TPAJAX 프로젝트의 목표는 모사데크 정부를 몰락시키고, 샤의 위엄과 권력을 재확립하며, 건설적인 정책으로 이란을 통치할 다른 정부로 모사데크 정부를 교체하는 것이었다. 구체적으로, 이 목표는 이란에 공정한 석유 합의를 도출할 수 있는 정부를 세우는 일이었다. 그 합의를 통해 이란은 경제적 건실성과 재정 능력을 확보하고, 위험할 정도로 세력을 확장하는 공산당에 강력히 맞설 수 있을 터였다.

모사데크 정부가 정권을 유지하는 것이 미국에 이익이 아니라는 점이 확실해지고 이 사실을 1953년 3월에 국무 장관이 CIA에 보고하자, 그들은 위의 목표를 실현하기 위해 비밀공작 계획을 짜기 시작했다. …

자료 07

미국이 국제 산업 분업과 불평등 무역 구조를 지속시키다

> 1966년에 미국 경제사회학자 안드레 군더 프랑크Andre Gunder Frank가 〈저발전의 발전〉이라는 논문을 발표한 이래, 이른바 종속 이론은 미국을 비롯한 중심부 국가와 제3세계 사이의 경제적 불공정성을 고발하는 중요한 무기가 되었다. 이 이론에 따르면, 그 불공정성은 식민지 시기에 고착된 국제 산업 분업과 불평등 무역에서 비롯된다. 68세대 미국의 사회학자 대니얼 치롯Daniel Chirot은 종속 이론의 가정들을 실증적으로 증명하려 노력했는데, 다음 자료는 그가 내놓은 분석의 일부다.

대니얼 치롯, 《20세기의 사회변화Social Change in the Twentieth Century》, Harcourt, 1977; 최영선 옮김,
《세계체제와 사회변동》, 풀빛, 1984, 196~199쪽

주변부에 대한 미국의 빈산 투자는 주변부에서 시민지적인 착취를 하는 데 많은 노력을 경주하는 경향이 있었다. … 이것은 불균형 성장 경향을 촉진시키며 주변부 경제를 과잉 전문화의 방향으로 몰고 갔다. 이러한 투자는 또한 토착 엘리트를 강화시켰지만,

그에 따라 증대되는 민족주의적 욕구는 만족시켜주지 못했으며, 주변부 경제의 내부적 불균등도 완화시키지 못했다. 이와 같이 미국의 투자는 중심부와 주변부 사이에 가로 놓인 부의 격차를 줄이지 못했다.

주변부에 대한 미국의 투자는 … 균형적인 경제 성장을 위한다는 관점에서 본다면 건설적이라기보다는 착취적이었다. … 미국의 중심부에 대한 투자와 그 밖의 다른 지역에 대한 투자에는 분명한 차이가 있다. 중심부에 대한 투자가 양은 대체로 더 많지만, 이윤은 비중심부에서 더 많다. 1972년 미국 대외 투자의 27퍼센트가 비중심부에 투하된 것에 반해, 전체 이윤의 54퍼센트, 바로 그 투자 비율 두 배가 그 지역에서 발생했다. 수익률은 중심부 지역에서보다 비중심부 지역에서 3배 이상 높다. … 중심부 경제에 투하된 미국 투자의 절반이 제조업 부문이고 비중심부에서는 투자의 4분의 1만이 제조업 부문이다. 만약 제조업, 석유 산업 그리고 '기타' 부문에의 투자를 더 세분하게 되면 그 차이는 더욱더 커질 것이다. 비중심부에서는 대부분의 석유 산업 투자가 원유 산출인 반면 중심부에서는 정제 부문과 유통 부문에 집중되는 경향을 가지고 있다. '기타'로 분류되는 항목은 … 주변부에서는 관광업과 1차 산업에 집중되는 경향이 있다. 제조업 부문에서도 비중심부로 향한 투자는 상대적으로 비숙련의 값싼 노동력을 사용하는 산업에 집중되고 있다.

자료
08
서방 세계의 발전 경로를 보편화하다

> 1950~1960년대에 미국을 비롯한 서방 세계가 맞이한 경제 대호황은 이들에게 문명에 대한 자신감을 깊이 심어주었다. 그 표현 중 하나가 경제 발전은 서양의 모델을 따라 이루어진다는 생각이었다. 월트 로스토를 위시한 미국 동부 대학의 사회과학자들을 중심으로 퍼진 이런 생각은 근대화 이론이라는 큰 틀로 정립되었다. 이 이론에서 일본은 서양을 잘 따라간 모범 사례로 자주 언급되었다.

월트 로스토, 〈성장의 다섯 단계(요약)〉The Five Stages of Growth: A Summary, 《경제 발전의 단계들: 비공산당 선언The Stages of Economic Growth: A Non-Communist Manifesto》, Cambridge University Press, 1960, pp. 4~16

우리는 영국의 도약이 대략 1783년 이전 20년 동안에 시작된 것으로 추산해볼 수 있다. 프랑스와 미국은 1860년 이전 수십 년 동안, 독일은 19세기의 3분기에 도약이 시작되었다. 일본은 19세기 4분기에, 러시아와 캐나다는 1914년을 기점으로 대략 25년 전사이에 경제적 도약을 이루었다. 반면 인도와 중국은 1950년대에 서로 꽤 다른 방식으로 각자 도약을 시도했다. …

전통 사회는 더 선진적인 세력의 침입에 어떻게 대응해야 할까? 예를 들어 일본인처럼 단결해서 신속하고 열의 있게? 아니면 18세기 아일랜드 사람처럼 무기력하게? 아니면 중국인처럼 느리고 마지못해 그들의 전통 사회를 바꿀 것인가?

자료
09 --

자본주의가 개혁되다

> 영국 노동당의 경제 이론가 앤서니 크로스랜드Anthony Crosland가 1956년에 그의 주 저작 《사회주의의 미래》에서 그린 당시 자본주의의 현황이다. 그의 주장에 따르면, 국가의 개입으로 '개혁'된 자본주의는 안정적인 경제 성장을 장기적으로 이끌 수 있다. 1950~1960년대 서방 경제의 대호황과 성장은 그의 통찰력이 틀리지 않았음을 보여주었다.

앤서니 크로스랜드, 《사회주의의 미래The Future of Socialism》, Jonathan Cape, 1956, p. 517

전통적으로, 혹은 최소한 마르크스 이래로, 사회주의 사상은 자본주의가 야기한 경제적 문제들(빈곤, 대량 실업, 혼란, 불안정 그리고 체제 전체의 붕괴 가능성까지)에 골몰했다. … 〔하지만〕 자본주의는 옛 모습을 찾아볼 수 없을 만큼 개혁되었다. 때때로 소규모 경기 후퇴와 국제 수지 위기가 발생하기는 하지만, 완전 고용과 적어도 견딜 만한 수준의 안정성이 계속 유지될 전망이다. 생산 부족에서 기인하는 나머지 문제들은 자동화로 점차 해결해나갈 수 있을 것이다. 현재 우리의 성장률을 볼 때, 국민총생산이 50년 안에 지금보다 세 배가 늘어날 것이다.

사회적 시장 경제란?

제2차 세계대전 이후 서독의 경제 성장을 이끈 인물 중 한 사람인 알프레트 뮐러아르마크Alfred Müller-Armack가 이른바 사회적 시장 경제의 핵심을 설명한 대목이다. 그의 논문은 시장 메커니즘의 강점을 인지하면서, 이에 대한 사회적 통제를 통해 좀 더 공정한 경제 체제를 이룩하고 나아가 지속적인 경제 성장을 견인할 수 있다는 믿음을 담고 있다. 뮐러아르마크가 말하는 사회직 시장 경제는 자본주의를 사회주의 경제의 영향 아래 수정한 체제를 의미했으며, 혼힙 졍세 또는 수성 자본주의 등으로 불리기도 했다. 이는 케인스 방식의 경제 정책과 궤를 같이하는 것으로서, 1950년대 서구 선진국들이 누린 호황의 주요 근간이었다.

알프레트 뮐러아르마크, 〈경제적·사회적 질서로서 사회적 시장 경제The Social Market Economy as an Economic and Social Order〉,《사회 경제 평론Review of Social Economy》36권 3호, 1978

우리는 경쟁의 필요성을 원칙적으로 받아들이면서, 한편으로는 '사회적'이라는 단어에 부여된 다양한 통찰과 요구를 알 필요도 있다는 것을 인정해야 한다.

(1) 고전적 자유주의 옹호자들과 달리, 우리는 경쟁 체제에 불완전한 시장, 과점과 독점이 불러일으키는 특정한 결함이 있다는 것을 안다. … 그중에서도 경쟁 질서는 시장에 참여한 당사자들이 그것을 반反시장적인 방향으로 몰아가 그 질서를 파괴하지 않도록 하기 위한 법적 보호 장치가 필요하다. …

(2) 시장 경제는 소비자의 바람을 만족시키는 방향으로 흘러가는 체제다. 이 체제는 수학적으로 정확하게 작동하며, 시장의 요구에 반응하여 소득을 창출한다. 시장 프로세스에 참여할 때의 사회적 상황이나, 시장 프로세스에서 발생하는 수입의 분배도 우리의 사회적 기준과 정의 개념과 꼭 조화를 이룰 필요는 없다. …

(3) 우리는 오늘날 시장 경제가 사회적 조정과 안전을 위한 몇몇 요건을 충분히 충족시키지 못한다는 것을 안다. 그러므로 우리는 적절한 안전장치를 만들기 위해 노력해야 한다. …

(4) 경쟁 질서는 사회 전체의 틀 안에서 바라보아야 한다. … 우리는 인간 존재로서의 개개인을 자유롭게 하되 하나의 질서 속에서 살게 해야만, 많은 사람들이 무분별한 자유에 대해 느끼는 깊은 불신을 극복할 수 있다.

| 참고문헌 | --

아이켄그린, 베리, 《글로벌라이징 캐피털》, 강명세 옮김, 미지북스, 2010.

월러스틴, 이매뉴얼, 테렌스 K. 홉킨즈, 《이행의 시대: 세계체제의 궤적》, 백승욱·김영아 옮김, 창비, 1999.

자일러, 토머스 W., 〈세계경제의 문호 개방〉, 이리에 아키라 엮음, 《하버드 C. H. 베크 세계사: 서로 의존하는 세계, 1945 이후》, 이동기·조행복·전지현 옮김, 민음사, 2018.

de Grazia, Victoria, *Irresistible Empire: America's Advance Through Twentieth-Century Europe*, Belknap Press, 2005.

Deighton, Anne, *Building Postwar Europe, 1948~1963*, Palgrave Macmillan, 1995.

Kershaw, Ian, *The Global Age: Europe 1950~2017*, Penguin Books, 2020.

Latham, Michael E., *The Right Kind of Revolution: Modernization, Development, and U.S. Foreign Policy from the Cold War to the Present*, Cornell University Press, 2011.

McCormick, Thomas, *America's Half-Century*, 2nd ed., Johns Hopkins University Press, 1995.

Milward, Alan S., *The Reconstruction of Western Europe, 1945~1951*, Routledge, 1984.

Wee, Herman van der, *Prosperity and Upheaval: The World Economy, 1945~1980*, Penguin Books, 1986.

15
탈식민주의

제2차 세계대전 이전의 반식민주의

19세기 말과 20세기 초에 전 세계가 일부 서양 열강들의 식민지로 분할되었다. 이에 저항하는 탈식민주의 운동이 본격적으로 시작된 것은 제1차 세계대전 직후다. 한국, 중국, 인도, 이집트 등 여러 식민지에서는 이전까지의 산발적 항거나, 독립을 위해 또 다른 제국을 끌어들이는 '순진한' 작전과는 격이 다른 체계적 반제국주의 운동이 나타났다. 미국 대통령 윌슨의 민족 자결주의 지지와 러시아 혁명으로 탄생한 소비에트 러시아의 반제국주의 담론이 이 운동에 영감의 원천이 되었다.

미국은 제국주의 후발국으로서 영국, 프랑스 등이 선점한 식민지 쟁탈전에 뛰어들기보다는 이를 자유무역이라는 '공정한' 게임으로 전환하려는 의도에서 반식민주의를 들고 나왔다. 문호 개방 정책이라 불린 미국의 정책은 실제로는

자유무역이 경제 신흥국인 미국의 이해관계에 가장 잘 부합한다는 현실적 판단에서 비롯되었지만, 제국주의 질서에 대한 나름의 도덕주의적 비판도 함께 담고 있었다. 한편 소비에트 러시아는 제국주의를 자본주의 최후의 단계로 파악하는 지도자 레닌의 이론을 기초로 반식민주의를 주창했다. 말하자면 자본주의 체제를 전복하고 사회주의 건설을 꿈꾸었던 레닌과 볼셰비키에게, 제국주의는 단순한 정치 지배 방식이 아니라 자본주의라는 경제 체제의 최종적 형태였으며, 따라서 그것의 철폐는 사회주의 혁명과 동의어가 될 수 있었다. 이렇듯 미국과 소비에트 러시아는 당시 영국, 프랑스 등과는 달리 민족 자결주의를 통한 제국주의 해체를 지지하는 것처럼 보였다. |자료1|

미국 윌슨 대통령이 제1차 세계대전 전승국들의 이해관계를 넘어서지 못하고 민족 자결주의를 선택적으로만 적용하는 데 그치자, 반식민주의 운동의 주도자들 대다수는 소비에트 러시아에 희망을 걸었다. 1919년에 소비에트 러시아의 주도로 출범한 국제 공산주의 조직인 코민테른은 반제국주의 노선을 분명히 함으로써 전 세계 식민지의 독립 투쟁에 중추적 역할을 맡았다. |자료2| 하지만 제2차 세계대전 시기까지 코민테른 중심의 반제국주의 운동은 크게 성장하지 못했다. 이 운동의 주역들은 좌익이나 공산주의자로 몰려 생존 자체가 위태로워지는 경우가 흔했으며, 그들 사이의 이념적·개인적 갈등은 운동의 지속성과 일관성을 지키는 데 크게 방해가 되었다. 한편 코민테른은 당시 국제적으로 고립되어 위기에 빠져 있던 '모국' 소련의 생존을 위한 도구로서 이용되기도 했으며, 이는 개별 식민지들의 반제국주의 투쟁에 대체로 부정적인 영향을 끼쳤다. 또 많은 경우, 반제국주의 운동은 이른바 통일 전선과 독자적 공산당 세력 강화라는 두 가지 모순된 소련의 방침 사이에서 갈팡질팡하며 혼선을 빚기도 했다.

한편 민족 자결주의 기수의 이미지를 소련에 빼앗긴 미국의 반제국주의 운동은 주로 민간 차원에서 이루어졌다. 미국의 일부 종교인이나 지식인은 망명자 지원이나 선교, 문필 활동 등을 통해 제국주의의 부당성을 알리는 데 주력했다. 이 같은 민간 차원의 후원은 그 수가 얼마 되지는 않았지만 여전히 남아 있던 비코민테른 반제국주의 운동가들의 명맥을 이어놓기는 했다. 물론 미국이 국가 차원에서 반식민주의의 기치를 들지 않았다고 해서 그들이 제국주의 질서 자체에 찬성한 것은 아니었다. 윌슨 이래 미국은 제국주의 철폐를 그들 대외 정책의 기저에 두었다. 1920년대에 유럽의 열강들을 설득하여 중국의 식민 분할을 중지시킨 것이 그 증표였다. 마침내 1941년, 구제국주의 열강인 영국과 프랑스가 나치와 전쟁으로 위기에 몰리자, 미국은 민족 자결주의와 문호 개방주의라는 카드를 다시 본격적으로 꺼내 들었다. 영국을 끌어들여 발표한 대서양 헌장은 미국의 그러한 '주의'들을 명징하게 드러냈다(10장외 '지료8' 참조).

탈식민화의 사례

앞 장들에서 보았듯이, 제2차 세계대전은 반식민주의를 내세워온 소련과 미국의 주도로 그 성패가 결정되었다. 전쟁이 연합국의 승리로 마무리될 즈음 얄타에서 이 두 국가는 영국을 따돌리면서 그들의 전후 질서, 즉 식민지 해방의 청사진을 그렸다(12장의 '자료3' 참조). 다만, 소련은 그들 특유의 반자본주의적 반제국주의 이념을 토대로 그것을 제시했다면, 미국은 그들의 전후 자유무역 질서 건설이라는 계획 속에서 그랬다는 차이가 있다.

태평양 전쟁으로 제2차 세계대전이 완전히 마무리되자, 미국과 소련의 이 같은 반식민주의 노선은 우선 패전국들의 식민지에서는 쉽게 실현될 수 있었다. 그리하여 일본과 이탈리아의 식민지들은 즉각 독립할 기회를 얻었다(독일은 제1차 세계대전 이후 모든 식민지를 박탈당했기에 독립을 허용할 식민지가 남아 있지 않았다). 인도와 이집트, 인도차이나를 비롯한 전승국들의 식민지 독립은 그만큼 전격적으로 이루어지지 못했지만, 독립을 향한 대세의 물결을 그 누구도 막을 수 없었다. 특히 이 물결이 마지막으로 일어난 아프리카에서는 1960년대 들어 대다수가 제국으로부터 독립한 신생 국가로 탈바꿈했다. 여기에는 식민지인들이 20세기 초부터 펼쳐온 다양한 형태의 반식민주의 운동, 특히 범아프리카 연대 운동이 미국과 소련의 반식민주의에 더해 중요한 역할을 했다. 특히 최근의 학계는 이러한 운동들이 윌슨이나 레닌이 내세운 '서양' 이념의 산물이 아니라 그 기원에서 자생적 특성을 띠었다는 점을 강조하기도 한다.

  하지만 전승국 식민지들의 탈식민화 과정은 순탄하지 않았다. 인도의 경우처럼, 제국주의 장본인인 영국이 비교적 선선히 독립을 허용한 경우도 있었지만, 이런 예는 자국의 좌파 정당 집권이라는 특별한 상황과 더불어 여러 국내외적 변수가 맞아떨어져야만 가능했던 예외에 속한다. |자료3| 이집트의 경우처럼, 형식적으로는 독립을 허용했지만 수에즈 운하 같은 핵심 이권을 포기하지 않으려는 제국 본국의 집요함 탓에 폭력과 유혈 사태가 벌어지는 경우도 있었다. 더 많은 수의 식민지는 본격적인 무장 투쟁이나 내전 등을 통해 독립에 성공했다. 알제리가 그 대표적인 사례다. 제1차 세계대전 직후 민족 자결주의의 영향 속에서 독립 운동을 전개했던 알제리 사람들은 당시 프랑스가 전승국이라는 이유 때문에 그들의 주장을 관철시킬 수 없었다. 그러자 그들은 제1차 세계대전의 전철을 밟지 않기 위해 제2차 세계대전 이후에는 더 열렬히 독립 운동을 전개했고, 마침내 1954년에 알제리 민족해방전선 주도의 대대적인 반프랑스 봉기를 일으켰다. 이에 프랑스 정부가 군대 투입을 결성하면서 일제리는 전쟁 상태가 되었다. 독립 전쟁이 시작된 것이다. 이 전쟁에서 알제리인들은 반식민주의라는 대의를 앞세움으로써 프랑스 본국을 포함한 전 세계 지식인 및 대중의 지지를

얻었다. 마침내 프랑스 정부는 1962년에 군대를 철수하고 알제리의 독립을 인정할 수밖에 없었다.

탈식민주의와 냉전

이 같은 식민지의 독립 투쟁에 대해 미국과 소련은 그들 자신이 그간 반제국주의 이념을 계속 주창해왔음에도 불구하고 철저하고 일관적인 지지를 보내지는 못했다. 이는 냉전의 시작과 격화가 미국과 소련의 공조 가능성을 틀어놓았기 때문이었다. 물론 미국과 소련 모두가 '수에즈 위기' 때처럼 구제국주의 국가들, 즉 영국과 프랑스를 비난하며 이집트의 실질적인 독립을 돕는 경우도 있었다. |자료4| 하지만 미·소의 갈등은 식민지 독립 문제를 훨씬 복잡하게 만들었으며 때로는 상황을 비극으로 몰고 가기도 했다. 특히 미국은 소련의 공산주의 확장을 막는다는 미명으로 자신들이 약속했던 식민지 해방에 반하는 행동을 자주 벌이곤 했다. |자료5|

그 가장 극명한 사례는 미국의 베트남 정책이었다. 호치민을 중심으로 한 베트남 독립 운동 세력은 1954년까지 식민지 통치자 프랑스를 몰아내는 데 성공했다. 다만, 거의 모든 식민지에서 그랬듯이, 베트남에서도 오랜 식민 통치 기간 동안 그 지배자와 결탁하여 기득권을 얻은 집단이 건재했다. 이 '친프랑스' 세력은 새로운 독립 베트남에서 자신들의 기득권을 잃을까 두려워한 나머지 남부 베트남의 사이공을 중심으로 결집했다. 이들의 시각에서 볼 때, 민족해방운동의 지도자이자 북베트남의 실권자인 호치민이 사회주의의 영향을 받았다는 점은 심각한 문제였다. 프랑스 식민 통치 기간에 쌓아놓은 자신들의 자산이 곧 몰수의 표적이 될 테니 말이다. 1954년에 체결된 제네바 협정은 2년 후의 베트남 총선을 약속하며 호치민 세력을 중심으로 하는 북베트남과 친프랑스파 남베트남 정권의 분단을 한시적으로 인정했다. |자료6| 그런데 얼마 지나지 않아 미국은 반제국주의를 표방하고 총선에서 승리가 유력하던 호치민 세력 대신, 남베트남 정권을 지지하며 군사 개입을 시작했다. |자료7| 이는 북베트남의 반제국주의 대의보다는 그들의 사회주의 지향성을 더 염려한 냉전적 사고의 결과였다. 1964년

도판 43 베트남 전쟁은 탈식민
과 냉전의 문제가 얽히며 일어
난 비극적 사건이었다. 사진은
1965년 베트콩으로 의심받는
민간인을 미군과 그 연합군이
취조하는 장면이다.

에 대대적인 미군 증병으로 본격화한 베트남 전쟁에서 미국은 소모전을 벌인
끝에 결국 패배했다. 1972년에 미군은 철수했으며 결국 1975년에 베트남은 통
일되어 완전한 독립을 성취했다. 이 전쟁은 그간 반식민주의를 표방했던 미국
의 도덕성에 치명적 타격을 입혔다. 이제 미국은 전 세계 많은 이들에게, 소련이
선전하듯, 제국주의자로 비칠 수 있었다.

이처럼 우여곡절 끝에 독립에 성공했다 하더라도, 과거 식민지 국가들에는
수없이 산적한 문제가 기다리고 있었다. |자료8| 인도의 경우, 영국의 오랜 식민
지배가 만든 모순에 더해 힌두교도, 이슬람교도, 시크교도 사이의 갈등으로 내
전과 비슷한 상황이 조성되었으며, 결국에는 파키스탄의 분리라는 결과로 이어
졌다. 1971년에 인도와 파키스탄은 전쟁까지 치렀고, 그 결과 동파키스탄 지역
은 방글라데시로 다시 분리되었다.

콩고민주공화국의 사례는 식민지였다가 독립한 국가가 처한 상황의 전형적
인 공식을 보여주었다. 그 공식은 오랜 식민 통치 속에서 형성된 기득권 집단과
독립 운동 세력의 갈등, 냉전으로 인한 그 살등의 국제화, 그리고 군부 개입으로
인한 비극적 결말로 요약될 수 있다. |자료9| 벨기에의 혹독한 식민 통치를 경험
한 콩고민주공화국은 파트리스 루뭄바Patrice Lumumba를 필두로 저항 운동을 펼

도판 44 콩고 내전의 상징적 인물인 루뭄바와 모부투. 독립 운동가였던 루뭄바(왼쪽)는 미국이 선택한 군부 지도자 모부투(오른쪽)에 의해 처형되었다. 모부투는 그 후로 30년간 권좌에 있었다.

친 끝에 독립에 성공했다. 독립 후 저항 운동 세력은 예상대로 친벨기에 세력 척결 및 벨기에인에 대한 보복 등을 감행했는데, 이 점이 벨기에가 자국민 보호라는 미명으로 다시 콩고에 개입할 빌미를 주었다. 벨기에 개입의 결과는 내전이었다. 이를 수습하고자 루뭄바는 국제연합에 호소했지만, 이 조직의 친서방적 성향만 씁쓸히 확인하고 결국에는 소련에 도움을 요청하기에 이르렀다. 루뭄바의 이러한 선택은 냉전 구도 속에서 소련의 구 식민지 국가들에 대한 세력 확장에 매우 민감했던 미국을 자극했다. 결국 1960년 가을, 미국의 지원을 받은 군부 지도자 세세 세코 모부투가 쿠데타를 통해 정권을 장악했고, 루뭄바는 공산주의자로 몰려 이듬해에 처형되었다. |자료10| 모부투는 그 이후 30여 년 동안 자이르로 이름이 바뀐 콩고민주공화국(1997년에 다시 이 국호가 복원되었다)을 통치했다.

인도네시아는 콩고민주공화국만큼 전면적인 내전을 겪지는 않았지만 식민지 모순과 냉전 속에서 더 큰 비극을 감당해야 했다. 독립 후 인도네시아는 네덜란드 식민 통치가 야기한 사회 전반의 곤궁함을 탈피할 수 없었다. 이런 배경에서 공산당이 성장하자, 인도네시아 군부는 미국의 지원을 받아 공산주의 척결에 나섰다. |자료11| 1965년에 수하르토를 중심으로 한 군부는 그 지도자 여섯 명이 좌익 세력에게 살해되었다는 이유로 공산당을 지지하던 지역의 민간인을 대대적으로 학살했다. 학자들이 그 희생자 수를 8만 명에서 300만 명까지 추산하는 이 학살은, 세계 역사상 최대의 민간인 학살 사건이다. 19세기 말부터 본격화한 제국주의는 제2차 세계대전 이후 공식적으로는 사라지고 있었지만, 그것이 남긴 유산은 계속해서 과거 식민지 국가들에 비극의 씨앗이 되었다. 특히 그 유산이 냉전과 결합되는 경우에는 더욱더 그러했다.

소비에트 러시아의 식민지 독립 지지

> 1917년 10월 혁명 직후부터 소비에트 러시아는 독일 및 동맹국들과 정전 협상을 시작했다. 소비
> 에트 러시아의 입장에서 이 정전 협상은 단순히 동부 전선에서의 전쟁을 끝내는 의미를 넘어 그
> 들의 전반적인 종전 계획과 반제국주의 신념을 알리는 장이 되어야 했다. 소비에트 러시아 대표
> 아돌프 요페Adolph Joffe가 제시한 6개조는 식민지 문제 해결에 민족 자결주의를 적용해야 한다는
> 생각을 분명히 드러냈다. 당시 유럽의 지성계에서 '민족' 문제는 주로 동유럽 민족들이나 아일랜
> 드의 상황을 지칭했다. 따라서 그가 아래 5조에서처럼 '식민지' 문제를 따로 '민족' 문제와 구분
> 해서 언급한 데에는 중요한 의미가 있었다.

요페 6개조(1917년 12월 22일), 《소련과 평화: 1917년부터 1929년까지 평화와 비무장에 관련해서 소련
정부가 발행한 가장 중요한 문서들The Soviet Union and Peace: the Most Important of the Documents Issued by the
Government of the U.S.S.R. concerning Peace and Disarmament from 1917 to 1929》, Read Books, 1929, pp.
33~35

1. 전쟁 중에 점령된 영토는 강제로 병합할 수 없다. 점령 지역에 있는 군대는 최대한
   빨리 철수해야 한다.
2. 전쟁 중에 독립을 상실한 민족에게는 완전한 정치적 독립이 복원되어야 한다.
3. 전쟁 이전에 정치적 독립을 향유하지 못했던 민족들은 그들이 특정 국가의 일부가
   될지, 아니면 독립 국가가 될지 스스로 국민투표를 통해 결정할 권리가 있다. 국민투
   표는 이민자와 난민까지 포함한 해당 지역의 주민들에게 완전한 투표의 자유가 수
   어지는 방식으로 조직된다.
4. 여러 민족이 살아가는 영토에서 소수 민족의 권리는 특별법에 의해 보장된다. 그것

은 완전한 문화적 독립과 가능한 한 그 민족의 자율적 행정까지 보장한다. …

5. 식민지 문제 역시 위의 1, 2, 3, 4조에 명시된 원칙에 입각해서 결정된다.

자료
02
코민테른, 반식민주의 운동의 구심점이 되다

> 미국 대통령 윌슨의 민족 자결주의가 전승국의 이해관계를 넘어서지 못하는 것을 목도한 수많은
> 식민지 주민들은 자신들의 대안으로 소비에트 러시아와 이 나라가 주축이 되어 만든 국제 공산주
> 의자 조직인 코민테른으로 눈길을 돌렸다. 소비에트 러시아와 코민테른은 식민지 독립 투쟁 지
> 원 의사를 분명히 밝혔기 때문이다.

민족과 식민지 문제에 대한 테제, 코민테른 2차 대회(1920년 7월 28일); 케빈 맥더모트Kevin McDermott,
제러미 애그뉴Jeremy Agnew, 《코민테른: 레닌에서 스탈린까지, 국제 공산주의 역사The Comintern: A History
of International Communism from Lenin to Stalin》, Red Globe Press, 1996, p. 224; 《코민테른》, 황동하 옮김,
서해문집, 2009, 341쪽(인용자가 일부 문구 수정함)

4. 민족과 식민지 문제에 관한 코민테른의 전체 정책은 모든 민족, 모든 나라의 프롤
   레타리아와 피착취 대중을 지주와 부르주아를 타도하기 위한 공동의 혁명적 투쟁
   으로 단결시키는 데 중점을 두어야 한다. 오직 단결만이 자본주의에 맞선 승리를
   보장한다. 그렇지 않다면 민족의 압제와 불평등을 결코 타개할 수 없다. …

11. 더 후진적인, 그리고 주로 봉건적이고 가부장제적이거나 또는 부족적·농민적 특성
    을 지닌 국가와 민족에 대해서는 특히 다음의 주장을 염두에 두어야 한다.

    a. 모든 공산당은 이 나라들의 혁명적 해방 운동을 실천으로 지원해야 한다. …

    d. 후진적인 나라들에서 지주와 봉건제의 모든 형식과 잔존물에 맞서 일어난 농민
       운동은 특별히 지지할 필요가 있다. 우리는 가능한 곳에서 농민과 모든 피착취
       자를 소비에트로 조직하면서, 농민 운동에 최대한의 혁명적 성격을 부여하려
       특히 노력해야 한다. …

식민지 수성에 나선 프랑스와 영국

> 1944년 1월, '노르망디 작전'이 개시되기 5개월 전, 그러니까 프랑스가 아직 해방되기 전이었지만 스탈린그라드와 쿠르스크 이후 유럽 전선에서 독일군의 패배가 이미 확실해 보인 시점에 프랑스 임시정부는 그들의 미래 식민 정책, 특히 아프리카 정책을 논의하는 회의를 열었다. '브라자빌 회의'라 불리는 이 회의에서 프랑스 임시정부는 식민지에 보다 큰 자유를 부여하는 개혁을 암시했지만, 프랑스 제국의 해체 가능성에 대해서는 엄격하게 선을 그었다. 이는 제2차 세계대전의 종전 이후에도 프랑스나 영국과 같은 옛 제국들은 제국주의 질서를 유지하겠다는 의사 표시였다.

브라자빌 회의의 제안(1944년 2월); R. C. 브리지스 편집, 《민족들과 제국들》, p. 307

제1편 프랑스 제국의 정치적 조직, 프랑스 식민지들의 내부 정치 조직

브라자빌에서 열린 프랑스 아프리카 회의는, 심의에 부친 일반 강령 중 이 부분을 논의하기에 앞서, 다음의 원칙을 전제할 필요가 있다.

프랑스가 그간 식민지에서 시행해온 문명화 작업의 목적들에 자치는 없다. 즉 이 목적들은 프랑스 제국의 영역을 벗어나는 그 어떠한 변화 가능성도 배제한다. 식민지에서의 '민족 자결 정부'가 궁극적으로 수립될 수 있다는 가능성도, 그 날짜가 아무리 먼 훗날의 것이라 할지라도, 배제되어야 한다.

프랑스의 정치권력은 제국의 모든 땅에서 엄중하고 명확하게 행사되어야 한다. 식민지들이 행정적·경제적 자유를 한껏 향유하는 것은 바람직하다. 또 식민지인들이 이 자유를 스스로 경험하고 그들 책무의 공간이 점진적으로 확보되고 확대되어서 그들 나라의 공적 업무를 담당할 수 있게 되는 것 역시 바람직하다.

브라자빌 회의는 1944년 2월 6일 세션에서의 논의 이후 다음 사항을 제안하고자 한다.
…

> 4. 식민지 의회건, 또는 더 바람직하게는 연방 회의건 간에, 앞으로 창출될 새 조직은 어떤 경우라도 프랑스 세계의 깨지지 않는 정치적 단합을 강화하고 지켜내야 하는 한편, 동시에 프랑스 식민지 그룹(또는 프랑스 연방, 반대 의견에도 불구하고 이 용어를 사용한다면)의 일원들의 정체성과 그 지역의 권리들도 존중해야 한다.

수에즈 위기

소련의 정치 지도자 니콜라이 불가닌Nikolai Bulganin이 수에즈 위기가 발생했을 때 프랑스 대통령 기 몰레Guy Mollet에게 보낸 친서다. 소련은 프랑스의 수에즈 운하 개입과 침공에 군사적으로 응 징할 의사가 있음을 은근히 드러내면서 프랑스를 위협한다. 서방의 보수 언론들은 이런 소련의 움직임을 야만적인 공산주의 국가의 무자비성으로 선전했지만, 프랑스와 영국의 제국주의적 행 태에는 날카로운 비판의 칼을 들이대지 않았다.

니콜라이 불가닌이 프랑스 대통령 기 몰레에게 보낸 친서(1956년 11월 5일), https://www.cvce.eu/ en/obj/letter_from_nikolai_bulganin_to_guy_mollet_on_the_suez_crisis_5_november_ 1956-en-55f243a1-de38-401d-9834-d279bf3874b3.html

존경하는 대통령 각하,

저는 지금 이집트에서 벌어진, 프랑스와 영국의 공격과 관련하여 발생한 상황에 대해 당신께 말을 건네는 것을 저의 의무로 여깁니다. 저는 프랑스와 영국이 이스라엘과 함 께 벌이고 있는 반이집트 전쟁은 전 세계의 평화에 매우 위험한 결과를 내포하고 있다 고 당신께 분명히 말씀드리고 싶습니다. …

프랑스 정부와 영국 정부는 수에즈 운하의 정상적 운용에 특별한 이해관계가 걸렸다고 언급하며 이집트를 향한 무장 공격을 정당화하지만, 문제는 수에즈 운하를 통과하는 항해의 자유가 아니라, 그간 이집트가 지켜왔으나 이제 프랑스와 영국의 군사 행동이 침식한 자유입니다. 그리고 문제는 민족의 자주와 자유를 위해 싸우는 동쪽의 아랍인 들에게 다시금 식민지적 노예제의 멍에를 씌우려 하는 식민주의자들의 탐욕입니다. …

1 | 똑같은 내용의 편지가 영 국 정부에도 전달되었다. 영 국에 보낸 편지는 이 부분이 "그런 나라들은 현재 영국 해 안에 해군이나 공군을 보내지 않으면서도 다른 수단, 이를테 면 로켓 무기를 사용할 수 있 습니다"라고 쓰여 있다. 영국 편지의 수신인은 수상 앤서니 이든이었다.

만약에 프랑스가 가공할 현대식 무기를 확보한 다른 국가들의 공격을 받는다면, 어떨 것 같습니까?[1] …

소련 정부는 이미 국제연합과 미국 대통령에게 이집트에서 벌어진 전쟁을 끝내고 도발 을 막기 위해 해군과 공군을 국제연합의 다른 회원국들과 함께 동원하자고 제안했다는 사실을 당신에게 알려야 할 것 같습니다. 소련 정부는 침략자들을 응징하고 동양에서의 평화를 되찾기 위해 무력을 사용할 마음의 결정이 충분히 되어 있습니다. …

소련이 미국의 중동 정책을 비판하다

1957년 초 수에즈 위기가 종결되고 미국이 군사 행동을 포함해 중동 정책을 적극적으로 펼칠 기미를 보이자, 냉전의 상대인 소련 측 통신사 타스에서 쓴 사설이다. 사설은 미국의 중동 정책을 제국주의의 연장으로서 비판한다. 특히 미국이 반공을 이용해 이런 부도덕한 정책을 추진하고 있다고 주장한다.

소련 국영 통신사 타스의 사설, 1957년 1월 14일자

아이젠하워 독트린

미국 대통령 아이젠하워는 지난 1월 5일에 미국 하원에서 대 중동 정책에 관한 특별 교서를 발표했다. 반소련 언사로 점철된 그 교서에서, 미 대통령은 중동의 현 상황을 '위태로운' 상황으로 규정하고, 필요하다고 판단될 경우 의회의 동의를 구하지 않고 군대를 동원할 수 있는 권한을 요구했다. 이와 동시에 미 대통령은 중동 국가들에 필요한 군사적·경제적 '원조'를 제공할 권한 역시 요구했다. … 아이젠하워 대통령의 교서는 국제연합의 목표와 원칙에 반하며, 이는 중동 지역의 평화와 안보에 심각한 위협을 끼칠 소지가 있다. 이 의회에 보내는 메시지에서 미 대통령은 미국이 아랍 국가들에게 순수한 동정심을 품고 있다고 말했다. 하지만 실제 상황은 미국의 지배 세력들이 중동에서 순전히 이기적인 목표에만 관심이 있음을 드러냈다. 이집트가 영국, 프랑스, 이스라엘의 군사 도발로 그들의 독립을 위협받는 상황일 때, 미국은 이 도발을 조기에 끝장내기 위해 단호한 조치를 취하자는 소련과 국제연합 차원에서 협력하기를 거부한 바 있다. 미국의 주된 관심은 아랍권의 평화 수호와 국가 독립이 아니라, 영국과 프랑스가 약해진 것을 틈타 그 나라들이 소유했던 이권을 확보하려는 것이다. …

미국의 지배 세력은 중동에서 영국과 프랑스 식민 지배자들의 입지가 약해지고 동시에 아랍 국가들이 독립을 쟁취하면서 중동에서 '진공 상태'가 발생했다고 간주한다. 그리고 미국은 아랍 국가들 내정에 군사적·경제적으로 개입함으로써 이를 채우려 한다. 하지만 여기서 '진공 상태'라는 건 무엇인가? 대체 언제부터 식민 억압으로부터 스스로를

해방시키고 독립적인 민족 발전의 길로 나아가는 나라들이 '진공 상태'가 되었다는 말인가? 아랍 국가들의 독립 확대와 식민 억압에 대한 저항의 심화는 결코 '진공 상태'가 아니며, 중동 인민의 민족 권리의 회복이다. 또 사회 발전 면에서 보더라도 진보적인 일이다. 미국은 자신들의 정책이 반식민적이라고 포장하려 한다. 하지만 이런 억지가 단순히 아랍 인민들의 경계를 누그러뜨리기 위해서 하는 거짓임을 알아차리기는 어렵지 않다. 미국의 정책은 특히 석유와 수에즈 운하 등에 관한 한 중동이 서방 국가들, 즉 식민주의자들과의 상호 의존성을 인정해야 한다고 줄곧 강조해왔다. 다른 말로, 미국은 중동 국가의 인민들에게 식민주의자들의 '신탁 통치'를 부과하기 위해 꾸준히 노력해온 셈이다. …

미국의 지배 세력은 중동 국가들의 내정을 점점 더 깊이 간섭하고 이 국가들을 향해 공격적인 정책을 펼치고 있으면서 이를 가리기 위해, 소련이 아랍 국가들에게 위협이 되고 있다는 꾸며낸 이야기에 기댄다. 하지만 이러한 비방은 어느 누구도 속이지 못한다. 중동의 시민들은 소련이 언제나 인민들의 자기결정, 즉 민족 자결 원칙과 그들의 국가 독립의 쟁취와 확립을 지지해왔다는 것을 잊지 않았다. …

자료 06

베트남의 독립과 통일을 약속한 제네바 협정

> 1954년 7월 20일, 이른바 제네바 협정으로 프랑스 군대와 베트남 민주공화국의 전투가 휴전 상태에 돌입했다. 그다음 날 베트남 민주공화국, 베트남국(프랑스 연맹의 일원), 프랑스, 라오스, 캄보디아, 중국, 소련, 영국, 미국은 공동 선언문을 발표했다. 휴전 협정과 선언문은 휴전이 초래한 베트남 분단은 일시적인 일이며 2년 후에 총선거를 통해 통일을 이룰 것이라 규정했다. 하지만 그 약속은 그 이후 미국의 본격적인 베트남 문제 개입으로 지켜질 수 없었다.

제네바 협정(1954), https://peacemaker.un.org/sites/peacemaker.un.org/files/KH-LA-VN_540720_GenevaAgreements.pdf

베트남에서의 휴전 협정, 1954년 7월 20일

제1장 임시 군사분계선과 비무장지대

제1조 임시 군사분계선이 놓일 것이다. 그 분계선 너머로 양쪽 군대는 퇴각하여 자리

를 잡을 것이다. 베트남 인민군은 그 분계선의 북쪽에, 프랑스 연맹 군대는 그 분계선의 남쪽에 자리를 잡을 것이다. …

제네바 회담의 최종 선언문(1954년 7월 21일)

1. 제네바 회담은 캄보디아, 라오스, 베트남에서의 적대 행위를 종결하고 국제 통제 기구를 조직한다는 합의를 주시하고, 이 합의 조항들 이행의 감독에 주목한다. …

6. 제네바 회담은 베트남에 관련된 협정의 핵심 취지가 적대 행위를 종식하기 위해 군사 문제들을 해결하는 것임을 인정한다. 또한 제네바 회담은 군사분계선은 임시적인 것일 뿐, 정치적 또는 영토적 경계선의 확정으로 해석해서는 결코 안 된다는 점을 인지한다. 제네바 회담은 이 최종 선언과 휴전 협정에서 규정된 조항들을 이행하는 것이 가까운 미래에 베트남의 정치적 문제를 해결하는 데 필수적인 토대가 될 것이라고 확신한다.

7. 제네바 회담은 베트남에 관한 한 독립, 통일, 영토 보존의 원칙의 존중을 기초로 하여 정치 문제를 해결하는 것이 베트남 사람들에게 기본 권리들을 가져다줄 것이라고 선언한다. 그러한 권리들은 비밀·자유 총선거를 통해 수립된 민주주의 기관들에 의해 보장될 것이다. 평화 회복을 위한 진전이 순조롭게 이루어지고, 국민의 의사가 자유롭게 표현되는 데 필요한 모든 조건이 조성된 후, 총선은 국제감독위원회의 참여국 대표들로 이루어진 국제위원회의 감독 아래 1956년 7월에 실시될 것이다. … 이 문제에 관한 양쪽 진영의 대표들끼리의 협의는 1955년 7월 20일부터 열릴 것이다. …

자료
07

린든 존슨과 호치민이 주고받은 편지

베트남 전쟁이 격화되던 무렵인 1967년 2월 8일에 린든 존슨 미 대통령이 베트남 지도자 호치민에게 보낸 편지, 그리고 그로부터 일주일 후 호치민이 존슨에게 보낸 답장이다. 존슨은 미국이 전쟁에 개입한 배경이나 의도에 대해 설명하지 않고 그저 평화를 조속히 이룩하자는 말만 반복한다. 이에 호치민은 미국의 전쟁 개입의 부당성과 전쟁 범죄 양상을 강조하는 답장을 보냈다.

존슨이 호치민에게 보낸 편지(1967년 2월 8일), 《생존: 국제 정치와 전략Survival: Global Politics and Strategy》
9권 6호(1967)

나는 베트남에서의 충돌이 끝나길 바라면서 이 글을 씁니다. 그 충돌은 이미 큰 희생을
초래했습니다. 많은 사람이 목숨을 잃었고 크게 다쳤으며 재산이 파괴되었습니다. 간
단히 말해 인류는 큰 고통을 겪었습니다. 우리가 공정하고 평화로운 해결책을 찾지 못
한다면, 역사는 우리를 가혹하게 심판할 것입니다. 그러므로 나는 진정으로 우리 모두
가 평화로 가는 길을 찾을 무거운 의무를 지고 있다고 믿습니다. 제가 당신에게 직접 편
지를 쓰는 이유가 바로 이 의무를 다하기 위함입니다. 우리는 지난 몇 년간, 그리고 여
러 가지 경로와 다양한 방법으로 당신과 당신의 동료들에게 평화 협정을 체결하고 싶
다는 소망을 전달하고자 노력했습니다. 무슨 이유였는지, 이러한 노력은 어떠한 결과
도 얻어내지 못했습니다. …

지난 2주 동안, 나는 미국이 당신 나라에 대한 폭격과 군사적 행동을 완전히 멈춘다면
미국 정부 대표들과 직접 양자 대화에 임할 수 있음을 시사하는 당신 정부 대표들의 공
식 성명에 주목했습니다. … 하지만 우리는 이에 대해 깊이 우려할 수밖에 없습니다. 혹
시 당신의 정부는 우리의 군사 행동 중단을 당신들의 전황 호전을 위해 이용할 수도 있
으니까요. …

나는 당신 정부가 공식 성명, 또는 민간 외교 채널을 통해 제안한 것보다 전쟁 종식을
위해 한걸음 더 나아갈 준비가 되어 있습니다. 나는 육로와 해로를 통한 남베트남으로
의 침투가 중단되는 것을 확인하는 즉시, 당신 나라에 대한 폭격과 남베트남에 대한 미
군의 추가 증원을 기꺼이 멈출 것입니다. …

호치민이 존슨에게 쓴 답장(1967년 2월 15일), https://www.digitalhistory.uh.edu/disp_textbook.
cfm?smtID=3&psid=3641

대통령 각하,
1967년 2월 10일에 당신의 편지를 받았습니다. 이것이 나의 답장입니다. 베트남은 미
국으로부터 수천 마일 떨어진 곳에 있습니다. 베트남 사람들은 미국에 어떠한 해를 끼
친 적도 없습니다. 그러나 1954년 제네바 협정에서 취해진 약속들과 달리, 미국은 계속
해서 베트남에 개입했고, 북베트남에서 침략 전쟁을 일으키고 사태를 악화시켰습니다.

베트남 분단을 지속시키고 남베트남을 미국의 새로운 식민지와 군사 기지로 바꾸려는 목적으로 말입니다. 현재 2년 넘게, 미국 정부는 공군과 해군력을 동원하여 그 전쟁을 독립 주권국인 (북)베트남 민주공화국으로까지 확대했습니다. 미국 정부는 전쟁 범죄, 평화와 인류에 대한 범죄를 저지르고 있습니다. 남베트남에서 50만 명의 미군과 위성 국가 군대들이 네이팜, 화학 물질, 독가스 등 가장 잔혹한 무기들과 가장 야만적인 전쟁술을 동원하여 우리 동포를 학살하고, 농작물을 망쳐놓고, 마을을 부숴버렸습니다. 북베트남에서는 미 공군기 수천 대가 폭탄을 수십만 톤 떨어뜨려서 도시, 마을, 공장, 학교를 파괴했습니다. 당신의 메시지에서 당신은 분명 베트남의 고통과 파괴를 애통해한다고 했습니다. 과연 누가 이런 극악무도한 범죄를 저질렀는지, 나는 묻고 싶습니다. 그렇게 한 나라는 미국과 미국의 위성국 군대입니다. 미국 정부는 베트남의 이런 극한적 상황에 전적으로 책임이 있습니다. …

자료 08
비동맹주의와 제3세계의 등장

> 1955년에 아시아·아프리카 회의, 이른바 반둥 회의에서 인도 수상 네루가 한 연설이다. 이 연설은 공산주의 가르침에도, 반공산주의 가르침에도 동의할 수 없다는 네루의 표현에서 드러나듯 비동맹주의와 제3세계의 등장을 상징하는 것으로 유명하다. 하지만 그의 연설이 강조하는 또 다른 중요한 사항은 식민주의의 지속성과 집요함이다. 네루의 주장에 따르면, 수많은 아시아·아프리카 국가들이 식민지 상태를 벗어나 독립한 이후에도 여전히 식민주의 때문에 어려움을 겪고 있었다.

반둥 회의 정치위원회에서 네루가 한 연설(1955); G. M. 카힌G. M. Kahin, 《아시아−아프리카 회의: 인도네시아 반둥, 1955년 4월The Asian−African Conference: Bandung, Indonesia, April 1955》, Cornell University Press, 1956, pp. 64~72

예를 들어 우리는 다양한 형태의 식민주의를 함께 혐오하며 연대한다. 우리는 인종주의를 혐오하며 연대한다. 그리고 우리는 세계의 평화를 지키고 튼튼하게 만들기 위해 함께 설의하며 연대한다. … 우리는 자주 "식민주의는 죽었다"라고 말한다. 그것으로 우리를 현혹하거나 달래지 마라. 한 가지 분명 말하건대, 식민주의는 아직 죽지 않았다. 광대한 아시아와 아프리카가 자유롭지 못한데, 어찌 그것이 죽었다고 말할 수 있겠는가.

… 식민주의는 근대의 옷을 입고 경제적 통제, 지적 통제, 국가 내의 작지만 이질적인 집단에 의한 실질적인 물리적 통제의 형태를 띠고 있다. 그것은 능숙하고 집요한 적이며, 여러 가지로 변장을 한다. 그것은 약탈품을 결코 쉽게 포기하지 않는다. 어쨌거나, 그것이 어떤 모습이건, 식민주의는 하나의 악이며, 지구상에서 뿌리 뽑혀야 마땅하다. … 그리 멀지 않은 과거에 우리는 이 세계에서 일어나는 다툼은 우리의 귀중한 독립을 위협하므로 평화가 중요하다고 이야기했고, 그 때문에 최근 커다란 대가를 치르면서 이를 쟁취했다. 오늘날, 그림은 더 어둡다. 전쟁은 우리의 독립만 위협하지 않는다. 전쟁은 어쩌면 문명, 심지어 인간 삶의 종언을 의미한지도 모른다. …

자료
09
독립 이후에도 지속된 식민지 착취

프랑스가 일으킨 알제리 전쟁을 강도 높게 비판하면서 일약 전 세계 반식민주의 지식인의 상징적 인물로 부상했던 프란츠 파농 Frantz Fanon의 대표 저작 《대지의 저주받은 사람들》의 일부다. 그는 제국주의 지배가 형식적으로 끝난다 하더라고 그것이 남겨놓은 유산 탓에 과거 식민지에서 비극이 계속된다고 말한다. 경제적 종속, 저개발, 빈곤 같은 경제적 문제들과 더불어, 이 문제들이 야기하는 정치·군사적 내전 등으로 과거 식민지, 특히 아프리카는 '깊은 나락'에 빠져든다는 것이다.

프란츠 파농, 《대지의 저주받은 사람들 Les Damnes de la Terre》, La Decouverte & Syros, 2002 (초판 1961), p. 154

우리는 식민 지배가 특정 지역들만을 떼어내어 특권을 부여한다는 사실을 안다. 식민지 경제는 그 나라 전체로 통합되지 않는다. 그것은 여전히 여러 모국들의 경제를 보완하기 위해 조직된다. 식민주의는 보통 나라 전체를 착취하는 법은 없다. 그것은 자원에 빛을 비추는 것에 만족한다. 그것은 자원을 채취하고 모국의 필요를 충족하기 위해 수출하며, 그 결과 식민지의 어떤 분야는 상대적으로 부유하게 만든다. 그러나 식민지의 나머지는 저개발과 빈곤의 경로를 따르게 되거나, 아니면 결국에 가서는 더 깊은 나락에 빠져든다.

독립 직후, 좀 더 부유한 지역에 사는 민족들은 그들의 행운을 깨닫고 다른 민족들 먹여 살리기를 원초적으로, 마음속 깊이 거부한다. 땅콩, 코코아, 다이아몬드가 풍부한 지역들은 선두에 올라서고 그 민족의 나머지에 해당하는 빈껍데기의 경관을 지배한다. 이런 부유한 지역의 민족들은 다른 이들을 멸시의 시선으로 바라보고, 그들이 질투와 욕심만 부린다고 느끼며, 나아가 그들에게 살인 충동이 있다고 믿는다. 식민주의 이전부터 존재했던 과거의 갈등, 즉 종족 간의 오랜 혐오가 전면에 부상한다. 발루바스는 룰루아스를 먹여 살리기를 거부한다. 카탕가는 아예 따로 한 나라를 수립하려 하고, 앨버트 칼론지는 남 카사이의 왕이 된다.

아프리카의 단결, 이 애매한 신조는 아직까지는 아프리카의 남자들과 여자들이 열정적으로 믿고 있고, 그 가치가 식민주의에 거대한 압력을 가하고 있지만, 사실 이는 마스크를 벗었다. 민족성이라는 속 빈 껍데기 안의 지역주의로 부서지고 있다.

자료
10

콩고의 독립 지도자 루뭄바의 마지막 편지

파트리스 루뭄바는 콩고의 독립 투사였고 민족의 영웅이자 범아프리카 운동의 지도자였다. 그는 독립 이후에는 총리로서 콩고의 건국과 개혁을 주도했지만, 곧 과거 콩고의 지배자였던 벨기에 및 그 지지자들에게 반격을 받았고, 그 결과 콩고는 내전의 위기로 내몰렸다. 국제연합에 호소해 봤자 소용없다는 것을 깨달은 루뭄바는 소련에 지원을 요청하려 했다. 하지만 이런 조치는 그때까지 관망하는 태도를 취하던 미국을 움직이게 하는 계기가 되었다. 루뭄바가 소련에 접근하는 것을 좌시할 수 없었던 미국은 모부투 장군의 쿠데타 세력을 지원했다. 그 덕에 콩고를 쉽게 장악한 군부는 루뭄바를 처형했다. 루뭄바의 처형 직후, 소련은 자국의 민족우호대학에 루뭄바의 이름을 헌정해 그를 기억하고자 했다. 다음 자료는 루뭄바가 처형되기 전, 그의 평생 동지였던 아내에게 보낸 편지의 일부다.

파트리스 루뭄바가 아내 폴린에게 보낸 마지막 편지(1960), https://www.blackpast.org/global-african-history/primary-documents-global-african-history/patrice-lumumbas-letter-pauline-lumumba-1960/

내 사랑하는 동반자,

당신이 이 편지를 받을 수 있을지, 언제 이 편지를 받을지, 그리고 당신이 이 편지를 읽을 때 내가 여전히 살아 있을지 나는 모르지만, 당신에게 이 글을 남기오. 조국의 독립을 위한 투쟁하는 동안, 나는 나와 동지들이 평생을 바쳐온 신성한 대의가 결국 승리하리라는 것을 단 한 순간도 의심한 적이 없소. 그러나 우리가 조국을 위해 원했던 것들인 영예로운 삶, 완전한 존엄, 제약 없는 독립의 권리를 벨기에 식민주의와 그 서방 동맹국들은 결코 원하지 않았소. 국제연합의 일부 고위 관리들은 직간접적으로, 그리고 의도적 또는 비의도적으로 그런 나라들을 지원하기도 했소. 우리가 전적으로 신뢰하며 도움을 요청했던 그 국제연합이 말이오.

그들은 우리 동포 중 몇몇을 타락시켰소. 그들은 또 다른 이들을 매수했소. 진실을 왜곡하고 우리의 독립을 모독하는 네 선력했소. 내가 무슨 말을 더 할 수 있겠소? 죽었든 살았든, 혹은 자유롭든 식민주의자들의 명령에 의해 감옥에 갇혔든, 중요한 것은 개인이 아니라는 것이오. 중요한 것은 콩고이고, 독립했다가 새장 속에 갇힌 꼴이 되어버린 우리의 가여운 콩고 사람들이오. 그 창살 밖의 사람들은 우리를 때로는 자비로운 동정의 눈빛으로, 때로는 고소해하고 기뻐하며 쳐다볼 뿐이오.

하지만 우리는 혼자가 아니오. 아프리카, 아시아 그리고 세계 각지에 있는 자유롭고 해방된 민족들은 우리나라에 식민주의자들과 그들의 용병이 존재하지 않는 그날까지 투쟁을 절대 포기하지 않을 수백만 콩고 사람들의 편에 설 것이오.

나는 노예로 살면서 거룩한 원칙들을 저버리느니, 차라리 고개를 높이 들고 흔들리지 않는 신념을 품고 조국의 운명을 굳게 확신하면서 죽는 것을 선택하기에, 그 어떤 잔인한 구타, 잔혹한 학대, 고문도 결코 내가 자비를 구걸하게 만들지 못할 거요. 언젠가 역사는 말해줄 것이오. 하지만 그 역사는 국제연합, 워싱턴, 파리 또는 브뤼셀에서 가르칠 역사가 아닌, 식민주의와 그것의 괴뢰 정부를 스스로 몰아낸 나라들에서 가르칠 역사일 것이오. 아프리카는 독자적인 역사를 쓸 것이고, 사하라 이북과 이남을 막론하고 모든 땅에서 그 역사는 영광과 위엄으로 가득 찬 역사가 될 것이오.

내 동반자여, 나 때문에 눈물 흘리지 마오. 나는 나의 조국이 비록 지금은 이렇게 깊이 고통받고 있지만 독립과 자유를 지킬 수 있으리라 확신하오. 콩고여, 영원하라! 아프리카여, 영원하라!

파트리스가.

아이젠하워의 '도미노' 연설

> 1954년 4월 7일, 미국 대통령 아이젠하워는 베트남의 제네바 협정이 맺어지기 전부터 인도차이나가 공산화될 수 있으며 이 흐름은 아시아 태평양의 다른 지역으로 급속히 확산될 수 있다는 공포에 시달리고 있었다. 이른바 '도미노' 연설이라 알려지는 이 기자회견에서 아이젠하워는 베트남의 상실을 미국의 전후 세계 경제 계획의 붕괴와 연결한다. 미국 정가의 많은 사람들이 공유했던 이런 생각은 베트남 전쟁에 대한 개입을 넘어, 인도네시아의 쿠데타 지원 등 세계 여러 지역의 반공 세력 옹립 작전에 미국을 뛰어들게 만든 지적·정서적 배경이 되었다.

아이젠하워 대통령 기자 회견(1954년 4월 7일), http://www.speeches-usa.com/Transcripts/dwight_eisenhoer-domino.html

우리는 물론 특수한 문제와 보편적 문제 모두를 가지고 있습니다. … 우선 세계가 필요로 하는 자원 생산의 중요성, 즉 그 해당 지역이 지닌 특수한 가치를 우리는 압니다. 그다음 단계로, 우리는 수많은 인류가 자유세계를 위협하는 독재 체제 아래에서 살아야 할지도 모른다는 사실을 압니다. 마지막으로, 우리는 이른바 '무너지는 도미노' 원칙이라고 불리는 것을 더 넓게 고려해봐야 합니다. 도미노의 팻말을 일렬로 세우고 첫 번째 팻말을 넘어뜨렸을 때, 마지막 패까지 도달하는 시간은 순식간입니다. 따라서 우리는 매우 심대한 영향을 끼칠지 모르는 붕괴의 시작에 맞닥뜨릴 수 있습니다.

앞의 두 가지와 관련해서 이야기해보자면, 이 특정한 지역에서 출토되면서 전 세계가 사용하는 자원 두 가지는 주석과 텅스텐입니다. 이것들은 매우 중요합니다. 물론 고무 플랜테이션과 같은 다른 것들도 있지요.

그다음으로, 이런 독재 국가에서 더 많은 사람들이 살게 될지도 모른다는 점에 대해 말하면, 이미 아시아는 대략 4억 5000만 명을 공산주의 독재 정권에게 빼앗겼습니다. 우리는 이제 더는 빼앗길 수 없습니다. 그러나 인도차이나, 미얀마, 버마, 타이, 그 반도 전체, 그리고 인도네시아까지 차례로 잃는 상황에 이른다면, 여러분은 자원과 원료의 손실로 가중된 분이익뿐만 아니라 진정 수백만 명의 삶까지 떠올려야 할 것입니다.

마지막으로, 공산주의 독재 정권들이 취한 지정학적 입지는 파장이 큽니다. 그들의 팽창으로 일본과 타이완 그리고 필리핀, 마리아나 제도들을 잇는 이른바 '섬 방어 사슬'이 남쪽으로 내려와야 할지 모릅니다. 그러한 팽창은 오스트레일리아와 뉴질랜드를 위협할 정도로 들어오고 있습니다. 경제적 측면에서 보면, 일본이 그들의 교역 상대로서 반드시 지켜야 할 지역을 빼앗아버립니다. 또는 일본 스스로가 생존을 위해 공산주의 국가들에 접근해야 하는 상황을 야기합니다. 일본이 전 세계에서 교역할 수 있는 상대는 그곳밖에 남지 않을 것이기 때문입니다. 따라서 공산주의 독재 국가가 팽창하면서 발생할 수 있는 결과는 자유세계에서 헤아릴 수 없을 정도로 크다고 할 수 있습니다.

| 참고문헌 |

권헌익, 《또 하나의 냉전: 인류학으로 본 냉전의 역사》, 이한중 옮김, 민음사, 2013.

미첼, 티머시, 《탄소 민주주의: 화석연료 시대의 정치권력》, 에너지기후정책연구소 옮김, 생각비행, 2017.

베스타, 오드 아르네, 《냉전의 지구사: 미국과 소련 그리고 제3세계》, 옥창준 외 옮김, 에코리브르, 2020.

오스터함멜, 위르겐, 《식민주의》, 박은영·이유재 옮김, 역사비평사, 2006.

파농, 프란츠, 《대지의 저주받은 사람들》, 남경태 옮김, 그린비, 2010.

Connelly, Matthew, *A Diplomatic Revolution: Algeria's Fight for Independence and the Origins of the Post-Cold War Era*, Oxford University Press, 2002.

Cooper, Frederick, *Africa since 1940: The Past of the Present*, Cambridge University Press, 2002.

Herring, George, *America's Longest War: The United States and Vietnam, 1950~1975*, 2nd ed., McGraw-Hill, 1986.

Hoogvelt, Ankie M. M., *Globalization and the Postcolonial World: The New Political Economy of Development*, Red Globe Press, 1991.

Logevall, Fredrik, *The Origins of the Vietnam War*, Routledge, 2001.

Manela, Erez, *The Wilsonian Moment: Self-Determination and the International Origins of Anticolonial Nationalism*, Oxford University Press, 2007.

Mazov, Sergey, *A Distant Front in the Cold War: The USSR in West Africa and the Congo, 1956~1964*, Stanford University Press, 2010.

16
사회 운동의 대두

1950년대에 시작된 여성 운동

미국과 유럽 등 서방 세계에 경제 호황이 한창이던 1950년대 말부터, 이들 사회에서는 대중을 기초로 한 새로운 사회 운동이 일어나기 시작했다. 이 운동들은 유색 인종, 여성, 청년 등 그동안 해당 사회의 주류에 속하지 않았던 이들이 주도했고, 인권, 평등, 정의 등의 가치를 주창했다는 공통점이 있었다.

여성 운동은 제2차 세계대전 이후의 사회경제적 변화를 배경으로 대두했다. 이 시기 서방 사회의 출산율은, 전쟁 직후에 나타난 일시적인 베이비붐을 제외한다면, 19세기 중반 이후 계속되던 패턴대로 꾸준히 떨어지고 있었다. 여기에 더해, 1950년대 여성의 결혼 연령이 앞당겨지는 현상 역시 목도되었다. 이는 배우자가 될 남성의 취업이 어린 나이에도 용이해지면서 이른 결혼을 가능하게 했던 당시의 경제 호황에서 기인한 현상이었다. 하나나 둘 정도의 아이를 낳은 '조혼'

여성들은 그 아이들이 취학 연령, 즉 유아 학교에 갈 시점이 되어도 여전히 20대 후반이나 30대 초반밖에 안 되었다. 다시 말해 이들은 왕성히 일할 수 있는 젊은이였다. 한편 1950년대 경제 호황과 신산업의 등장으로 화이트칼라나 서비스업 직종에서 일자리가 크게 늘면서, 여성의 사회 진출이 향상될 조건도 차츰 성숙해졌다.

하지만 막상 사회에 진출한 여성들은 심각한 직장 내 차별을 마주해야 했다. 남녀 간 급여 수준의 차이는 컸으며, 업무 분담 면에서도 분명한 성차별이 존재했다. 여성은 타이핑 같은 단순 업무를 맡는 경우가 대부분이었고, 더 중요한 결정을 내리는 일은 모두 남성의 차지였다. 현장에서의 이 같은 차별은 사회 진출에 기대가 컸던 여성들에게 크나큰 박탈감을 안겼다.

도판 45 1960년대 초반 불거졌던 여성 운동의 핵심은 직장 내 임금 차별의 폐지였다. 많은 경우 중산층 출신이었던 당시 여성 운동가들은 공정한 임금이 곧 인권을 지키는 지름길이라고 주장했다.

때마침 여성 차별 문제는 전후 전 세계 지성계에 깊은 영향을 끼친 프랑스의 소설가 시몬 드 보부아르Simone de Beauvoir의 《제2의 성》의 주제이기도 했다. 보부아르에 따르면, 여성성은 생물학적 특성이 아니라 남성들이 만들어놓은 것에 불과하며, 이 '열등한 타자' 지위에서 탈출하려면 여성들은 실존주의에서 주창하는 '행동'이 필요하다. 보부아르가 철학적이고 난해한 어조로 이를 주장했다면, 미국의 여성 운동가 베티 프리단Betty Friedan의 접근 방식은 좀 더 대중 친화적이었다. 프리단은 전통적인 여성상을 교육하는 것으로 유명한 명문 학교인 스미스 여대에 입학했으나, 곧 자신에게 주어진 역할이 부당하다는 사실을 깨달았다. 프리단은 1963년에 펴낸 《여성성의 신화》에서 여성은 남편과 아이를 위해 살아야 한다는 생각을 당연시할 필요가 없으며, 여성의 본진적 특성을 수동성과 유아적인 것으로 규정하는 관행을 거부하고 진정한 성인으로서 취급받기를 원해야 한다고 썼다. |자료1| 그 직후인 1966년, 프리단은 전미여성

기구NOW, National Organization for Women를 창립하고 여성의 사회 진출 문제와 임금 차별, 교육 기회의 불평등을 주요 현안으로 제시하며 커다란 사회적 반향을 일으켰다.

프리단의 여성주의가 여성 운동 촉발에 핵심적 역할을 하긴 했지만, 여전히 직장에 나갈 수 있는 여성, 즉 엘리트 혹은 교육받은 여성들이 직장에서 겪는 차별 문제에만 집중한다는 한계가 있었다. 프리단의 여성주의는 남성 중심의 사회 및 문화에 대한 근본적 비판으로까지는 나아가지 못한 것이다. 이 한계는 1960년대 말부터 급진화한 새로운 여성 운동에 의해 극복되었다. 급진적 여성 운동가들은 직장에서의 임금이나 기회 차별뿐만 아니라, 여성의 신체와 가족 제도 등에 결부된 더 근본적 문제들, 즉 이혼, 낙태, 미혼모, 성범죄 등을 본격적으로 건드리기 시작했다. 이런 여성 운동의 변화에는 여성이 자기 신체에서 일어나는 재생산에 대해 자기결정권을 가져야 한다는 인식이 중요한 역할을 했다. |자료2| 슐라미스 파이어스톤Shulamith Firestone을 비롯한 급진파는 자기결정권을 방해했던 기존의 전통적 가치들과 기제들, 특히 가족을 억압적인 제도로 재규정하기 시작했다. 이는 전통이라는 이름의 관행들을 거부하고 남녀에 대한 사회적 통념을 비판하는 것으로 이어졌으며, 자연스럽게 성소수자 운동까지 촉발했다. |자료3| 여성 운동의 급진화는 특히 유럽을 중심으로 1970년대 이후 많은 여성뿐만 아니라 남성들의 일상까지도 변화시켰다. 법적 결혼은 줄어든 대신 동거가 늘었으며, 육아나 성에 대한 관념이 바뀌면서 젊은이들의 생활 행태도 달라졌다. 하지만 이 같은 변화는 1980년대에 종교계가 주도한 유럽과 미국 사회의 보수화 흐름을 초래하기도 했다.

미국 흑인의 민권 운동

미국의 유색 인종, 특히 흑인 역시 서양의 여성처럼 사회적 차별 속에서 살고 있었다. 19세기 후반에 노예해방이 이루어진 이후에도 인종차별은 여전히 공공연한 현실이었다. |자료4| 흑인들의 제2차 세계대전 참전과 백인 우월주의 나치즘에 대한 승리가 그들의 의식을 크게 고무했지만, 여전히 남부를 비롯해 일부

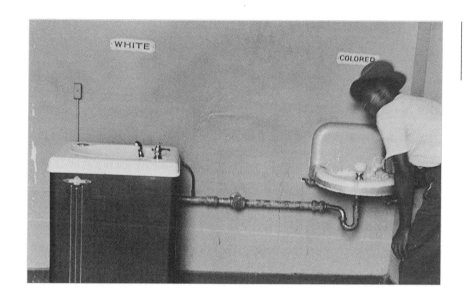

도판 46 민권 운동이 본격화되기 전 미국의 인종차별 문제를 상징하는 장면. 백인과 유색 인종이 사용하는 세면대가 구분되어 있다.

지역의 공공장소, 특히 학교, 대중교통, 레스토랑에서는 흑백 분리가 일상적으로 존재했다. 1954년, 미 연방 대법원이 교육 시설 내 인종차별을 위헌으로 선언한 일을 계기로 흑인들은 버스 보이콧, 연좌 농성, 본격 시위 등의 방법을 동원하여 그간 감수했던 사회적 차별을 비판하는 이른바 민권 운동을 일으켰다.

흑인 민권 운동은 마틴 루서 킹Martin Luther King 목사가 주도한 평화와 불복종 운동, 그리고 맬컴 엑스Malcolm X가 주도한 폭력 혁명 및 분리주의 운동, 크게 둘로 나뉘어 진행되었다. |자료5| 좀 더 위협적이었던 맬컴 엑스뿐만 아니라 킹 목사 중심의 민권 운동 역시 미국의 백인 주류 엘리트들의 강한 저항을 불러일으켰지만, 그 메시지는 점차 미국 대중 전반의 지지를 받게 되었다. |자료6| 이러한 민권 운동의 기세 속에서 1964년에 공공장소와 직장에서의 인종차별을 금지하는 이른바 민권법이 통과될 수 있었다. 이듬해에는 모든 흑인에게 선거권이 주어졌으며, 린든 존슨의 반빈곤 프로그램을 통한 복지 예산 증대로 흑인을 비롯한 사회 빈곤층의 생활 수준 역시 높아졌다. |자료7| 하지만 이 같은 성과에도 불구하고 미국 사회에서 흑인들의 위상은 여전히 매우 낮았나. 내도시의 빈민가는 계속해서 흑인들 차지였으며, 이들은 의료, 교육, 공공서비스 같은 기본적인 혜택의 외곽에 계속 머물렀다.

청년 운동이 일군 문화 변혁

청년 운동은 주로 서방의 대학가를 중심으로 학생 운동의 형태로 나타났다. 1964년, 캘리포니아 대학교 버클리의 학생들이 선구자 역할을 했던 이 운동은 당대 대학의 학내 문제뿐만 아니라 미국의 정치, 외교, 사회 현안들, 그리고 인간과 문명에 관한 근본적 질문까지 제기한 거대한 문화 운동이었다. 당시 미국 대학들은 1950년대 양적 팽창의 결과로 학생 수가 급격히 늘어난 반면, 이들의 요구와 편의를 충족시킬 만한 체제와 기반 시설을 갖추지 못한 상황이었으며, 그럴 의지도 없는 듯이 보였다. 학생들이 볼 때, 대학 교육은 학생을 인격적이고 개별적으로 대하는 것이 아니라 마치 대규모 공장처럼 표준화된 교육 과정을 통해 졸업생만 다량으로 찍어내는 것이었다. |자료8| 이런 학내 문제 이외에도, 당시 미국의 많은 대학생은 흑인 민권 운동과 베트남 전쟁 같은 국내외 현안에도 적극적으로 관심을 보였다. 특히 베트남 전쟁은 학생들의 시야가 미국 국내를 넘어 전 세계적 문제, 즉 서양의 제국주의 속성과 반식민주의 문제로 확장되는 데 결정적 역할을 했다.

또한 1960년대 말의 미국 대학생들은 서양의 물질 지향적 문명을 비판하는 여러 움직임, 가령 히피 문화, 인도의 명상 종교, 낭만주의적 사회주의 운동 등을 목격하면서, 자신들의 문명에 보다 근본적인 질문을 던지는 데까지 나아갔다. 그들은 문명의 이기利器가 자신들의 삶을 편리하게 하는 대신, 오히려 옥죄는 기능을 한다고 믿으면서 반反문명 운동을 전개했다. 그들은 진정한 자유와 인간다움을 누리려면 자연 상태로 돌아가야 하고, 인간들 사이의 공동체 의식을 되살려야 한다고 믿었다. 히피들의 집단 군거 생활, 인도 선禪을 비롯한 동양 종교, 비非소련 사회주의, 특히 중국의 마오주의와 쿠바 혁명 등은 청년들의 이런 믿음에 영감을 더했다. 당시 청년들이 보기에, 서양 자본주의의 경쟁 원칙과 출세주의, 개인주의 등에 충실해 보이는 기성세대는 존경과 모범의 대상이 아니라 극복 대상에 불과했다. |자료9| 이런 세대 갈등을 겪으며 좌파 진영 내부에서는 기존 사회주의 이념 및 관행과 스스로를 구분하려는 신좌파가 등장하기도 했다. 신좌파는 특히 제3세계의 민주화와 혁명 운동에서 깊은 영향을 받았기에,

그만큼 미국이 이 지역들에 개입한 사례들에 분노했다.

이처럼 미국의 대학가를 중심으로 성장한 청년 운동은 존 바에즈Joan Baez와 밥 딜런Bob Dylan을 비롯한 저항적인 대중음악의 노랫말을 타고 곧 유럽과 일본 등 다른 서방 국가들의 대학에도 급속도로 퍼져나갔다. 특히 미국보다 급진주의 와 노동운동의 전통이 깊었던 프랑스와 서독에서 일어난 학생 운동은 사회적 반항을 크게 일으키며 이른바 '68혁명'이라 불린 대변혁을 추동했다. 1968년, 파리에서는 학생들의 시위에 공산당원들이 가세하며 19세기 파리 혁명의 상징인 바리케이드가 다시 등장했고, 노동자도 대규모 파업으로 동참했다. 자료10 공공 부문의 고용자들까지 더해 총 1000만 명에 달하는 이들이 파업에 나선 파리의 5월 봉기는 서독과 이탈리아를 비롯한 유럽 각국, 그리고 일본에서도 일어난 격렬한 저항 운동과 더불어 이른바 세계혁명을 촉발했다.

도판 47 청년 운동의 저항성은 노동 운동과 결합되어 마침내 68혁명을 분출시켰다. 사진은 학생들과 노동자들이 합세한 1968년 5월의 파리 시위 현장 이다.

물론 이 같은 청년 주도의 세계혁명이 즉각적인 정치적 결과를 낳지는 못했다. 미국에서는 오히려 보수 세력의 결집을 불러와 '법과 질서'를 슬로건으로 내건 공화당의 닉슨이 대통령에 당선되었고, | 자료11 | 프랑스에서는 5월 봉기 직후 실시된 총선에서 혁명에 반대하는 드골주의자들이 승리했으며, 일본의 자민당 정권도 흔들리지 않았다. 하지만 68혁명은 문화·일상·지성 부문에서는 근본적 변화를 가져왔다고 평가할 수 있다. 혁명으로 기존의 전통적 권위가 약화되고, 그 대신 새로운 문화와 관행이 들어섰다. 프랑스 파리의 오랜 대학 서열화의 전통이 사라지고 적어도 형식적으로는 평준화가 이루어진 것이 그 대표적인 예다. 구래의 가족 제도와 도덕적 가치도 흔들리며 젊은이들의 일상은 크게 바뀌었다. 혼전 성관계가 급증했으며, 결혼율의 하락과 더불어 이혼율의 상승도 눈에 띄었다. 최근의 학자들은 68혁명을 장기 문화 변동의 일부로 보기도 하지만, 혁명이 이 과정을 가속화했다는 점을 부정하기는 어렵다.

여성 운동을 북돋운 프리단의 《여성성의 신화》

1963년에 출판되어 서양 사회에 거대한 반향을 일으킨 《여성성의 신화》의 한 부분이다. 존 스튜어트 밀이나 시몬 드 보부아르와 같은 여성주의 지식인과 달리 프리단의 메시지는 훨씬 더 넓은 대중적 반향을 불러올 수 있었다. 프리단의 주장에 따르면, 여성 차별 문제는 다들 알고 있으나 아직 '명명되지 못한' 문제였다.

베티 프리단, 《여성성의 신화 The Feminine Mystique》, W. W. Norton, 1963, pp. 11~27

명명되지 못한 문제

그 문제는 여러 해 동안 미국 여성의 마음에 묻혀만 있고 표현되지 못했다. 그것은 하나의 낯선 각성이자 불만족의 느낌이었고, 20세기 중반 미국에서 여성이 품어온 갈망이었다. 교외에 사는 주부들은 혼자 일하느라 끙끙댔다. 침대를 정리하고, 식료품을 사고, 가구 커버를 맞추고, 아이들과 땅콩버터 샌드위치를 먹고, 컵 스카우트와 브라우니에 데려다주는 기사 노릇을 하고, 밤에는 남편 옆에 누워 있으면서, 그녀는 심지어 스스로에게도 묻기가 두려워 속으로만 생각한다. '이게 내 삶의 전부인가?'

15년이 넘도록 여성에 대해, 그리고 여성을 위해 쓰인 수백만 개의 단어, 특히 여성의 역할은 아내와 어머니로서의 역할을 다하는 것이라고 말하는 전문가들이 쓴 수많은 칼럼, 책, 기사 중에 이 갈망이라는 단어는 찾을 수 없었다. 여성은 전통의 가르침을 통해, 그리고 프로이트 이론의 목소리를 통해 자신의 여성성에서 기쁨을 누리는 것보다 더 큰 운명을 바랄 수 없다는 말을 반복해서 들었다. 전문가들은 여성들에게 남성을 사로잡고 곁에 두는 방법, 아이들을 모유 수유하고 화장실 훈련을 시키는 방법, 형제간의 다툼과 청소년기의 반항에 대처하는 방법, 식기세척기를 사고 빵을 굽고 달팽이 요리를 하고 자기 힘으로 수영장을 만드는 방법, 여성스럽게 입고, 보이고, 행동하며 결혼 생활을 더 자극적으로 만드는 방법, 남편을 일찍 죽지 않게 하고, 아들이 비행 청소년이 되지 않도록 하는 방법에 대해 말했다. 그녀들은 시인, 물리학자 혹은 대통령이 되고 싶어 하는 신경질적이고 여성스럽지 않고 행복하지 않은 여성들을 가여워하라고 들었다. 그들은 진정 여성스러운 여성이라면 사회 진출, 고학력, 정치적 권리들, 즉 과거 페미니스트들이 얻어내고자 싸운 독립성과 기회를 원치 않는다고 배웠다. … 그들이 해야 할 것은 어린 소녀 시절부터 남편을 찾고 아이를 기르는 데 그들의 삶을 헌신하는 것이었다. 1950년대 후반에 미국 여성들의 평균 혼인 연령은 스무 살까지 떨어졌고, 10대로까지 내려가고 있었다. 1400만 소녀가 열일곱 살이 되기 전에 약혼을 했다. 남성과 비교할 때 대학에 진학한 여성의 비율은 1920년에 47퍼센트에서 1958년 35퍼센트까지 떨어졌다. 한 세기 전, 여성들은 고급 교육을 받기 위해 투쟁했다. 하지만 지금 소녀들은 남편을 얻기 위해 대학에 가고 있다. 1950년대 중반이 되자 결혼을 위해, 혹은 고학력이 결혼에 방해가 될까 봐 60퍼센트가 대학을 중퇴했다. 대학은 '결혼한 학생들'을 위한 기숙사를 지었지만, 입사한 학생들은 거의 대부분 남편들이었다. 아내들을 위한 'Ph.T.(남편을 졸업시키는 학위)'라는 새로운 학위가 생겨났다. …

만약 내가 옳다면, 오늘날 수많은 미국 여성의 마음속에 떠오르는 문제이자 아직 명명되지 않은 문제는 여성스러움의 상실도 아니고, 지나친 교육도 아니며, 가정에 대한 애착도 아니다. … 우리는 여성들 안에서 "나는 나의 남편, 나의 자식들, 나의 집 이상의 무언가를 원해요"라고 말하는 목소리를 더는 외면할 수 없다.

여성 운동의 분화

> 첫 번째 자료는 1966년에 나온 전미여성기구의 창립 선언문 중 일부로, 여성의 사회 진출 문제와 임금 차별, 그리고 교육 기회의 불평등을 주요 현안으로 제시한다. 두 번째 자료는 1971년에 프랑스의 한 유명 주간지에 실린 시몬 드 보부아르를 비롯한 343명의 여성이 낙태 경험을 공개한 성명이다. 낙태가 여전히 중대한 처벌 대상이었던 당시의 사법 체계와 사회 분위기에서, 이 성명 참여자들은 위험을 무릅쓰고 여성의 자기결정권이 보장되어야 한다는 메시지를 전달하고자 했다.

전미여성기구 창립 선언문, https://now.org/about/history/statement-of-purpose/

전미여성기구 창립 선언문

미국 여성의 지위를 두고 벌어진 최근 논의들에도 불구하고, 그 실제 지위는 떨어졌으며 1950년대와 1960년대에 걸쳐 경악을 자아낼 만큼 떨어지고 있다. 18세에서 65세 사이 미국 여성의 46.4퍼센트가 집 밖에서 일하고 있지만, 그중 압도적 다수인 75퍼센트가 일반 점원이나 판매원 또는 공장 노동자 혹은 가정부, 세탁소 직원, 병원 보조원 등이다. 흑인 여성 중 약 3분의 2는 최저 임금을 받는 직업에 종사하고 있다. 여성들은 직업의 위계 중 가장 아래에 점차, 그러나 분명히 집중되고 있다. 그 결과 오늘날 상근 여성은 남자들이 받는 임금의 약 60퍼센트 정도만 벌 뿐이며, 임금 격차는 지난 25년 동안 주요 산업 분야에서 더 커지고 있다. … 게다가 오늘날 고등 교육이 점차 필수가 되고 있는 상황에서 너무도 적은 수의 여성만이 대학을 들어가거나 졸업하며, 대학원이나 전문 대학원으로 진학한다. 오늘날 여성은 학사 및 석사 학위 수여자 중 3분의 1에 불과하며, 박사 학위의 경우에는 10분의 1을 차지할 뿐이다.

이남희, 〈페미니즘과 여성 해방 운동〉, 김남섭, 송충기 외 지음, 《세계화 시대의 서양 현대사》, 아카넷, 2010, 447쪽에서 재인용

나쁜 여자 343명의 성명서

프랑스에서는 해마다 수백만 명의 여성이 낙태 수술을 받는다. 수술은 의사 손에 이루어져야 하는 것이 원칙인데도, 위험한 상황에서 몰래 수술을 받는다. 우리는 이 수백만 여자들에 대해 침묵한다. 나는 내가 그녀 중 한 명임을 고백한다. 나는 낙태 수술을 받은 것을 고백한다. 우리는 피임을 할 자유가 있는 것처럼, 낙태를 할 자유가 있음을 주장한다.

자료
03
- -

급진적 여성 운동

'레드스타킹스'라는 뉴욕의 급진적 여성 단체가 1968년에 미스 아메리카 대회를 반대하는 시위를 펼치며 내놓은 성명의 일부다. 이들은 단지 여성을 상품화하는 미인 대회의 특성을 비판하는 데 그치지 않고 인종차별, 전쟁, 상업 자본주의 등 당시 주요 사회 문제들과 여성 문제를 연결

한다. 그리고 이들이 보기에, 여성 문제의 핵심은 단순히 직장 내 차별의 문제가 아니라 남성 위주의 문화가 만들어내는 여성 억압의 분위기에 있었다.

레드스타킹스 성명(1968), http://www.redstockings.org/index.php/no-more-miss-america

미스 아메리카는 이제 더는 없다!

10개 사항

우리는 항의한다.

1. 여성을 폄하하는 골 비고 가슴 큰 여성 상징

미인 대회 참가자들은 우리가 여성으로서 강요당하는 역할을 전형적으로 보여준다. 런웨이에서 펼쳐지는 퍼레이드는 4-H클럽의 가축 품평회, 즉 긴장한 동물들이 이빨, 양털 등으로 평가받고, 최고로 선정된 '표본'이 파란 리본을 받는 그런 대회에 비유될 수 있다. 우리 사회의 여성도 그렇다. 매일같이 사회에서 남성들에게 인정받기 위해 경쟁해야 하고, 심지어 우리 여성들 스스로가 진지하게 받아들이기도 하는 터무니없는 미의 기준에 의해 노예화되고 있다.

2. 장밋빛 인종주의

1921년에 시작된 이후, 미인 대회에 흑인 최종 결선 진출자는 단 한 명뿐이었다. 이는 그럴 만한 후보가 없었기 때문이 아니다. 푸에르토리코, 알래스카, 하와이 출신도 우승자는 없었고, 멕시코-아메리칸도 마찬가지였다. 또한 진정으로 미스 아메리카라 할 수 있는 아메리칸 인디언도 없었다.

3. 전사戰死 마스코트로서의 미스 아메리카

우승자 임기의 하이라이트는 해외의 미군 병사들에게 응원 투어를 가는 것이다. 작년의 우승자는 베트남에 가서 우리의 남편, 아버지, 아들, 남자 친구에게 더 영광스럽게 죽고 죽이라고 격려하고 왔다. 그녀는 "남성들이 이들을 위해 싸우는 순결하고 애국적인 미국적 여성상"으로 전형화된다. …

4. 소비자 유혹

미스 아메리카는 대회 스폰서를 위해 걸어 다니는 광고판이다. 태엽을 감으면 그녀는 당신의 제품을 프로모션 투어와 TV로 계속 내보내며 "진정성 있고, 객관적인" 양 그 제품이 좋다고 한다. …

9. 무언가에 견줄 만한 꿈으로서 미스 아메리카?

이른바 민주적이라는 이 사회에서 모든 남자 아이는 자라서 대통령이 될 수 있지만 여자 아이들은 모두 자라서 무엇이 되고 싶은가? 바로 미스 아메리카다. 그것이 현실이다. 우리의 삶을 통제할 실제 권력은 남성에게 한정된 반면, 여성에게는 족제비 망토와 꽃다발로 된 가짜 권력이 주어진다. 남성들은 행동으로 평가받는 반면, 여성들은 외모로 평가받는다. …

이제 미스 아메리카는 없다!

자료
04

노예해방 이후에도 지속된 인종차별

> 메리 처치 터렐 Mary Church Terrell은 전국유색여성연합 National Association Of Colored Women 초대 회장을 지낸 인물로, 민권 운동과 여성 운동의 선구자였다. 아래 터렐 연설은 20세기가 막 밝았을 무렵 미국의 민권 수준을 보여주는 자료다. 여기서 터렐이 묘사하는 사건은 미국 남부나 여러 지역에 비해 흑인의 인권 수준이 상대적으로 높았던 워싱턴 D.C.에서 일어났던 일이다.

메리 처치 터렐의 연설(연합여성클럽, 워싱턴 D. C., 1906년 10월 10일), http://gos.sbc.edu/t/terrell1.html

미국의 수도에서 유색이라는 것은 무엇을 의미하는가?

얼마 전 단편 작품들로 문학계에서 크게 이목을 끈 한 젊은 여성이 한 워싱턴 신문에 실린 구인 광고를 보고 지원하기로 마음먹었습니다. 전문적으로 타자를 칠 줄 아는 숙련된 속기사 구인 광고였죠. 지원자들은 방문 전에 작업 샘플을 보내 자신의 경험과 타자 속도와 관련된 몇 가지 질문에 답하게 되어 있었습니다. 이 젊은 흑인 여성은 자신이 보낸 추천서들과 경력이 지원자들 중 가장 만족스럽다는 편지를 받았고 전화해달라는 부탁을 받았죠. 그녀가 전화로 자신을 소개했을 때, 그녀와 통화하던 남자는 그녀의 인종

혈통을 미심쩍어했고, 그녀에게 유색 인종인지 백인인지 물었습니다. 그녀가 진실을 말하자 그 업주는 이토록 유능한 사람의 서비스를 이용할 수 없는 것이 유감스럽다며, 하찮은 자리를 제외하고는 그의 회사에서 흑인 여성을 고용하는 것은 당연히 있을 수 없는 일이라고 했습니다.

흑인 여성들은 하찮은 자리를 제외한 워싱턴의 가게, 백화점 등 다른 곳에서 직업을 구할 수 없으며, 물론 그 자리들마저 매우 드뭅니다. 심지어 그들은 고객으로서도 점원이나 점주에게서 무례한 대우를 드물지 않게 받곤 합니다.

비록 백인 교사와 흑인 교사가 같은 교육위원회 소속이고, 두 인종 아이들을 위한 제도는 똑같다고 말하지만, 공립 학교에서 유색 인종 교사에 대한 편견은 다양한 방식으로 드러납니다. 1870년부터 1900년까지 흑인 공립 학교들에 흑인 교장이 있었을 때는 요리, 바느질, 체육, 실과, 음악, 예술 분야의 주임들은 흑인이었습니다. 6년 전 변화가 생겼습니다. 흑인 교장이 물러나고, 그 이후로 단 하나의 예외도 없이 모든 주임의 자리는 흑인 교사에서 백인 교사에게로 넘어갔습니다. 지금은 우리 공립 학교에서 흑인 교사가 아무리 유능하거나 뛰어나도 주임 자리에 올라갈 수 없다는 것을 잘 압니다. 그들은 현 체제가 급격하게 변하지 않는 한 보조 교사로서 박봉을 받는 것 이상을 할 수 있다는 희망을 품을 수 없습니다.

자료
05

흑인 민권 운동의 대표, 킹 목사와 맬컴 엑스의 연설

> 1950년대 말부터 미국에서는 인종차별에 반대하는 민권 운동의 파도가 거세게 일었다. 1960년대 들어 민권 운동에 두 지도자가 등장하여 각기 다른 노선의 운동을 주도했다. 하나는 마틴 루서 킹 목사가 이끄는 비폭력 운동이었고, 다른 하나는 개종한 무슬림인 맬컴 엑스를 중심으로 한 혁명적 분리 운동이었다. 다음의 두 연설은 각 조류의 지향점을 잘 드러내는 동시에, 마틴 루서 킹도 결코 온건하지만은 않았음을 함께 보여준다.

마틴 루서 킹의 연설, '내게는 꿈이 있습니다'(1963년 8월 28일, 워싱턴 D. C.), https://www.americanrhetoric.com/speeches/mlkihaveadream.htm

… 흑인에게 시민의 권리가 주어지기 전까지 미국에는 안식도 평온도 없을 것입니다.

정의의 밝은 날이 올 때까지 반란의 회오리바람이 우리나라의 근간을 계속 뒤흔들 것입니다. 그러나 나는 정의의 궁전으로 들어가는 문턱에 서 있는 내 동료들에게 해야 할 말이 있습니다. 우리의 정당한 자리를 얻는 과정에서 우리가 부당한 행위를 저질러서 죄책감을 느끼면 안 됩니다. 자유를 향한 우리의 갈증을 해소하기 위해 고통과 증오의 잔을 들지 맙시다. 우리는 존엄과 규율이라는 숭고한 땅 위에서 투쟁을 계속해야 합니다. 우리의 독창적 방식의 항의가 물리적 폭력으로 전락하게 할 수는 없습니다. … 흑인 공동체를 빨아들인 놀랄 만한 새로운 투쟁 의식이 모든 백인에 대한 불신으로 이어져서는 안 됩니다. …

나에게는 꿈이 있습니다. 언젠가 이 나라가 모든 인간은 평등하게 태어났다는 것을 자명한 진실로 받아들이고, 그 진정한 의미를 신조로 살아가게 되는 날이 오리라는 꿈입니다. 언젠가는 조지아의 붉은 언덕 위에 예전에 노예였던 부모의 자식들과 그 노예의 주인이었던 부모의 자식들이 형제애의 식탁에 함께 둘러앉는 날이 오리라는 꿈입니다. … 내 아이 넷이 피부색이 아니라 인격에 따라 평가받는 그런 나라에 살게 되는 날이 오리라는 꿈입니다.

오늘 나에게는 꿈이 있습니다. 사악한 인종주의자들과 주지사가 연방 정부의 조처에 아무 때나 반대할 수 있다느니, 연방법의 실시를 거부한다느니 따위의 말을 내뱉는 앨라배마주가 변하여, 흑인 소년·소녀들이 백인 소년·소녀들과 손을 잡고 형제자매처럼 함께 걸어갈 수 있는 상황이 되는 꿈입니다.

맬컴 엑스, 민초들에게 보내는 메시지(1963년 12월 10일 연설, 디트로이트), https://www.blackpast.org/african-american-history/1963-malcolm-x-message-grassroots/

우리 모두는 흑인, 이른바 검둥이, 이등 시민, 전직 노예죠. 여러분들은 단지 전직 노예일 뿐입니다. 이렇게 불리기 싫을 겁니다. 달리 어떻게 불러야 할까요? 여러분은 그저 전직 노예입니다. 여러분은 메이플라워호를 타고 미국에 오지 않았습니다. 말, 소, 닭처럼 사슬에 묶여서 노예선을 타고 이곳에 왔습니다. 여러분은 메이플라워호를 타고 온 사람들에게 끌려왔습니다. 여러분은 이른바 순례자 혹은 건국의 아버지들에게 끌려왔습니다. … 우리에게는 공통의 적이 있습니다. 우리 모두에게는 공통의 억압자, 착취자, 차별자가 있습니다. 우리가 이 공통의 적을 깨닫는 순간, 우리는 우리가 공유하는 것을 바탕으로 단결할 수 있습니다. 그 무엇보다도 우리가 공유하고 있는 것은 바로 그 적, 즉 백인입니다. 백인은 우리 모두의 적입니다.

반공 이념을 민권 운동에 이용하다

미국연방수사국^{FBI} 국장 에드거 후버^{Edgar Hoover}가 1965년에 미국 법무부에 보낸 메모 중 일부다. 민권 운동과 공산주의를 연결지어 그 운동의 세를 꺾어보려는 미국 정가와 FBI 사이의 공작 의도가 엿보이는 흥미로운 문건이다. 1960년대에 다양한 사회 운동이 대두하자 이를 공산주의 자들의 음모로 몰아 이미지에 타격을 입히는 방식은 미국뿐만 아니라 여러 미국 진영에 속한 국가들이 흔히 구사했던 전략이다.

에드거 후버의 메모, https://alphahistory.com/coldwar/j-edgar-hoover-martin-luther-king-1965/

수신: 미국 법무부, 1965년 7월 6일

법무 장관에게서 전화가 왔습니다. 그는 마틴 루서 킹 목사가 베트남 전쟁에 보이는 태도에 우려를 표했으며 FBI가 다음 사항에 대한 보고서를 작성할 수 있는지 궁금해했습니다. 첫째, 어쩌다가 킹 목사가 저 정도까지 되었는지, 둘째, 베트남 전쟁 문제와 민권 운동을 서로 묶는 골수 공산당 노선이 있었는지.

나는 보고서 작성이 가능하다고 답했습니다. 법무 장관은 국무 장관과 대통령께 민권 운동과 공산주의 사이의 관계를 보고할 수 있다면 도움이 될 것 같다고 말했습니다.

나는 그 관계를 확신한다고 말했습니다. 지난 몇 달 동안 킹 목사가 레빈슨, 존스 등과 함께 뉴욕에 머물면서 케네디 공항 모터 여관에서 비밀 회담을 한다는 정보를 근거로 그랬던 것입니다. 물론 나는 스탠리 레빈슨이 공산당원이며, 클래런스 존스도 마찬가지라는 사실을 알렸습니다. 법무 장관은 그것과는 별개로, 공산당이 베트남과 민권 운동을 하나로 연결시키려 한다는 정보를 확보했는지도 물었습니다. 나는 이런 노선의 존재를 믿는다고 말했습니다. 공산당 내 숨어 있는 정보원들을 통해 그리 생각하게 되었다고 했죠. 그리고 지난 몇 달 동안 우리가 지켜본 여러 민권 운동 시위에서 실제로 공산당원들이 함께 행진했다고 말했습니다. …

존슨 행정부의 반빈곤 정책

린든 존슨 행정부는 1960년대에 민권 운동이 확대되는 상황에서 이른바 반빈곤 프로그램을 실시했다. 이는 서독 사민당과 같은 당시 유럽의 온건 좌파 정부들의 정책에 견줄 수준은 아니었지만 미국 복지 정책 역사에 한 획을 그은 조치였다. 반빈곤 법들은 사회 빈곤층과 소외된 계층을 지원하는 데 할당되는 예산 액수를 크게 늘렸다. 하지만 존슨 행정부의 이 프로그램은 순수한 복지 정책 수준을 넘어, 1960년대 중엽에 점차 둔화되고 있던 경제 성장의 추세를 되돌리기 위한 새로운 뉴딜 정책의 성격도 띠었다. 특히 복지 지출과 주택 등 기반 시설을 건설함으로써 시장 수요를 확대하는 방식이 뉴딜 정책과 닮았다.

'빈곤과의 전쟁' 선언(1964); 한국미국사학회 엮음,《사료로 읽는 미국사》, 464~468쪽

오늘날 현 행정부는 미국 내에 존재하는 빈곤과의 무조건적인 전쟁을 선포합니다. 저는 현 의회와 미국민 모두에게 이 노력에 저와 함께하기를 촉구합니다. 빈곤과의 전쟁은 결코 단기간에 끝나거나 쉽게 끝맺을 수 없는 전쟁일 것이며, 한 가지 무기나 전략만으로는 충분하지 않을 것이지만, 우리는 전쟁에 승리할 순간까지 결코 쉬지 않을 것입니다. 현재 세계에서 가장 부유한 국가는 승리를 쟁취할 수 있습니다. … 지금 제안하는 계획은 수입이 너무 적어 필요한 물품을 충분히 살 수 없는 모든 미국 내 가정의 5분의 1에 해당하는 빈곤 가정을 돕는 협력적인 접근 방법을 내세우고 있습니다. … 우리의 연방-지방 연합체의 노력은 반드시 빈곤을 몰아낼 것입니다. 도시의 빈민가나 작은 시골 마을에서도, 남부의 소작농들의 오두막이나 떠돌이 노동자들의 숙소에서도, 원주민 보호 구역에서도, 흑인들과 마찬가지로 백인들 사이에서도, 노인들과 마찬가지로 젊은이들 사이에서도, 호경기의 신흥 도시에서도, 낙후된 지역에서도, 우리는 빈곤이 어느 곳에 존재하든 몰아낼 것입니다. … 우리는 반드시 실업 보험을 현대화할 것이며 … 우리는 이러한 기본적인 구매력을 확보하지 못하는 현재 2백만 명 이상의 노동자들에게 근로자 최저 임금제의 범위를 확대할 것입니다. … 우리는 슬럼 지역의 주택 정비 사업과 도시 재개발 사업으로 삶의 터전을 잃어버린 사람들을 도울 것이며, 빈자와 노인을 위해서 더 많은 주택을 공급할 것입니다. 우리의 자유 기업 체제에서 궁극적 목표는 모든 가정에 안락한 주택을 제공하는 것입니다. … 무엇보다 우리나라의 모든 지역

에서 새로운 고용을 창출하고 시장을 만들기 위해서 110억 달러의 세금 삭감액이 개인의 지출로 흘러 들어가 민간 소비를 창출하도록 해야 할 것입니다.

자료
08

1960년대 서구 학생 운동의 시작

> 컬럼비아 대학교의 학생 운동 단체 대표 마크 루드와 그 대학 총장 그레이슨 커크 사이에서 벌어진 논쟁의 일부다. 1960년대 사회 운동은 대학에서 시작되었다. 학생들은 당시 대학 교육의 이념과 관행에 깊은 불만을 품었다. 하지만 학내 문제에만 머무르지 않고 더 큰 사회 문제, 예컨대 베트남 전쟁, 자본주의, 인종차별 문제를 대학 문제와 연결지어 생각했다.

타리크 알리Tariq Ali, 수잔 왓킨스Susan Watkins, 《1968: 희망의 시절, 분노의 나날 1968: Marching in the Streets》, 강정석 옮김, 삼인, 2001, 140~141쪽

커크   소란을 일으키려는 세력 가운데 청년들은 어떤 형태의 권위도 받아들이지 않는 것처럼 보인다. 역사상 세대 간의 격차가 지금처럼 크고 (잠재적이지만) 위험한 적이 있었는지 모르겠다.

루드   당신은 그것을 세대차라고 말한다. 나는 그것을 지금 일을 벌이고 있는 사람, 바로 당신 그레이슨 커크와, 당신이 지배하고 있는 사회에서 억압받는다고 느끼고 또 그래서 그 사회를 혐오하는 사람들, 바로 우리 청년들 사이에 실제적인 갈등이라고 본다. 어쨌든 당신이 만든 꽉 짜인 어떤 꿈의 세계에 몸담아온 당신은 이 사회의 무엇이 잘못되어 가고 있는지 궁금해하는지도 모르겠다. 잘못은 이런 것이다. 당신은 당신의 제국을 통제하기 위해서라면 언제고 베트남 전쟁이나 그 외의 기상천외하고 호전적인 전쟁을 벌일 준비가 되어 있다는 것이다. … 인종차별적인 대학 확장 정책과 부당 노동 행위와 시 당국과 경찰을 이용해 당신의 대저택 창문 아래 게토를 만들려고 한다. 이것이 바로 당신의 대학이다. 그 대학에서 당신은 우리를 당신의 IBM, 소코니 모빌Socony Mobil, IDA, 콘 에디슨Con Edison 같은 회사의 변호사나 엔지니어, 경영자로 훈련시키고, 대량 학살을 부르는 군산복합체의 톱니바퀴로 교육시키고 있다는 것이다.

청년 운동의 기성세대 비판

> 1960년대 청년 운동의 중심에는 반反기성세대 정서가 있었다. 당시 청년 운동가들은 기성세대가 신봉하는 것으로 보이는 물질 만능주의와 출세 지향주의를 혐오했다. 그리고 그들은 이런 사회 분위기를 유지하기 위해 기성세대가 펼치는 대외 정책, 교육 정책, 사회 정책과 이 체제에 근간이 되는 근본 전제, 이념, 철학에 문제를 제기했다. 반면 기성세대는 이 같은 청년들의 문화적 도전을 냉전의 프리즘으로 바라보는 경향이 있었다. 청년 운동을 단순히 공산주의와 동일시하면서, 자신들이 전후의 곤궁 속에서 일구어낸 물질적 풍요에 대한 도전으로 바라본 것이다. 당시 영국에서 발행되던 일간지 《블랙 드워프》에 실린 청년 세대 작가의 사설은 위와 같은 세대 갈등을 압축적으로 보여준다.

데이비드 머서David Mercer의 사설(1968년 6월 1일), 《블랙 드워프Black Dwarf》; 타리크 알리, 수잔 왓킨스, 《1968》, 189쪽에서 재인용

존경할 만한 사람

프랑스는 거의 내전이 일어날 상황에 놓여 있다. 우리는 미국의 도시들이 불타오르는 것을 봐왔다. 미국이 난국을 해결하는 데 총체적으로 실패한 결과 생겨난 절망과 분노를 흑인들이 폭력을 통해 표출하는 것도 봐왔다. 서독의 학생들은 거리로 쏟아져 나와 슈프링거 씨와 연방 의회에 맞섰다. 그들은 정치적으로는 빈사 상태이고 단지 형식적으로만 민주적인 사회 체제에 대한 거부와 멸시의 의사를 표명했다. …

어디서나 '존경할 만한respectable' 시민들은 당황, 불안, 위협, 분노를 느꼈다. 아니, 아마도 이 네 가지 모두가 결합된 상태라고 해야 맞을 것이다. '존경할 만한'이라는 말은 이런 맥락에서 자주 언급되어야 할 것이다. 현대 자본주의의 경제 구조와 권력 구조에 대해 어떤 신념을 갖고 있거나 묵인하고 있는 사람들의 성격과 자기 정체성이 심각하게 도전받고 있기 때문이다. 학생들에게 권위주의적으로 가혹한 조치를 취해야 한다고 요구한 사람들이 바로 이들 상당한 사회적 지위를 지닌 시민들이다. 그들은 '젊고 반사회적인 장발의 빨갱이들'에 대한 증오의 신화를 갖고 있다. 영국에서 보면 유색 인종에 대한 그 편협한 신념과 견해에 어울리는 에녹 파월의 선동적인 인종 차별주의를 친 성히는 사람들이 그들이다.

우리들은 역사의 몇몇 주요한 흐름이 서로 착종하고 있는 시기에 살고 있는 듯하다. 소

련 혁명은 인간 관계를 변혁하는 데 근본적으로 실패했고 그 대신 생존을 위한, 물질적으로 사회화된 기초를 만들어내었다. 그 자체의 존재를 정당화할 인간적인 목표들은 아주 멀어진 것처럼 보인다. 다른 한편 제2차 세계대전 이후의 자본주의는 많은 사람들이 그 자본주의의 메커니즘을 인식하고 있든 그렇지 않든 간에 그들에게 도덕적인 반감을 불러일으키고 있음에 틀림없다. 세계 각국에서는 사회·경제적으로 혜택을 받지 못하는 부문이 희생되고 있고, 더 나아가 오늘날 제3세계 또는 저개발 국가라고 알려져 있는 나라들이 희생되고 있는 것이다.

이제 '존경받을 만한 시민Respectable Citizen'은 … 상대적으로 평온히고 안락하게 살고 있지만 전 세계 대부분의 사람들은 억압과 비참한 고통 속에서 살고 있다. 그는 자본주의 체제에서 자신이 원하는 것을 제공받기 위해 그 체제를 지지한다. … 일이 잘못 진행될 때 그는 가장 구하기 쉬운 속죄양을 찾는다. 그리고 통상적으로 유색 인종이나 유대인, 빨갱이 혹은 단지 분노와 좌절의 공격 대상이 될 어떤 잠재적인 것을 찾는다. 그는 기회만 닿으면 수단과 방법을 가리지 않고 돈을 번다. 파괴라는 가장 야만적인 방법을 멈추지 않으면서 그는 닥치는 대로 그리고 소모적으로 생산하고 소비한다. 그는 추악한 도시를 건설해서 그 공기를 탁하게 만든다. 그리고 그는 비열한 수단을 강구하고 영토를 약탈하고 인색한 권력을 추구하면서 흥분을 느낀다. 바로 그런 사람이 존경받을 만한 사람인 것이다.

자료
10

1968년 5월, 파리에서 세계혁명이 시작되다

> 파키스탄 출신 신좌파 지식인 타리크 알리의 1968년 5월 파리 봉기 회상이다. 당시 학생 운동이 노동 운동과 결합되어 일종의 사회 혁명으로 전환되는 모습이 드러난 글이다. 알리의 기억에 따르면, 이러한 전환에는 베트남 전쟁의 결과가 중요한 계기가 되었다. 파리의 5월 봉기는 68혁명 전체를 대변할 만한 사건이었다.

타리크 알리, 《1960년대 자서전Street Fighting Years》, Verso, 2005; 안효상 옮김, 책과함께, 2008, 443~444쪽

학생의 반란은 프랑스 자본주의와 그 가치에 대한 반란으로 발전하였다. 파리 인텔리겐치아들이 오데옹 극장을 점거하여, 일상적인 논쟁과 토론의 장으로 바꾸었다. … 공장 점거가 시작되었고, 프랑스 전역으로 확산되었다. 다섯 명의 노동자 가운데 한 명만이 조합에 소속되어 있었고, 영국과 달리 정치 노선에 따라 분열되어 있었다. 공장의 장악으로 조합원과 비조합원이 단결하였다. 여기서도 주도한 것은 젊은 층이었다. 그들은 노동 총연맹과 민주 노동 연맹의 베테랑 노동조합 조직가들에게 한목소리로 이렇게 외쳤다. "… 당신들은 우리가 아무것도 할 수 없다고 말하였다. 우리가 아직 힘이 없다고 하였다. 더 많이 기다려야 한다고 했다. 그런데 이 학생들을 보라. 그들은 바리케이드에서 싸웠으며, 승리했다. 그들은 승리했다!" 베트남인들의 성공이 학생들을 고무한 것과 마찬가지로 이제 학생들의 승리가 노동자들을 고무했다. …

자료 11

닉슨의 '법과 질서' 연설

1968년 8월, 그해 5월의 파리 봉기를 비롯해 전 세계적으로 사회 운동이 활발하게 전개되고 있을 당시, 미국 공화당 정치인 닉슨의 대통령 후보 수락 연설의 일부. 그가 사용한 '법과 질서'라는 표현은 이 제목의 연설로 기억될 만큼 크게 회자되었고, 훗날 유명 TV 시리즈의 제목이 되는 등 미국 사회에 깊은 각인을 남겼다. 실제로 '법과 질서'는 사회 개혁이나 변혁 운동 또는 대규모 시위가 펼쳐질 때, 미국의 보수 진영이 자주 사용하는 캐치프레이즈다. 2020년에 미국에서 반인종주의 시위가 폭넓게 일어나자 공화당 출신 대통령 트럼프가 이 용어를 다시 불러오기도 했다.

리처드 닉슨, 공화당 대통령 후보 지명 수락 연설(1968년 8월 8일), http://www.4president.org/speeches/nixon1968acceptance.htm

당원 여러분, 우리는 미국과 세계에서 공히 혁명의 시대에 살고 있습니다. 우리 문제들에 대한 해답을 찾기 위해, 세계에서 가장 위대한 혁명이며, 아직도 그 의미가 퇴색하지 않고 진행 중인 미국 혁명을 봅시다. 미국 혁명은 진보에 헌신했고, 또 헌신하고 있습니다. 그러나 미국 건국의 아버지들은 진보의 첫 번째 필수 요건이 질서라는 사실을 인식

했습니다. 진보와 질서 사이의 갈등은 없습니다. 둘 중 어느 것도 다른 하나 없이는 존재할 수 없기 때문입니다. 그러니 미국에서는 다음과 같은 질서를 확보합시다. 이견을 억누르고 변화를 저해하는 질서가 아닌, 반대할 권리를 보장하고 평화적인 변동의 기초를 제공하는 질서 말입니다. 오늘 밤은 미국에서의 질서 문제를 가지고 허심탄회한 이야기를 나눌 시간입니다. 제가 그러는 것처럼, 우리의 법정과 법정을 위해 일하는 사람들을 항상 존경하되, 일부 법정은 이 나라의 범죄 세력에 맞서려다 평화 세력을 약화시키는 지나친 판결을 내린 적도 있다는 사실을 인정하고, 그 균형을 이루기 위해 우리가 노력합시다. 우리의 법을 집행할 책임이 있는 사람들과 이를 해석할 책임이 있는 우리의 법관들이 민권의 위대한 원칙들에 헌신하게 합시다. 그러나 그들이 모든 미국인의 첫째 민권은 국내의 폭력으로부터 자유로워지는 것이라는 사실 또한 인식하게 합시다. 그러한 권리는 이 나라에서 반드시 보장되어야 합니다. …

그리고 법과 질서가 인종주의의 음어陰語라고 말하는 사람들에게, 여기 답변을 드립니다. 우리의 목표는 정의, 바로 모든 미국인을 위한 정의입니다. 만약 우리가 미국에서 법을 존중하려면, 우리는 반드시 존중받을 만한 법을 가지고 있어야 합니다. 질서 없이 진보할 수 없는 것처럼, 우리는 진보 없이 질서를 확보할 수 없습니다. …

| 참고문헌 | --

길허홀타이, 잉그리트, 《68혁명, 세계를 뒤흔든 상상력: 1968 시간여행》, 정대성 옮김, 창비, 2009.
알리, 타리크, 《1960년대 자서전: 열정의 시대 희망을 쏘다》, 안효상 옮김, 책과함께, 2008.
월러스틴, 이매뉴얼, 《반체제운동》, 송철순·천지현 옮김, 창비, 1996.
프리단, 베티, 《여성성의 신화》, 김현우 옮김, 갈라파고스, 2018.
정대성, 《68혁명, 상상력이 빚은 저항의 역사》, 당대, 2019.
Dudziak, Mary L., *Cold War Civil Rights: Race and the Image of American Democracy*, Princeton University Press, 2011.
Gilmore, Glenda Elizabeth, *Defying Dixie: The Radical Roots of Civil Rights, 1919~1950*, W. W. Norton & Company, 2009.
Hall, Simon, *Peace and Freedom: The Civil Rights and Antiwar Movements in the 1960s*, University of Pennsylvania Press, 2006.
Isserman, Maurice & Michael Kazin, *America Divided: The Civil War of the 1960s*, 5th ed., Oxford University Press, 2015.
Rosen, Ruth, *The World Split Open: How the Modern Women's Movement Changed America*, Penguin Books, 2006.

Ross, Kristin, *May '68 and Its Afterlives*, University of Chicago Press, 2004.

Suri, Jeremi, *Power and Protest: Global Revolution and the Rise of Détente*, Harvard University Press, 2003.

17
장기 경기 침체

경제 위기의 조짐

전후 미국이 맞이한 대대적 경제 호황은 1950년대 말을 기점으로 그 상승 곡선이 꺾였다. 그리고 1960년대 말에 이르자 상서롭지 못한 조짐들이 한층 더 분명해졌다. 1960년대에 미국은 베트남전 참전과 전 세계의 경찰 노릇으로 거대한 전비를 필요로 하면서 자연히 달러를 더 많이 찍어낼 수밖에 없었다. 달러의 명목상 가치는 금 1온스당 35달러로 고정한 브레턴우즈 체제 덕에 달라질 수 없었지만, 이미 그 실제 가치가 그전만 못하다는 점은 유럽과 일본의 기업가들에게 비밀이 아니었다. 달러의 양이 늘고 실질 가치는 하락하면서 미국 경제에는 인플레이션 현상이 하나둘씩 나타났다. 특히 물가 상승과 실질 임금 하락이 눈에 띄기 시작했다. 한편 냉전 이래로 투자가 군사 부문에 주로 집중되었기에, 민간 부문 산업의 시장 경쟁력과 수익성도 차츰 떨어지고 있었다. 자연히 많은 소비재를 더 경쟁력 있는 외국에서 들여와야 하는 상황이 연출되었고, 이로서 수출보다 수입이 훨씬 늘어나며 무역 수지 적자가 노정되었다. 다시 이 적자는 미국 달러의 추가 유출을 불러왔고, 이제 달러를 축적한 '수출국' 유럽과 일본이 이를 금으로 바꾸면서 미국의 금 보유량은 줄어들기 시작했다. 한때 세계의 금을 80퍼센트 이상 보유하고 이를 바탕으로 달러 본위제를 시행하던 미국으로서는 금 보유량 감소는 치명적인 문제일 수 있었다.

그러나 그 해결책은 쉬워 보이지 않았다. 달러 가치를 인위적으로 절하하는 방법으로 금 유출을 막아볼 수 있을 것 같았지만, 그러면 유럽과 일본도 자칫 그들의 통화 가치를 경쟁적으로 절하하는 전략으로 나올 수 있었기에, 이 카드는 미국이 선뜻 쓸 수 있는 것이 못 되었다. 경쟁적인 통화 가치 절하가 결국 1930년대의 폐쇄적인 블록 경제 체제를 낳았던 기억이 여전히 미국 경제 전문가들의 머리에 생생히 남아 있었던 것이다. 그런 상황은 자유무역 지대를 운용한다는 미국 전후 계획의 핵심을 뒤흔들 터였다. 하지만 결국 미국은 1971년에 1온스당 35달러에서 38달러로 달러 가치를 절하할 수밖에 없었다. |자료1| 그들이 취할 수 있는 조치는 유럽과 일본의 통화 가치 절상을 유도하거나 강제해 1930년대식 흐름의 부활을 막는 것이었다. 하지만 되려 평가 절상된 마르크화와 엔화에 대한 투자가 급증하면서 달러에 대한 관심은 줄었으며 그 가치도 덩달아 더 떨어졌다. 브레턴우즈 때와 비교하면 달러 가치는 10퍼센트나 평가 절하되었다. 이제 안정적인 통화로서 달러가 확보했던 입지는 사라졌다. 앞으로 달러는 국제 거래의 기준 화폐라는 지위를 유지한다 하더라도 그 가치는 시장의 평가에 맡겨질 터였다. 이렇게 해서 변동 환율제가 시작되었다.

장기 침체의 시작

이처럼 경제에 상서롭지 못한 조짐들이 나타난 가운데, 예상치 못한 큰 악재까지 터져 세계 경제를 뒤흔들었다. 1973년에 중동의 석유 생산국들이 담합을 통해 원유 가격을 네 배나 급격히 인상한 것이다. 이 조치는 서양 국가의 산업 가운데 자동차 산업을 비롯한 기계 공업, 화학 공업 등에 즉각적으로 타격을 입

도판 48 제1차 석유 위기는 1970년대 초 불황의 원인까지는 아니었지만 이를 증폭시키는 데 중요한 역할을 했다. 높은 유가는 제조업의 위기로 이어지며 빠르게 전 세계 경제에 큰 타격을 가했다.

했다. 미국 기업들의 수익률은 크게 하락했으며, 이에 따라 기업들이 허리띠를 졸라매면서 실질 임금도 떨어지고 실업자 수도 급증했다.

사실 이 위기는 석유 파동과 같은 외부 사건의 충격보다는, 자본주의 경제의 거대한 경기 변동 순환에서 그 근원을 찾는 편이 더 맞다. 1950년대의 호황은 앞서 보았듯이 케인스식 경제 정책, 특히 공공 투자와 복지를 통한 시장 수요 증대 정책에 크게 기댄 결과였다. 하지만 이런 정부 지출은 그 기간이 길어지면서 국가의 재정에 막대한 부담을 주는 한편, 막상 경기 진작에도 효과를 발휘하지 못하게 되었다. 정부 지출로 인한 투자가 지나치게 설비에 집중되면서 기업의 이윤율이 하락했으며, 그에 따른 비용 감소 노력은 피고용자의 실질 임금 하락이나 실업을 초래해 시장 수요를 오히려 떨어뜨렸기 때문이다. |자료2|

1974년부터 1978년까지 미국과 서양 경제는 1973년의 암울한 상황을 벗어나 나름으로 반등하는 듯이 보이기도 했지만, 곧 1979년에 발생한 이른바 제2차 석유 파동으로 그러한 반등은 일시적 현상이 되고 말았다. 그 이후에 펼쳐진 1980년대 경제는 전반적인 장기 경기 침체라 할 만한 현상으로 점철되었다. 레이건 정부 초기 미국의 반짝 호황과 일부 대기업의 채산성 호전은 그야말로 예외였을 뿐이다. |자료3|

이 같은 장기 침체에 대한 서양 국가들의 대응은 시기별로 차이를 보였다. 위기의 초창기에 그들은 대공황 시기의 해법, 즉 정부 지출을 확대하는 케인스식 경제 정책을 강화하는 것으로 대응했다. 실업 수당, 가족 수당, 무상 의료 확대 등 복지 정책 확대가 그 핵심이었다. 또한 국가는 시장 수요를 인위적으로 늘리기 위해 적극적인 투자에 나섰다. 이러한 정책은 모두 국가 재정의 확대, 즉 증세를 전제 조건으로 했음은 물론이다. 하지만 1930년대 대공황 극복에 견인차였던 이 정책들이 1970년대에는 앞서 말한 이유로 인해 그런 기능을 하지 못했다. 오히려 정부 지출은 인플레이션만 가중시키고 경제 성장을 추동하지 못했고, 민간 투자도 살아나지 않아 저성장 국면이 장기화되었다. 상반된 경제 현상이라고 할 수 있는 인플레이션과 저성장이 특이하게도 동시에 진행되면서 신조어인 '스태그플레이션'이라는 말까지 등장했다.

신자유주의의 등장

이러한 특이한 경제 위기가 지속되고 케인스식 해법이 통하지 않는 현상이 드러나면서, 신자유주의라 불리는 '새로운' 경제 사상이 등장했다. 밀턴 프리드먼 Milton Friedman을 비롯한 미국 시카고 대학교의 경제학자들을 중심으로 형성된 이 경제 이념은 국가의 시장 개입을 비판하고 시장 자율성의 복원을 경기 회복의 열쇠로 제시했다. 신자유주의자들은 경기 침체를 근본적으로 투자의 효율성 문제로 바라보며, 국가가 비효율적인 부문에 투자하기를 멈추고 이를 시장의 원리에 맡겨 민간에 넘긴다면 기업 이윤율이 올라가는 등 상황이 나아질 거라고 주장했다. 민간 투자 활성화를 위해 그들이 제안한 구체적인 정책, 일례로 감세와 정부 규제 철폐 등은 기업의 '합리화'라는 더 큰 흐름으로 이어졌다. 여기서 '합리화'는 취업자 해고의 용이성을 통한 고용 유동성 증대, 기업 인수·합병 활성화, 해외로의 자본 이동 확대 등을 의미했다. 신자유주의는 이처럼 기업 합리화, 채산성 확보, 민간 투자 증대를 통해 경기를 진작하자고 주장하면서, 시장의 자율성과 자기조절 기능에 대한 케인스 이전의 신념을 부활시켰다. |자료4|

그런데 신자유주의가 앞서 언급한 레이건 행정부 집권 전반부의 반짝 호황에 기여한 것은 사실이지만, 세계 다른 지역의 경기까지 끌어올렸다는 증거는 없다. 오히려 그 반대의 예는 더 쉽게 찾을 수 있다. 특히 칠레의 1982년 위기를 비롯해 1980년대 남아메리카 경제의 파국은 급진적인 신자유주의 개혁이 불러온 결과라고 볼 수 있다. 무엇보다, 신자유주의자들은 투자 자체가 자본주의의 특정 국면에서는 이윤율 하락과 고용 감소를 야기한다는 점을 고려하지 않았다.

흥미롭게도, 레이건 행정부는 물론이고 심지어 신자유주의의 상징과도 같았던 영국 보수당의 대처 정부 역시 자국에서는 이 경제 이념을 급진적·전면적으로 적용하지 않았다.

'자신감의 위기'

1970년대부터 시작된 장기 침체는 그간 세계 경제를 주도하고 1950년대에서 1960년대까지의 대호황을 통해 전 세계의 보편적 발전 경로를 제시했던 미국의 자신감을 크게 흔들어놓았다.|자료5| 게다가 미국에 우호적이라고 여겼던 국가들이 하나둘씩 좌파 정권을 수립하면서 대외 정치 차원에서도 그 위기감이 깊어갔다. 조바심이 난 미국은 아시아, 아프리카 및 남아메리카에 더 적극적으로 개입했지만, 대체로 돌아오는 결과는 제국주의 국가라는 이미지가 한층 더 고착되는 것이었다.|자료6| 이제 위기의 시대라는 말은 미국의 공적 영역에서 흔히 듣는 표현이 되었으며, 이런 분위기에서 미국인들의 일상도 변했다. 경제 위기의 구직난을 반영하듯 결혼 연령이 늦춰졌으며, 이렇게 늦게 만들어진 가족에 대한 애정 또는 집착은 상대적으로 커졌다. 1960년대 문화 변혁의 낭만주의적 분위기와 달리, 안정을 희구하는 집단 심성이 대두하는 듯했다. 위기 시대라는 의식 속에서 일상생활을 스스로 관리하는 풍조도 확산되었다. 일부 학자들은 운동, 식단 통제, 체중 조절과 같은 관행도 당시 경제 위기의 산물로 바라본다. 풍요로운 시기의 자유로우면서 분방한 삶과는 다른, 자기규율적인 삶의 방식이 나타났다는 것이다. 미국의 경우, 경제 위기로 의료의 민영화가 가속화되고 의료비가 크게 상승했던 경제적 현실 역시 이런 관리하는 삶의 배경이 되기도 했다.

도판 49 신자유주의의 상징적 인물인 미국 대통령 레이건과 영국 총리 대처. 흥미롭게도 이 둘 모두 본국에서 전면적인 신자유주의 정책을 시행하지는 못했다.

도판 50 미국의 대표적인 러스트 벨트인 중서부의 오하이오 주에서 기존 제조업 공장이 철거되는 장면. 이런 모습은 1980년대 미국의 오대호 공업 지대에서 흔히 볼 수 있었다.

　한편 정부 지출, 특히 공공 투자의 감소는 산업 구조와 대학 및 연구 집단에게도 변화를 가져왔다. 이른바 '빅 사이언스', 즉 국가의 재정 지원을 통해 과학과 기술을 지원하고 육성하는 프로젝트의 규모는 줄었고, 이에 따라 소규모 민간 사업체들은 자체 기술 혁신에 의존할 수밖에 없게 되었다. 애플과 마이크로소프트로 대표되는 이른바 벤처 기업은 바로 이러한 배경에서 출현했다. 지금은 이 기업들이 혁신의 아이콘이 되었지만, 당시 맥락에서는 위기의 시대를 돌파하고자 하는 힘겨운 노력의 일환이었을 뿐이다. 제2차 산업혁명의 성과였던 대규모 제조업을 대신해 새로운 고부가 가치의 신산업이 등장하는 모습이 훗날처럼 디지털 혁명 또는 3차 산업혁명이라는 멋들어진 이름으로 표현될 것이라 상상할 수 있는 사람은 당시에 없었다. 그 시기는 '러스트 벨트Rust Belt'라는 신조어가 상징하듯, 미국 내 제조업 쇠퇴가 야기한 실업과 실질 임금 하락 문제가 훨씬 더 두드러져 보였기 때문이다. |자료7| 미국 프린스턴 대학교의 역사가 스티븐 코트킨Stephen Kotkin의 말대로, 1970년대 말이 시점에서는 그 누구도 1990년대 미국의 '성공'을 머릿속에 그려볼 수 없었다.

흔들리는 달러 가치

1971년, 서방 10개국 장관과 중앙은행 총재 사이의 회담이 열렸는데 이 회담은 나중에 '스미소니언 협정'으로 불리게 된다. 이 자리에서 달러의 평가 절하가 결정됨으로써 고정 가치의 달러를 기축 통화로 삼아 운영되던 브레턴우즈 체제가 종말을 고했다. 이는 1957년에 정점을 찍은 이후 꾸준히 진행된 미국 경제의 점진적 쇠퇴의 결과였다. 물론 1971년은 아직 미국 경제의 위기가 본격화한 시점은 아니었다. 하지만 베트남 전쟁으로 인한 무리한 재정 지출, 제조업 분야에서 유럽과 일본의 약진 등이 겹치면서 미국 경제는 내리막길을 걷고 있었다. 이 같은 통화 가치 불안정은 결국 1973년에 국제 원자재 가격 상승과 결합되면서 본격적인 경제 위기를 촉발했다.

스미소니언 협정(대언론 메시지, 1971년 12월 18일), http://www2.econ.iastate.edu/classes/
econ355/choi/1971dec.html

G-10[1] 각료 회의

1. 일반 차입 협정에 참여하고 있는 10개국의 장관과 중앙은행 총재가 1971년 12월 17일과 18일에 워싱턴의 스미소니언 협회에서 만나 미국의 재무부 장관 J. B. 코널리 씨의 주재로 열린 회의에 참석했다. …

2. 장관들과 총재들은 국제 통화 질서의 안정을 회복하고 국제 무역을 확장하기 위해 고안된 일련의 연관 조치에 합의했다. 이 조치들은 즉시 다른 나라 정부에 전달될 것이다. 장관들과 총재들은 이러한 조치들이 체계적으로 시행되기 위해 모든 정부가 국제통화기금을 통해 협력하기를 바란다. …

5. 장관들과 총재들은 무역 협정의 문제가 국제 경제에서 새롭고 지속적인 균형 상태를 보장하는 문제와 연관된다는 점을 인정했다. 현재 임박한 단기적 문제를 최대한 빠

1 | 미국, 일본, 독일, 프랑스, 이탈리아, 영국, 캐나다, 네덜란드, 벨기에, 스웨덴을 가리킨다.

른 시일 안에 해결하기 위해 미국, 유럽공동체 위원회, 일본, 캐나다 간의 긴급 협상이 진행되고 있다. 유럽공동체와는 1972년 한 해 동안, 혹은 그 이후까지도 상호 협력의 틀 안에서 좀 더 근본적인 문제들을 살펴보기에 적절한 의제의 설정을 목표로 논의하는 중이다. 미국은 금 대비 달러 가치를 1온스당 38달러로 평가 절하하기 위한 적절한 수단을, 관련 단기 조치가 의회에서 조사받을 준비가 되는 대로 의회에 제안하기로 합의했다. 미국은 이런 틀 안에서 필요한 입법 절차를 거친 후, 앞서 말한 것에 상응하는 새로운 달러 평가를 국제통화기금에 제안할 것이다. …

7. 장관들과 총재들은 국제 통화 체제의 개혁을 장기적 시각에서 고려하기 위한 논의를 특히 국제통화기금의 틀 안에서 즉각 시작해야 한다는 데 동의했다. 안정적 환율과 적정 수준의 태환성을 보장하기 위한 적합한 통화 수단과 책임 분담, 금, 준비 통화, 특별 인출권의 적합한 역할, 적절한 수준의 유동성, 정해진 환율의 허용 가능한 변동 폭과 적절한 수준의 유연성을 확보하기 위한 다른 방법의 재검토, 유동 자본의 움직임과 관련된 조치에 주의를 기울여야 한다는 데 합의했으며, 이러한 각 영역에서의 결정이 긴밀하게 연결되어 있음이 확인되었다.

자료
02
경제 위기가 재발할 조짐이 보이다

> 영국의 대표적인 경제 잡지 《이코노미스트》가 1970년대 초에 경제 위기의 심각성을 미리 감지하고 쓴 기사의 일부다.

《이코노미스트 The Economist》, 1974년 4월 20일자 사설

1929년과 같은 국제적 금융 위기가 일어나리라는 조짐이 나타나고 있다. 유럽 은행들이 국제 수지 적자를 겪고 있는 큰 나라의 국영 기업과 정부 당국에 대출하기를 꺼리기 시작했다. 이탈리아는 이런 상황에 처한 것으로 보인다. 이탈리아는 외환 준비금뿐만 아니라 국제 신용까지 잃고 있다. 이처럼 이탈리아가 매정하게 내쳐지는 상황인데, 특별한 정치 문제까지 있는 적자국들(미테랑의 프랑스, 해럴드 윌슨의 영국, 프랑코의 에스파냐, 다양한 정치 세력으로 구성된 의회가 있는 덴마크)이 당장 내일이라도 버림받지 않는다는 보장이 있을까?

부유층의 감세를 위한 정책을 추진한 레이건 정부

다음은 레이건 행정부의 예산 담당 관료 데이비드 스토크먼David Stockman이 한 말이다. 여기서 신자유주의 경제 정책은 전반적인 경제 호전보다는 실제로 대기업의 이익 증진을 목표로 삼은 것이었음이 드러난다. 스토크먼의 주장에 따르면, 레이건 행정부의 감세 정책은 결국 최고 납세 구간에 속하는 최고 부유층의 감세를 위한 결정이었다.

데이비드 스토크먼 인터뷰; 프랭크 애커먼Frank Ackerman, 《레이거노믹스: 수사와 현실Reaganomics: Rhetoric and Reality》, South End Press, 1982, pp. 43~44

공급 쪽 중심의 감세에서 핵심은 최고 세율을 70퍼센트에서 50퍼센트로 떨어뜨리는 것이고, 나머지는 부차적인 일에 불과하다. 마음에 두고 있던 본래 생각은 최고 납세 구간에 속한 이들의 부담이 너무 커서 경제에 치명적 영향을 미친다는 것이었다. 이런 생각을 하나의 정치적 의제로서 듣기 좋게 만들려고 나온 것이 납세 구간에 들어간 모든 사람의 세금을 떨어뜨려야 한다는 일반론이다. 하지만 내 생각에 캠프-로스Kemp-Roth 세금법은 언제까지나 최고 세율을 떨어뜨리기 위한 트로이의 목마였다.

신자유주의의 아이콘, 대처 수상

1950년대에서 1960년대의 대호황이 끝나고 경기 침체로 접어들 당시, 영국 보수당 지도자 마거릿 대처가 노동당 정부의 경제 정책을 비판한 연설의 일부다. 신자유주의 경제 사상에서 영향을 받은 대처는 그전 20년간 호황을 견인한 노동당의 '사회주의적' 경제 정책을 비판하고 다분히 친기업적인 경제 정책을 실시하라고 촉구한다. 다수의 신자유주의 옹호자들처럼, 대처 역시 친기업적 '자유' 시장 정책의 결실이 나라 전체와 사회적 약자에게도 돌아갈 수 있을 것처럼 포장한다. 하지만 실제로 이들 신자유주의자들은 시장에서 약자가 처한 상황에는 그다지 관심이 없었다.

마거릿 대처의 영국 보수당 전당 대회 연설(1975년 10월 10일), https://www.margaretthatcher.org/document/102777

… 자유 기업 체제가 실패했다고 말하는 사람들과 한배를 타지 맙시다. 오늘날 우리가 직면한 사태는 자본주의의 위기가 아니라 사회주의의 위기입니다. 국유화와 국가 통제가 자국의 경제와 사회생활을 지배한다면 어느 나라도 번영할 수 없습니다. 그러므로 우리 문제의 원인은 사기업에 있지 않습니다. 우리의 문제는 우리가 너무 조금 사회주의적이라는 데 있지 않습니다. 우리가 지나치게 사회주의적이라는 데 있습니다.

이 나라의 노동당이 서독의 사회민주당 정도만 되어도 괜찮았을 것입니다. 노동당은 산업을 차례로 가차 없이 국유화함으로써 그들의 사회주의적 열정을 입증하려 합니다. 그 시도만이라도 중단한다면 괜찮겠습니다. 물론 추가로 이어지는 국가 통제를 막는다고 해서 우리 자신에 대한 믿음이 회복되지는 않을 것입니다. 또 다른 일이 이 나라에서 일어나고 있기 때문입니다. 우리는 우리의 가치에 대한 고의적 공격, 능력과 우수성을 개발하고자 하는 사람들에 대한 고의적 공격, 우리의 유산과 위대한 과거에 대한 고의적 공격을 목격하고 있습니다.

그리고 영국 역사를 지속적인 경기 침체, 억압, 실패의 시대로 다시 쓰면서 우리의 민족적 자존심을 갉아먹는 사람들이 있습니다. 희망의 날이 아니라 절망의 나날로서 말입니다. 그리고 어떤 이들은 우리 교육 제도의 비호를 받으면서 젊은이들의 정신을 마구 공격합니다. …

사람은 자기 의지대로 일할 권리가 있습니다. 자신이 번 돈을 써서 자산을 소유하고 국가를 주인이 아니라 시종으로 삼을 수 있습니다. 이것이 영국의 전통입니다. 이런 행동들은 자유 경제의 본질입니다. 그리고 그 자유에 우리의 모든 여타 자유가 달렸습니다. 그러나 우리는 자유 경제가 우리의 자유로운 권리들을 보장할 뿐만 아니라, 그것이 나라 전체의 부와 번영을 창출하는 최선의 방법이기도 하기에 자유 경제를 원합니다. 공동체와 도움이 필요한 사람들을 위한 더 나은 서비스에 필요한 자원을 제공할 방법은 바로 이 번영뿐입니다.

노동당 정부는 사기업을 공격함으로써 향후 몇 년 동안 사회 복지 서비스를 개선하기 위해 이용할 수 있는 자원을 거의 고갈시켰습니다. 우리는 사기업을 회복의 길로 되돌려야 합니다. 이는 단지 사람들이 원하는 만큼 더 많은 돈을 쓸 수 있도록 하기 위해서가 아니라, 노인과 병자와 장애인을 도울 수 있는 돈을 더 많이 확보하기 위해서입니다.

경기 회복으로 가는 길은 이윤을 통해서 이루어집니다. 오늘의 좋은 수익은 내일의 높은 투자, 보수 좋은 일자리 그리고 더 나은 생활 수준으로 이어집니다. 사기업에 이윤이 없다는 것은 투자가 없음을 의미합니다. 그리고 그런 기업은 어제의 세계에 맞춰진 사양산업에 속하게 되었음을 의미합니다. …

자료
05

미국이 자신감의 위기를 겪다

> 1979년에 발생한 제2차 석유 파동 직후, 미국의 카터 대통령이 한 연설의 일부다. 미국 국민에게 현재가 위기의 시기임을 알리고 정부 정책에 협조해줄 것을 간절히 호소하는 내용이다. 카터의 주장에 따르면, 그 위기는 인플레이션과 에너지보다는 미국과 미국적 가치에 대한 자신감의 위기이고, 그만큼 더 근본적이다.

카터 대통령 대국민 담화(1979년 7월 15일), https://www.pbs.org/wgbh/americanexperience/features/carter-crisis/

오늘 밤 저는 국민 여러분께 에너지나 인플레이션보다 더 심각한 주제에 대해 말씀드리고자 합니다. … 그것은 자신감의 위기입니다. 그것은 우리 국민의 마음과 영혼, 정신에 타격을 입히는 그런 위기입니다. 우리는 우리 삶의 의미에 대한 의심이 커지고, 국가관에 대한 사회적 합의를 잃는 데서 이 위기를 확인할 수 있습니다. … 미국 정신의 위기를 나타내는 징후는 도처에 있습니다. 우리나라 역사상 처음으로 국민 대다수가 향후 5년이 지난 5년보다 더 나빠지리라고 믿고 있습니다. 우리 국민의 3분의 2는 투표조차 하지 않습니다. 또 미국 노동자들의 생산성은 실제로 떨어지고 있고, 미래를 위해 저축하려는 의지는 서양 세계의 다른 어떤 사람들보다 낮습니다.

우리는 존 F. 케네디와 로버트 케네디, 마틴 루서 킹이 암살되기 전까지 총알이 아닌 투표의 국가라고 확신했습니다. 우리의 군대는 항상 무적이었고 우리의 대의명분 역시 베트남에서의 아픔을 제외하곤 항상 정당했습니다. 우리는 '워터게이트 사건'이 터질 때까지 대통령직을 명예로운 직위로 여겼습니다. 우리는 "달러만큼 안전한"이라는 말이 절대적 신뢰성의 표현이었던 때를 기억합니다. 지난 10년 동안 인플레이션이 우리의 달러와 저축의 가치를 떨어뜨리기 전까지는 말입니다. 우리는 외국 석유에 대한 의존도가 커진 1973년 전까지는 우리나라의 자원이 무한하다고 믿었습니다. 이 상처들은 아직도 우리에게 깊이 남아 있습니다. 이것들은 전혀 치유되지 않았습니다. …

에너지는 이 나라를 단합하고자 하는 우리에게 당면한 과제이자, 우리가 다시 단결해야 하는 이유가 되었습니다. 에너지의 전쟁터에서 우리는 우리나라를 위해 새로운 자신감을 얻고, 우리의 운명을 이끌어갈 통제력을 되찾을 수 있습니다. 20년이 조금 넘는 기간 동안 우리는 독립적인 에너지 생산국에서, 사용하는 석유의 거의 절반을 아주 비싼 가격에 외국에서 수입하는 나라로 바뀌었습니다. 석유수출국기구OPEC에 대한 우리의 과도한 의존은 이미 우리 경제와 국민에게 엄청난 타격을 입혔습니다. 여러분 수백만 명이 휘발유를 기다리며 시간을 낭비하게 만든 긴 줄이 생긴 직접적인 원인이 바로 이것입니다. 우리가 현재 직면한 인플레이션과 실업의 원인이기도 합니다. 이제 더는 두고 볼 수 없는 외국 석유에 대한 이런 의존도는 우리나라의 경제적 자립과 안전을 위협하고 있습니다. 에너지 위기는 현실입니다. 이는 전 세계적 문제이기도 합니다.

자료
06

미국에 의해 전복된 칠레 좌파 정부 수반의 마지막 연설

> 살바도르 아옌데Salvador Allende는 소아과 의사 출신으로, 칠레의 진보 운동에 투신한 인물이다. 1970년에 칠레에서 실시된 대통령 선거에서 당시 칠레 사회당 소속이었던 아옌데는 범좌파 연합 전선을 펼친 끝에 대통령에 당선되었다. 하지만 라틴아메리카의 좌경화에 조바심이 난 미국이 1973년에 칠레 국방부 장관 호세 피노체트José Pinochet를 중심으로 한 쿠데타를 사주했고, 아옌데는 이에 저항하다가 스스로 목숨을 끊었다. 다음 자료는 그가 극단적 선택을 하기 직전에 칠레 국민에게 남긴 마지막 연설의 일부다. 여기서 그는 자신과 칠레의 주적을 외국 자본과 미국 제국주의로 뚜렷이 규정했다.

아옌데의 '마지막 연설'(1973년 9월 11일), https://www.marxists.org/archive/allende/1973/september/11.htm

동지 여러분,

이번이 분명 내가 여러분에게 연설하는 마지막 기회가 될 것입니다. 공군이 마가야네스 라디오의 안테나를 폭격했습니다.

제 연설은 비통이 아니라 실망을 담고 있습니다. 이 연설이 스스로 한 맹세를 배반한 사람들에게 도덕적 심판이 되었으면 합니다. 그 사람들은 칠레의 군인들, 총사령관 직위를 달고 있는 자들, 스스로 해군 사령관이 된 메리노 제독, 그리고 바로 어제 정부에 충절과 충성을 맹세해놓고 스스로 카라비네로스Carabineros〔준헌병〕의 대장이 된 비열한 장군 멘도사 씨를 포함합니다.

이런 현실에서, 내가 할 수 있는 유일한 일은 노동자들에게 다음과 같은 말을 전하는 것 뿐입니다. 나는 사임하지 않을 것입니다! 역사적 전환기에 나는 목숨을 바쳐 우리 국민에게 충성을 다할 것입니다. 그리고 우리가 수천, 수만 칠레 사람들의 선한 양심에 심어놓은 씨앗은 영원히 시들지 않을 것이라고 확신합니다.

그들은 무력으로 우리를 지배할 수 있겠지만, 사회의 물결은 범죄나 무력으로도 막을 수 없을 것입니다. 역사는 우리의 것이며, 민중은 역사를 만듭니다.

조국의 노동자 여러분, 나는 여러분이 항상 품었던 충의, 나에게 보인 확신에 감사드립니다. 나는 정의를 향한 갈망의 통역관에 불과했으며, 헌법과 법률을 존중하겠다고 약속했고 그 말을 지켰을 뿐입니다. 내가 여러분에게 마지막으로 연설할 수 있는 지금 이 결정적 순간에, 나는 여러분이 이 교훈을 얻기를 바랍니다. 외국 자본과 제국주의는 반동 세력과 더불어 칠레 군대가 〔국가 수호의〕 전통을 깨뜨리는 환경을 조성했습니다. 바로 슈나이더 장군이 가르치고 아라야 사령관이 재확인했던 전통 말입니다. 그분들은 지금 집에 앉아 외세의 도움으로 권력 탈환을 꿈꾸는 자들, 이를 통해 자신들의 이익과 특권을 지키려 하는 사회 집단에 의해 희생자가 되었습니다. …

조국의 노동자 여러분, 나는 칠레와 칠레의 운명을 믿습니다. 이제는 다른 이들이 나서서 반역이 만연한 이 어둡고 쓰라린 순간을 이겨낼 것입니다. 조만간 위대한 길이 다시 열리고 자유인들이 그 길로 나아가 더 나은 사회를 건설하리라 믿고 전진하십시오.

칠레여, 영원하라! 민중이여, 영원하라! 노동자여, 영원하라!

이것이 나의 마지막 말입니다. 나는 나의 희생이 헛되지 않을 거라고 확신합니다. 적어도 그것이 중죄, 비겁함, 반역을 처벌할 도덕적 교훈이 되리라고 확신합니다.

칠레, 산티아고에서

1973년 9월 11일

사라진 공장, 사라진 일자리

1985년, 미국 경제의 침체가 장기화하고 그 끝이 보이지 않는 시점에 나온 한 미국 주요 일간지의 기사다. 1970년대 초부터 본격화한 세계적 경제 위기, 그리고 그 무렵에 나타나기 시작한 미국 제조업의 쇠퇴는 중서부 지역의 공업 지대에 가장 큰 타격을 가했다. 이 지역은 이후 '러스트 벨트'라는 신조어를 만들어내며 미국 경제의 아킬레스건이 되었다. 기사는 중서부의 최대 도시 시카고 지역의 상황을 전하는데, 그 핵심은 사라진 공장과 일자리로 요약될 수 있다.

〈사라진 일자리, 절망의 유산을 남기다 Lost jobs leave legacy of despair〉, 《시카고 트리뷴 Chicago Tribune》, 1985년 9월 29일자

26번가와 캘리포니아 거리에 있는 21만 제곱미터 정도 되는 거대한 부지는 마치 오래된 전쟁터처럼 잡초만 무성하여 지역의 쇠락을 보여주는 유적처럼 펼쳐져 있다. 인터내셔널 하비스터스 매코믹과 트렉터 웍스가 한때 이곳에 있었고, 1만 4000명의 노동자가 그 공장에서 생계를 꾸렸다.

이 공장들은 1960년대 후반에 폐쇄되고 철거되었다. 한 지역 단체는 오래전에 사라진 일자리 중 일부를 다시 창출하기 위해 새로운 산업을 그곳에 유치하도록 수년간 노력해왔다. 그러나 이에 응하는 곳이 아직까지는 없다. 하비스터스 공장에서 일하던 노동자들 역시 대부분이 사라졌다. 만약 그곳에 새로운 공장이 들어선다면, 현재 이 지역 인구의 대다수를 구성하는, 망연자실한 채 떠도는 사람들에게 일자리가 돌아갈 수 있을까? 그들이 그 일을 할 수 있을까? 만약 일자리를 제안한다면, 그 자리를 그들이 받아들일까?

오래된 하비스터스 부지가 시카고의 유일한 경제 유령 타운은 아니다. 아이젠하워 고속도로에서 서쪽으로 운전하여 병원 단지를 지나 남쪽을 보라. 버려지고 갈라진 낡은 공장이 다닥다닥 붙어 있는 모습을 볼 수 있을 것이다. 웨스트사이드는 한때 그 공장들 덕분에 돌아갔지만, 주민들은 이제 이 위험하고 부패한 시체들을 철거하는 데 만족할 것이다. 아니면 시카고에서 두 번째 빈화끼인 스테이트 거리 다음에 있는 우드론의 63번가를 따라 '엘' 아래를 걸어보라. 이곳 역시 와일드웨스트의 세트장에 버금가는 유령 타운이다. 문과 창문이 판자로 막혀 있지만, 에이앤드피, 하이로, 월그린, 킴버크

극장, 엠파이어 웨어하우스, 퍼싱 호텔, 남동 시카고 은행 등 한때 그곳에서 번성했던 사업체의 이름은 먼지와 부식 속에서도 여전히 절반은 보인다.

이 모든 곳, 그리고 시카고 전역에 걸쳐 수백 개가 넘는 곳을 지배하는 압도적 분위기는 공허함이다. 이 공장과 상점이 사람들과 일자리, 돈, 상품, 삶으로 활기찬 모습을 보였던 것은 그리 오래전이 아니다. 지금은 그 모든 것이 사라졌다. 남은 것은 말 그대로 아무것도 없다. 이 사라진 경제에 의존하며 살아가던 수많은 사람이 종종 교외나 선벨트의 더 나은 다른 일자리를 찾아 시카고를 떠나며 사라졌다. 일부는 시카고의 여전히 활발한 다른 산업 지역에서 새 삶을 시작했다.

그러나 대다수가 흑인인 수천 명이 여전히 여기에 남아 있다. 메아리만 울리는 웨스트 사이드 공장 같은 경제 붕괴의 잔해만큼이나, 그들의 삶도 하비스터스 부지나 63번가의 상점들처럼 텅 비었다. 일자리가 사라진 이후 몇 년 동안, 다음 세대가 자라나 똑같이 암울한 미래의 경제에 직면했다. 고령의 노동자들 다수는 자신의 직업이 무엇이었는지 잊어버렸고, 그들의 몇 안 되는 기술은 녹슬거나 더는 쓸모가 없어졌다. 젊은 사람들은 일자리를 가진 적이 없으며, 아마 정규직으로 일하는 사람을 아무도 알지 못할 것이다. …

| 참고문헌 |

브레너, 로버트, 《붐 앤 버블: 호황 그 이후, 세계 경제의 그 그늘과 미래》, 정성진 옮김, 아침이슬, 2002.

아리기, 조반니, 《장기 20세기: 화폐, 권력, 그리고 우리 시대의 기원》, 백승욱 옮김, 그린비, 2014.

암스트롱, 필립 외, 《1945년 이후 자본주의》, 김수행 옮김, 두산동아, 1993.

하일브로너, 로버트 외, 《자본주의, 어디서 와서 어디로 가는가》, 홍기빈 옮김, 미지북스, 2016.

허쉬버그, 에릭 외, 《신자유주의 이후의 라틴아메리카: 21세기에 대세를 전환하다》, 김종돈·강혜정 옮김, 모티브북, 2008.

Bulmer-Thomas, Victor, *Empire in Retreat: The Past, Present, and Future of the United States*, Yale University Press, 2018.

Eckes, Alfred E., Jr. & Thomas W. Zeiler, *Globalization and the American Century*, Cambridge University Press, 2003.

Harmer, Tanya, *Allende's Chile and the Inter-American Cold War*, The University of North Carolina Press, 2014.

Keohane, Robert O., *After Hegemony: Cooperation and Discord in the World Political Economy*, Princeton University Press, 2005.

Mandel, Ernest, *Late Capitalism*, 2nd ed., Verso, 1999.

18
세계 경제의 확대와 냉전의 종식

경제 위기와 세계 경제의 확대

1970년대에 서방 국가들을 중심으로 시작된 장기 침체가 미친 영향 가운데 하나는 세계 경제의 규모가 더 확대되었다는 것이다. 1930년대처럼 세계 경제가 폐쇄적인 블록 단위로 쪼개져서 그 위기가 장기화할지도 모른다는 두려움을 느낀 서방 국가들은 서방 선진국 7개국 회담G7을 매년 개최하고 각국 중앙은행 총재와 재무 장관들의 회의를 정례화하는 등 대외 경제 정책의 조율에 나섰다. 이 같은 정치권의 제도적 노력에 더해, 자유로운 자본과 노동의 이동을 주창한 신자유주의 이념은 세계 경제의 통합을 한층 더 가속화하는 모터 역할을 했다.

서방 경제의 침체와 그에 대한 대응으로서의 세계 경제 통합 가속화는 이른바 제2세계 국가들에게 흥미로운 영향을 끼쳤다. 우선 소련은 석유 파동 이후로 중동의 유가가 올라간 덕에 반사이익으로 원유를 이전보다 활발하게 수출할 길

이 열림으로써 반짝 호황을 맞았다. 그리고 그 과정에서 원유 개발과 판매를 위한 서방 자본과의 교류가 늘었으며, 자연스럽게 세계 경제에 깊이 발을 들여놓았다. 때마침 시작된 미국과 소련의 관계 개선 노력, 이른바 데탕트 분위기는 소련의 세계 경제 참여를 한결 더 자연스러운 일로 만들었다. |자료1|

  1960년대 사회 운동이 야기한 서방 사회의 위기, 제3세계의 대두, 중·소 관계 악화 및 중·미 관계 개선, 그리고 서독을 비롯한 일부 유럽 국가들의 적극적인 평화 정착 노력 등의 배경 속에서 성취된 데탕트는 미·소 간의 즉각적인 군축을 이루어내는 데까지는 실패했다. |자료2| 하지만 동방과 서방 간의 협력 분위기를 조성하고 인권을 비롯한 공통의 가치를 서로 존중하게끔 만드는 데는 성공했다. |자료3| 어쨌든 소련의 세계 경제 참여는 그들이 이미 얄타 회담 때부터, 아니 그보다 훨씬 전부터 바라고 있던 것으로, 단기적 차원에서는 소련에 긍정적 결과를 가져왔다.

  다만, 소련 경제가 1970년대의 불황 이후 몹시 변덕스럽게 요동치던 세계 경제 분위기, 특히 자본의 빠른 이동, 제조업 쇠퇴, 신산업 등장 등에 적응할 준비가 되었는지는 미지수였다. 물론 훗날 시점의 회고적 평가가 되겠지만, 소련의

도판 52 1975년에 미국과 소련 진영에 속한 총 35개국이 참여한 헬싱키 회의의 한 장면. 여기서 공표된 최종 의정서는 냉전 종식에 중요한 기여를 한 것으로 평가받는다.

세계 경제 참여는 그 체제의 속성이나 당시의 준비 상태로 볼 때 섣부른 일이었다는 점을 부정하기는 어렵다. 아니나 다를까, 원유 수출이 만들어낸 반짝 호황은 1980년대 초엽에 유가 안정 및 원자재 가격 하락과 함께 수그러들었다. 소련은 이전보다 세계 경제에 의존하는 강도가 더 높아져 있었고, 이제 서방 경제와 직접적인 비교선상에 놓일 수밖에 없었다. 특히 경제 위기를 겪은 서방 경제의 제조업 포기를 비롯한 과단성(?) 있는 대응 및 변신과 비교할 때 소련 경제는 더욱더 느리고 비효율적으로 보이기 시작했다. 게다가 앙골라 내전에서의 '친소'파 승리 및 에티오피아의 사회주의화 등 1970년대 아프리카에서 소련이 이룬 약진으로 도리어 미국 정가에 반소 급진 우파의 목소리가 높아진 점, 그리고 1979년에 시작된 아프가니스탄 전쟁으로 미·소 관계가 급격히 악화된 것은 소련으로선 좋은 소식이 아니었다.│자료4│

한편 동시대 동유럽 국가들도 신자유주의로 무장한 채 수익성을 좇아 '자유롭게' 이동해온 서방 자본의 투자 덕에 1970년대를 상대적으로 풍요롭게 보낼 수 있었다. 특히 이전에 비해 크게 발전한 경공업과 소비재 산업이 그 풍요로움을 견인했다. 이는 1960년대 말 이른바 '프라하의 봄' 이후 더욱 긴밀해진 동유럽 경제와 서방의 관계 덕분에 가능한 변화였다. 정치 외교의 독자적 행보를 허락하지 않던 브레즈네프 독트린은 경제와 교역 측면에서는 사실 상당한 정도의 자율성을 동유럽 국가들에 부여했던 것이다. 하지만 이 같은 외자의 힘을 빌려 생겨난 경제 활력은 그 숨이 길 수 없었다. 경제 위기 탓에 서방 자본의 투자가 주춤해지기 시작한 1970년대 후반 이후 동유럽의 경제 상황은 이미 높아진 소비 수준과 기대치 탓에 상대적으로 더 나쁘게 느껴졌다. 그 불만은 폴란드 연대 노조를 비롯한 동유럽의 노동 운동으로 표현되기 시작했다. 그 비판의 칼날이 오랜 기간 정권을 담당해온 '여당'인 공산당으로 향한 것은 당연했다.

소련의 변화

1985년, 좋지 않은 경제 상황에서 새로이 소련 공산당 서기장이 된 '젊은' 고르바초프는 선택의 기로에 서 있었다. 소련의 세계 경제 참여를 가속화하고 이를 위해 내·외부의 개혁을 감행하느냐, 아니면 석유 위기 이전으로 돌아가 제2세계의 틀 안에서 이른바 '발달 사회주의'를 이어가느냐. 고르바초프는 어렵지 않게 전자를 선택했다. 후자의 선택은 소련과 동유럽이 서방 자본과 깊이 연결된 채 이미 10년 이상을 보냈다는 사실만 보아도 쉽지 않을 것 같았다. 세계 경제에 통합되는 방식을 통해 비약적인 경제 성장을 이루고 있던 사회주의 중국이 모델처럼 보인 것도 전자를 선택하는 데 한몫했다.

세계 경제로의 적극적 참여를 선택한 이상, 향후 소련의 행보는 이를 위한 준비에 맞추어져야 했다. 우선 아프가니스탄 전쟁 이후 냉각된 미국과의 관계 개선이 필요했다. 고르바초프는 대소 강경 수사를 통해 컴퓨터와 디지털 기반의 새로운 군비 확장과 그에 따른 경기 부양을 꿈꾸던 미국 공화당 행정부부터 설득해야 했다. 그 방법은 소련의 자발적 군축 카드로 제시되었다. 이는 군비 축소로 절약된 재정을 민간 부문으로 돌려 소련 경제를 활성화할 수 있다는 실용적인 계산도 포함된 제안이었다. |자료5| 나아가, 고르바초프는 세계 경제의 '일원'에 어울리게 소련 사회를 좀 더 개방적인 사회로 민들어야 했다. 이를 위해서는 흐루쇼프 실각 이후부터 실권을 지켜온 완고한 공산당 관료들을 흔들어야 했으며, 그 동력은 아래로부터 확보되어야 했다. 이 운동은 개혁·개방, 즉 페레스트

도판 53 미하일 고르바초프. 1980년대에서 1990년대 세계 정치의 변동에는 고르바초프라는 개인의 역할이 지대했다. 군축을 통한 소련 경제 회생이 가장 중요한 목표였던 그의 개혁은 냉전의 종식을 가능하게 했으며, 결국 소련 해체로 이어졌다.

로이카와 글라스노스트라는 이름으로 알려졌다. 이 같은 '신사고' 개혁을 실시하는 과정에서 고르바초프는 또 하나의 중요한 선택을 했다. 그는 당시 반정권 시위로 홍역을 앓고 있던 동유럽 공산당을 1956년에 헝가리에서, 그리고 1968년에 체코슬로바키아에서와 달리 지켜주지 않기로 결정했다. 브레즈네프 독트린을 포기하는 것은 고르바초프의 시각에서 볼 때 자연스러운 결정이었다. 소련이 세계 경제에 적극적으로 참여하면서 미국을 비롯한 서방과의 관계 증진이 이루어진다면, 냉전 시대에 소련 안보의 완충 지대로서 기능해온 동유럽이 맡은 역할은 필요 없어질 것이며, 따라서 '무리'해서 이를 지킬 이유도 없었다. 소련의 안보는 앞으로는 미국과의 경제 협력을 통해 확보될 것이고, 혹시 있을지 모르는 서양 자본의 체제 잠식 가능성은 개혁된 사회주의 연방의 중앙 정부가 막으면 된다는 것이 고르바초프의 판단이었다. 소련은 이제 마치 1920년대의 신경제정책 시대처럼 시장 경제의 요소를 받아들이면서 천천히 사회주의를 향해 나아가면 된다고 생각했다. 1920년대보다 상황은 분명 좋은 것 같았다. 그때는 소련이 국제적으로 고립되어 있었지만, 지금은 그렇지 않았기 때문이다.

냉전의 종식

고르바초프가 브레즈네프 독트린을 버린 순간, 동유럽의 변동은 예정된 결과였다고 할 수 있다. 동유럽에서는 때로는 폭력 혁명을 통해, 때로는 선거를 통해 차례로 공산당 정권이 무너졌다. 동독은 서독에 흡수, 통일되었으며, 반대로 유고슬라비아는 분열되었다. |자료6| 이 과정은 당시 서방 언론이 대서특필했던 대로, 공산주의 압제를 겪으며 자유를 갈구하던 시민들의 숭고한 혁명이라기보다는 1970년대에 높아진 소비 수준을 맞추어주지 못하고 구태만 반복하는 공산당 정권에 대한 정치적 심판에 가까웠다. 실제로 동유럽인들은 새로이 집권한

'자유' 정권이 당장에 가시적 성과를 내지 못하자, 1990년대 초반에는 다시 과거 공산당을 집권당으로 만들어주기도 했다. 흥미롭게도, 서방 언론은 이 공산당의 재집권 과정은 부각하지 않았다. 여하튼 1989년에 이루어진 동유럽 공산당 정권들의 몰락과 독일의 통일은 자유를 향한 시민 혁명은 아니었을지 몰라도 적어도 냉전이 끝났음을 보여주는 사건임에는 부족함이 없었다. 이는 고르바초프 개혁 드라이브의 귀결이었다.

냉전 종식 후의 소련과 미국

이처럼 냉전이 끝난 후, 소련은 중국의 모델을 따라 세계 경제에 참여하고 개혁·개방 정책을 이어가고자 했다. 소련의 경우, 개혁·개방 정책 과정에서 옛 공산당 관료를 향한 공격이 있었고, 개혁의 범위를 넓혀 연방 내 각 공화국 단위에서 자유선거가 가능하게 만들었다는 것이 중국과 다른 점이었다. 안타깝게도 고르바초프의 입장에서는 전자는 공산당 관료의 반개혁 시도, 즉 1991년 쿠데타를, 후자는 각 공화국의 분리 독립 움직임을 야기하고 말았으며, 이 둘은 소련에 치명적인 타격을 입혔다. |자료7| 특히 후자는 브레즈네프 시대 이후 오랫동안 지방 공화국의 권좌를 지켜온 고위 공산당원들의 개인적인 권력욕과도 관련이 있었다. 그리고 이 권력욕은 역시 소련 체제가 실제로 부추겨온 민족주의에 의해 더욱 강화되는 경향이 있었다. 소련 역사에서 꾸준히 추진되었던 소수 민족 우대 정책은 그들이 민족 정체성을 유지하고 소련 사회에서 특혜를 누릴 수 있게 해준 반면, 다수 민족인 러시아인들에게는 역차별의 민족 감정을 불러일으키곤 했다. 이런 각각의 민족주의에 기초해 러시아를 위시한 소비에트 연방 소속 개별 공화국 지도자들은 1991년 12월에 연방으로부터의 독립을 선언했다. 이제 연방은 사라졌고, 자연히 그 대통령 고르바초프도 실권을 잃었다. |자료8| 이러한 소련 해체는 중국과 베트남이 공산당 정권을 유지하면서도 세계 경제에 편입한 모습과는 극명한 대조를 이룬다.

한편 1980년대 초반의 반짝 호황을 제외하고 레이건과 부시 행정부의 미국역시 깊은 경기 침체의 늪에서 허우적거리고 있었다. 이에 비해 일본 경제는 세

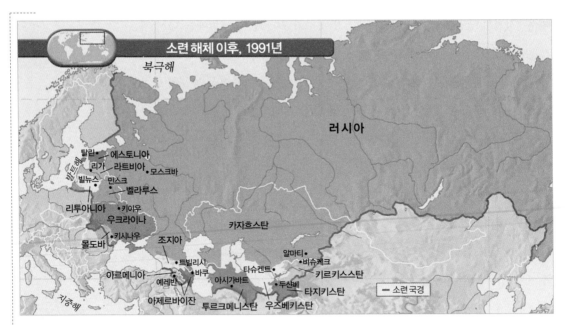

소련 해체 이후, 1991년

북극해

러시아

탈린 • • 에스토니아
리가 • 라트비아
• 모스크바
빌뉴스 • • 민스크
• 벨라루스
리투아니아 • 키이우
우크라이나
• 키시나우
몰도바

카자흐스탄

조지아
트빌리시
아르메니아 • • 바쿠
예레반
아제르바이잔 아시가바트
투르크메니스탄

알마티 •
• 비슈케크
타슈켄트 • 키르기스스탄
• 두샨베
우즈베키스탄 타지키스탄

— 소련 국경

지중해

발트해

도판 54 소련 해체 이후 구소련
국가들의 배치도.

계 시장을 장악한 자동차와 전자 제품 같은 공산품을 앞세워 상대적으로 활황을 이어갔다. 이런 분위기에서 세계 금융 중심지가 미국의 월 스트리트에서 도쿄로 이동할 것이라는 예상이 쏟아지기도 했다. 하지만 1980년대 말 일본 경제는 버블이 붕괴하면서 가라앉기 시작한 반면, 미국 경제는 중국의 세계 경제 통합 과정에서 큰 이득을 보며 빠른 속도로 되살아났다. 또한 레이건 행정부 시절 군사 목적으로 투자가 이루어졌던 컴퓨터와 디지털 분야가 벤처 기업들의 혁신에 힘입어 거대한 부가 가치를 창출하면서 미국 경제의 부활에 일조하기도 했다. 이렇게 다시 떠오른 미국 경제는 1990년대에 세계 경제의 통합을 주도했다. 자본과 노동의 이동이 더욱더 활발해졌으며, 국제 자본의 투자는 해당 국가의 명운을 결정하는 가장 중요한 요소가 되는 것처럼 보였다. 국민 국가의 틀은 더 약화되는 것 같았으며, 유럽의 국가들은 유럽연합이라는 조직을 통해 이런 흐름에 동참했다. 학자들이 1890년대에 이어 '제2의 세계화'라고 명명한 흐름의 최고조가 2000년대를 넘어 2010년대로 이어졌다.

하지만 2010년대를 지나면서, 세계화에 대한 반대 움직임도 거세졌다. 자본의 이동과 잦은 기업 합병 등으로 생긴 불안정한 고용 시장은 청년 실업 문제로

이어졌고, 이는 특히 유럽의 정치권에서 극우파가 인기를 얻는 배경이 되었다. 역시 세계화의 결과물인 이주와 그에 따른 외국 노동자의 유입 및 일자리 잠식도 유사한 기능을 했다. 이들 우파 정치인들은 민족주의라는 오래되었지만 친숙한 이념을 토대로 세계화를 공격하며 세를 불려갔다. 하지만 이들의 민족주의는 국제 자본의 움직임과 이해관계에 대한 근본적 비판과는 거리가 멀었으며, 외국인과 이주민, 난민 등을 희생양 삼아 그들의 정치 입지를 확보하려는 술책에 지나지 않았다.|자료9| 문제는, 이들의 이런 단순한 전략이 꽤 효과가 있었다는 사실이다. 유럽의 상당수 국가에서 극우 정당이 집권하거나 득세한 것이 이를 증명한다. 영국의 '브렉시트' 역시 우파 계열의 세계화 반대 움직임의 결과였으며, 도널드 트럼프의 미국 대통령 당선도 유사한 이유에서 기인한 결과였다.

한편 이들 우파와 달리 국제 자본의 움직임을 근본적으로 비판하며 세계화에 반대하는 좌파들은 우파만큼의 정치세를 얻지 못하고 있다. 예기치 않은 '코로나 사태'로 세계화의 흐름이 축소될 것이라는 예상도 있지만 이를 만들었던 근본적인 힘, 즉 자본주의 경제 위기에 대한 자본의 대응이 이전과 유사한 형태를 띠는 한, 당분간 세계화는 지속될 것이다. 이에 대해 근본적인 비판을 하는 세력이 힘을 얻기 전까지는 말이다.

미·소 간 데탕트의 시작을 알린 협정

> 1972년에 미국과 소련 사이에 조인된 전략무기 제한 협정, 이른바 '솔트SALT, Strategic Arms Limitation Talks'의 일부다. 이 협정은 미·소 간의 데탕트를 상징했다. 양국은 차후에 전략무기를 제한하는 협정을 추가로 이어가기로 했고, 1979년에 '솔트 2'가 맺어지면서 그 결실을 보는 듯했다. 하지만 제3세계에서 미국과 소련의 대립이 격화하고 미국 정계에서 우파의 성장이 두드러지면서 양국 관계 개선과 냉전의 완화에 이 협정들은 별다른 기여를 할 수 없었다.

전략무기 제한에 관한 미국과 소련의 잠정 협정, https://fas.org/nuke/control/salt1/text/salt1.htm

1972년 5월 26일 모스크바에서 조인

1972년 5월 30일 미국 하원 비준

1972년 9월 30일 미국 대통령 인준

1972년 10월 3일 합의문 교환

1972년 10월 3일 시행

미 합중국과 소비에트 사회주의공화국연방은 아래에서 당사국들로 지칭된다.

미국과 소련은 첫째, 탄도요격미사일 체제 제한에 대한 본 조약과 전략무기 제한 조처들에 대한 이 잠정 협정이 전략무기 제한과 관련해 적극적인 협상을 하기 위한 더 좋은 조건을 조성하고, 국제적 긴장 완화 및 양국 간의 신뢰 강화에 기여할 것임을 확신하며, 둘째, 전략 공격과 방어 무기 사이의 관계를 고려 대상에 포함시키고, 셋째, 핵무기 비

확산 조약 제4조의 의무 사항들을 유념하면서 다음과 같은 합의에 이르렀다.

제1조 당사국들은 1972년 7월 1일부로 더는 육상 고정 대륙간탄도미사일ICBM 발사
장치 건설에 추가로 착수하지 않는다.

제2조 당사국들은 경량ICBM 또는 1964년 이전에 배치된 구형 ICBM용 육상 발사 장
치를 그 이후 배치된 중량ICBM용 육상 발사 장치로 개조하지 않는다.

제3조 당사국들은 잠수함 탄도미사일SLDM 발사 장치와 최신의 탄도미사일 잠수함을
이 잠정 협정의 조인 날짜 시점에 이미 운행 중이거나 구축 중인 것만으로 제한
하기로 한다. 그리고 당사국들은 1964년 이전에 배치된 구형 ICBM 발사 장치
들, 그리고 구형 잠수함 발사 장치들과 동일한 개수로만 신형 발사 장치와 잠수
함을 절차에 맞춰 구축할 수 있다. …

자료 02
닉슨과 마오쩌둥의 정상 회담

> 1972년에 베이징에서 열린 미국과 중국의 정상 회담 내용이다. 이른바 '핑퐁 외교' 이후 미국과
> 중국이 그들 사이의 관계를 더 호전시키고자 한 노력이 잘 드러난다. 특히 미국과 중국의 정상 모
> 두 이념적인 문제는 거론하지 않고 철저히 실리적·현실주의적 차원에서 대화에 임한 점이 인상
> 적이다.

닉슨과 마오쩌둥의 정상 회담(1972년 2월 21일), https://china.usc.edu/mao-zedong-meets-
richard-nixon-february-21-1972

닉슨 지금 이 방에서 우리는 이를테면 왜 소련이 서유럽 국경보다 중국 국경에 더
많은 병력을 배치하는지 그 이유를 생각해봐야 합니다. 또 일본의 미래에 대
해서도 그럴 수 있겠습니다. 일본이 완전 비무장 중립국으로 남는 것이 나을
까요, 아니면 미국과 특정한 관계를 맺는 것이 나을까요? 이 문제에 대해 우
리 사이에 이견이 있음을 압니다. 핵심은, 국제 관계에서 선량한 선택은 없다
는 것입니다. 이 말은 철학의 영역인 것 같기도 합니다. … 문제는 중화인민
공화국에 당면한 위험이 무엇인가입니다. 다시 말해 미국의 침략으로 인한

위협인지, 소련의 위협인지 말입니다. 이는 어려운 문제들을 수반합니다. 하지만 우리는 그 문제들을 논의해야 합니다.

마오쩌둥 현시점에서, 침략이 미국에서 시작되었는가, 아니면 중국에서 비롯되었는가 하는 문제는 상대적으로 작은 문제입니다. 주요 현안이 아니라는 뜻이죠. 현재 우리 두 나라가 전쟁을 벌이고 있는 것은 아니기에 그렇습니다. 대통령께서는 미국의 군대를 자국으로 철수하기를 원하시고, 중국군도 해외로 진출하지 않을 것입니다. 미국과 중국의 관계는 지난 22년간 각자의 생각을 직접 대화로 나눈 적이 없었던 터라 어색합니다. 우리가 탁구 경기를 기점으로 이야기를 나눈 지는 고작 10개월도 채 안 되었죠. … 우리 중화인민공화국은 주요 선결 과제를 해결하지 않고는 여러 다른 현안을 처리할 수 없다는 입장을 고수했었지요. 저 자신도 그런 입장을 견지했던 것 같습니다. 하지만 그 직후 저는 대통령께서 옳았음을 깨달았고, 그 덕에 우리는 탁구를 칠 수 있었습니다. 우리 수상 말로는 이 모든 일이 닉슨 대통령께서 집권하신 이후에 가능했다고 합니다.

미·소 진영이 인권 원칙에 합의하다

1975년에 핀란드의 수도 헬싱키에서는 세계 35개국이 참여한 대규모 국제 회의가 열렸다. 애초에 이 회의는, 제2차 세계대전 이후에도 여전히 서방에서 공식적으로 인정받지 못하고 있던 동유럽 국가들의 국경 문제를 해결하려는 소련의 의지와, 동유럽 국가들에서 인적·물적 교류를 더 끌어내고자 하는 미국 및 서유럽 국가들의 이해관계가 맞아떨어진 덕분에 열릴 수 있었다. 하지만 회의는 이런 관심사들보다 훨씬 더 보편적인 문제, 즉 인권, 국제 문제의 평화적 해결 수단, 국제적 평등 등을 주로 다루었으며, 놀랍게도 미·소 진영은 대부분의 문제에 공감을 표명했다. 헬싱키에서의 합의 정신은 데탕트의 가장 인상적인 표현이었으며, 향후 냉전 문제를 해결하고 궁극적으로는 냉전을 종식하는 데 지적 근간이 된 것으로 평가된다.

헬싱키 최종 의정서(1975), https://alphahistory.com/coldwar/helsinki-accords-security-cooperation-1975/

5. 참가국은 국제 평화와 안보, 정의를 위태롭게 하지 않는 방식으로 평화적 수단을 통해 국가들 사이의 분쟁을 해결한다. 참가국은 선의와 협력의 정신으로 국제법에 바탕을 둔 신속하고 공정한 해결책에 이르기 위해 노력한다. 이를 위해 그들은 협상, 질의, 중재, 화해, 법적 합의 또는 기타 스스로 선택한 평화적 수단과 같은 장치들을 동원한다. …

6. 참가국은 그들 사이의 관계와 상관없이 다른 참가국의 사법 권역에 속하는 국내외 사안에 대해 직접적이든 간접적이든, 개별적이든 집단적이든 간에, 어떠한 형태의 개입도 금한다. 따라서 그들은 다른 참여국에 대한 어떠한 형태의 무장 개입, 그리고 그런 개입의 위협을 금한다. …

7. 참가국은 인종, 성별, 언어 또는 종교에 대한 차별 없이 모두를 위해 인권과 기본적 자유, 즉 사상, 양심, 종교 또는 신념의 자유를 존중한다. …

자료 04

소련이 아프가니스탄에 개입하다

> 1979년 12월, 소련이 군대를 아프가니스탄에 파병했을 때, 미국을 위시한 서방 언론은 이를 침략 행위로 규정하며 대대적인 반소련 선전 전략을 폈다. 전 세계인들에게 알려진 이미지는 평화로운 이슬람 공동체인 아프가니스탄을 소련이 공산주의를 전파하고 중동 지역의 석유 자원 확보를 위해 점령을 시도했다는 것이었다. 실제 소련의 목적이 당시 막 아프가니스탄에 들어선 새로운 공산주의 정권의 극단적 좌경화를 저지하는 것이었다는 사실은 잘 알려지지 않았다. 더군다나 아프가니스탄에 내전의 조짐이 보이던 1979년 봄까지만 해도 소련은 아프가니스탄에 개입할 의사가 없었으며, 그럴 경우의 부작용을 알고 있었다. 소련 정치국 회의가 이 점을 잘 보여준다.

소련 공산당의 중앙위원회 정치국 회의(1979년 3월 17일), https://digitalarchive.wilsoncenter.org/document/113260

주재: L. I. 브레즈네프 동무

참석자: 안드로포프, 그로미코, 코시긴, 펠셰, 체르넨코, 고르바초프 외 9명

아프가니스탄 민주공화국의 상황 악화와 우리 측의 대응 방안

안드로포프   동무들, 저는 이 모든 문제를 깊이 생각해보았습니다. 그리고 다음과 같은 결론에 이르렀습니다. 우리가 아프가니스탄에 병력을 배치한다면 누구의 신조를 지지할 것인지 정말, 아주 진지하게 고려해봐야 한다는 것입니다. 분명히 아프가니스탄은 현재 그들이 직면한 모든 문제를 사회주의를 통해 해결할 준비가 되어 있지 않습니다. 경제 체제는 후진적이며, 이슬람교가 절대적이고, 거의 모든 농민이 문맹입니다. 우리는 혁명적 상황에 대한 레닌의 가르침을 잘 압니다. 우리가 논의하고 있는 아프가니스탄의 상황은 혁명적 상황의 유형에 해당하지 않습니다. 따라서 아프가니스탄의 상황을 안정시키려면 우리는 무력의 힘을 빌릴 수밖에 없는데, 이는 우리가 절대 수용할 수 없는 일입니다. 우리는 그러한 위험을 감수할 수 없습니다.

코시긴   혹시 모르니, 이란 총리 바자르간에게 아프가니스탄의 내정 간섭은 용인될 수 없다는 것을 비노그라도프 대사가 통보하게 해야 할 것 같습니다.

그로미코   저는 아프가니스탄에 우리의 병력을 배치하는 것과 같은 조치의 가능성을 배제하자는 안드로포프 동무의 제안을 전적으로 지지합니다. 그곳의 군부는 신뢰할 수 없습니다. 그러므로 우리 쪽 군대가 아프가니스탄에 도착하면 침략자 취급을 받을 것입니다. 우리 군대는 누구와 싸워야 합니까? 만약 아프가니스탄의 민간인들과 가장 먼저 맞서게 된다면, 그들을 향해 발포해야 할 것입니다. 안드로포프 동지는 아프가니스탄의 상황은 혁명을 위해 진정 무르익지 않았다고 정확히 지적했습니다. 우리가 최근 몇 년간 노력해온 데탕트, 군비 축소, 기타 여러 가지 조치 모두가 다시 원점으로 되돌아갈 것입니다. 물론 중국은 좋은 선물을 받는 셈이 되겠죠. 비동맹국들이 죄다 우리를 비난할 테니까요. … 그렇다면 우리가 얻는 것은 무엇인지 물어야 합니다. 현 정부 치하의 아프가니스탄의 경제 체제는 후진적이며 그 나라 국제 문제에서 차지하는 비중은 미미합니다. 또 다른 한편, 국제법의 측면에서도 우리 군대의 파견은 정당화될 수 없음을 명심해야 합니다. 유엔 헌장에 따르면, 특정 국가가 지원을 요청한다면 우리는 군대를 파견할 수 있지만, 그 국가가 외부의 침략 대상이 된 경우에만 해당합니다. 아프가니스탄은 침략의 대상이 되지 않았습니다. 지금은 국내 문제인 격변의 내란, 말하자면 주민의 한 집단이 다른 집단과 전투를 벌이는 상태에 해당합니다. 말이 나온 김에 말하자면, 아프가니스탄 사람들은 우리에게 공식적으로 파병을 요청하지 않았습니다. …

자료
05

고르바초프의 획기적 제안

고르바초프의 우선적 과제는 소련이 경제 위기에서 탈출하는 것이었다. 그 해법으로, 그는 지나치게 비대해진 군비를 축소하고 그 차액을 소비재 산업 분야에 대한 투자로 돌리려 했다. 이를 위해서는 미국과의 관계 개선이 당연히 선결 과제였다. 고르바초프는 상호 대결적인 정책의 실행을 중단하자고 미국에 전격적으로 제의했고, 이런 제의에 대한 소련의 진정성의 증표로 군비 축소, 브레즈네프 독트린 포기, 아프가니스탄 철수 등을 들고 나왔다. 다음 자료에서 고르바초프가 한 제의는 결국 아이슬란드 레이캬비크에서의 정상 회담으로 이어졌으며, 미·소 간 상호 군축의 획기적 계기가 되었다. 고르바초프의 이런 개혁은 전 세계 지식인의 지지를 얻어내며 그 성공이 매우 유력해 보였다.

고르바초프가 군축 진행을 위해 레이건에게 보낸 편지(1986년 9월 15일), https://nsarchive.gwu.edu/dc.html?doc=3131924-Document-28-Gorbachev-Letter-to-Reagan-September

… 제네바 군축 회담 이후, 소련은 미·소 간에 더 좋은 분위기를 만들고, 다음 회의를 위한 실질적 준비가 가능하도록 노력해왔습니다. 핵무기, 화학 무기, 재래식 무기 등 무기의 감축이라는 주요 현안에 대해, 저희 소련은 서로가 동등하게 안보를 지키면서 동시에 군사 대결을 급격히 줄일 수 있는 구체적인 해결책을 찾고자 엄청나게 노력을 기울였습니다. 하지만 대통령 각하, 우리가 지난번에 대화했던 대로 아주 솔직히 말한다면, 현재 국제 정치에서 미국이 하는 행동들이 저는 매우 우려스러워 보입니다. 우리가 지난 제네바 군축 회담에서 합의했던 사항들, 즉 미·소 관계를 증진하고, 핵무기와 우주 무기 협상을 진전시키고, 군사적으로 우월한 위치를 차지하려는 시도를 중지하는 등의 조치를 이행하기 위해 미국 측에서 어떠한 노력도 아직 시작하지 않았다고 저는 결론 내릴 수밖에 없습니다. …

냉전이 종식되다

1989년에 소련의 동유럽 '놓아주기'와 그에 따른 냉전의 종식 과정에서 전 세계적으로 가장 크게 주목을 받은 사건은 베를린 장벽의 붕괴와 독일 통일이었다. 다음 글은 베를린 장벽이 무너지는 순간, 현장에 있었던 사람이 남긴 생생한 기록이다. 여기서 알 수 있듯이, 베를린 장벽의 붕괴가 낳은 가장 직접적인 결과는 동독 시민들의 자유로운 서독 출입이었다. 서유럽의 질 높은 소비재와 높은 생활 수준이 부러웠던, 동독을 비롯한 동유럽 사람들은 이 같은 변혁으로 자신들도 유사한 물질적 풍요를 누릴 수 있으리라 믿었다.

앤 투사 Ann Tusa, 〈치명적 실수 A Fatal Error〉, 《미디어 연구 학보 Media Studies Journal》 가을호(1999), pp. 26~29

"오늘, 모든 시민이 공식적인 국경 통과 지점을 넘어 여행하는 것이 가능해졌습니다. 동독의 모든 시민은 여행 목적이나 서쪽의 친지 방문을 목적으로 비자를 발급받을 수 있습니다. 이 정책은 즉각 시행됩니다. …" 이 뉴스는 저녁 7시 30분에 동독 텔레비전 방송에서 보도되었다. 그 즉시 방송국의 전화는 이 사실을 확인하는 전화로 빗발쳤다. "사실입니까? 믿어지지 않아요." … 몇몇 동·서 베를린 시민들은 무슨 일이 일어나고 있는지 보기 위해 베를린 장벽으로 갔다. … 군중의 일부가 검문소 근처를 서성거리고 있을 때, 한 남성이 카메라를 향해 달려와 말했다. "보른홀머 거리 쪽 교차로가 열렸습니다!" 그 후 이 뉴스는 라디오, 텔레비전, 전화를 거쳐 산불처럼 퍼져나갔고, 거리에서 함성이 터져 나왔다. … 그들 모두가 공통으로 보인 한 가지 반응은 이것이었다. "우리는 텔레비전에서 서독을 본 적은 있어요. 하지만 지금 보는 건 진짜예요."

옐친의 야심

러시아 공화국 대통령 보리스 옐친이 당시 러시아에서 가장 유력한 주간지였던 《오고뇨크》와 나눈 대담의 일부다. 1991년 8월에 공산당 보수파가 쿠데타를 시도하기 훨씬 이전, 이미 옐친은 고르바초프와의 결별을 준비하고 있었음을 알 수 있다. 여기서 옐친은 그때까지 고르바초프가 추진한 개혁의 성과를 전면적으로 부정하면서, 이를 과거 소련의 관행과 비교하는 방식으로 비판한다. 그의 견해에서 핵심은 고르바초프가 제안한 새로운 연방 조약의 조인을 거부하는 것이었다. 이는 훗날 그가 주도한 소련 공화국들의 연방 탈퇴의 시작점이었다고 할 수 있다. 소련의 해체에는, 여러 서방 학자들의 주장처럼 사회주의 체제의 경직성과 경제적 비효율성보다는 옐친과 같은 인물의 정치적 야망과 계산이 더 결정적으로 작용했다.

보리스 옐친, 〈내전은 일어나지 않을 것이다〉, 《오고뇨크ОГОНЁК》 12호(1991년 3월 23일), http://sovichisthory.msu.edu/1991-2/eltsin-and-russian-sovereignty/eltsin-and-russian-sovereignty-texts/eltsin-on-averting-civil-war/

… 소비에트 권력이 존재한 지난 73년 동안 우리는 늘 '적'이 있었다. 먼저 우리는 부르주아지, 지주, 자본가라는 적이 있었으며, 그 후 우리는 반혁명 세력, 트로츠키주의자, 좌익, 우익 편향주의자, 부농이라는 적을 갖게 되었다. 그 뒤로는 CIA, 제국주의, 시온주의 음모가 적의 자리에 앉았다. 그리고 지금 우리에게는 새로운 '적'이 필요하다. 그 누구도 더는 CIA, 트로츠키주의자, 자본가라는 적의 존재를 믿지 않기 때문이다. 새로운 '적'은 권력을 향한 욕망으로 불안을 조성하고, 고통을 주고, 전복을 시도하고, 혼란을 키우며, 온갖 종류의 악행을 저지르는, 이른바 민주주의자들이다. 이러한 논리에 따르면, 이 나라의 모든 일이 잘되게 하기 위해 우리가 해야 할 일의 전부는 민주주의자들을 몰아내고 이들을 어떻게든 제거하는 것뿐이며 그 후에야 '공산주의라는 미래' '사회주의적 선택' 혹은 '빛나는 미래'로 알려진 영광스러운 시간이 뒤따를 것이다.

내가 러시아 최고 소비에트 의장으로 당선된 뒤, 나는 매우 중대한 전략적 실수를 저질렀다. 나는 고르바초프와의 동맹이 각 공화국과 나라 전체의 상황을 안정시키는 데 매우 중요할 수 있다고 봤고, 많은 이들이 나에게 이를 강권했다. '500일 계획'[1]에 대한 우리의 합작은 새로운 공화국들의 연합과 중앙의 이해관계가 더욱더 가까워지게 만들었다. 고르바초프도 공식적으로 샤탈린-야블린스키 계획이 자신에게 매우 흥미롭고 유망해 보인다고 인정한 바 있다. 그저 한걸음 더 나아가는 것이 우리가 해야 할 일의 전부로 보였고, 함께 길을 걸어서 이 위기에서 벗어날 수 있을 것처럼 보였다. 하지만 그런 일은 벌어지지 않았다, 그는 갑자기 급속도로 태도를 바꾸었고, '500일 계획'은 난관을 극복할 그 어떤 희망도 묻어버리며 무너져버렸다.

고르바초프와의 관계를 깨고, 절반뿐인 전진과 조치와 개혁으로 점철된 대통령의 정책

1 | 1990년부터 추진된 소련의 경제 개혁 프로그램. 시장경제로의 급진적 변화를 추구했다. 고르바초프의 경제 자문가였던 그리고리 야블린스키가 제안하고 스타니슬라프 샤탈린이 추진했다.

과 확실히 단절하는 대신, 나는 우리가 여전히 합의에 다다를 수 있다는 착각의 희생양이 되고 말았다. 하지만 나중에 밝혀졌듯이, 대통령인 동시에 공산당 중앙위원회의 서기장인 자, 늘 당내 서열 제도와 당 엘리트의 이해관계를 다른 이해관계보다 우선시하는 자와 합의하는 것은 불가능한 일이었다. …

그러므로 수백만의 사람들, 광활한 영토, 어마어마한 잠재력을 지닌, 매우 중요한 공화국 의회의 지도자인 나는, 대중에게서 거의 신뢰를 얻지 못한 대통령과 아무것도 갖지 못한 정부가 과연 러시아와 여타 사안들에 대해 무엇을 할 수 있을지 전혀 알 수 없었다. 밤에 잠을 자려고 누우면 다음 날 아침에 내가 어디에서, 어떤 상황에서, 어떻게 일어나게 될지 알 수 없었다. 그들이 화폐 단위를 변경한다는 명목하에 나와 내 시민들의 돈을 몰수하진 않을지, 그들이 인플레이션에 맞서겠다며 은행 예금을 동결시키진 않을지, 그들이 밤에 러시아 텔레비전과 라디오 회사를 장악하거나 그냥 방송을 중단시키진 않을지, 거리에 탱크와 낙하산 부대를 들이진 않을지 말이다. 그도 아니면 또 뭐가 있을까? 이런 모든 사항은 크렘린, 스타라야 광장, 국가보안위원회KGB, 국방부, 그들이 원하는 곳 어디에서나 결정될 수 있으나, 러시아 의회는 어떠한 개입도 할 수 없다. 중앙 권력이 우리를 고통스럽게 만드는 행보를 펼칠 때, 그저 공포 속에서 이를 지켜볼 수밖에 없었다. 그리고 이 모든 것이 '공화국의 주권'이란다.

나는 중앙 권력이 준비했고, 논의에 참여한 10개 공화국 중 9개 국가가 찬성했다는, 최근 출판된 새로운 연방 조약에 서명하지 않을 것이다. 이 조약 준비팀의 대표였던 루슬란 하스블라토프조차 거기에 서명하지 않았다. 그리고 나는 러시아 인민대표회의와 러시아 인민들이 이 문제에 관한 한 나를 지지해주길 희망한다. …

자료
08
- -

소련의 해체와 고르바초프의 사임

고르바초프 개혁·개방 정책의 결과물 중 하나는 소련에 소속된 공화국들의 자유선거였다. 이 선거로 선출된 개별 공화국의 집권자들은, 그들 대다수가 과거 소련 공산당 출신이었는데도 연방 내 일개(?) 공화국 대표보다는 독립 국가의 대통령 직위를 택했다. 1991년 12월 8일, 소련에서 가장 중요한 세 공화국인 러시아연방, 우크라이나, 벨라루스는 아래 이른바 '민스크 합의'를 통해 소련 탈퇴와 독립국가연합의 결성을 선언했다. 그 직후 12월 21일에 조지아를 제외한 소련 소속 여타 공화국들까지 독립국가연합의 수립을 선언하는 알마아타 조약에 전격 합의함으로써, 소련은 공식적으로 해체되었다. 개혁·개방 정책을 추진한 고르바초프는 12월 25일에 사임했다.

민스크 합의, http://soviethistory.msu.edu/1991-2/the-end-of-the-soviet-union/the-end-of-the-soviet-union-texts/minsk-agreement/

1922년에 조인한 소비에트 사회주의공화국연방, 즉 소련의 창립 국가들이며 이 합의 당사국인 우리 벨라루스 공화국, 러시아 연방공화국, 우크라이나 공화국은 소련이 국제법의 대상과 지정학적 실체로 더는 존재하지 않는다고 결론 내렸다. … 국제연합 헌장, 헬싱키 최종 의정서, 유럽 안보 협력 회의의 여타 문서들에 제시된 목적과 원칙을 지키면서, 그리고 인권과 민족의 권리에 대해 보편적으로 인정된 규칙들을 준수하면서, 우리는 다음에 합의했다.

제1조   당사국들은 독립국가연합을 결성한다. …

제5조   당사국들은 서로의 영토 보존과 독립국가연합 내 기존 국경의 불침범성을 인정하고 존중한다. 한편 당사국들은 독립국가연합 내에서 국경의 개방성, 시민의 이주 및 정보 유통의 자유를 보장한다. …

제11조 이 합의가 이루어지는 순간부터, 소련을 포함한 제3국의 규약들은 체결국들의 영토에서 실행될 수 없다. …

제14조 … 구소련 기관들의 활동은 독립국가연합 회원국들의 영토에서 중지된다.

자료
09

세계화의 문제점들이 대두되다

독일 사회과학자들이 바라본 1990년대 세계화의 모습이다. 1980년대 말 동유럽 공산당이 몰락한 이후 신자유주의 이념이 세계 경제를 뒤덮은 현상을 통찰력 있게 분석했다. 마르틴, 슈만 같은 학자들의 세계화 분석은 2000년대에 좀 더 대중적인 반세계화 운동의 밑거름이 되었다.

한스페터 마르틴Hans-Peter Martin, 하랄트 슈만Harald Schumann, 《세계화의 덫 Die Globalisierungsfalle: der Angriff auf Demokratie und Wohlstand》, 강수돌 옮김, 영림카디널, 1997, 392~396쪽

공산주의 정권의 붕괴는 역사의 종말이 아니라, 반대로 사회 변동의 가속화를 의미하는 것이었다. 동유럽의 몰락 이후 거의 10억의 인구가 시장 경제의 영역에 추가로 통합되었고 이로써 그 국민 경제들이 국제적으로 유착되는 현상이 본격적으로 시작되었다. 그러나 제2차 세계대전 이후 복지 국가 건설자들이 뼈아픈 경험으로부터 배운 교훈이 오늘날에 와서 다시 명백해지고 있다. 다시 말해 시장 경제와 민주주의는 결코 모든 사람의 복지를 증진시키는 한 덩어리가 아니라는 사실이다. … 제2차 세계대전 후의 서유럽 정치의 위대한 성공은 이 양극 사이의 올바른 균형을 발견하고자 한 데 있다. 40년 동안이나 서독인에게 평화와 안정을 보장해준 '사회적 시장 경제'의 배후에는 바로 이 노력이 있었다. … 새로운 세계 경제는 과거 전성기의 경제 건설자들이 남긴 교훈을 철저히 무시하고 이를 팽개쳐버렸다. 지속적인 임금 삭감, 길어진 노동 시간, 사회보장 급부給付의 삭감, 그리고 사회 보장 제도의 완전한 포기를 통해 세계적 경쟁에 대비하고자 하며, 이러한 난관을 잘 견딜 수 있게 국민들을 대비시키고자 한다. … '세계화'는 더 이상 되돌릴 수 없다고, 그들은 이를 산업혁명에 비유해서 말한다. 그에 반대하는 사람들은 19세기 영국에서 기계를 파괴했던 사람들이 그랬던 것처럼 몰락할 것이라 한다. … 시장과 민주주의 사이의 모순은 1990년대에도 다시 심각한 지경에 이르렀다. 알 만한 사람들은 이 경향을 이미 오래전에 알아차렸다. 미국과 유럽에서 갈수록 심각해지는 '외국인' 혐오 문제는 이에 대한 하나의 확실한 증거이다.

| 참고문헌 |

오승은, 《동유럽 근현대사: 제국 지배에서 민족국가로》, 책과함께, 2018.

유르착, 알렉세이, 《모든 것은 영원했다, 사라지기 전까지는: 소비에트의 마지막 세대》, 김수환 옮김, 문학과지성사, 2019.

투즈, 애덤, 《붕괴: 금융위기 10년, 세계는 어떻게 바뀌었는가》, 우진하 옮김, 아카넷, 2019.

Brown, Archie, *The Gorbachev Factor*, Oxford University Press, 1996.

Garthoff, Raymond, *Detente and Confrontation: American-Soviet Relations From Nixon to Reagan*, The Brookings Institution, 1994.

Keys, Barbara J., *Reclaiming American Virtue: The Human Rights Revolution of the 1970s*, Harvard University Press, 2014.

Kotkin, Stephen, *Armageddon Averted: The Soviet Collapse, 1970~2000*, Oxford

University Press, 2008.

_____, *Uncivil Society: 1989 and the Implosion of the Communist Establishment*, Modern Library, 2010.

McFaul, Michael, *Russia's Unfinished Revolution: Political Change from Gorbachev to Putin*, Cornell University Press, 2015.

Miller, Chris, *The Struggle to Save the Soviet Economy: Mikhail Gorbachev and the Collapse of the USSR*, The University of North Carolina Press, 2016.

사료로 읽는 서양사 5 : 현대편

1판 1쇄 2022년 6월 3일
1판 2쇄 2024년 7월 12일

글쓴이 | 노경덕

펴낸이 | 류종필
편집 | 이은진, 이정우, 권준
경영지원 | 홍정민
교정교열 | 문해순
표지 디자인 | 석운디자인
본문 디자인 | 박애영

펴낸곳 | (주) 도서출판 책과함께
　　　주소 (04022) 서울시 마포구 동교로 70 소와소빌딩 2층
　　　전화 (02) 335-1982
　　　팩스 (02) 335-1316
　　　전자우편 prpub@daum.net
　　　블로그 blog.naver.com/prpub
　　　등록 2003년 4월 3일 제2003-000392호

ISBN 979-11-91432-65-7 94900
　　　978-89-97735-41-9 (세트)

* 이 책에 실은 도판과 텍스트는 저작권자의 허락을 받아 게재한 것입니다. 그러나 미처 파악하지 못해 허락을 받지 못한 도판과 텍스트가 있을 경우 저작권자가 확인되는 대로 허가 절차를 따르겠습니다.